Gertraude Bossel-Gmeiner
Höhere Tochter, Weltkrieg und Inflation
Erinnerungen aus dem alten Dresden 1900 bis 1925

Höhere Tochter, Weltkrieg und Inflation

*Erinnerungen aus dem alten Dresden
1900 bis 1925
von Gertraude Bossel-Gmeiner*

Herausgegeben von Hartmut Bossel

Bibliografische Information der Deutschen Nationalbibliothek:
Die Deutsche Nationalbibliothek verzeichnet diese Publikation
in der Deutschen Nationalbibliografie;
detaillierte bibliografische Daten sind im Internet über
http://dnb.ddb.de abrufbar

© 2006, 2015 Gertraude Bossel Nachfahren
Herstellung und Verlag:
BoD - Books on Demand, Norderstedt

ISBN 978-3-7347-6220-8

(korrigierte Neuauflage der Erstausgabe von 2006)

Inhalt

KINDHEIT IN GUTBÜRGERLICHEM HAUSHALT 1900 BIS 1907 — 7

Familie und früheste Erinnerungen — 8
- Eltern und Großeltern — 9
- Geschwister und erste Erinnerungen — 11

Leben im Hause — 16
- Petroleumlampen, Kachelöfen, Kohleherd und Speisekammer — 17
- Allerlei Gestalten — 22
- Tageslauf und Spiele — 28

Spazierwege, Stadtgänge, Wanderungen — 37
- Spazierwege — 37
- Stadtgänge — 41
- Wanderungen — 50

Rathen: Sommerfrische an der Elbe — 55
- Sommer auf dem Land — 56
- Der alte Hof an der Elbe — 57
- Geburtstag und Pfingsten — 61
- Butterfass, Hühnernester, Heuernte und Quarkbemmen — 63

Feste im Jahresablauf — 69
- Geburtstage — 69
- Adventszeit und Weihnachten — 72

Schule – Beginn eines neuen Lebensabschnittes — 82
- Eine kleine Schwester — 82
- Schulbeginn — 83

FRIEDEN, FORTSCHRITT, HEILE WELT 1907 BIS 1914 — 87

Der Tageslauf — 88

Die Schule — 91
- Gebäude und Anlagen — 91
- Mitschülerinnen — 92
- Lehrer und Unterricht — 93
- Strafen und Flucht nach ‚Amerika' — 99
- Ereignisse und Feste — 103
- Die Klavierstunde — 107

Haus und Familie — 110
- Wohnung und Umwelt — 110
- Technik — 110
- Die Eltern – jetzt kritisch betrachtet — 116

Geselligkeit	122
Kinderzimmer, Spiele, Sport	126
Sonntage und Feste	139
Wanderungen, Ferien	146

Stadt und Welt — **159**
- Dresdens Entwicklung — 159
- Ereignisse — 161
- Weltgeschehen — 169
- Vorkriegsjahre zu Hause — 171

Das Jahr 1914 — **174**
- Tänze auf dem Vulkan — 174
- Sarajevo — 177
- Ferien an der Ostsee, Kriegsausbruch — 178

KRIEG, HUNGER, ARMUT, AUFBRUCH 1914 BIS 1925 — 180

Schwere Jahre — **181**

Die Kriegsjahre — **185**
- 1914: Vom Siegestaumel zum Kriegsalltag — 185
- 1915: Kriegswirtschaft, Kriegsanleihen, Umzug — 189
- 1916: Konfirmation, Klettern, Sattessen im Allgäu, Tanzstunde — 198
- 1917: Hunger, Kohlrüben, Kälte, Reifeprüfung – und verliebt — 215
- 1918: Tanzstunde, Spanische Grippe, verlorener Krieg — 232
- 1919: Fort von den politischen Wirren der Stadt — 238

Frauenschule in Löbichau 1919 bis 1920 — **243**
- Die Reifensteiner Frauenschulen — 243
- Schloss Löbichau — 245
- Maiden — 247
- Tageslauf — 248
- Feste, Arbeiten, Lernen — 249
- Weihnachten in Dresden — 253
- Prüfungen — 254

Letzte Jahre in Dresden 1920 bis 1925 — **258**
- Geheimbünde, Freikorps, Kommunisten — 258
- Geldentwertung, Kunstgewerbeschule und ein eigenes Fahrrad — 260
- Sport — 268
- Inflation, Stenotypistin, Geldzählerin — 272
- Abitur in sechs Monaten, Studium — 277
- Südtirol – und eine Stelle in Hamburg — 281

Lebenslauf von Gertraude Bossel-Gmeiner — **287**

Frauenkirche (Gertraude Gmeiner 1921)

Kindheit in gutbürgerlichem Haushalt 1900 bis 1907[*]

[*] aufgeschrieben in den Jahren 1967 bis 1968

Familie und früheste Erinnerungen

Das 20. Jahrhundert, auf das einst so große Hoffnungen gesetzt wurden, ist nun schon zu zwei Dritteln vergangen. Dieser Zeitraum umfasst zugleich die Spanne meines bisherigen Lebens, denn ich bin ein Kind des Jahres 1900.

Meine Generation hat viel erlebt. Wir haben Geschichte erlebt, bitterste Geschichte für mein Vaterland und meine engere Heimat. In dem Alter der größten Begeisterungsfähigkeit, in der ersten bewussten Jugend zerbrach alles, worauf wir stolz waren und unsere Zukunftshoffnungen gebaut hatten. Viele meiner Altersgenossen verloren bereits nach dem Ersten Weltkrieg den Mut und warfen ihr Leben fort. Andere wanderten aus oder sie verfielen der Verneinung, dem Pessimismus in den Zwanziger Jahren dieses Jahrhunderts, die jetzt oft die „goldenen" genannt werden.

Diejenigen, die die Kraft hatten, sich noch einmal für neue Ideale zu begeistern und für das einzusetzen, was sie aus ihrem Blickfeld für gut und richtig halten konnten, wurden so schwer getäuscht, wie wohl selten gläubige und opferbereite junge Menschen getäuscht worden sind. Darüber wurden sie, wurde meine Generation alt und müde.

Wenn meine Kinder, die selbst im Begriff sind, mit neuem Glauben, mit neuen Idealen und Hoffnungen ihr Leben aufzubauen, mich bitten aufzuschreiben, was ich erlebte, so möchte ich nicht von diesen Geschehnissen erzählen.

Ich möchte mich auf unseren Tageslauf beschränken, auf das Leben in der Kinderstube und Familie in der Zeit vor dem Ersten Weltkrieg. Gerade der Alltag hat sich in den letzten fünfzig Jahren so grundlegend geändert, dass es für die Enkel vielleicht einmal ganz aufschlussreich ist, außer der Jugend der Großmutter auch den Wirkungskreis der Urgroßmutter kennen zu lernen.

Vielleicht gelingt es mir meinen Kindern einen Begriff davon zu geben, wie das Leben der Familie in jenen fernen Tagen ablief, die für sie schon Geschichte sind. Noch sind meine Erinnerungen frisch und doch könnte ich sie anfangen wie ein Märchen „es war einmal …"

Die Dresdener Innenstadt, in der ich aufwuchs, wurde am 13. und 14. Februar 1945 zerstört. Es ist alles vergangen, in Flammen verloht, in Schutt und Asche gesunken, was uns einst umgab. Mir ist, als sei mit meiner Vaterstadt eine ganze Zeit versunken, die Zeit unserer glücklichen Jugend in der alten, schönen Barockstadt an der Elbe.

Von dem – baulich nicht bemerkenswerten – Stadtteil zwischen dem Neuen Rathaus und dem Hauptbahnhof stand nach dem Luftangriff kaum noch ein Haus. Auch die Christianstraße, in der ich zwei Jahre nach meinem Bruder Gerhard geboren wurde, ist ganz verschwunden.

Eltern und Großeltern

Mein Vater Kurt Gmeiner, ein junger und begabter Arzt mit aufblühender Praxis, stammte aus einer in Dresden eingewanderten Handwerkerfamilie. Die Vorväter hatten als Schiffer in Grein an der Donau gesessen. Mein Urgroßvater, der in Wien das Weißgerberhandwerk erlernt hatte, kam um 1820 auf der Wanderschaft nach Dresden. Er fand Arbeit bei Meister Klette in der Brüdergasse, dem Gründer des später sehr bekannten Pelzhauses Klette. Urgroßvater blieb in Dresden und brachte es bald zu Ansehen und einem gewissen Wohlstand. Er erwarb das alte Haus „Zur Purpurschnecke" in der Flemmingstraße – Ecke Annenstraße und gründete eine Familie. Im Jahre 1842 wurde er Schützenkönig der Dresdner Vogelwiese. Noch besitze ich einen silbernen Löffel mit der fast verwischten Aufschrift „dem besten Nagel 1842".

Sein Sohn, mein Großvater, erlernte gleichfalls das väterliche Handwerk, insbesondere französische Gerberei in Paris, Wien, München und Berlin. Später gründete er eine kleine Handschuhmanufaktur und nannte sich Fabrikant.

Als junger Bursche, im Revolutionsjahr 1848, als Richard Wagner am Postplatz auf der Barrikade stand, hatte Großvater Georg Gmeiner den Aufständischen Kugeln zugetragen. Die einrückenden Preußen hatten ihn gefangen und er sollte erschossen worden. Seiner Jugend verdankte der Sechzehnjährige, dass man ihn schließlich laufen ließ. Die Wohnung der Urgroßeltern in der Flemmingstraße lag ganz in der Nähe des Postplatzes, wo damals die ernstesten Zusammenstöße erfolgten.

Meine gute Großmutter Gmeiner war ein Meißner Kind. Sie stammte aus der wohl heute noch bestehenden Fleischerei Steude. Wie und wo die Großeltern sich kennen lernten, weiß ich nicht. Es gab damals noch wenig Eisenbahnen und war nicht so leicht, von Dresden nach dem 24 km entfernten Meißen zu gelangen. Um seine Braut besuchen zu können, erlernte mein verliebter Großvater die Reitkunst.

Gern erzählte mein Vater, wie der Großvater beim Heimritt von einem solchen Sonntagsbesuch in Meißen – bei dem er sicher auch von dem Wein aus Onkel Fritz Steudens Weinberg (dem späteren Weingut Kapitelberg) getrunken hatte – die Schatten, die die Pappeln auf die mondbeschienene Landstraße warfen, für Hindernisse hielt und sämtlich kunstgerecht übersprang.

Später ließ der Großvater das elterliche Wohnhaus abreißen und baute vorn am Beginn der Flemmingstraße zwei vierstöckige Wohnhäuser, die 1945 zerstört wurden. Hier wurde mein Vater 1867 geboren. Er wuchs in der Nähe des alten Queckbrunnens auf, in jener Gegend, in der einst das sorbische Fischerdorf stand, aus dem die Stadt Dresden sich entwickelte.

Mein Vater, der noch unverkennbar das österreichische Temperament und die Musikalität seiner Vorfahren besaß, war sehr vielseitig und hochbegabt. Die Kreuzschule, die er als Gymnasiast besuchte, machte ihm sicher nicht viele Sorgen und ließ ihm genügend Zeit, um sich seinen Liebhabereien zu widmen. Er verbrachte seine Jugend in

Ungebundenheit am Elbufer und vor allem auf Streifzügen durch das nahe Ostra-Gehege. Hier lernte er Pflanzen, Tiere und Steine kennen. Er wurde ein leidenschaftlicher Käfersammler und besaß schon als Schüler eine umfangreiche und schöne Sammlung. Vater behielt die große Liebe zur Natur bis in sein hohes Alter. Er verfügte über gründliche naturwissenschaftliche Kenntnisse.

Als Vater sich nach dem Abschluss seiner Kreuzschulzeit dem Studium der Medizin zuwandte, war wahrscheinlich für die Berufswahl das Interesse für die Naturwissenschaften bestimmender als der Wunsch, leidenden Mitmenschen zu helfen. Die ersten Semester verbrachte Vater in Marburg. Dieser Stadt und dem Corps Teutonia, bei dem er 1886 aktiv wurde, bewahrte er lebenslang eine herzliche Zuneigung. Auf der Gefallenen-Gedenktafel im Teutonen-Corpshaus in Marburg ist er – an den kein Grabstein erinnert – unter den Zivilopfern des Zweiten Weltkrieges genannt.

Nach den Jahren in Marburg studierte Vater längere Zeit in dem von ihm sehr geliebten München, später noch in Wien und Paris. Er schloss sein Studium an der sächsischen Landesuniversität Leipzig mit Staatsexamen und Doktorprüfung summa cum laude ab. Assistentenjahre am Friedrichstädter Krankenhaus in Dresden gingen seiner Niederlassung als Arzt voraus.

Wie die Vorfahren des Vaters, so waren auch die Vorfahren meiner Mutter ursprünglich als Handwerker nach Dresden gekommen, nur lag das etwa 100 Jahre weiter zurück. Ein Müllersohn aus Oberwiesenthal im Erzgebirge hatte sich als Bäcker, genannt „der Lilienbäck" um 1700 in Dresden niedergelassen. Seine Nachkommen wurden Juristen und Mediziner und gehörten schon seit einigen Generationen zum gehobenen Bürgertum meiner Vaterstadt. Urgroßvater Beschorner, Geheimer Justizrat, wohnte in der Pragerstraße. Großvater Hofrat Beschorner praktizierte als Arzt in der Viktoriastraße 6, gegenüber der Bankstraße, wenige Straßen entfernt von seinem Elternhaus.

Die Großmutter Beschorner, geb. Küstner, war in Leipzig aufgewachsen. Über 200 Jahre, bis zur Auflösung 1875, war das angesehene Bankhaus Küstner im Besitze dieser Familie. Zu den Vorfahren der Großmutter Beschorner gehören zahlreiche bedeutende Persönlichkeiten der Stadt Leipzig, Innungsmeister, Pfarrer, Gelehrte und vor allem sehr viele Universitätsprofessoren aller Fakultäten. Großmutter Beschorner erzählte mit Stolz, dass auch Goethe im Hause ihrer Großeltern, des Präsidenten Bock, verkehrt habe.

Mein Ur-Urgroßvater Bock, geb. 1786 in Leipzig, zuletzt Präsident des Appellationsgerichts in Leipzig, wurde 1813 unter Goethe Großherzoglicher Weimarischer Regierungsrat in Weimar.

Meine Mutter wurde 1875 in der Viktoriastraße geboren und wuchs auch in dieser Stadtwohnung auf. Sie besuchte die nahe Elisabethschule an der Bürgerwiese. In der

Selekta, dem freiwilligen 10. Schuljahr, wurde sie auf Wunsch ihrer Großmutter vom Chemieunterricht befreit, weil dieses Fach doch „gar zu unweiblich" sei.

Nach der Schule erhielt Mutti eine der Zeit entsprechende sorgfältige Ausbildung in den schönen Künsten. Sie hatte das in der Beschorner-Familie häufig auftretende Zeichentalent geerbt und nahm Malstunden, erhielt aber auch trotz sehr geringer musikalischer Begabung jahrelang Klavierunterricht. In weiblichen Handarbeiten war sie sehr geschickt und lernte außer dem Nähen und Sticken auch das Spinnen. Sie hat wohl alle damals in Mode kommenden Handfertigkeiten und Techniken gekonnt und ausgeübt, einschließlich Brandmalerei, Porzellanmalen und Lederpunzen. Die Ausbildung in Haushaltsführung und Kochen kamen darüber nicht zu kurz. Im übrigen wurde sie aber in der Vorstellung erzogen, dass eine Tochter in erster Linie „zur Freude ihrer Eltern" da sei.

Vielleicht als Erbe ihrer Handwerkervorfahren hatten meine Eltern beide ganz ungewöhnlich geschickte Hände und viel Freude an kunstgewerblichen Arbeiten und Handfertigkeiten. Den Umbruch von der Stilverwilderung des ausgehenden 19. Jahrhunderts zu den ersten Bemühungen um künstlerische Gestaltung der alltäglichen Gebrauchsgegenstände (Werkkunst- und Jugendstilbestrebungen) verfolgten beide mit größtem Interesse.

Wie so manches Dresdner Ehepaar hatten auch meine Eltern sich auf einem Ball der Gesellschaft „Harmonie" kennen gelernt. Dieser vor Generationen gegründete gesellschaftliche Verein, dem in der Mehrzahl wohl die „Akademiker" angehörten (die Kaufleute trafen sich in der „Ressource", die Offiziersfamilien der Neustadt im „Kasino") besaß ein schönes, altes Barockhaus in der Gewandhausstraße. In den großen, festlichen Sälen der „Harmonie" haben auch wir noch auf manchem Ball und mancher Hochzeit getanzt.

Geschwister und erste Erinnerungen

Im Oktober 1897 heirateten meine Eltern und wohnten zunächst in der Christianstraße. Hier wurde ich – zwei Jahre nach meinem Bruder Gerhard – am 5. 6.1900 geboren. Mein Vater eilte zum Standesamt und meldete die Geburt einer Tochter „Johanna" (nach den beiden Großmüttern) „Hertha" (nach der Mutter) „Gertrude" an. Warum gerade Gertrude, habe ich nie erfahren können. Schon nach wenigen Tagen entschlossen sich die Eltern, mich *Gertraude* zu nennen. Ich bin nie anders genannt worden, obwohl der Name amtlich trotz Antrags nicht mehr geändert wurde.

Im September 1901 zogen wir in eine größere Wohnung Lüttichaustraße 30, zwei Treppen hoch, deren Hauptfront nach Süden, zur Sidonienstraße lag. Es war eine große und helle Wohnung, in der ich meine ganze Kinderzeit verbrachte und an die ich noch sehr viele und genaue Erinnerungen habe. 1902 wurde mein zweiter Bruder Helmut und 1907 meine Schwester Elfriede geboren.

Die sehr frühen Erinnerungen werden wohl oft von späteren, ähnlichen überdeckt. Nur wenige, oft wiederholte Erlebnisse, deren Dauer begrenzt war oder Ereignisse, die an gewisse Orte gebunden sind oder die sich durch Einmaligkeit heraushoben, z.B. Todesfälle, kann man später noch zeitlich festlegen. Manche Erinnerungen sind ganz allgemein und betreffen Dinge. So kann ich mich noch gut an meine Milchflasche erinnern, die ich sehr liebte und mir bis ins zweite Lebensjahr vormittags in der Küche holen durfte, um sie in einem stillen Winkel genüsslich auszutrinken.

Andere Erinnerungen dagegen sind scharf umrissen, bildmäßig, wie Momentaufnahmen. Ein Weihnachtserlebnis gehört zu diesen Erinnerungen, von denen mir nichts erzählt wurde. Erst als ich erwachsen war, bestätigte mir meine Mutter dies Erlebnis.

Schattenhaft sehe ich die unteren Zweige eines auf dem Fußboden stehenden Christbaums, unter denen eine Krippe mit Tieren und Zäunen rundum aufgebaut ist. Wahrscheinlich war es das Weihnachtsfest 1901. Ich war gerade einundeinhalbes Jahr alt und stand wohl noch sehr wacklig auf meinen Beinchen. Noch weiß ich, wie ängstlich ich mich bemühte, an der Krippe vorbeizusteuern und wie sehr sie mich doch anzog, bis ich das Gleichgewicht verlor und schließlich mitten in der Bescherung saß. Wie meine Mutter mir später erzählte, hat sich dieses Missgeschick mehrfach wiederholt. Es hat sich mir deshalb wohl so stark eingeprägt. Die fehlenden angeleimten und geschienten Beine der Kamele, Ochsen und Esel zeugten noch jahrzehntelang von diesem Unglück. Erst nach dem ersten Krieg ersetzte Vater die Krippenfiguren durch neue, holzgeschnitzte aus dem Erzgebirge.

Ich sehe mich, noch sehr klein, in einem rosa Kleidchen und mit Flügeln, ferner einen langen, hellen Gang, wohl mit einem Glasdach darüber. Mein Bruder Gerhard und ich stehen wartend da, im besten Staat und mit dem Gefühl, dass etwas ganz Besonderes bevorsteht. Als ich meine Mutter später einmal fragte, was diese Bilder wohl bedeuten könnten, erzählte sie mir, dass ich zum 70.Geburtstag meines Großvaters Gmeiner, im November 1902, als „Frühling" in einem rosa Seidenkleidchen mit Flügeln ein Verschen aufgesagt hätte. Der Gang sei wohl das Atelier des Hofphotographen Hahn in der Ferdinandstraße gewesen. Dort wurden wir kurz nach der Taufe meines 1902 geborenen Bruders Hans Helmut für die Großeltern photographiert.

An Helmuts Taufe habe ich nur noch ganz schwache Erinnerungen. Einer der Paten brachte uns Kindern die von Zumbusch illustrierten Kinderliederbücher mit. Wir haben sie sehr geliebt und immer wieder angesehen. Ich besitze das meine noch.

In mein drittes und viertes Lebensjahr gehören die Erinnerungen an die beiden Großväter, die wir so früh verloren haben. Großvater Beschorner starb im Juli 1904 an Halskrebs. Großvater Gmeiner folgte ihm Anfang 1905. Er erlag unversehens einem Herzschlag.

Der Großvater Beschorner war ein großer, stattlicher Mann, eine würdevolle Erscheinung. Nach der Mode der Zeit trug er einen Vollbart, der noch dunkel war. Im

Haus hatte er meist eine braune, mit Tressen eingefasste Samtjacke an, wie man sie auch auf den Bildern Richard Wagners sehen kann. Später übernahm auch mein Vater diese bequeme Tracht. Großpapa hatte eine sehr ruhige und gütige Art. Er flößte seiner Umgebung gleicherweise Zutrauen und Respekt ein. Wir liebten ihn sehr. Er beschäftigte sich, soweit es seine Zeit erlaubte, auch viel mit Gerhard und mir. In der Zeit vor und nach Helmuts Ankunft verbrachten wir oft ganze Tage bei den Großeltern. Bei Tisch durften wir von einem goldenen Löffel essen und unser Wasser aus einem blauen Glas oder einem Glas in Stiefelform trinken.

Manchmal nahm Großvater uns mit in sein Zimmer. In der Schreibtischschieblade hatte er hochinteressante Dinge, z. B. marmorierte japanische Holzeier, in denen sich lange, aus Horn spiralenförmig geschnittene Schlangen befanden oder russische Holzpuppen, in denen immer kleiner werdende Püppchen steckten.

Großpapa nahm uns auch öfters mit in den Zoologischen Garten, zu dessen Mitbegründern und ersten Aktionären er gehörte. Ich weiß noch, wie er mich an der Hand durch das Raubtierhaus führte. Abends durften wir dann still dabeisitzen, wenn er oder der noch unverheiratet im Hause lebende Onkel Hans Goethes Reinecke Fuchs vorlasen. Großmutter Beschorner, die nie ohne Handarbeit zu denken war, saß stickend oder strickend mit am Tisch mit der messingenen Petroleumlampe, deren weißer Glasschirm durch einen von uns Kindern bestickten grünseidenen Schmetterling abgedunkelt war.

Wenn die Großeltern uns in der Pfingstzeit in Rathen an der Elbe besuchten, wo wir fast immer die Ferien verbrachten, malte der Opa uns lustige Figuren mit Kreide an das große Scheunentor. Es gibt davon eine von Onkel Herbert gemachte, sehr frühe Photographie. Meine Erinnerung stammt wohl erst aus dem folgenden Frühjahr.

Nie wieder in meinem Leben habe ich Weihnachtsstimmung und Weihnachtszauber so stark empfunden, wie einmal durch ein winzig kleines Erlebnis, das ich meinem Großvater verdanke. Es muss im Jahre 1903 gewesen sein. Das war das letzte Weihnachtsfest vor Großvaters Tod. Wir Kinder warteten mit den Großeltern im Salon neben dem Esszimmer gespannt auf die Bescherung und auf die Eltern, die dem Christkind im Weihnachtszimmer noch halfen, die Kerzen am Baum anzuzünden. Wahrscheinlich war ich sehr ungeduldig.

Mein mitleidiger Großvater nahm mich zur Tür des Weihnachtszimmers und öffnete sie einen kleinen Spalt breit. Einen Augenblick durfte ich mein Näschen hineinstecken. Ich sah den Baum nicht, aber die Kerzen brannten wohl schon. Das strahlende Licht, der Duft von Tanne und Wachs, das glänzende Parkett, auf das ich sah, haben mir einen zauberhaften Eindruck von geheimnisvoller Festlichkeit und Weihnachtsstimmung hinterlassen, der nie in späteren Jahren übertroffen wurde.

Großvater war damals schon ein schwerkranker Mann. Gerade er, der Spezialist für Halskrankheiten war, hatte selbst Halskrebs, den man damals noch nicht operierte.

In den ungewöhnlich heißen und trockenen Sommertagen des Jahres 1904 litt er unsäglich unter Durst, konnte aber nicht mehr trinken. Bis kurz vor seinem Tode hielt er noch Sprechstunden ab. Als er starb, waren die Eltern verreist. Tante Lisbeth Dumas aus Leipzig war gekommen, um uns zu hüten. Ich kann mich noch sehr genau daran erinnern, wie ich mit meiner Puppe Eddi auf dem „Tritt" von Muttis Nähecke saß und Tante Lisbeth versuchte, mir den Tod von Großvater Beschorner begreiflich zu machen. Ich war sehr traurig darüber, dass er uns verlassen hatte und ich ihn niemals wieder sehen sollte.

Dann standen Gerhard und ich auf dem Balkon vorm Esszimmer, um die von ihrer Reise eilig zurückgekehrten Eltern zu erwarten. Endlich sahen wir sie vom Bahnhof kommend, an der Ecke Lüttichaustraße und Sidonienstraße auftauchen. Wie bitter enttäuscht waren wir, als sie uns gar nicht so fröhlich zuwinkten, wie wir das sonst gewöhnt waren und erwartet hatten.

Den Großvater Gmeiner sahen wir seltener. Auch er hatte einen Backenbart, der aber schon weiß war. Dazu hatte er helle, blaue Augen, die mir sehr lustig in Erinnerung sind. Hin und wieder hat er Mutti mit uns Kindern zu einer Wagenfahrt eingeladen. Einmal fuhren wir von Edle Krone aus in den Tharandter Wald hinein. Meine Puppe Christel war natürlich dabei. Wie fühle ich noch den Schrecken, als sie mir plötzlich aus dem Wagen stürzte. Ich glaubte sie verloren. Aber der Wagen hielt, die Puppe wurde wieder eingesammelt und alles war gut.

Als ich den Großvater Gmeiner zuletzt sah, wartete er auf meinen Vater, dessen Sprechstunde noch nicht beendet war. Großpapa kam zu uns ins Kinderzimmer, wo wir gerade unser Abendbrot aßen. Er tat, als ob er sich in Helmuts hohes Kinderstühlchen setzen wolle, was wir unendlich komisch fanden. Kurz darauf ereilte ihn der Tod, als er sich gerade die Stiefel für eine Wanderung anziehen wollte.

Stallhof mit Blick auf das Schloss, mit Georgentor (Gertraude Gmeiner 1921)

Leben im Hause

Ehe ich weitere Erinnerungen aus meinen Vorschuljahren auskrame, möchte ich unsere Wohnung im zweiten Stock der Lüttichaustraße 30 und die Haushaltsführung jener Jahre etwas beschreiben.

Die Lüttichaustraße bildete die direkte Verbindung zwischen dem Hauptbahnhof und der Bürgerwiese. Sie wurde mit dieser 1846 angelegt und bis zum Ende der 1860er Jahre fertig bebaut. Im ersten Abschnitt, zwischen Wienerplatz und Sidonienstraße, standen größere Einzelhäuser. Das Eckhaus Nr. 31 an der Sidonienstraße bewohnten später die Eltern von 1915 bis zu ihrem Tode 1945. Die übrige Lüttichaustraße bis zu den Anlagen war mit geschlossenen Blocks vierstöckiger Mietshäuser bebaut.

In dem ersten dieser Blocks, Ecke Lüttichau- und Sidonienstraße, bezogen wir im Herbst 1901 eine große Achtzimmer-Wohnung. Die Hauptzimmerflucht lag nach der Sidonienstraße nach Süden. Es waren hohe und helle Räume in der für die damalige Zeit wohl sehr schönen Wohnung. Nur die Küche und unser Kinderzimmer lagen an der Rückfront des Hauses mit Blick in einen kleinen Hof und einige Gärten. Innerhalb der geschlossenen Quadrate, zwischen den Straßenzeilen, befanden sich damals noch Gärten. Später wurden sie mehr und mehr mit Werkstätten, schließlich mit Garagen zugebaut. In einigen dieser Gärten standen sogar große, alte Bäume, die wahrscheinlich noch aus dem einst in diesem Viertel befindlichen Struverschen Kur- und Selterswassergarten stammten. Unserem Kinderzimmerfenster gegenüber, zu den Häusern an der Moscynskystraße gehörend, wuchsen einige große, schöne alte Robinien, auf deren Blütezeit wir uns stets freuten.

Als wir einzogen, bestand unser Haushalt aus den Eltern, Gerhard und mir und einem Dienstmädchen. Die ärztliche Praxis war in der Wohnung. Heutzutage hat der Druck des immer größer werdenden Mangels an häuslichen Arbeitskräften so grundlegende Umstellungen und Vereinfachungen auf dem Gebiet der Haushaltsführung notwendig gemacht, dass man sich jetzt nur noch schwer vorstellen kann, wie viel Arbeit und Mühsal ein großer Stadthaushalt um die Jahrhundertwende mit sich brachte.

Das Bild der sich langweilenden nur Staub wischenden Hausfrau oder Höheren Tochter jener Zeit war schon damals nur eine Romanfigur oder Karikatur der Witzblätter. Trotz der zwei, später drei dienstbaren Geister, die meiner Mutter für Haushalt, Kinder und Praxis zur Verfügung standen, hatte sie doch alle Hände voll zu tun, um den schwerfälligen Apparat des Haushalts in Gang zu halten, alle Aufgaben zu bewältigen und allen Anforderungen zu genügen, die an sie gestellt wurden.

Dass Gespräche über Haushalt und Dienstboten auch in der Geselligkeit eine große Rolle spielten (heute soll es ja so etwas auch noch geben), darf nicht verwundern, noch weniger zu einen Lächeln reizen. Der Haushalt als solcher war noch nicht "wissenschaftlich durchleuchtet". Es gab kaum Lehrbücher. Tradition, Anlernung der Tochter durch die Mutter in jahrhundertealten Überlieferungen, spielten eine große Rolle. Beratungs- und Anregungsschriften, wie sie jetzt jede Illustrierte bringt, jede einschlägige Firma gratis verteilt, waren unbekannt. Das Gespräch von Hausfrau zu Hausfrau war der einzige Weg, um Erfahrungen auszutauschen, neue Anregungen zu erhalten und Verbesserungen kennen zu lernen. Die Erleichterungen, die man sich so schaffen konnte, waren gering genug.

Petroleumlampen, Kachelöfen, Kohleherd und Speisekammer

Um die Jahrhundertwende kannte man nur wenige der technischen Hilfsmittel, die wir heute so selbstverständlich im Haushalt benutzen und für unentbehrlich halten. Einige der wenigen Verbesserungen, die das 19. Jahrhundert dem Haushalt gebracht hatte, waren die Wasserleitungen und die Petroleumlampen.

In den meisten Wohnungen befand sich nur eine Wasserzapfstelle und diese in der dunkelsten Ecke der Küche. Unter dem Messinghahn war meist ein unappetitliches, halbrundes, schwarzes gusseisernes Becken, die „Gosse", angebracht. In unserer neuen Wohnung gab es bereits ein Innenklosett mit Wasserspülung und einem winzig kleinen Handwaschbecken.

In den Schlafzimmern standen Waschtische mit Porzellanwaschschüsseln und großen Wasserkrügen. Das Reinigen dieser Waschtische und das Auffüllen der Kannen nahm viel Zeit beim morgendlichen Zimmersäubern in Anspruch. Ein Bad hatten wir zunächst noch nicht. Eine große Zinkwanne wurde einmal in der Woche ins Kinderzimmer gestellt und mit warmem Wasser, welches in sämtlichen verfügbaren Töpfen auf dem Küchenherd erhitzt worden war, gefüllt. Erst 1906 wurde ein Bad in einer fensterlosen Rumpelkammer eingebaut. Wir waren sehr modern!

Ja, wirklich, denn wir gehörten auch zu den fortschrittlichen Familien, die – wegen der Praxis – schon sehr früh über ein Telefon verfügten, das gegenüber der Küchentür auf dem Flur angebracht war und von Mutti bedient wurde. Dresden mit seinen damals etwa einer halben Million Einwohnern hatte wohl schon einige tausend Apparate, denn wir hatten bereits die Nummer 6049.

Als einmal eines unserer Mädchen krank war, rief Mutti den Kassenarzt an: Dr. Wolf möchte sofort zu uns kommen. Mein damals vielleicht dreijähriger Bruder Helmut, kurz „Büb" genannt, brach daraufhin in ein fürchterliches Gebrüll aus und war nur schwer zu beruhigen. Er glaubte, unsere Mutter habe den Wolf herbeigerufen und fürchtete, gefressen zu werden.

Die Erwärmung der Zimmer erfolgte durch hohe Kachelöfen, von denen jedes Zimmer einen besaß. Sie wurden mit Steinkohle geheizt. In der Küche stand – ebenfalls festgemauert in der Erde – ein sehr großer, weißer Kachelherd mit einem gesondert zu heizenden, hohen Aufbau, der zwei bis drei Brat- und Wärmeröhren enthielt. Diese wurden an allen größeren Feiertagen, bei Familienfesten und den unumgänglichen „großen Gesellschaften" und abendlichen Diners benützt. Wie viele Eimer Kohle mussten unsere Mädels wohl täglich aus dem Keller hoch schleppen. Erst die steile Kellertreppe, dann bis in das hochgelegene zweite Stockwerk hinauf. In jedem Zimmer wurde im Winter geheizt. Allerdings musste die Steinkohle nicht so häufig nachgefüllt werden, wie wir später auf dem Land Holz in die Kachelöfen nachlegen mussten.

Gern gingen wir Kinder mit hinunter in den Keller. Es war so unheimlich. Mit der Kerze in der Hand, denn Taschenlampen gab es noch nicht, stieg man in die Tiefe, in der sich lange, dunkle Gänge befanden, wie in einem Bergwerk. Meistens ging die Kerze ein paar Mal aus. Dann standen wir Kinder ganz still im Stockdunklen, bis ein Streichhölzchen aufflammte und es wieder hell wurde. Viele verschlossene Türen mündeten auf den Gang. Jede Partei hatte ihre Kohlenkeller, in denen sich außer den Kohlen meist auch ein Weinschrank befand. Kartoffeln oder Lebensmittel konnten In diesen düsteren, schmutzigen Gelassen nicht aufbewahrt werden.

Zur Beleuchtung der Wohnung dienten ausschließlich Petroleumlampen. Für jedes Zimmer hatte man eine Lampe, die man mit sich nahm, wenn man in einem unerleuchteten Raum vorübergehend zu tun hatte. Wir Kinder liefen dann mit oder blieben eine Weile im Dunklen zurück. Auf dem langen Flur und im Örtchen brannten winzige Lämpchen, nur gerade so hell, dass man sich zurechtfinden konnte. In der Küche hing eine Lampe an der Wand, die statt des Schirms eine aufrecht stehende, blank geputzte Messingscheibe hinter dem Brenner hatte. Diese sollte rückstrahlend das Licht verbessern. Es blieb trotzdem traurig trüb und man kann nicht verstehen, wie bei dieser Beleuchtung gearbeitet werden konnte.

Die Petroleumlampen, mehr als ein Dutzend, putzte Mutti allmorgendlich selbst in der Küche. Die Mädchen machten das wohl nicht sorgfältig genug. Dann blakten und rußten die Lampen am Abend – oder aber, was genau so schlimm war – das Mittagessen schmeckte nach Petroleum.

Die Fußböden der meisten Vorderzimmer waren mit Eichenholzparkett belegt. Es wurde mindestens einmal im Jahr beim Hausputz, dem „Großreinemachen", abgespänt, im Übrigen sicher wöchentlich neu gewachst und täglich gebohnert. Die restlichen Zimmer, darunter unser Kinderzimmer, hatten noch Dielen, wurden aber schon 1908, als das Linoleum aufkam, mit solchem in dem Muster „rotgranit" ausgelegt.

Damals liebte man hohe Räume. Die unseren maßen wohl über vier Meter und hatten entsprechend hohe Fenster, sogar fast überall Doppelfenster, die im Sommer herausgenommen und auf den Hausboden geschleppt wurden. Heute kann man sich nur schwer vorstellen, wie viel Zeit allein das Fensterputzen in Anspruch nahm.

Nachdem Vater 1908 eine zweite, auf dem gleichen Treppenflur liegende Wohnung hinzu gemietet hatte, bewohnten wir außer Mädchenkammern, Küche und Nebenräumen vierzehn Zimmer. Meine Mutter stöhnte manchmal darüber, dass 32 große Fenster, die Doppelfenster nicht mitgezählt, ständig blank gehalten werden mussten.

Beim Großreinemachen, zweimal in Jahr, erhielten sämtliche Fenster frische Gardinen. Selbstverständlich besaß man für jedes Fenster einen Wechsel der oft kostbaren, bestickten oder mit Klöppeleinsätzen versehenen Leinenvorhänge. Dunkle Wollgardinen und Stores, meist aus Tüll und Plauener Spitzen, liebten die Eltern nicht. Aber kleine Scheibengardinchen aus weißem Mull hatten wir im Esszimmer.

Die schlimmste Belastung für die Hausfrau und ihre Hilfen war sicher die Behandlung der Wäsche. Es wurde viel Wäsche gebraucht und größter Wert auf sorgsame Pflege gelegt.

Wenn ich allein daran denke, was ich kleine Person an Wäsche brauchte! Da war zunächst das Hemdchen mit angeschnittenen Achseln, aus feinem Baumwollstoff oder Halbleinen, mit Weißstickereien eingefasst. Darüber zog man mir ein Leibchen an, aus Köper, mit zwei Reihen von Beinknöpfen rundum, vorn, hinten und an den Seiten je zwei Stück. An die untere Reihe wurden die Strumpfhalter und Höschen, an die obere ein warmer Unterrock im Winter – von Großmutter Gmeiner aus weißer Wolle gestrickt – und im Sommer ein weißes Barchent-Röckchen geknöpft. Darüber kam dann noch ein so genannter „Anstandsrock" aus Batist mit Stüfchen und Fältchen reich verziert und natürlich, wie auch das Höschen, mit einer Falbel aus Schweizer Weißstickerei versehen. Sonntags und mittwochs gab es frische Wäsche, alles bestens gestärkt und gebügelt. Den Verbrauch an Kleidchen und Schürzchen und an Leinenwindeln und Babysachen für die Geschwister wage ich mir gar nicht vorzustellen. Die Bett- und Tischwäsche und natürlich die Herrenhemden und Kragen und Manschetten, weiß und abknöpfbar auch zu bunten Hemden getragen, wurden aus dem Haus gegeben.

Die Wascheinrichtungen waren höchst primitiv. In den Küchen der Wohnungen durfte meist nicht gewaschen werden. Die Waschküchen, soweit es überhaupt welche gab, waren oft nicht viel mehr als Kellerlöcher. Ein Trockenplatz war zwar im Hof vorhanden. An manchen Tagen verdarb der Ruß der nahen, mit böhmischer Braunkohle geheizten Eisenbahn aber wieder viele Wäsche, die auf der Leine hing.

War alles dann glücklich trocken, so musste die Wäsche gerollt werden. Alle Mangelwäsche wurde zu Haus vorbereitet, eingesprengt, gereckt und auf die langen „Rolltücher" aus reinem, ungebleichtem Leinen gelegt. Diese wickelte man auf die „Rollhölzer", glatte etwa 1 m lange Hartholzwalzen, so dick wie Nudelhölzer. Mit diesen kam die Wäsche dann in die großen, viereckigen, aus Weiden geflochtenen Wäschekörbe.

Diese schweren Körbe trugen die Mädchen dann zu zweit zur „Rolle", die sich nicht weit von uns in der Lüttichaustraße in einer Kellerwohnung befand. Wir Kinder gingen gern und mit leichtem Gruseln mit. Das halbdunkle Kellergelass befand sich zur Hälfte unter der Erde. Vor dem Fenster war eine Grube, ein Lichtschacht, der mit einem Eisenrost bedeckt war. Er erlaubte nur einen Blick auf die Füße und das Schuhwerk der Vorübergehenden, was uns Kindern viel Spaß machte. In diesem Raum stand eine riesige, unheimliche Maschine. Sie bestand aus einem wohl drei Meter langen, vielleicht einen halben Meter hohen und sicher anderthalb Meter breiten Kasten, der mit großen, runden Steinen, die wahrscheinlich aus der Elbe stammten, gefüllt war, wie der Bauch des Wolfes mit Wackersteinen. In der Mitte dieses Ungetüms waren große, quietschende Zahnräder mit einer Kurbel angebracht. Das eine Mädchen musste mit viel Kraft diese Kurbel drehen, während das andere unsere Rollhölzer mit der darauf gewickelten Wäsche unter den Kasten schob. Schwerfällig und mit lautem Getöse und Gerumpel schob sich der schwere Kasten hin und her, bis die Wäsche den Ansprüchen der Hausfrau genügte. Zu Haus wurde sie dann zum Überfluss noch geplättet. Sogar die Windeln, die natürlich aus reinem Leinen waren, wurden so behandelt. Sie sahen schließlich festlicher aus, als heutzutage die heiß gemangelten Mundtücher.

Gebügelt, oder wie man bei uns sagte, „geplättet" wurde in der Küche mit einem Bolzeneisen. Die „Plättglocke" war hohl. Der „Stahl", ein genau in die Plättglocke passender Bolzen mit einem Loch am stumpfen Ende, wurde im Herdfeuer glühend gemacht, mit Hilfe eines Feuerhakens hervorgeholt und in das Plätteisen geschoben. Ein zweiter Stahl wurde nun zwischen die Kohlen geschoben und sobald er glühte, gegen den ersten ausgewechselt.

Meine Puppensachen bügelte ich auf die gleiche Weise mit einer entsprechend kleinen Plättglocke und einem richtigen Stahl darin. Beim Wechseln hatte man viel Gelegenheit, sich die Finger tüchtig zu verbrennen. Aber das gehörte dazu.

Das Kochen übernahm meine Mutter meist selbst. Einesteils wohl, um ihre stark eingespannten Hilfskräfte zu entlasten, andererseits wohl, weil es ihr besondere Freude machte. Sie kochte gut und abwechslungsreich. Wir Kinder waren in der Vorschulzeit dann bei ihr in der Küche und freuten uns, wenn für uns eine rohe Mohrrübe oder ein Stückchen Speck abfiel. Außer etwa an das Ausnehmen von Tauben, Hühnern und Hasen kann ich mich an Einzelheiten nicht mehr erinnern.

In der Küche wurden, neben dem „modernen" Emaillegeschirr noch viele braune Tontöpfe benützt, solange man vorwiegend auf dem Kohleherd kochte. Von Zeit zu Zeit erschienen dann an der Haustür wandernde Kesselflicker, die gesprungene Töpfe mit einem Drahtnetz umspannten. Während sie – auf den Treppenstufen sitzend – geschickt arbeiteten, sahen wir Kinder gespannt und bewundernd zu.

Im Haus selbst zu backen, war damals nicht üblich. Das umständliche Anheizen der Backröhre lohnte höchstens für eine „Geburtstagsbäbe", einen Napfkuchen. Für den Sonntag wurden beim Bäcker „Sechserstückchen", d.h. Blechkuchen, insbesondere Streusel-, Mandel-, Quarkkuchen oder Eierschecke geholt, von denen jeder nur ein Stückchen bekam. Butterkrem- oder Obsttorten haben wir als Kinder nie bekommen. Das Pfefferkuchen- und Stollenbacken in der Weihnachtszeit nahm meine Mutter erst auf, als wir schon zur Schule gingen.

Sehr wichtig nahm Mutti das Einkochen, obwohl uns heute die Vorräte mengenmäßig gering erscheinen – verglichen mit den 300 Gläsern in meinem späteren Haushalt auf dem Lande. Man hatte noch keine Weckapparate. Das Einkochen von Obst war umständlich und ging wie eine heilige Handlung vor sich. Meine Mutter besaß eine extragroße – wegen der möglichen Obstflecken natürlich rote – Einkochschürze, die sie nur bei dieser Gelegenheit trug. Alle Hilfskräfte wurden eingespannt zum Vorbereiten des Obstes. Besondere, weithalsige Flaschen wurden sorgfältig geschwefelt, was fürchterlich stank. Mutti hob dann feierlich die Früchte mit einem Porzellan-Schaumlöffel einzeln aus der Zuckerlösung und füllte sie in die Gläser. Die in Rum getauchten Pergamentblättchen, die dann aufs Einmachgut gelegt wurden, durften wir Kinder schneiden. Zum Schluss wurden die Flaschen mit einem hellgelben Harz, „Pech" genannt, das aus Finnland kam, zugegossen.

Muttis Kompotte, insbesondere „Dreifrucht" aus Himbeeren, Johannisbeeren und Süßkirschen, Essigbirnen (ganze geschälte Rettichbirnen mit Stiel in Essigwasser mit Nelken und Zimt gekocht), geschälte Pflaumen oder Kürbiskugeln mit Ingwerstückchen, waren allgemein geschätzt, wurden aber für hohe Festtage, Weihnachten und Gesellschaften aufgespart. Das Dreifruchtkompott war Hauptbestandteil unseres Weihnachts-Nachtischs „Watte ums Herz". Um die roten Früchte wurde ein Rand aus geriebenem Pumpernickel, ein zweiter Ring aus mit Schlagsahne gemischtem Pumpernickel und zuletzt der Watterand aus reiner Schlagsahne gespritzt.

Für den täglichen Tisch wurden Preiselbeeren mit Birnen und Pflaumen in Steintöpfen eingelegt, für die Erwachsenen wohl auch Rumkompott gemacht. Heidelbeeren, die man in einfache Flaschen füllen konnte, verarbeitete Mutti in großen Mengen. Wir aßen sie zu den meisten Mehlspeisen, sofern es nicht frisches Apfelmus oder Rhabarberkompott gab.

Marmeladen oder Gelees wurden nur selten gekocht. Es war wohl zu teuer für den Alltag. Wir Kinder bekamen Pflaumenmus, von Großmutter Gmeiner mit Zwetschgen aus Meißen gekocht, käufliches Rheinisches Apfelkraut, Sirup oder die billige Mehrfruchtmarmelade aufs Brot. Manchmal brachte Papa für den Sonntag echten Scheibenhonig mit.

Die Vorratshaltung war nicht ganz einfach. Wir hatten zwar eine große Speisekammer. In den meisten Wohnungen hatte man aber keine Aufbewahrungsmöglichkeit für Vorräte. In manchen Familien schmückten die Einmachgläser sämtliche Schränke auf dem Wohnungsflur. Verderbliche Lebensmittel mussten täglich frisch eingekauft werden. Bis zum Gebrauch wurden sie auf einem großen Fensterbrett vorm Küchenfenster frisch gehalten.

Einen Eisschrank erhielten wir erst kurz vorm Ersten Weltkrieg. An gewissen Wochentagen fuhren die Eiswagen durch die Stadt und brachten ihren Kunden „Kristalleis" in großen, viereckigen Stangen ins Haus. Diese Stangen wurden dann mühsam klein geschlagen und in den Eiskasten des Schrankes gefüllt. Das war teuer, aber doch eine Möglichkeit, das Bier des Hausherrn, die Milch für die Kinder und Butter und Fleisch wenigstens vorübergehend aufzubewahren und frisch und kühl zu halten.

Den täglichen Bedarf an Lebensmitteln kauften die Mädchen ein, wobei wir sie gern begleiteten. Milchladen, Gemüsegeschäft und Bäcker befanden sich in nächster Nähe unserer Wohnung. Die Butter kaufte man übrigens im Gemüsegeschäft. Sie wurde vom Land in runden Tonnäpfchen geliefert und erst beim Einkauf aufs Einwickelpapier gestürzt. Meist war sie leicht gesalzen. Das Fleisch wurde nach telefonischer Bestellung ins Haus gebracht und auch die Frühstückssemmeln waren längst da, wenn wir früh aufwachten.

In der Woche gab es Zeilensemmeln mit sechs „Eckchen", kleine für 5 Pfennig die Sechserzeile und große für einen Groschen. Dann gab es noch Dreierbrötchen, meist Dreierbrotel genannte kreisrunde, ziemlich flache Semmeln, die durch zwei Kerben in drei Teile zerlegt worden konnten. Es war wohl ein besonderes Gebäck meiner Heimat.

Gemüse kaufte Mutti meist selbst ein. Manchmal brachte Papa aus der Markthalle am Postplatz irgendein seltenes Gemüse mit, das ihm besonders gefallen hatte, Spargel, Obst oder auch Pilze, insbesondere Morcheln oder im Herbst Grünlinge. An bestimmten Tagen kam auch eine Gemüsefrau ins Haus, an die ich mich gern erinnere. Sie gehörte zu den vielen freundlichen Gestalten unserer Kinderjahre, von denen ich doch einiges berichten möchte.

Allerlei Gestalten

Als ständige Hilfskräfte standen meiner Mutter damals zwei dienstbare Geister zur Verfügung, ein Zimmermädchen, das zugleich die Praxisräume sauber hielt, die ärztlichen Instrumente (in der Küche!!!) auskochte und nachmittags, während der Sprechstunde – in weißer Schürze und mit weißem Häubchen – die Tür für die Patienten öffnete. Daneben wirkte ein Hausmädchen, das die gröberen Arbeiten übernahm, meist auch kochte, soweit Mutti das nicht selbst tat. Welche von beiden gleichzeitig als Kindermädchen fungierte, richtete sich wohl nach der Eignung.

Von den Maries, Annas und Marthas meiner Kinderzeit sind mir nur wenige im Gedächtnis geblieben, doch weiß ich noch, dass die Trennung von meiner ersten Marthel, wohl der Betreuerin meiner frühesten Jahre, mir lange großen Kummer gemacht hat. Eine spätere Martha aus Schlesien, die wir auch sehr liebten, erzählte uns viel von den schwarzen Hereros und von ihrem Bruder, der bei der Schutztruppe in Südwest gegen die Aufständischen kämpfte. Das war wohl ums Jahr 1904.

Vorher, nach Helmuts Geburt 1902, wurden wir von einer richtigen Spreewälderin gehütet. Statt Marie nannten wir sie Mohrrübe. Man sah damals viele Spreewälderinnen in ihren weiten, bunten Röcken, den schön gestickten, weißen Schürzen und den großen, bunten Hauben, wenn sie ihre Schützlinge im Großen Garten spazieren fuhren. Auch eine ernstere, meist dunkelblaue, wendische Tracht konnte man öfters sehen. Unsere Marie kam direkt aus dem heimatlichen Kuhstall und alles in der Stadt war ihr fremd und neu. Sie war sehr unglücklich, als man von ihr verlangte, dass sie ihren kostbaren Sonntagsstaat zu unseren täglichen Spaziergängen anziehen sollte. Später schenkte sie mir eine echte Spreewälder Haube, auf die ich sehr stolz war. Diese Hauben bestanden aus großen, mit bunten Bauernblumen bedruckten und mit Fransen versehenen Wolltüchern. Auf einer Unterlage von steifem Papier wurden sie kunstvoll in die charakteristische Form gefaltet und mit Stecknadeln festgehalten.

Spaziergang mit Spreewälder Kindermädchen, 1903

Als wir größer waren, noch ehe Gerhard zur Schule ging, kam an einigen Nachmittagen in der Woche eine Fröbel-Kindergärtnerin, um sich mit uns zu beschäftigen. Fräulein Thieme, von uns Äulein oder Äule genannt, war ein rührend gutes – für uns viel zu gutes – rotblondes, hellhäutiges und etwas molliges junges Mädchen. Sie war so herzensgut, dass sie uns zu ständigen Neckereien reizte. Ich glaube, wir haben sie richtig gequält, obwohl wir sie eigentlich gern hatten. Wir hätten schon damals einer festeren Hand bedurft.

Zu den mehr oder weniger guten Geistern, die der Hausfrau gelegentlich zur Seite standen, gehörten auch die in regelmäßigem Turnus erscheinenden Hausschneiderinnen, Flickfrauen und Weißnäherinnen, die bei uns Kindern mehr oder weniger unbeliebt waren.

In dankbarer Erinnerung habe ich dagegen die bereits erwähnte Gemüsefrau. An gewissen Wochentagen, wenn es morgens klingelte, hieß es: „Das wird die Rendlern sein". Für uns Kinder war das ein Grund, eilig mit zur Wohnungstür zu laufen. Sobald geöffnet wurde, bot sich uns ein märchenhafter Anblick. Auf dem Steinboden des Treppenflurs, unmittelbar vor der Tür war ein sauberes Leintuch ausgebreitet.

Darauf lag alles, was die Jahreszeit an frischem Obst und Gemüse bot: Erdbeeren und frischer Salat, Spinat, Kirschen und Erbsen, in Dresden Schoten genannt, Johannisbeeren und Blumenkohlköpfe. Im Herbst gab es Äpfel, Birnen und Pflaumen, Möhren und Kraut. Mitten in den Herrlichkeiten kniete eine freundliche, junge Bäuerin, die „Rendlern", die, soviel ich weiß, aus der Cossebauder Gegend kam und das Gemüse selbst anbaute. In den frühesten Morgenstunden hatte sie ihren schweren Tragkorb, die bauchige Kiepe, zur Bahn geschleppt und war 4. Klasse „für Reisende mit Traglasten" in die Stadt gefahren, um ihre Kunden zu besuchen. Todmüde fuhr sie wahrscheinlich abends mit leerem Korb und wenigen verdienten Pfennigen wieder heim. Doch davon wussten wir Kinder nichts. Wir bestaunten die Herrlichkeiten und freuten uns auf das Obst und die frischen Eier, die Mutti kaufte. Wenn die freundliche Frau uns schließlich eine Kirsche, eine Schote oder ein Radieschen schenkte, waren wir glücklich.

Außer den Gemüsefrauen kamen auch die Waschfrauen überall in die Häuser, um die Feinwäsche, die Bett- und Tischwäsche und die Herrenhemden abzuholen und zurückzuliefern. Überall in der Stadt sah man die mit zwei bis drei Tragkörben schwer beladenen Handwägelchen, die durch die Straßen gezogen wurden. Vor manche war ein großer Hund gespannt, wogegen der Tierschutzverein mit Recht protestierte. Wie die Menschen sich quälten, danach wurde nicht gefragt. Es war ja ihr Beruf.

Unsere Waschfrau kam aus Bühlau, das noch hinter dem Weißen Hirsch liegt. Sie nahm die von Mutti persönlich sorgfältig gezählte Wäsche mit und brachte sie gestärkt und geplättet zurück, wobei wieder im Wäschebüchlein nachgezählt wurde, ob auch alles dabei war. Meine Mutter seufzte dann jedes Mal über das große Loch, das die Wäsche in ihre Haushaltskasse gerissen hatte. Sicher waren es nur Beträge von wenigen Pfennigen pro Stück, die die Waschfrau für alle Mühe berechnen konnte, aber unser Haushalt war groß und Muttis Wirtschaftsgeld meist knapp bemessen.

Auch einige Männer gehörten zu den regelmäßig auftauchenden Freunden unserer Kinderzeit. Das Erscheinen der Postboten und Schornsteinfeger, bei uns Briefträger und Essenkehrer genannt, erfreut wohl auch heute noch die Großstadtkinder.

Einen Vertreter der uralten Handwerkerzunft der Leineweber wird man kaum noch finden. Wie bereits erwähnt, hatte Mutti, aus Liebhaberei und einer Mode der Zeit entsprechend, als junges Mädchen und wohl noch in der ersten Ehezeit, auf ihrem schönen, aus Pflaumenholz gedrechselten und mit Elfenbeinknöpfen verzierten Spinnrad gesponnen. An diesem Rad, das noch lange Zeit im Kinderzimmer stand, machten wir unsere ersten technischen Beobachtungen.

Hin und wieder erschien ein uralter Handweber aus der Lausitz mit seiner Tragkiepe auf dem Rücken. Er sammelte Aufträge und bot seine Ware an. Es waren wunderschöne Damastmuster und Bildwebereien darunter, die wir sehr bewunderten. Wenn ich nicht irre, hat er aus dem von Mutti gesponnenen Flachs das schöne Tischtuch mit dem Eichenblattmuster gewebt, das in der Weihnachtszeit auf unserem runden Esstisch liegt. Er war wohl einer der letzten Vertreter seiner wahrscheinlich nun ausgestorbenen Zunft.

Eine besondere Freude war es für uns immer, wenn der Herr Boitz kam. Er pflegte in den Abendstunden zu erscheinen, denn tagsüber arbeitete er als Tischler in einer Fabrik. Er war ein sehr geschickter Mann. Alle unsere zerbrochenen Spielsachen durften wir ihm bringen. In der Weihnachtszeit half er Vater bei dessen Bastelarbeiten. Herr Boitz war wohl auch im Wesentlichen der Schöpfer der von den Eltern dann bunt gemalten, großen Holzeisenbahn, mit deren 23 Wagen wir sehr gern und viel spielten. Als letzter Benützer rasselte mein zweijähriger Sohn Hartmut mit dem langen Zug aus sämtlichen Wagen durch die große Wohnung und rund um den Esstisch, gerade als sein Großvater andachtsvoll den Rosenkavalier in Rundfunk anhören wollte.

Auch auf der Straße hatten wir Freunde, die wir allerdings nur vom Sehen und aus der Entfernung kannten, nach denen wir aber oft geduldig ausspähten.

Als Ausguck diente uns im Winter und abends das breite Fensterbrett im Kinderzimmer. Hier konnten wir stundenlang sitzen und auf die so tief unter uns liegende Straße herabsehen. Im Sommer benützten wir als Beobachtungsstand den Balkon vorm Esszimmer. Fast an jeder der umliegenden Mietswohnungen waren solche schmalen, nur gerade stuhlbreiten und vielleicht zwei bis drei Meter langen Schwalbennester angeklebt. Uns musste dieser kleine Balkon den Garten ersetzen. Hier verbrachten Gerhard und ich in der Sommerzeit manche Stunde an unserem hellgrünen Kindertischchen mit unseren kleinen Stühlchen. In den Blumenkästen über unseren

Köpfen zog Mutti Stiefmütterchen, Geranien und Kresse, deren blühende Ranken bis zu uns herabhingen. Wir liebten diese leuchtenden Blumen sehr. Oft pressten wir unsere Gesichter an die rußigen Eisenstangen des Balkongeländers, damit auf der Straße nichts unseren Blicken entging. Es gab ja so viel zu sehen!

Da kamen die Straßenkehrer in ihren blauen Leinenkitteln mit den großen Besen und walteten ihres Amtes. Im Sommer fuhr manchmal der von Pferden gezogene, blaue Sprengwagen langsam durch die Straße und weckte bei uns die leider nie erfüllte Sehnsucht, nur ein einziges Mal barfuß mit unten sein zu dürfen.

Rotbemützte Dienstmänner mit ihren Karren und vielen Koffern darauf sahen wir häufig. Vom Hauptbahnhof kommend, mussten sie ihre Fracht oft weit bis in die Wohnungen der Reisenden bringen. Noch interessanter waren die richtigen Möbelwagen mit den gelb gekleideten Chaisenträgern. Einmal rief uns Papa schnell ans Fenster. Da trugen zwei Chaisenträger doch noch eine richtige kanariengelbe Sänfte durch die Straße. Alte Damen, meist der Hofgesellschaft, pflegten dieses Beförderungsmittel hin und wieder noch zu benützen. Die weniger altmodischen Menschen nahmen dagegen Pferdedroschken. Gelbräderig und leise fuhren die der „I. Güte" vorbei. Rappelnd und rumpelnd kamen die billigeren blauräderigen der „II. Klasse" daher.

Am Getrappel vieler Pferdehufe und dem kaum hörbaren Rollen der Gummiräder erkannten wir schon von weitem die Königliche Kutsche, die, wohl auf der Fahrt zum Schloss in Strehlen, öfters durch die Sidonienstraße fuhr. Manchmal saß der König selbst darin, ohne Krone leider, aber mit seinen schönen, roten Mantelaufschlägen. Manchmal waren die drei Prinzen im Wagen oder, was mich natürlich besonders interessierte, die mit mir gleichaltrige Prinzessin Margarete mit ihren beiden jüngeren Schwestern. Alle drei waren in weiße Mäntelchen und Hüte gekleidet, so wie wir sie auch später öfters beim Schlittschuhlaufen auf dem Carolasee sahen.

Damals war für uns der König noch genau so interessant wie der Fliegentütenmann. Hörten wir im Sommer schon von weitem den Ruf „Fliejndieten, Fliejndieten!", so waren wir nicht mehr zu halten. Der Fliegentütenmann kam! Er trug einen langen Stab, an dessen Ende, wie eine facettierte Halbkugel, ein Büschel Fliegentüten hing. Diese, etwa 30 cm hoben, spitzen Papierkegel hatten lauter verschiedene Farben. Infolge des Fliegenleimüberzugs leuchteten sie herrlich. Wir bekamen einige Groschen in die Hand gedrückt und sausten, so schnell wir nur konnten, die Treppen hinab, um den Mann noch zu erwischen. Dann durften wir uns die schönsten Tüten aussuchen, wobei der Entschluss manchmal schwer fiel. Schwierig war auch der Heimtransport. Wenn man nicht sehr vorsichtig war, klebte unversehens eine Haarsträhne oder ein Ärmel an dem spitzen Ding. Die Fliegentüte wurde dann als Schmuck mitten auf den Esstisch gestellt und die armen Fliegen zappelten sich vor unseren Augen tot.

Im Sommer wurde die Stadt manchmal von Obstverkäufern überschwemmt. Auf großen, von Hand geschobenen Tafelwagen waren die Früchte der Jahreszeit bergartig aufgeschüttet, so, wie sie in der Umgebung der Stadt gepflückt oder aus dem Elbkahn oder dem Eisenbahnwagen ausgeladen worden waren. Da gab es Erdbeeren und Spargel aus der Lössnitz, herrliche Kirschen von den Alleen der Räcknitzhöhen oder den Elbhängen bei Cossebaude, Heidelbeeren aus Böhmen oder Schlesien, böhmische Zwetschgen, Äpfel und Birnen.

Hier kaufte Mutti ihre Einkochvorräte. Kirschen zu 10 bis 15 Pfennig das Pfund, Pflaumen manchmal zu nur 4 Pfennig, Rettichbirnen für 10 Pfennig, die gleich mit dem Stiel in Essigwasser eingekocht wurden, und zum Rohessen, die von uns so ganz besonders geschätzten, rundlichen, bronzegelben Blankbirnen, die ich später nirgends wieder sah.

Im Winter wurden die Lampen erst angezündet, wann es richtig dunkel war. Vorher, in der Dämmerstunde, wenn es zum Spielen nicht mehr hell genug war, saßen wir besonders gern auf dem Fensterbrett und schauten auf die Straße hinab. Dann kam der Laternenmann gegangen mit seiner langen Stange, zog an einem Kettchen – und gleich brannte die Laterne mit ihrem gelbgrünen Gaslicht.

Das erregendste Schauspiel, was uns die Straße bot, war das Vorbeisausen der Feuerwehr. Hörten wir das Tatü-Tata, so waren wir im Nu auf dem Balkon oder Fensterbrett. Zwei oder drei lange, rote Wagen mit großen Leitern darauf und goldbehelmten Feuerwehrleuten, von schwarzen, schnellen Pferden gezogen, brausten vorbei. Besonders in der Weihnachtszeit sahen wir sie öfters. Die Eltern sagten dann wohl: „Schon wieder ein Christbaumbrand!" und uns wurde noch einmal besonders eingeschärft, nicht zu „gogeln", d.h. nicht mit den Feuer zu spielen.

Einmal hätte ich aber doch fast einen Christbaumbrand hervorgerufen. Ich war damals vier oder fünf Jahre alt und spielte im Weihnachtszimmer mit meinem erzgebirgischen Engel, dessen beide Kerzen brannten. Wahrscheinlich machte ich Dummheiten und sollte die Lichter auslöschen. Das passte mir nicht. Als man wir daraufhin meinen Engel wegnehmen wollte, kroch ich schnell mitsamt dem brennenden Engel unter den Christbaum, der vom Fußboden bis zur Zimmerdecke reichte.

Ehe aber ein Zweig Feuer fangen konnte, war meine Haarsträhne, die ich seitlich mit einer großen Seidenschleife aus dem Gesicht gebunden trug, in Flammen aufgegangen und das Kindermädchen rettend eingeschritten. Ich kam noch einmal mit den Schrecken davon, der saß mir aber lange in den Gliedern.

Zwei oder dreimal erlebten wir den Blick aus dem Fenster auf die Straße auch mitten in der Nacht, so schien es uns wenigstens. Vater kam plötzlich ins Kinderzimmer, riss uns aus tiefstem Schlaf, wickelte uns eilig bis über die Ohren fest in unsere roten Steppdecken und trug uns durch den langen Flur in sein Sprechzimmer. Hier legte er uns drei Pakete dicht bei dicht in das geöffnete Eckfenster. Wenn wir noch nicht hellwach waren, so wurden wir es nun: Gesang scholl von der Straße herauf und ein langer, langer Zug von Flammen wälzte sich die Lüttichaustraße entlang. Die Studenten der Technischen Hochschule brachten ihrem scheidenden Rektor ein Ständchen mit Fackelzug. Die nächtliche Stunde, das rotgelbe Licht der Pechfackeln, die Studentenlieder – es blieben unvergessliche Eindrücke.

Tageslauf und Spiele

Von unserem Tageslauf in diesen ersten Lebensjahren ist nicht viel zu berichten. Er hat sich von dem der heutigen Kleinkinder wohl kaum wesentlich unterschieden.

Lange Zeit musste ich vormittags noch einmal schlafen. Dabei durfte ich das „Butterbemmchen" (belegtes Brot), das ich zum zweiten Frühstück bekam, mit ins Bett nehmen. Einmal las ich den Schweizerkäse, den ich nicht mochte, herunter und war sehr erstaunt, ihn beim Aufwachen ganz verändert, hart und glasig an meinem Bein klebend zu finden.

Nachdem wir den Rest des Vormittags wohl mehr oder weniger unnütz verbracht und danach mit den Eltern zu Mittag gegessen hatten, mussten wir, wenn es das Wetter nur irgend zuließ, mit unserem Kindermädchen spazieren gehen. Nach der Rückkehr konnten wir noch etwas spielen. Vor dem Schlafengehen, wenn die Sprechstunde vorbei war, durften wir uns auf dem Korridor noch einmal richtig austoben. Auf diesen Augenblick freuten wir uns immer ganz besonders. Es war eine Art Bodengymnastik mit Purzelbäumen, Schiebkarrenlaufen und ähnlichem, die wir dann betrieben.

In den Jahren vor unserer Schulzeit frühstückten wir wochentags in Muttis Zimmer. Im Gegensatz zum Esszimmer, in dem wir sonntags frühstückten, nannten wir den Raum darum das „Montagszimmer". Als Frühstücksgast kam Gerhards Kanarienvögelchen Hansi angeflogen und pickte zu unserer Freude die Krumen auf. Später ist er einmal durchs geöffnete Fenster davongeflogen. Das war ein großer Kummer für uns Kinder. Er war so zutraulich und lieb.

Das konnte man von einem anderen Vogel, den wir vorher kurze Zeit besaßen, nicht behaupten. Patienten, die ihn wahrscheinlich los sein wollten, hatten uns einem wunderschönen, rot-blau-gelben Papagei, Papchen genannt, geschenkt. Wir waren entzückt und wollten ihn natürlich füttern. Böse Schnabelhiebe, die er an Gerhard und mich austeilte, verminderten unsere Zuneigung. Die meines Vaters verlor er bald ganz. Wenn wir alle um den Esstisch versammelt waren und mein Vater dringend etwas Ruhe brauchte, fing das Biest regelmäßig an, mörderisch zu kreischen. Ärgerlich warf mein nervöser Vater zunächst sein Mundtuch über den Käfig. Als das nichts half, riss ihm die Geduld und er schüttete wütend das Wasser, das auf dem Esstisch stand, über den schreienden Vogel. Danach wurde das liebe Tier dem Zoo geschenkt.

Der Sonntag wurde – außer durch das festliche Frühstück im Esszimmer – auch noch durch allerlei andere Zeremonien besonders hervorgehoben.

Zunächst zog Papa feierlich die große Standuhr mit den beiden blanken Messinggewichten auf. Dann ließ er die Uhr zu unserer Freude schlagen, indem er an einem kleinen Schnürchen zog. Sie hatte einen schönen Klang. Ich gäbe etwas darum, wenn ich sie noch einmal hören könnte. Wahrscheinlich würde meine ganze Jugend im Elternhaus wieder lebendig. Nun, die Uhr ist – wie alles andere auch –1945 in Dresden verbrannt.

Nach dem Uhraufziehen holten wir unsere hübschen, handgehämmerten Kupfersparbüchsen. Vater hatte viel Geschmack und schenkte uns stets schöne und gediegene Gegenstände, auch in jener Zeit, in der sowohl die Gräuel des ausgehenden 19. Jahrhunderts als auch die Auswüchse des beginnenden Jugendstils den Markt beherrschten. Jedem wurde ein Nickelgroschen in die Sparbüchse gesteckt. Kupferpfennige ernteten wir außerdem hin und wieder.

Das Sonntagsfrühstück unterschied sich von dem alltäglichen dadurch, dass wir nicht die üblichen drei Eckchen Zeilensemmel mit Butter, sondern, ein Dreierbrötchen bekamen. Manchmal wurde es halbiert, in der Mitte ausgehöhlt und oben eine Dachluke hinein geschnitten, aus der dann ein Stück Brotrinde als Essenkehrer hinaussah. In dieser Form schmeckte die Semmel natürlich doppelt so gut. Aus den Zeilensemmeln wurden Butterhöhlen gemacht, d.h. je ein Eckchen wurde ausgehöhlt dick mit Butter gefüllt und mit dem herausgeholten Pfropf wieder verschlossen. Manchmal durften wir auch „Kuchenbacken", d.h. unsere Semmel in unsere Milchtöpfchen brocken – geradwandige Becher mit Henkel, ohne Untertasse. Dann wurde die Milch nach und nach weggelöffelt und der Semmelbrei immer fester zusammengedrückt, bis man ihn zuletzt stürzen konnte. Dieser Kuchen, dick mit Zucker bestreut, war ein besonderer Sonntagsgenuss. Weder Marmelade, noch Wurst oder Käse standen auf dem Tisch. Erst in späteren Jahren pflegte Papa einen großen Knochenschinken zu kaufen, der aber ausschließlich seinem eigenen Frühstück vorbehalten war, wenigstens solange wir noch klein waren.

Falls Papa sich sonntags nicht mit uns beschäftigen konnte, d.h. nicht mit uns wanderte oder eine Sammlung besuchte, so nahm sich Mutti sonntags besonders Zeit für Gerhard und mich. Helmut war damals noch ein Wickelkind.

Eine Zeitlang malte Mutti uns allsonntäglich reizende Papierpüppchen mit einer roten Korallenkette um den Hals, wie ich sie auch trug. Diese Püppchen durften wir dann ausschneiden und ihnen aus Seidenpapier Kleidchen machen. Manchmal durften wir sonntags auch mit echtem Töpferton kneten. Das war eine herrliche Schmiererei. Schlangen, Brezeln und Kugeln waren wohl zunächst unsere Hauptkunstwerke. Als später das Plastilin erfunden wurde, diente dies unserer künstlerischen Betätigung.

Wir hatten damals noch kein eigentliches Spielzimmer und verbrachten die Zeit zu Haus mit unseren Spielsachen in Muttis Zimmer, neben dem Esszimmer, dem so genannten Montagszimmer. Hier stand am Fenster ein Podium, Tritt genannt.

Das war Muttis Nähecke und unser Lieblingsfensterbrett, weil wir es von dem hohen Tritt aus gut erreichen konnten. Unser Kindertischchen mit den zwei grünen Stühlchen stand für gewöhnlich auch in diesem Zimmer und Mutti beaufsichtigte und leitete von ihrer Nähecke aus unsere Spielerei und Bastelei. Übrigens waren auch in unserem Schlafzimmer alle Möbel hellgrün gestrichen und mit einer roten Linie verziert.

Mancherlei Spielzeug ließ in unserem Kinderzimmer nie Langeweile aufkommen. Gerhard besaß, außer der schon erwähnten Holzeisenbahn mit den zwei Dutzend Wagen, einen großen Baukasten. Mein Vater hatte ihn eigens in Olbernhau im Erzgebirge bestellt. Die Bauklötze waren aus Eichenholz und hatten einen Querschnitt von etwa 3 mal 3 cm. Die größten waren wohl 30 cm lang. Später besaßen wir sogar zwei Kästen und konnten mit diesen vielen Klötzen ganz große und schwierige Bauten ausführen. Sicher länger als zehn Jahre waren diese Baukästen unser meistbenütztes Spielzeug.

Wir hatten auch einige Spielzeugtiere. Doch hatte meine Generation schon keine Beziehung mehr zu Pferden. Teddybären gab es noch nicht. Gerhard besaß einen großen, grauen Stoffelefanten, der aber von uns ziemlich misshandelt wurde. Vater schenkte dem sehr kleinen Helmut einen Holzdackel, den er auf irgendeiner modernen Kunstgewerbeausstellung gekauft hatte. Er war fast naturgroß, aus einem starken Brett geschnitten, so kantig belassen und auf Rollen gestellt. Wir nahmen ihn gern mit auf den Spaziergang, denn erstens machte er einen Heidenkrach, zweitens entrüsteten sich regelmäßig Erwachsene über das scheußliche, moderne Spielzeug. Heute würde er niemandem auffallen, denn jetzt sind alle hölzernen Ziehtiere in ähnlicher Weise kantig und stilisiert.

Mit meinen Puppen zog ich mich meist auf Muttis Tritt zurück. Zu meiner Christel, einer steifbeinigen Zelluloidpuppe, die ich als Zweijährige bekam, hatte sich inzwischen noch eine reizende Gliederpuppe mit Porzellankopf und blonden Flachshaaren gesellt. Eine Engländerin, Patientin von Papa, die ich einmal mit Mutti in ihrer Pension in der Sidonienstraße besuchte, schenkte mir diese Puppe, die ein hübsches, blaugrünes, schottisches Wollkleidchen trug. Nach der Spenderin nannte ich sie Eddi. Sie blieb meine Lieblingspuppe, solange ich überhaupt mit Puppen spielte.

Soviel ich mich erinnern kann, spielten wir nicht oft ruhig und beschaulich. Meist waren wir am Bauen und Werken. Wir brachten unser Zimmer heillos durcheinander. Dabei spielten große starke Pappen, die noch aus der Kinderstube unserer Mutter stammten, eine Hauptrolle. Es war etwa ein halbes Dutzend großer Wandbilder, etwa 80 mal 100 Zentimeter, so wie sie damals in den Schulen für den Anschauungsunterricht verwendet wurden. Merkwürdigerweise kann ich mich nicht mehr an die Bilder erinnern. Für uns waren sie in erster Linie Baumaterial. Hütten, Häuser, Ställe und Tunnel entstanden, wenn wir die Pappen rund um die Tische und Stühle lehnten. Ihre

Verwendungsmöglichkeiten waren unerschöpflich. Gerhard war nicht zu übertreffen im Ausdenken immer neuer Bauten und neuer Spiele. Ich machte blind und begeistert überall mit.

Manchmal gelang es Mutti, uns für einige Zeit still an unserem Kindertisch zu beschäftigen, vor allem, wenn wir uns Bilderbücher ansehen konnten. Wir besaßen einen großen Stoß, den wir immer wieder durchblätterten, um jedes Bild bis in die kleinsten Einzelheiten zu studieren. Außer den bereits erwähnten Zumbusch-Kinderlieder-Büchern liebten wir besonders den „Ball der Tiere", den wir fast auswendig kannten. Ein Osterhasenbuch, das noch aus Muttis Kinderzeit stammte, hatte ich sehr gern. Dagegen konnte ich den „Struwwelpeter" nicht leiden, weil er so grausam war. Auch „Max und Moritz" war mir unangenehm.

Neben den Bilderbüchern spielten auch die Malbücher eine große Rolle. Gern malten wir mit richtigen Wasserfarben und schnitten mit unseren stumpfen Scheren Bilderbogen oder Papierpuppen aus. Auch das Papierfalten und die Anfertigung von bunten Flechtblättchen machte uns Freude. Sonstige Fröbelsche Spiele fanden wir, so klein wir damals noch waren, einfach albern. So z. B. die Liedchen und Verse und das Gebaumele von Kugeln, Würfeln und Walzen an Fäden dazu. Gewisse Arbeiten mit Erbsen und Wurstspeilern, die man beim Fleischer kaufte, ließen wir eher gelten. Die Wurstspeiler, die man beim Fleischer kaufte, etwa 25 cm lange Holzstäbchen, waren überhaupt ein wichtiges Bastelmaterial für uns.

In diesen Jahren besaßen wir eine Wolfsmaske. Ich weiß nicht, woher sie stammte. Wir kannten sie genau. Wenn wir sie aber abwechselnd aufsetzten, konnten wir uns nie ihrer unheimlichen, magischen Wirkung entziehen.

Der „Wolf" hetzte seine kreischenden Geschwister rund um den Esstisch und durch die ganze Wohnung, bis die angstvoll Flüchtenden in irgendeiner Ecke nach Atem rangen. Dann wurde die Maske gewechselt und das Spiel begann in anderer Besetzung von neuem. Eine ähnliche Wirkung haben wohl noch heute die Masken der Tänzer bei primitiven Völkerschaften.

Vielleicht stand im Zusammenhang mit diesem Spiel eine Art Angsttraum noch vorm Einschlafen, der sich oft wiederholte. Eine Zeitlang, ich war wohl fünf oder sechs Jahre alt, sah ich abends, sobald Mutti die Petroleumlampe aus unserem Schlafzimmer geholt und uns Gute Nacht gesagt hatte, das ganze Zimmer voller wilder Tiere, die auf dem Fußboden an mich heran krochen und mich fressen wollten. Ich fürchtete mich, fand aber dann ein Mittel, das half: ich machte sozusagen einen Vertrag mit den Bestien, die mich erst fressen durften, wenn es ihnen gelang, mir eine unendliche Kette unzusammenhängender Silben nachzusprechen, die ich ihnen vorsagte – und worüber ich dann einschlief.

Bei einem anderen Traum, der sich mehrere Nächte hintereinander wiederholte, sah ich mein ganzes Bett voller Regenwürmer, eine scheußliche, rote, krabbelnde Masse. Ich rief Mutti. Erst, wenn sie mit dem Leuchter kam, verschwand der Spuk.

Ein dritter Traum, der sich öfters wiederholte, war mir lange unerklärlich. Ich sah abwechselnd eine dunkle wirre Masse und ein ovales, glattes, weißes Etwas. Als dieser Traum immer wieder kam, glaubte ich, das müsse etwas bedeuten, wie im Märchen. Sicher sollte ich mich für das eine oder andere entscheiden, vielleicht für ein glattes oder ein verworrenes Leben? Ich schwankte, die glatte Sache schien mir langweilig, doch hatte ich schließlich nicht den Mut, die Wirrnis zu wählen.

Dreißig Jahre später, als ich eines meiner Kinder badete, wurde ich wieder an diesen Traum erinnert. Vor mir lag, glatt und weiß die Babyseife, dunkel und wirr der Schwamm. Einst hatte ich wohl oft zugesehen, wie meine kleine Schwester gebadet wurde. Der optische Gegensatz dieser beiden Badeutensilien hatte sich unbewusst so stark eingeprägt, dass das Bild nachts wiedererschien, ohne dass ich die Gegenstände wieder erkannte.

Allen unseren Spielen war ein starker Bewegungsdrang eigen, der durch das artige Spazierengehen und das abendliche Austoben nicht voll befriedigt wurde. Wir waren nicht für eine Stadtwohnung im zweiten Stockwerk eines Mietshauses geschaffen.

Mein Vater, dem unsere Gefangenschaft wohl Leid tat, versuchte unseren Bewegungsdrang durch entsprechendes Spielzeug zu befriedigen. Schon sehr früh hatte er uns eine große Rutschbahn geschenkt. Diese wurde abends im Vorsaal aufgebaut, sobald die Sprechstunde vorüber war und wir uns austoben durften. Sie bestand aus einem niedrigen Bock und mehreren, mit Scharnieren verbundenen, zusammenlegbaren, langen Schienenstücken. Alles war aus Holz, auch der Wagen, ein schlittengroßes Brett mit vier Holzrädern. Mit einem ordentlichen Schubs sauste man vom Bock hinunter, die Schienen entlang und noch weit in den langen, langen Korridor hinein. Später genügte uns das nicht mehr und wir banden den Bock auf unseren Kindertisch oder ersannen sonstige Aufbauten, wobei natürlich auch allerlei Stürze nicht ausblieben. Das pflegte uns nicht abzuschrecken. Wir waren wohl eine ziemlich harte, kleine Gesellschaft.

Auch eine Schaukel hatten wir in einem der hohen Türrahmen. Wir pflegten von ihr abzuspringen, wenn sie im höchsten Schwung war. Die Mieterinnen unter uns, zwei freundliche Pensionsinhaberinnen, Fräulein v. Parrot, schickten erst herauf, wenn der Kalk von der Decke fiel.

Auf der Straße durften wir nicht spielen. Es wäre höchst ungehörig gewesen, mehr unpassend als gefährlich, denn der Straßenverkehr war damals auch für ein Kind noch zu übersehen. Aber im Spiel mit „Straßenkindern" hätten wir ja „schlechte Ausdrücke" kennen lernen können. Nun, wir hatten trotzdem den Schimpfwortschatz, den wir zum täglichen Leben benötigten. Mein Bruder Helmut besaß ihn sogar in wohlgeordneter Reihenfolge. Nicht die Schwere des Ausdrucks sondern die Anzahl der verwendeten Kettenglieder drückte den Grad seiner Wut aus. „Ochse-Esel-Rindvieh" so begann die Reihe, der so vielseitig verwendbare „Idiot" war damals noch nicht erfunden und auch das Wort „doof" kannte man noch nicht.

So wuchsen wir vollkommen ohne Umgang mit anderen Kindern auf und waren ganz auf die Geschwister als Spielkameraden angewiesen. Nur kurze Zeit hatten wir in der Nebenwohnung einen gleichaltrigen Kameraden, Werner Meding. Schon nach kurzer Zeit zog die Familie nach Blasewitz und ich traf Werner erst in der Tanzstunde wieder. Von nun an blieben wir Geschwister allein.

Gerhard, der Älteste, war unbestritten unser Anführer, dem wir zu folgen hatten, auch wenn er seine Macht manchmal etwas tyrannisch ausübte; Gerhard, bis zur Schule Männe genannt, sorgte jedenfalls dafür, dass in unserem Kinderzimmer immer Hochbetrieb war. Ich folgte ihm durch dick und dünn, stets bereit, auf jeden Vorschlag einzugehen. Lebhaft, fahrig und übereifrig, wie ich wohl war, folgten meine Beine oft nicht schnell genug meinen Gedanken. Dabei fiel ich meist mehr hin, als dass ich lief. Mutti nannte mich deshalb „Schusselputtel", woraus in der gekürzten Form „Putte" oder „Putt", mein Kindername, entstand.

Bruder Hans Helmut, zwei Jahre jünger als ich, wurde kurz „Bübchen" dann „Büb" genannt. Er zählte bei unseren Spielen zunächst noch nicht mit. Er wurde erst ein brauchbarer Spielkamerad, als Gerhard schon zur Schule kam. Er war da zweieinhalb Jahre alt, stand fest auf seinen Beinen und wollte ernst genommen sein. Ich verdanke ihm damals eine ungerechte Züchtigung, die ich nicht vergessen konnte. Ahnungslos und vertieft saß ich spielend auf dem Fußboden des Kinderzimmers, als die Tür plötzlich heftig geöffnet wurde, Vater hereinstürmte und mir eine mächtige Ohrfeige verabreichte, weil ich nicht auf Helmut aufgepasst hätte. Ich wusste gar nicht, was los war, denn Büb war gar nicht im Zimmer gewesen. Ich glaubte, er schliefe noch. Das Bürschchen war, unbemerkt von den Erwachsenen, inzwischen so groß geworden, dass er die Türklinken erreichen könnte. Vielleicht war er auch auf einen Stuhl geklettert. Jedenfalls war er davongelaufen, die zwei Treppen herunter, immer weiter auf der langen Lüttichaustraße, über alle Querstraßen hinweg. Erst an der Bürgerwiese hat ihn dann jemand eingefangen und heimgebracht.

Erzieherisch war es sicher ein großer Fehler, uns bis zum Schulbeginn ohne Kameraden zu lassen. Es fiel uns schwer, uns in die Gemeinschaft ein- und vor allem unterzuordnen und im Spiel auch andere Wünsche zu berücksichtigen oder Schwächere zu achten.

Auch unseren Kindermädchen und später dem Äulein haben wir es nicht leicht gemacht. Wir waren sicher nicht bösartig, aber doch weit entfernt von dem Idealbild eines „artigen" Kindes. So blieben Strafen nie aus. An einigen wenigen unserer damaligen Erzieherinnen, die über angeborenes pädagogisches Talent verfügten, und unseren in der engen Stadtwohnung brachliegenden Unternehmungsgeist in die rechten Bahnen zu lenken verstanden, hingen wir sehr. Die anderen, die versuchten, uns durch Strafen zu bändigen, haben nicht viel erreicht. Ein artiges Großstadtkind in jenen Tagen war ein Kind, das sich ganz mit dem Zustand der Gefangenschaft abgefunden hatte. Wir haben das nie gekonnt.

Zu den beliebtesten Strafen gehörte es damals, ein ungehorsames Kleinkind in die Zimmerecke zu stellen, Gesicht zur Wand. Erst, wenn es um Verzeihung bat, durfte es wieder „aus der Ecke". Sehr früh erwachte da unser Trotz. Um keinen Preis baten wir um Verzeihung (und es fällt mir noch bis heute schwer.) Lieber blieben wir in der Ecke, wohl wissend, dass uns die Erwachsenen spätestens zur nächsten Mahlzeit wieder begnadigen würden. Mein gewitzter Bruder Gerhard hatte mir verraten, dass das Zählen des Tapetenmusters ein gutes Mittel gegen Langeweile beim Eckenstehen sei. Auf diese Weise habe ich wahrscheinlich frühzeitig gute Fortschritte in der Kunst des Zählens gemacht.

Als wir größer wurden, beliebte es unseren Kindermädchen – wahrscheinlich ohne Wissen der Eltern –, wenn Gerhard und ich uns zankten, uns alle beide oder auch einzeln in die Rumpelkammer einzusperren. Jede Wohnung besaß damals eine solche dunkle Abstellkammer. Sobald man sich an die Dunkelheit etwas gewöhnt hatte, konnte man aus den dort verstauten mit großen Tüchern zugedeckten Schließkörben und Koffern herrliche Höhlen bauen. Manchmal störte die Entlassung aus dem Gefängnis uns im schönsten Spiel, von dem wir natürlich nichts verrieten. Einfallsreich und tätig, wie wir waren, fanden wir stets etwas, was uns vergnügte. Leider wurde die Rumpelkammer bald (1906) in ein fensterloses Bad umgewandelt.

Unsere Hauptsünden waren wohl Streit untereinander und Ungehorsam gegenüber den Erwachsenen. Wenn sich in schlimmen Fällen eines unserer Mädchen sogar bei unserem Vater beklagte, nahm er stets Partei für unsere Erzieher. Das hat uns oft verbittert. Er kannte keine Gnade und ohne lange nach dem Sachverhalt zu forschen, wurden wir ziemlich erbarmungslos durchgewalkt. War kein Stöckchen in Reichweite, so drückte er uns später einen Groschen in die Hand und wir mussten in der nächsten Drogerie, Ecke Struvestraße, selbst einen schönen, gelben, spanischen Rohrstock besorgen, mit dem wir dann erheblich verprügelt wurden. Uns tröstete dabei der Gedanke, dass Papa nach der Strafaktion den Rohrstock auf die Anrichte zu legen pflegte. War dann Gras über unsere Untat gewachsen, so holten wir den Stock vom Schrank und verarbeiteten ihn zu einem ausgezeichneten Flitzebogen. Die Pfeile bestanden natürlich aus Wurstspeilern, an die vorn kurze Stücke von Holunderzweigen zur Beschwerung gesteckt wurden. Von Vater hatten wir die Kunst der Anfertigung von Bogen und Pfeilen gelernt.

Wie Mutti uns zu strafen pflegte, daran kann ich mich nicht erinnern. Sie strafte wohl gerecht, und nur, wenn wir es verdient hatten. Das fanden wir ganz in der Ordnung.

Im Grunde erschienen uns die meisten der Strafen, die die Erwachsenen über uns verhängten, etwas albern. Wir glaubten aber, dass sie nun mal zu den Spielregeln der Erziehung gehörten und nahmen sie so hin. Dass wir die Strafe fürchteten oder um ihretwillen irgendetwas unterlassen hätten, daran kann ich mich nicht erinnern.

Japanischer Palais (Gertraude Gmeiner 1921)

Spazierwege, Stadtgänge, Wanderungen

Glücklicherweise spielte sich unser Leben nicht ausschließlich in den Zimmern eines zweiten Stockwerks ab. Die Eltern waren auf jede Weise bemüht, etwas Auslauf für uns zu schaffen, in dem wir mehr Freiheit hatten, als auf dem täglichen Spaziergang. So verabredeten sie mit unserem Hauswirt, dass wir in besonderen Fällen in seinem nie benutzten Garten inmitten des Häuserquadrats – von uns nach dem Besitzer Frankes Garten genannt – spielen durften.

Viel konnten wir in dem kleinen Stückchen mit den drei Wegen und zwei Rhabarberrabatten nicht anfangen. Schwarz vom Eisenbahnruß kamen wir meist wieder herauf. Aber etwas mit Bällen oder Kreiseln, ja sogar mit dem Krokett konnten wir uns dort doch beschäftigen. Das größte Erlebnis in Frankes Garten war für uns die Entdeckung, dass in einem sehr alten Mäuerchen, das diesen Garten von dem Nachbargrundstück mit den Robinien trennte, eine Schlange wohnte, eine richtige Ringelnatter mit gelben Bäckchen. Lange, lange standen wir manchmal vor dem Loch und warteten – meist vergeblich – auf ihr Erscheinen.

Nicht lange dauerte dieses Gartenglück. Bald beschwerten sich die alten Fräulein Nötzold, die ein Wäschegeschäft und eine Nähstube unterhielten, in der viele, fleißige junge Mädchen sticheln mussten, ihre Arbeitskräfte würden durch uns abgelenkt. Man verlangte von uns auch hier „artige", ruhige Spiele, womit Frankes Garten jeden Reiz verlor.

Mutti war sehr glücklich, als wir die Erlaubnis erhielten, im Sommer den Garten von Bekannten der Großeltern zu benützen. Die Familie von Posern wohnte im Sommer monatelang auf dem Lande und ihr Haus in der nahen Beuststraße stand leer. Nun zogen wir nachmittags, mit Kinderwagen, unserem kleinen Handwagen, Spielzeug und Vesperbroten nach der Beuststraße. Einige schöne Nachmittage verbrachten wir in dem hübschen Garten; die blühenden Glyzinien an der Verandatreppe und die großen Weigelienbüsche auf dem Rasen sind mir unvergesslich geblieben. Schließlich aber machten wir uns wieder unbeliebt, weil wir dem Hausmeister Arbeit verursachten. Beim Spiel waren uns Bälle aufs Dach gefallen und hatten die Dachrinne verstopft, andere ähnliche Unglücksfälle kamen hinzu und nach diesen Ärgerlichkeiten blieb uns das Paradies verschlossen.

Spazierwege

Es blieb nichts anderes übrig, als die täglichen Spaziergänge in den Großen Garten wieder aufzunehmen. Für uns war dieses Paradies etwas fragwürdig. Da gab es nicht nur einen verbotenen Apfelbaum, sondern Gras, das man nicht betreten durfte, Bäume, die man nicht erklettern und Blumen, die man nicht pflücken durfte. Man lief Gefahr, mit dem Gesetz und seinen Hütern in Konflikt zu kommen, wenn einmal im Spiel ein

Ball auf den Rasen rollte. Aber, was half es. Wir wurden nett angezogen, mit der Weisung, uns möglichst nicht schmutzig zu machen. Die breite Schärpe, die die kleinen Mädchen damals auf allen ihren Kleidchen trugen, band Mutti mir immer noch mal selbst. Dann zogen wir mit dem Kindermädchen los, ängstlich darauf bedacht, nicht vom Wege abzuweichen, kein grünes Blättchen oder kleines Gänseblümchen zu pflücken, nicht zu schreien oder zu toben und schon gar nicht mit anderen Kindern zu spielen. Aus hygienischen Gründen (Tuberkuloseansteckungsgefahr) durften wir auch nicht in den Sandkisten auf den Spielplätzen buddeln. Nur auf den dort liegenden Baumstämmen balancierten wir eilig einmal entlang.

Es war uns auch verwehrt, die vielen Hunde, die gleich uns spazieren geführt wurden, zu streicheln. Meist trugen sie Maulkörbe, denn es herrschte häufig Hundesperre. Aus dem nahen Böhmen kamen immer wieder tolle Hunde über die Grenze und manche Geschichte wurde uns zur Warnung erzählt.

Mutti hat wohl manchmal aufgeatmet, wenn wir endlich alle sauber angezogen waren und das Spielzeug, das diesmal mitgenommen werden sollte – Bälle, Reifen, Puppenwagen oder Ziehtiere, endlich ausgewählt war. Zuletzt wurde der Kinderwagen oder später der „Sportwagen" aus dem Schuppen auf den Hof gezogen und das jeweils jüngste der Kinder drin verstaut. Dann setzte sich der kleine Zug endlich in Richtung Bürgerwiese in Bewegung.

Solange Helmut noch im Kinderwagen lag, schob ihn die Spreewälder Marie. Später borgte Mutti sich einen hohen Sportwagen mit zwei – wie in einer Luftschaukel – gegenüberliegenden Sitzen. Das war auch damals schon ein ungewöhnliches Gefährt. Beim Spaziergang musste ich zunächst laufen; wenn ich dann müde wurde, durfte ich mit einsteigen. Damals war ich etwa drei Jahre alt, doch kann ich mich noch gut an das große Vergnügen dieser Fahrerei erinnern.

Unser täglicher Weg führte uns meistens erst durch die Sidonien- oder Mosczinskystraße zur Beusstraße mit ihren schönen Ahornbäumen. An meiner späteren Schule von Frl. Kox vorbei gingen wir bis zu den Anlagen der Bürgerwiese. Wir betraten sie bei dem Standbild der Venus, die dem Amor die Flügel stutzt. Von Mutti ließen wir uns immer wieder die Geschichte erzählen. Wenn aber die große Fontäne im Teich neben dem Denkmal sprang, hatten wir für Amor keinen Blick. Am schönsten war die Fontäne, wenn die Sonne schien und wir die Regenbogenfarben in den Wasserschleiern bewundern konnten.

Am Teich selbst gab es eine Stelle, wo die Wasserratten zwischen den Ufersteinen hin- und herhuschten. Da konnten wir lange zusehen. Schließlich aber ging es weiter zur bronzenen Löwenmutter und der Menschenmutter, die bei der Sintflut ihre Kinder auf einen sehr kleinen Felsen retten. An dieser Stelle wurden die Bälle oder Reifen schnell einmal den schrägen Weg hinabgekullert, ehe wir weiter zogen. Am

Ende von Prinz Johann Georgs Garten, jenseits der Albrechtstraße, fing dann die Pappelallee an, mit ihren alten, ungewöhnlich starken Bäumen.

Am Anfang dieser Allee stand jahrelang der alte, weißhaarige Brezelmann, der wohl alle die Geschwistergrüppchen, die täglich an ihm vorbeigeführt wurden, kannte. Um seinen Hals und auf einen Brett vorm Bauch trug er große Ketten von Wasser- und von Schaumbrezeln. Wenn wir mit Großmutter Beschorner spazieren gingen, kaufte sie wohl von den hellen, ziemlich festen Wasserbrezeln. Die gab es dann abends mit Butter bestrichen oder in Vanillemilch eingebrockt als „Brezelmilch" zum Abendbrot. Die Schaumbrezeln waren sehr locker und schaumig, aber etwas fad. Wir haben sie nur selten bekommen. Beide Brezelsorten sah man nach dem Ersten Weltkrieg in Dresden nur noch selten. An anderen Orten sah ich sie nie.

Die große, breite Pappelallee, durch die keine Wagen fahren durften, war ein sehr beliebter Spielplatz. Oft fand unser Nachmittagsspaziergang schon hier sein Ende. Wir spielten mit Bällen, Reifen oder Stockreifen, kleinen Reifen aus Rohr, die mit einem Rohrstock in die Luft geschnellt und wieder aufgefangen wurden. Später, etwa 1910, wurde dieses Spielzeug durch das so ungemein beliebte Diabolospiel verdrängt.

Hinter den dicken Stämmen der uralten Pappeln versteckten wir uns gern. Wir spielten hier Kämmerchenvermieten, wohl auch einmal Kreisspiele. Manchmal sahen wir lange den Tennisspielern auf den durch die Pappelallee begrenzten „Lawn-Tennisplätzen" zu. Später spielten wir hier selbst manchen Satz.

Am anderen Ende der Allee, an der Lennéstraße, stand eine größere Limonadenbude, in der es auch rosa und weißen Pfefferminzzucker-Bruch gab, den wir oft sehnsüchtig betrachteten. Uns Kindern Naschereien zu kaufen, war aus erzieherischen Gründen streng verboten. Nur die Großmama Beschorner durfte das. Hin und wieder kaufte sie von den guten Karlsbader Oblaten, mit den eingeprägten Bildern darauf. Die Zeichnung eines Luftballons, einer Montgolfière, erfreute uns besonders.

Nun wurde unter größter Vorsicht – mehrfach rasten durchgegangene Pferde hier vorüber – die Lennéstraße überquert und der Dammweg am Kaitzbach erreicht. Dieser Weg war sozusagen das Rückgrat aller unserer Spaziergänge. Rechts hinter dem Bach lief das Gitter des Zoologischen Gartens entlang, das in der Hälfte des Wegs durch die interessante, eiserne Drehtür unterbrochen wurde. An ihr konnte man so gut herumklettern, aber nicht von außen in den Garten gelangen. Manchmal hörte man die Raubtiere brüllen oder einen Vogel schreien.

Zur Linken des Dammweges war eine kleine Grasböschung. Hier kullerten die Bälle nur zu gern hinunter. Das Betreten des Rasens war streng verboten und wir konnten unser Spielzeug nur mit klopfendem Herzen zurückholen. Mancher schöne, neue Geburtstagsball ging uns hier verloren. Auch mancher Stockreifen blieb in den Ästen eines Baumes hängen. Bei jedem Spaziergang begrüßten wir ihn wieder, bis die Herbststürme ihn dann einen Tages vom Baum geweht hatten.

Wir wagten nicht, gegen die Parkordnung zu verstoßen, denn die „Grünen", die Gartenpolizei war allgegenwärtig. Als Bruder Helmut später einmal erwischt wurde, als er einen Ball zurückholte, hatte er die Geistesgegenwart, auf die Frage nach dem Vater zu antworten „Polizeiarzt" Dr. Gmeiner. Mit einer Ermahnung und einem Gruß an den Vater ließ man ihn laufen.

Wenn wir uns nicht unterwegs zu sehr mit Spielen aufgehalten hatten, stießen wir wohl bis zum Carolasee vor, umrundeten ihn sogar manchmal. Da gab es Schwäne mit ihren Jungen, eine Brücke mit Blechplatten belegt, über die man mit großem Getöse trampeln konnte und von der aus wir die dicken Fische fütterten.

Manchmal gingen wir auch von der Pappelallee die Lennéstraße entlang am Sportplatz vorbei. In den ersten Jahren des Jahrhunderts umrundete ihn noch eine Radfahrbahn. Hier sahen wir die ältesten Fahrradmodelle mit einem großen Vorderrad und einem winzigkleinen Hinterrad. Auch tollkühne Damen konnte man hier bewundern, die in weiten Pluderhosen dem Radfahrsport huldigten.

Gingen wir auf der Lennéstraße weiter, so kamen wir bald an den Beginn der großen Allee mit den beiden Torhäuschen. In dem einen wohnten Patienten meines Vaters, die mich einmal zu einer Kindergesellschaft – der ersten meines Lebens – einluden. Ich kann mich noch gut an das Fest erinnern, aber natürlich nicht an den Ausspruch, den ich damals getan haben soll, als man mich fragte, ob ich noch ein Stück Kuchen wolle. „Erst esse ich Kuchen, dann Schlagsahne, dann noch mal Kuchen, dann gehe ich aufs Örtchen und dann esse ich noch mal Schlagsahne!"

Oft bogen wir erst in die nächste Allee, die Herkulesallee ein, nicht ohne die beiden mächtigen Herkulesgruppen und die neunköpfige Hydra zuvor genau zu betrachten und mit unseren kindlichen Kommentaren zu versehen. Äußerstes Ziel dieser Wege war der Palaisteich. Die Teppichbeete vorm Palais mit ihren bunten Blumen, fast unnatürlich sauber gehalten, die „Knöspchenbäume" (japanische Zierkirschen) vor den reizenden Kavaliershäuschen, die herrlichen, großen Kastanien in ihrer Blüte, der üppige Flieder und der einzigartige Rhododendronhain – unbewusst genossen wir schon damals die große Schönheit dieser Anlagen. Vor „Pollender" oder „Hofgärtner" tranken festlich gekleidete Menschen Kaffee. Wir aber strebten an den Teich, um der großen Fontäne zuzusehen oder die Goldfischchen und Schwäne zu füttern. Sehr müde zogen wir dann vom Spaziergang wieder heim.

Ich weiß nicht, in welchem Alter ich die gefährliche Größe erreichte. Bisher war ich immer unter den blauen Briefkästen mit den spitzen, eisernen Ecken hindurchgegangen ohne sie zu beachten. Ich träumte beim Heimtrotten oder guckte auf die großen Granitplatten des Bürgersteigs, um ja nicht auf eine Ritze zu treten, oder auch auf die übereck gestellten, quadratischen Kunststeinplatten, die wir in einer Art Rösselsprung zu begehen pflegten. Plötzlich passierte es. Ich rannte mit der Stirn gegen eine dieser grässlichen, scharfen Briefkastenecken und kam mit einem blutenden Loch im Kopf heim. Immer wieder hatte ich dieses Pech, von dem ich später noch manchmal träumte.

In späteren Jahren, als wir schon etwas älter waren und zur Schule gingen, waren wir die Bürgerwiese und den Großen Garten manchmal leid. Wir sehnten uns nach mehr Freiheit und unberührter Natur. Hatten wir gerade ein wanderfreudiges Kindermädchen, das vielleicht Heimweh nach den elterlichen Feldern und ihrer ländlichen Heimat hatte, so zogen wir durch die uns endlos erscheinende langweilige Werderstraße, vorüber an der damals noch neuen Lukaskirche zum Zelleschen Weg. Hier begann Land und Freiheit. Rechts und links wogten Getreidefelder, auch dort noch, wo wir in späteren Jahren mit Eifer selbst am Bau unseres ASV-Sportplatzes halfen.

Ein beiderseits mit Kirschbäumen bepflanzter, wahrscheinlich sehr alter Weg führte zum Stadtgut Räcknitz hinauf, mit seinen alten Mauern und den Steinkugeln auf den Torpfosten, die wir natürlich für Kanonenkugeln hielten. Wir wussten, dass wir uns auf geschichtlichem Boden befanden, dass hier zu Friedrichs des Großen und zu Napoleons Zeiten gekämpft worden war und vergaßen nie, dem schönen Moreau-Denkmal mit seinem großen Reiterhelm und den alten Eichen rund herum einen andächtigen Besuch abzustatten. Hier waren dem französischen General Moreau, gerade als er mit den Russen verhandeln wollte, beide Beine abgeschossen worden. Er selbst starb dann in einem der Höfe von Räcknitz, gleich hinter der Bismarcksäule. Ob aber der ganze Moreau oder nur seine Beine unter dem Denkmal ruhten, darüber waren wir uns nie einig.

Im Sturm wurde nun die letzte Steigung zur Bismarcksäule genommen. Jeder wollte zuerst die Stufen erklettert haben und auf den hohen Sandsteinsockeln um den Turm gelaufen sein. Wir sahen auf unsere unter uns liegende Vaterstadt hinab und waren glücklich, wenn wir manchmal in der Ferne die Berge der Sächsischen Schweiz, unserer eigentlichen Herzensheimat, sehen konnten.

Stadtgänge

Nicht alle Wege führten uns in Grüne. Auch in die so nahe gelegene innere Stadt kamen wir hin und wieder, zunächst vor allem, wenn wir mit Mutti unsere Großmütter besuchten.

Der Weg zu der Großmutter Gmeiner, die in der Nähe des Postplatzes wohnte, war für unsere kleinen Beine weit. Die Straßenbahnverbindung war ungünstig und wurde nur selten benützt. So haben wir die gute Großmama wohl nicht allzu häufig besucht, obwohl gerade sie der Abwechslung bedurft hätte.

Großmutter war schon in jener Zeit sehr schwerhörig und benutzte ein langes, schwarzes Hörrohr. Wir Kinder konnten uns kaum mit ihr unterhalten. Trotzdem liebten wir sie. Sie strahlte eine Güte aus, die auch wir Kinder empfanden. Meist saß sie in ihrem Großmutterstuhl am Fenster oder im Erker des Zimmers und strickte oder sah auf die belebte Annenstraße hinunter, auf einen Besuch hoffend. Das war ihr einsames Leben durch fast zwei Jahrzehnte.

Gegenüber der Wohnung stand das große Gebäude der Hauptfeuerwache. Wir standen meist am Fenster und hofften bei jedem Besuch auf das eilige Herausfahren der Löschzüge, ein Schauspiel, das wir mehrfach miterleben konnten.

Sobald wir kamen, wurde Großmutters Mädchen, die mit ihr und in ihrem Dienst alt gewordene Anna, hinuntergeschickt. In dem winzigen, im Nachbarhaus befindlichen Kauflädchen holte sie für uns erbsengroße, farbige Zuckerplätzchen, mit denen wir zunächst spielten und Muster legten, bis sie schließlich doch im Magen verschwanden.

Zu der Großmutter Beschorner, die sehr viel näher wohnte, gingen wir häufiger. Trotzdem stand sie uns wohl nie so nahe, denn die „Frau Hofrat" war um und um Respektsperson und wollte auch von ihren Enkeln als solche betrachtet werden. Mit unserer freien Erziehung war sie wohl manchmal nicht ganz einverstanden. Trotzdem gingen wir gern zu ihr. In den Jahren nach Großpapas Tod fühlte sie sich sehr verlassen und freute sich, wenn die Enkelkinder um sie waren. Für Mutti bedeutete es eine große Entlastung, uns tagelang versorgt zu wissen. So waren wir häufig in der Viktoriastraße. Großmama hatte damals eine Kanarienvogelzucht begonnen. In einem riesigen Vogelbauer waren viele mit Charpie – d.h. gezupfter alter Leinewand – gefüllte runde Körbchen als Nester. Großmutter hob uns hoch, dann konnten wir die brütenden Vögel und manchmal die Eierchen oder scheußliche, kleine nackte Vögelchen sehen.

Manchmal ging Oma, mit ihrem Näschen hoch in der Luft schnuppernd, spornstreichs auf die beiden Meißner Zwiebelmustervasen zu, die auf der weißen Marmorplatte des Mahagonitischchens vor dem großen Pfeilerspiegel zwischen den Fenstern des Esszimmers standen. Mit einem entrüsteten „natürlich" fischte sie dann eine tote Maus am Schwanz heraus. Die war an der olivgrünen Wollgardine hochgeklettert, in die hohe, glatte Vase gefallen und darin schmählich verendet.

Wenn Großmama nachmittags schlief, wurden wir zu den Mädchen in die Küche gesteckt. Hier durften wir mit dem Schneebesen Seifenschaum schlagen und dann mit Tonpfeifen Seifenblasen machen. Oma beschäftigte uns häufig mit Malen. Als Farbe stand allerdings nur das Preußischblau, das sie zum Vorzeichnen ihrer Weißstickereien und zum Schablonieren der Monogramme brauchte, zur Verfügung. Zum Ausmalen bekamen wir meist die Konfektionskataloge des Modehauses Renner vom Altmarkt. Alle Figuren erhielten nun preußischblaue Unterwäsche.

Manchmal spielte Großmama auch Bilderlotto mit uns – wie wir es einst mit dem guten Großvater getan hatten, dessen Platz am Esstisch noch immer freigehalten wurde. Wenn es dunkelte und wir noch nicht abgeholt worden waren, durften wir manchmal aus Bauklötzchen Schiffe bauen, auf die dann die letzten Lichtstümpfchen vom Weihnachtsbaum geklebt und angezündet wurden. Diese illuminierten Schiffe schoben wir auf dem Muster des Linoleumkorridorläufers entlang und unbekümmert unter den schwerem „Portieren" (Vorhängen) hindurch, die auf dem Flur hingen.

Manchmal hatte Großmutter eine besondere Überraschung für uns vorbereitet. In der Weihnachtszeit hatte sie leere Walnussschalen gesammelt. In diese wurde etwas Öl gefüllt und ein kleines Nachtlichtchen hineingesetzt. Das waren halbpfenniggroße, weiße Papierrädchen als Schwimmer, in deren Mitte ein kleiner Docht steckte. Dieser wurde angezündet und dann ließ man die ganze kleine, beleuchtete Flotte in einem großen Waschbecken zu Wasser, und sie musste sich gegen die von unseren kleinen Händchen erzeugten Wellen behaupten. Ein herrliches Spiel!

Wenn wir artig waren, ging Oma manchmal geheimnisvoll zu ihrem großen Mahagonischrank und holte zwei weiße Tütchen heraus. In dem einen befanden sich nach Vanille schmeckende dreieckige oder viereckige „Atlaskissen", in dem anderen „Rocks", walzenförmige, bunte Lutschbonbons, deren flache Seiten hübsche Blümchen zeigten. Davon bekamen wir dann zwei oder drei Stück. Mit Schokolade oder anderen Süßigkeiten wurden wir nicht verwöhnt, höchstens mal mit einem Riegel Kochschokolade, rot eingewickelt mit einem Kamelbild drauf, die aber gar nicht so sehr schmeckte.

Zum Abendbrot gab es bei der Großmutter immer besonders leckere Dinge. Die in Vanillesoße gebrockten Wasserbrezeln, Brezelmilch genannt, erwähnte ich schon. Manchmal bekamen wir „Appetitwürstchen" und zwar jedes ein ganzes! Das waren feine Mettwürstchen, ähnlich der sog. Teewurst, in der Größe kleiner Brühwürstchen. Das Stück kostete 7 Pfennige. Sie wurden daher auch Siebenpfennigwürstchen genannt. Man aß sie zu einer trockenen Semmel und – was das allerbeste dabei war – gleich aus der Hand.

Der Heimweg von den Großeltern in der Viktoriastraße zu uns in die Lüttichaustraße war ein besonderes Vergnügen. Im Winter war es schon dunkel, wenn wir abgeholt wurden. Dann gab uns die Großmutter bunte Papierlampions an kleinen Stöckchen mit auf den Weg. Welches Kind ist dabei nicht glücklich! Nachts schien uns die Stadt auch besonders festlich, obwohl es noch kein elektrisches Licht, wenig Schaufensterbeleuchtung und keinerlei Lichtreklamen gab. Aber die Straßenbahnen hatten leuchtende Glaskugeln auf dem Dach, so dass man schon von weitem sah, welche Linie kam. Da gab es die „Blaue", die „4", die an unserem Haus vorbeifuhr, später aber stillgelegt wurde, da gab es „Rote", „Grüne", und „Gelbe". Wundervoll war das und eigentlich auch recht praktisch.

Übrigens hatten wir auch damals schon eine Verkehrsampel. Sie hing an der Kreuzung Park- und Lennéstraße, an der Stelle, an der wir auf unserem täglichen Großen-Garten-Spaziergang oft vorbeikamen. Wie bettelten wir unsere Kinderfräuleins, doch noch zu warten, bis das rote, grüne oder blaue Licht wieder aufleuchtete. Jede Straßenbahn, die passieren durfte, hatte wohl ihre besondere Farbe.

Sehr frühzeitig hatte ich einen ausgesprochenen Drang nach Selbständigkeit. Die Eltern waren nicht ängstlich. Als vielleicht dreijährige Krott durfte ich mir allein ein kleines Zelluloidpüppchen in einem Seifengeschäft in der Mosczinskystraße kaufen. Mutti wollte mich zeichnen und ich hatte brav stillgesessen.

Bald durfte ich zu meiner großen Freude auch größere Wege allein gehen. So erlaubte man mir, als mein bisheriger Begleiter Gerhard zur Schule gekommen war, allein zur Großmama zu gehen. Das erste Mal lief ich stolz los, fand auch den richtigen Weg, die Straße und das Haus. Einem Wolf begegnete ich nicht, aber ich konnte die schwere Haustüre nicht allein öffnen. Auf den Gedanken, Vorübergehende um Hilfe anzusprechen, kam ich wohl nicht. Vielleicht war die morgendliche Straße auch menschenleer. Mir blieb schließlich nichts anderes übrig, als den ganzen Weg enttäuscht wieder heim zu traben.

In der ersten Zeit nach Gerhards Schulanfang vermisste ich den Spielgefährten sehr und wartete jeden Tag sehnsüchtig auf seine Heimkehr. Einige Male war ich früh mitgegangen, wenn Mutti ihren Ältesten zur Bürgerschule in der Ammonstraße gebracht hatte; ich kannte daher den Weg. Eines Mittags bat ich Mutti, ob ich Gerhard nicht ein Stück entgegenlaufen dürfte. Mutti erlaubte es, schärfte mir aber ein, nicht weiter als bis zur Pragerstraße zu gehen. Die kannte ich mit meinen vier Jahren noch nicht und fragte, welche das sei. „Das ist die mit den vielen Leuten und Wagen" sagte Mutti. Nun, ich trabte los und sah mich bei jedem Straßenübergang gut um.

Aber um diese Mittagszeit waren weit und breit weder Menschen noch Wagen zu sehen. Ich überquerte mit bestem Gewissen die verbotene Pragerstraße und lief immer weiter, die Sidonienstraße entlang, links in die Carolastraße und stand schließlich vor der Schule in der Ammonstraße. Wie erstaunt waren das Kindermädchen und Gerhard, die gerade aus dem Tor kamen!

Das war meine erste Bekanntschaft mit der Pragerstraße, die ich nun bald besser kennen lernen sollte. Mutti nahm mich in den beiden Jahren, die zwischen Gerhards Schulbeginn 1905 und meinem eigenen Schulanfang 1907 lagen, öfters mit zu ihren morgendlichen Einkaufsgängen in die Stadt. Helmut musste vormittags noch schlafen. Der Weg durch die Pragerstraße, die mir später so viel bedeuten sollte, machte mir immer große Freude. Wir wohnten nur einige hundert Meter entfernt von dieser Hauptschlagader Dresdens. Jeder Weg „in die Stadt" begann und endete unweigerlich auf der Pragerstraße. Später kannten wir sie in allen Einzelheiten. Das fiebernde Menschengewühl gab die Stimmung „der Stadt" so deutlich wieder, dass man sie wie von einem Barometer ablesen konnte. Gutes und schlechtes Wetter, die Jahreszeiten, Alltagsstimmung, Festtagsstimmung etwa vor Ostern oder vor Weihnachten, Krieg, Revolution, Frieden, Depressionen und Hochkonjunkturen – alles war hier spürbar in einem unnennbaren Fluidum. Die Zeit spiegelte sich in den Gesichtern, in dem Verhalten der Hunderte von Menschen, die durch die Straße fluteten. Erst hier erlebte man die Ereignisse richtig, wie mir schien, man fühlte den Pulsschlag der Zeit.

Hier tauchte ich am liebsten unter, wenn ich Sorgen hatte oder mich etwas bedrückte, hier musste ich schnell einmal entlang gehen, wenn ich besonders glücklich war. Nirgends konnte man seinen Gedanken so ungestört nachhängen, wie in diesem anonymen Menschengewimmel.

Zu Beginn des Jahrhunderts war die Pragerstraße am Vormittag noch still und ziemlich leer. Wenige Straßenbahnen fuhren bimmelnd hindurch. Einige vornehme Kutschen und elegante Menschen belebten sie. Wenn ich nicht irre, gab es sogar noch einen grünen, von Pferden gezogenen Omnibus, der die Pragerstraße durchfuhr.

Wenn Mutti mich mit zur Stadt nahm, so gingen wir zunächst die Sidonienstraße entlang und am Hotel Europäischer Hof vorbei, der für uns Kinder von einem Hauch der großen Welt umweht war. Das später gegenüberliegende Hotel Deutscher Hof war noch nicht erbaut. Von der Sidonienstraße bis zum Hauptbahnhof standen nur einige ältere Villen und viele Bauzäune. Dieses obere Stück der Straße war noch völlig uninteressant.

Nachdem wir an der Ecke, wo später sich das Café Rumpelmeyer befand, in die Pragerstraße eingebogen waren, strebten wir Kinder eilig hinüber auf die andere Straßenseite, um ja nicht die Auslagen das Spielwarenhauses B. A. Müller zu versäumen. Diese Schaufenster sind durch Jahrzehnte das Entzücken so mancher Kindergeneration gewesen. Wie märchenhaft war es in diesem schönen Geschäft, in dem es alles gab, was ein Kinderherz entzücken konnte, und zwar ausschließlich Qualitätsspielzeug, keinen Kitsch und keinen Ramsch.

Als Schulkinder machten wir hier die ersten selbständigen Einkäufe von unserem Taschengeld von monatlich einer Mark. Verlorene Schlittschuh- oder Rollschuhschlüssel mussten ersetzt werden oder ein kleines Geburtstagsgeschenk für die Geschwister wurde sorgfältig ausgesucht. Auch die Gewinne für die Verlosung bei unseren Kindergeburtstagsgesellschaften wurden hier ausgewählt, japanische Wunderblumen und Papierbälle, rote Fledermausdrachen, Geduldsspiele und Taschenmesserchen, wobei diese Geschenke, einem ungeschriebenen Gesetz zufolge, die 50-Pfennig-Grenze nicht überschreiten durften. Am liebsten wandten wir uns an Fräulein Schote, eine ältere Verkäuferin mit krausem, graumeliertem Haar, die mit sehr viel Verständnis und unendlicher Geduld bestrebt war, die Wünsche ihrer kleinen Kundschaft so gut wie möglich zu erfüllen. Sie beriet uns ernsthaft wie Erwachsene.

Hatte Mutti uns endlich von den Müllerschen Schaufenstern weggelockt, so kreuzten wir wieder die Straße, um auf das nächste herrliche Ziel, das Delikatessengeschäft von Lehmann und Leichsenring hinzusteuern. Diesem führenden Feinkosthaus verdankten wir mancherlei zoologische und botanische Kenntnisse. Hier sah man immer irgendetwas Neues und Interessantes, was je nach der Jahreszeit vor dem Schaufenster auf der Straße aufgebaut war. Da hingen Hirsche und Rehe, wohl auch einmal ein Wildschwein, Hasen in langer Reihe, Rebhühner und Fasane. Manchmal sahen wir auch Haselhühner, Birkhühner und Schneehühner, die vorm ersten Krieg wohl als Patientengeschenke hin und wieder auch auf unserer weihnachtlichen Tafel erschienen. Es gab auch Pfahlmuscheln und Austern, Krebse, Hummern und Langusten, sowie herrliches Obst. Schöngepackte Kistchen mit Trauben aus Tirol oder Italien, riesige Äpfel, Birnen und Pfirsiche, aber auch Melonen, Ananas und Apfelsinen. Später sah ich die erste Grapefruit hier. Nachdem wir insbesondere die großen, überquellenden Präsentkörbe genügend bewundert hatten, mussten wir uns trennen. Andere Ziele lockten noch.

Besonders gern ging ich mit Mutti in die Stoffgeschäfte, wenn sie einen neuen Kleiderstoff kaufte. Sie entschloss sich schwer und ließ sich viel zeigen, so dass ich Muße hatte, alles genau zu betrachten. Ich konnte mich nie satt sehen an den herrlichen Farben und Mustern. Im Seidenhaus Nanitz, etwa dort, wo später Dreßler war, war es besonders schön. Der Laden war so hell, ich glaube, er hatte ein Glasdach. Bei Nanitz bekam ich einmal wunderschöne Seidenreste geschenkt, die mich schon früh zum Nähen von Puppenkleidern anregten. Nach und nach entstanden viele, viele Puppensachen, zunächst für meine Puppenkinder, später für die meiner kleinen Schwester.

Nicht weit von diesem schönen Geschäft mündete die Ferdinandstraße in die Pragerstraße. Hier befand sich die Konditorei Fehre, deren berühmte Kranz- und Prasselkuchen hin und wieder für den Sonntagnachmittag besorgt wurden. Hier hatte vielleicht schon die Urgroßmutter Beschorner, die einige Häuser weiter in der Pragerstraße gewohnt hatte, ihre Semmeln gekauft.

Gegenüber, auf der linken Seite der Pragerstraße, kamen nun die großen Schaufenster des Modehauses Hirsch. Später, als junge Mädchen, wurden wir magnetisch von den schönen Auslagen eleganter Kleidung angezogen. In den frühen Jahren waren diese Schaufenster noch völlig uninteressant.

Unser Kleiderbedarf – soweit ihn nicht die Hausschneiderinnen mehr oder weniger geschickt anfertigten – wurde bei Nagelstock gedeckt, dem großen Haus der Kindermoden. Es war gut, aber auch sehr teuer. Wir gingen regelmäßig nur zum Ausverkauf hin, in dem damals wirklich die von der Jahreszeit übrig gebliebenen Stücke abgestoßen wurden. Einen ganzen Vormittag lang durfte ich anprobieren, dann wurde ein großes Paket mit Kleidern und Mänteln für uns Kinder zur Auswahl ins Haus gesandt. Dort wurde dann mit Papa endgültig gewählt.

An ein rosa Leinenkleidchen mit großem, weißen Spitzenkragen und schwarzer, breiter Schärpe kann ich mich noch gut erinnern, ferner an ein schwarzweiß gewürfeltes, rot gesmoktes Wollkleidchen, das ich als Sechsjährige trug und schließlich an ein weißes Stickereikleid aus Batist, das ich im Sommer 1907 zu Elfriedes Taufe bekam. Es blieb mein Festgewand für alle Kindergesellschaften, bis ich es schließlich restlos ausgewachsen hatte. In späteren Jahren wurde ich meist bei Mühlberg in der Wallstraße eingekleidet, soweit ich nicht Kieler Matrosensachen trug. Bei Mühlberg wurden auch im Frühjahr die neuen Ringelsöckchen, Wadenstrümpfchen genannt, sorgfältig ausgesucht. Zu jedem Sommerkleid passende, hellblaue, dunkelblaue, rote und die ganz bunt geringelten, die wir am liebsten trugen. Wenn wir neue Halbstrümpfchen hatten und anziehen durften, dann endlich war der Sommer da.

Zehn Jahre später führten meine Wege zur Konfirmandenstunde durch die Prager-, See- und Schlossstraße, hinüber zur Sophienkirche, der einzigen gotischen Kirche der Stadt. Nach dem bewegten Treiben in den Geschäftsstraßen empfand man doppelt die Ruhe und den Frieden der stimmungsvollen Sakristei, in der unser Unterricht stattfand.

Eine neue, wichtige Bedeutung gewann die Pragerstraße für uns in der Tanzstundenzeit. Man konnte fast sicher sein, stets irgendwelche Freunde oder neue und alte Lieben zu treffen

Auch später, sobald die Universitätsferien begannen, zog es uns magisch zuerst in die Stadt, d.h. auf die Pragerstraße. Besonders in der Weihnachtszeit, wenn sich die in der Ferne verstreute Dresdner Jugend wieder im Elternhause zu versammeln pflegte – der erste Gang galt der Pragerstraße, wenn man aus der Fremde heimkam. Da traf man die Altersgenossen und die Jugendfreunde auch der Geschwister und erfuhr alles, was sich in der Zwischenzeit ereignet hatte. Man machte Ferienpläne für gemeinsames Schlittschuh- oder Skilaufen, für Feste und Kinobesuche. Manchmal lud man Freunde auch sofort ein und brachte sie zum Abendbrot mit heim.

Mit Tränen sah ich 1949 die Pragerstraße wieder, die mir einst so viel bedeutet hatte. Weit und breit stand kein Haus mehr. Nur an den granitenen Randsteinen des Bürgersteigs konnte man die Querstraßen, die man einst so unendlich oft gegangen war, wieder erkennen. Hier, Ecke Ferdinandstraße hatte ich gestanden, als 1918 an einem trüben Dezembertag kurz vor Weihnachten die Dresdner Regimenter zurückkehrten. Ich hatte gesehen, wie manchem Zuschauer und manchem der Soldaten und Offiziere die Tränen über die Backen liefen. Hier und hier ..., ach, was für Erinnerungen stiegen auf!

Verstört stand ich 1949 an der zurück biegenden Ecke des Bürgersteigs vorm Modehaus Hirsch und sah, wie die Straßenbahn, die vom Hauptbahnhof kam, ohne auch nur ein einziges Mal anzuhalten diese menschenleere Wüste durchfuhr. Und das war einst die so berühmte Hauptgeschäftsstraße einer großen Stadt, meiner Heimatstadt.

Doch damals, 1905, als ich unbeschwert mit Mutti besorgen ging, ahnte niemand etwas von dem Schicksal, das genau 40 Jahre später Dresdens Innenstadt vernichtete.

An dem Ende der Pragerstraße, beim Bismarckdenkmal, war alles mit Bauzäunen versperrt. Hier, an der Ringstraße, war eine große Baustelle. Hier wuchs das Neue

Rathaus empor, das 1908 eingeweiht wurde. Wie stolz waren wir nach der Fertigstellung auf diesen Bau. Wie oft blickten wir an dunklen Winternachmittagen oder nachts, auf dem Heimweg von irgendeinem Fest, nach den weithin leuchtenden Uhren am Rathausturm, die wie Eulenaugen über der Stadt wachten. Wie freute uns beim Vorbeigehen stets der betrunkene Rathausesel von Bildhauer Wrba! Noch steht der Herkules auf seinem Turm und blickt über die langsam wieder erstehende Stadt. Ob aber die bronzenen Löwen vorm Hauptportal noch ihre Schilde mit den Sprüchen über Gerechtigkeit und Frieden hochhalten? („Recht muss doch Recht bleiben, der Gerechtigkeit Frucht wird Friede sein" und „Gerechtigkeit erhöhet ein Volk.")

Noch eine andere Großbaustelle war damals für uns sehr interessant. Sonntags nahm uns Vater mit zur Elbe, um den Abbruch der alten Augustusbrücke und die Entstehung der neuen Friedrich-August-Brücke mit anzusehen. Wie jedem Dresdner war auch den Eltern die alte Augustusbrücke ans Herz gewachsen. Es war schmerzlich für sie, sie verschwinden zu sehen. Den Bau der neuen Brücke verfolgten wir mit Neugier von der hölzernen Notbrücke aus. Vater erzählte uns, wie die Bauarbeiten unter Wasser in einem eisernen Kasten vorgenommen wurden.

Wir sahen die Bögen wachsen und waren stolz, dass ein Onkel unseres Vaters, Oberbaurat Klette, entscheidend am Bau mitbeteiligt war. Später stand sein Name neben dem das Architekten Wilhelm Kreis auf der bronzenen Erinnerungstafel auf der Brückenmitte. Jetzt (1966) ist die Tafel entfernt und durch eine mit der Aufschrift „Dimitroff-Brücke" ersetzt.

Auf den morgendlichen Einkaufsgängen mit Mutti stießen wir nie bis zur Brücke und wohl kaum einmal bis zum Altmarkt vor.

Der Altmarkt ist mir aus der frühen Kinderzeit nur im Schmucke der Jahrmarktsbuden vorstellbar. Zwei- oder dreimal im Jahr war Jahrmarkt, den man nicht versäumen durfte. Schon tagelang freuten wir uns auf den Augenblick, wo jedem von uns ein Groschen in die Hand gedrückt wurde und wir dann mit Mutti die langen Budenreihen auf dem Altmarkt oder auch einmal auf dem Neumarkt durchstreiften. Lange wurde überlegt und erwogen, wie man sein Geld am besten anlegte und den Groschen „richtig" ausgab.

Ein Reibeisen, Nudelholz oder Trichter für die Puppenküche, ein Purzelaugust mit einer Bleikugel in seinem Pappröhrenkopf, den man auf dem schräg gestellten Bügelbrett hinabpurzeln lassen konnte, ein bunter Kuckuck aus Ton, in dessen Schwanz man hinein blies und der dann ganz richtig „Kuckuck" rief, wenn man ein Loch auf seinem Rücken rechtzeitig zuhielt – das waren die Schätze, mit denen wir heimkehrten.

Manchmal legte Mutti noch etwas drauf und wir durften einen Luftballon kaufen. Das war natürlich das Allerschönste, was es auf dem ganzen Markt gab. Restlos stolz und glücklich brachten wir ihn heim und pflegten ihn dann liebevoll.

Nachts kam er in die kühle Speisekammer. Wenn er anfing zu schrumpeln, wurde der Lack abgewaschen. So erleichtert stieg er noch einmal hoch. Aber schließlich konnten unsere Luftballons die Stubendecke doch nicht mehr erreichen. Einmal bin ich furchtbar erschrocken, als ich im Dunklen durchs Esszimmer ging und mir plötzlich etwas Weiches an der Backe entlang strich. Es war mein Luftballon, der nur noch in halber Höhe über dem Boden schwebte.

Helmut erlebte einmal als ganz kleiner Wicht eine bittere Enttäuschung auf dem Heimweg vom Jahrmarkt. Man traute ihm noch nicht zu, seinen Luftballon richtig festzuhalten und die Schnur wurde um den Mantelknopf gebunden. Unmittelbar vor der Haustür machte sich der Ballon aber doch selbständig und entschwebte samt Knopf vor unseren entsetzten Blicken.

In diesen Jahren vor meinem Schulbeginn durfte ich manchmal auch meinen Vater bei Krankenbesuchen außerhalb Dresdens begleiten. So fuhren wir einmal mit dem Zug nach Klotzsche-Langebrück und gingen ein Stück durch den Wald. Hierbei beobachteten wir lange ein schwarzes Eichhörnchen. Es kam mir sehr wunderbar vor, denn ich kannte bisher nur die rotbraunen. Auf der Heimfahrt drückte mir Vater im Zugabteil, in dem wir allein waren, in die eine Hand ein Brühwürstchen, in die andere eine Semmel. Diese ungewohnt formlose Art des Mittagessens kam mir geradezu lausbübisch vor, als ob ich mit meinem Vater zusammen einen tollen Streich machte.

Zu dieser Zeit erlebte ich auch meine erste Automobilfahrt. Schon einige Jahre vorher, 1903 etwa, hatten wir – von unserem Nachmittagsspaziergang kommend – in der Lüttichaustraße ein solches merkwürdiges Gefährt gesehen. Aufgeregt stürzte ich damals nach der Heimkehr in die Nähecke zu Mutti, um ihr von diesem schnaubenden Wagen ohne Pferde zu erzählen. Nun durfte ich selbst mit Vater, wohlverpackt, in so ein Ungetüm einsteigen. Der Standesherr Naumann zu Königsbrück, dessen Familie Vater behandelte, hatte seinen Wagen mit dem Chauffeur geschickt, um Papa zu einem Krankenbesuch nach dem etwa 30 km entfernten Königsbrück zu holen. Es wurde eine aufregende Fahrt, bei der auch Gänse und Hühner ihr Leben lassen mussten, was mir sehr Leid tat. Die Pferde, die wir überholten, wurden meist unruhig, obwohl sie schwarze, lederne Scheuklappen an den Augen trugen.

In Königsbrück stand ich dann auf dem Schlosshof und ein, mit mir ungefähr gleichaltriger Naumann-Sohn, ich glaube Eberhard, wurde mir zur Unterhaltung beigegeben. Verlegen standen wir lange voreinander und wussten nicht, worüber wir reden sollten. Da entdeckte ich, dass mein Kavalier den einen Strumpf verkehrt herum anhatte. Nun sprachen wir darüber, wieweit wir uns schon ganz allein anziehen könnten. Doch ehe wir dieses interessante Thema erschöpfend behandelt hatten, holte Vater mich zur Heimfahrt, die genau so wunderbar und aufregend gefährlich war wie die Hinfahrt. In sausendem Tempo von vielleicht 30 Stundenkilometern ging es nach Dresden zurück, wo wir wider Erwarten wohlbehalten anlangten.

Diese Fahrten allein mit Vater und mitten in der Woche waren etwas ganz Besonderes, aber leider nur sehr selten. Für gewöhnlich kamen wir nur bei Sonntagswanderungen mit den Eltern und Geschwistern aus der Stadt heraus. Vater bedauerte uns wohl in unserer Stadtwohnung, wenn er an seine eigene, freie Jugend dachte. Er tat darum alles, um einen Ausgleich zu schaffen. Sonntags widmete er sich meist seiner Familie.

Wanderungen

An jedem zweiten Sonntag musste Vater als Arzt in Dresden zu erreichen sein. Dann gingen wir wohl vormittags mit ihm in die Stadt, sahen die Fortschritte des Elbbrückenbaus an oder besuchten eine Sammlung oder Ausstellung. Auch die Spielplätze seiner eigenen Jugend, das Ostra-Gehege und den Zwinger, zeigte er uns. Bei diesen Gängen durch die Stadt machte Papa uns schon frühzeitig auf schöne Bauwerke, auf Erker, Türme oder historische Stellen aufmerksam. Mit Schaudern betrachteten wir den Stein auf dem Jüdenhof, wo der Kanzler Krall enthauptet wurde oder standen auf dem „N" im Stein vor der Katholischen Hofkirche, an der gleichen Stelle, von wo aus Napoleon den Auszug der Truppen nach Russland ansah. Erst später, als wir schon Schulkinder waren, lernten wir die Zusammenhänge kennen.

In den frühen Jahren war es eine besondere Freude, wenn wir „Klettes in Loschwitz" besuchten; es war der Besuch in einem Paradies. Der Oberbaurat Klette, der – wie bereits erwähnt – maßgeblich am Bau diese neuen Elbbrücke beteiligt war, war eigentlich nur ein Stiefonkel meines Vaters. Es bestanden jedoch starke, freundschaftliche Beziehungen zwischen Papa und seinen zahlreichen Klette-Vettern und Klette-Basen. Wir Kinder liebten die sehr mütterliche Tante Klette, ließen uns mit Obst, frischen Nüssen von einem großen Walnussbaum, selbst gemachten Obstsäften und Marmeladen verwöhnen und tollten mit den beiden jüngsten Klettekindern durch das herrliche Grundstück neben „Königs Weinberg."

Schon die Fahrt nach Loschwitz war ein Abenteuer. Erst fuhr man endlos mit der Straßenbahn Nr. 1 bis zum Schillerplatz. Nun ging es zu Fuß über die eiserne Hängebrücke, das so genannte „Blaue Wunder". Hier musste man noch Brückenzoll bezahlen, ich glaube 2 Pfennig pro Kopf. Drüben am Körnerplatz war die Endstation der Schwebebahn zum Weißen Hirsch, die wir hin und wieder auch einmal benützen durften. Der Weg zu Klettes führte unter der Schwebebahn hindurch, zunächst an behaglichen Villen und Sommerhäuschen vorbei, dann auf einem alten, mit breiten Sandsteinplatten belegten Weinbergweg zwischen Mäuerchen entlang. In den ehemaligen Weinbergen, die der Reblaus zum Opfer gefallen waren, blühten nun Pfirsich- und Pflaumenbäume. Vor einem verträumten alten Fachwerkanwesen erweiterte sich der Weg zu einem kleinen Platz, der mit Edelkastanien bestanden war. Im Herbst durften wie die kleinen, aber reifen Früchte aufsammeln und zu Haus rösten.

Dann ging es noch einen kurzen, steilen Plattenweg hoch und wir standen vor dem behäbigen Weinbergshaus, das Onkel Klette für sich und seine zahlreiche Familie gebaut hatte. Der große Garten erstreckte sich weit am Hang hinauf. Es gab eine Grotte mit einem Wasserbecken, in dem man baden konnte und eine ganz mit Brombeeren bewachsene Pergola. Alles schien uns Stadtkindern herrlich, sogar der große Kornelkirschen-Strauch am Eingang, dessen Früchte wir so gern aßen.

An Vaters „freien" Sonntagen machten wir schon in frühen Jahren mit ihm richtige Wanderungen. Er gehörte der wanderbegeisterten Generation an und hatte schon in seinen Studentenzeiten fast alle deutschen Mittelgebirge durchstreift. Bis in seine letzten Tage blieb er ein rüstiger Fußgänger. In uns Kindern weckte er schon frühzeitig die Freude an der Natur und am Wandern, die uns auch unser ganzes Leben begleitet hat.

In jener Zeit hatten wir allerdings noch wenig Verständnis für die Landschaft als solche und die Gegenden selbst sind mir nicht in Erinnerung geblieben. Aber was war es doch für ein großes Erlebnis, Eisenbahn oder Dampfschiff zu fahren und dann die Welt der Bilderbücher wirklich zu sehen.

Da klapperte die Mühle am rauschenden Bach und das große Rad drehte sich wirklich. Rundum blühten Kirschbäume und Sumpfdotterblumen. Im Wirtsgarten der geliebten Neudeckmühle gab es ein waagerecht gelegtes Rad mit einem Brett drüber als Karussell.

Für mich, die ich ganz in der Welt der Märchen und Bilderbücher lebte, wohnte unter jeder Wurzel ein Wichtelchen und jedes Eichhörnchen war ein verzaubertes Wesen. Im Walde standen die Männlein mit ihren roten Röckchen auf einem Bein, viele, viele. Einmal beobachteten wir lange einen Raubvogel in der Luft. Wir hörten die Lerchen singen und sahen, wie sie dann wie Steine herabfielen. Welch ein Glück war es, wenn wir auf dem Karfreitagsspaziergang durch den „Heiligen Grund" bei Leubnitz-Neuostra die ersten Himmelsschlüssel fanden oder sogar einmal ein Osterei. Wenn wir gut aufpassten, konnten wir in der hellgrünen Saat auch einen Hasan, natürlich den richtigen Osterhasen, sitzen sehen.

Voller Freude lernten wir die Blumen am Wege kennen, sammelten Beeren und sogar Pilze. Wenn wir durstig waren, durften wir aus einem ledernen Ochsenknie trinken, das Papa immer auf Wanderungen mit sich führte.

Im Frühling schnitt Vater uns Weidenpfeifen, im Sommer schnitzte er Borkenschiffchen, die wir dann bei der Rast am Waldbach schwimmen ließen. Barfuß planschten wir im Wasser herum und bauten ein Wehr. Oder wir spielten in der sandigen Fahrrinne eines Feldwegs mit unseren Schäufelchen, kleinen eisernen Grabscheiten in Lederhülsen, an einem Riemen zum Umhängen. Sie gehörten zu unserer Wanderausrüstung so wie der kleine, buntbemalte Bauernkorb, in den wir Pilze und Beeren sammelten.

Wir sahen in der Heide die Stelle, wo der letzte Wolf erlegt worden war, sodass es nun zu unserer Beruhigung – außer im Zoologischen Garten – ganz bestimmt keinen mehr gab. Wir kletterten auf den Findlingsblöcken herum, die vor vielen tausend Jahren auf dem Eis von ganz weit hergekommen waren. So viele Geschichten gab es zu erzählen!

Einmal fürchtete ich mich schrecklich vor einem großen Löwen, der in der Ferne an unserem Wege lag. Beim Näherkommen hatte er sich allerdings schnell in einen Misthaufen verwandelt.

Eine große alte Allee, in der wir voll Eifer – vielleicht zum ersten Mal in unserem Leben – schöne, blanke Kastanien in Menge sammeln konnten, sehe ich noch in der Herbstsonne. War es in Moritzburg oder in Pillnitz oder in Hermsdorf-Lausa? Im Großsedlitzer Park vergnügten wir uns stundenlang damit, unsere Bälle die langen Treppen hinabzukullern. Oft saßen die Eltern dann irgendwo und zeichneten oder Papa aquarellierte.

Einst, als ich noch sehr klein war, hatten wir das Seifersdorfer Tälchen besucht. Wir mussten zurück zum Zug nach Radeberg. Es war wohl etwas viel für meine kleinen Beine, die sehr, sehr müde waren. Aber in Radeberg wohnte mein einstiges Kindermädchen Marthel Sachse, an der ich sehr gehangen hatte. Wenn wir noch rechtzeitig nach Radeberg kamen, wollten wir sie besuchen. Ich weiß noch genau, wie sehr ich mich zusammennahm und wie tapfer ich weitertrippelte, um Marthel wieder zu sehen – und dann wurde es doch zu spät für den Besuch. Wie bitter ich damals enttäuscht war, haben die Eltern wohl kaum geahnt.

Nach einem anderen Sonntagsspaziergang warteten wir irgendwo am Elbufer auf das Dampfschiff, das uns heimbringen sollte. Vater vertrieb uns die Zeit damit, dass er meisterhaft „Butterbemmchen schmierte", d.h. zu unserem großen Entzücken glatte Elbkiesel über das Wasser springen ließ. Eines Sonntags frühstückten wir im Rabenauer Grund an der Weißeritz. Wir bettelten den Eltern ab, Schuhe und Strümpfe auszuziehen und ins Wasser patschen zu dürfen. Wir sollten aber sehr vorsichtig sein und uns nicht nass machen, weil wir noch am Beginn unserer Wanderung standen. Mit großer Vorsicht suchte ich mir darum einen großen, besonders glatten Stein, um mich darauf zu stellen. Ich ahnte nicht, dass das schöne, grüne Moos, das ihn überzog, ganz glitschig war. Wenige Minuten nach dem gegebenen Versprechen zur Vorsicht lag ich mitten in der Weißeritz und war bis auf die Haut nass. Die Eltern schalten nicht, sondern zogen mich bis aufs Hemd aus. Dann hängten sie alle meine Wäsche an einen Busch und Mutti war so grausam, mich drunter zu stellen und zu photographieren. Auf dem Bilde sieht man, wie sehr ich mich geschämt habe.

Erst in späteren Jahren, als wir schon zur Schule gingen und den ersten Heimatkundeunterricht gehabt hatten, wurde uns die vielgestaltige Landschaft um unsere Vaterstadt herum ein Begriff. Wir lernten die verschiedenen Gegenden und Gebiete nun genauer kennen. Alljährlich machten wir gewisse Lieblingswanderungen, die an bestimmte Jahreszeiten gebunden waren. Von denen will ich später erzählen.

Durch diese Sonntagsausflüge empfanden wir die Freiheitsbeschränkung des Alltags nicht so stark. Unbewusst genossen wir auch als kleine Kinder schon außer der Freiheit die Schönheiten der Natur. Ganz unbeschwert glücklich waren wir aber erst in den Wochen, die wir alljährlich um Pfingsten herum in der Sächsischen Schweiz im lieben Rathen an der Elbe verbrachten.

Boote an der Elbe bei Königstein (Gertraude Gmeiner 1921)

Rathen: Sommerfrische an der Elbe

Im Anfang des 19. Jahrhunderts war es wohl Brauch, dass manche Bürgerfamilien ihren Stadthaushalt für den ganzen Sommer verließen, um vor der Stadt in ländlicher Umgebung zu leben. Kügelgen beschreibt in seinen Jugenderinnerungen, wie die ganze Familie in ein Weinbergshaus auf den Loschwitzhöhen zieht. Ähnlich hatten meine Vorfahren Küster ihren Sommersitz in Connewitz oder in Lößnig bei Leipzig. Meine Großmutter Beschorner erzählte manchmal davon.

Die größere Ausdehnung der Städte und der strengere Schulzwang erlaubte dieses idyllische Leben später nicht mehr. Doch blieb es Sitte, längere Zeit im Sommer mindestens während der Schulferien, der Stadt zu entfliehen und in „Sommerfrische" zu gehen. Auch bei weiteren Reisen mit der ganzen Familie blieb man meist an einem Ort und benützte die Eisenbahn für die Hin- und Rückfahrt. Erst Auto und Flugzeug ermöglichten die ausgedehnten Urlaubsreisen unserer Tage.

Die Eisenbahnlinie durch das Elbtal nach Böhmen wurde m.W. um 1850 herum erbaut. Die Sächsische Schweiz, deren Schönheiten schon im 18. Jahrhundert entdeckt worden waren, wurde erst durch die Romantiker im Anfang des vorigen Jahrhunderts einem größeren Kreis nahe gebracht. Die neue, bequeme Eisenbahnverbindung brachte bald die ersten Sommerfrischler.

Schon frühzeitig hatten meine Urgroßeltern Küster aus Leipzig im Dorf Rathen auf der rechten Elbseite unterhalb der Bastei den Sommer verbracht. Auch die Urgroßeltern Beschorner wohnten verschiedentlich drüben im Gasthof zum Erbgericht.

Soviel mir bekannt ist, sind meine Großeltern Beschorner dann etwa in den 1880er Jahren in das Krämersche Gehöft gezogen, um dann alljährlich mit ihren Kindern Hans, Herbert und Hertha (meiner Mutter) die Pfingstzeit dort zu verbringen.

Das „Gut Karsch", wie es eigentlich heißt, hatte früher auf den Elbwiesen gegenüber der Bastei an der Fähre gestanden. Häufiger Hochwasserschaden war der Anlass, den ganzen Fachwerkbau zu versetzen. An der Weißiger Straße, neben dem Försterschen Hof und unmittelbar an der Eisenbahnlinie fand das Gehöft 1868 seinen endgültigen Platz.

Ich glaube, die Urgroßeltern regten später den Anbau der großen Holzveranda an der Stirnseite des Hauses an. Man hatte von dieser Veranda einen weiten Blick zur Bastei, auf die Eisenbahn und die Elbe und zu dem Ort Rathen auf dem anderen Elbufer.

Nach und nach brachten die Urgroßeltern und später die Großeltern mancherlei Hausrat nach Rathen. Betten, Matratzen und Küchengeschirr schafften sie hinaus, dazu die blauroten, gewebten Tischdecken mit dem Rosenblattmuster und das formschöne, korallenrote Kaffeegeschirr mit den Rippen in der Glasur, Gläser und Essbestecke. Alles war einfach und ländlich, von uns aber besondere geliebt. Als wir die

Sachen 1940 zuletzt benützten, war manches Stück sicher fast hundert Jahre alt. Jedes Mal nach unserer Abreise wurden alle Sachen in Körbe verpackt und warteten auf unseren nächsten Besuch. Meine Kinder waren die fünfte Generation, die bei Krämers wohnte. Mit Meta Krämer, die nur wenige Jahre älter war als wir Geschwister, verbindet mich noch heute (1966) eine herzliche Freundschaft.

Die Wochen in Rathen, jedes Jahr in der Pfingstzeit, waren sicher die allerschönste Zeit unserer Kinderjahre. Uns bedeutete Rathen die Freiheit und das Paradies schlechthin.

Sommer auf dem Land

Vor unserer Schulzeit, als wir in den Sommerferien noch nicht verreisten, fuhren wir meist schon zu Himmelfahrt nach Rathen und blieben dort bis zu sechs Wochen. Das eine unserer beiden Mädchen kam mit uns und versah den einfachen Haushalt, das andere blieb bei Vater in Dresden und versorgte ihn und die Praxis, d.h. Tür und Telefon. Meist wurde die Dresdner Wohnung auch in der Zeit unserer Abwesenheit gründlich gereinigt oder neu vorgerichtet.

Kurz vor der Abreise nach Rathen nahm uns Mutti alljährlich mit in ein kleines Klempnerlädchen in der neuen Moltkestraße in Dresden. Dort durfte jedes Kind sich ein buntes Blecheimerchen und ein kleines Schäufelchen und ein paar Sandförmchen aussuchen. Nun wussten wir, bald geht die Reise los. Wenige Tage später wurde der große Weidenschließkorb gepackt, ja manchmal sogar unsere grünen Kinder-Gitterbetten zusammengelegt und von einem alten Dienstmann, Herrn Göbel, mit der Karre zum Bahnhof gebracht. Wir folgten zu Fuß, mit Rucksäcken schwer beladen.

Wie weit schien die Reise uns, obwohl die Entfernung nur etwa 25 km beträgt. Im Bummelzug dauerte die Fahrt manchmal anderthalb Stunden. Wir Kinder standen natürlich während der ganzen Reise am Zugfenster. Alles erkannten wir wieder und begrüßten jede Station und natürlich besonders die Elbe mit Freuden. Wenn endlich Pirna mit dem Sonnenstein in Sicht kam, waren wir bald am Ziel. Es kam noch Obervogelgesang mit seinem lustigen Namen, dann Wehlen mit der Elbe und den ersten großen Steinbrüchen, schließlich die Bastei mit der Teufelsbrücke und Rathen. Unsere Ungeduld war zuletzt nicht mehr zu zügeln. Gegenseitig machten wir uns auf jede bekannte Stelle aufmerksam und stürzten aus dem Abteil, sobald der Zug in Rathen hielt, vorbei an dem kleinen, alten Bahnhöfchen ohne Unterführung, das erst 1906 einem größeren Bau weichen musste.

Ja, da stand der Vater Krämer mit dem Ochsenwagen. Meist war auch Meta mitgekommen und wir begrüßten alle glückselig. Das viele Gepäck wurde auf den Ackerwagen geladen und wir alle, einschließlich Mutti und unserer Anna oder Martha oder wie unsere Hilfe gerade hieß, kletterten hinauf. Nun ging es vorbei an Frödes Hof, vorbei am Marienhof, wo der Weg zur Fähre abzweigte, durch die Apfelallee bis zu Krämers. Nachdem die gute Mutter Krämer stürmisch begrüßt worden war, mussten wir zunächst durch den Stall und alle Scheunen rennen, um festzustellen, ob sich inzwischen auch nichts geändert hatte. Die große Kastanie auf dem Hof empfing uns oft im vollen Blütenschmuck und am Stamm der alten Linde war ein neuer, großer Sandhaufen aufgeschüttet, aus feinem, weißem Sand. Vater Krämer holte ihn alljährlich für uns ganz oben an der Lahse aus einer Sandgrube, einen ganzen Ackerwagen voll. Wie freuten wir uns schon auf die Spiele, das Kuchenbacken und Burgen bauen, mit Höhlen und Bahnen für unsere bunten Glaskugeln.

Kaum hatten wir den Hof betreten, so zogen wir auch schon die lästigen Schuh und Strümpfe aus. Das Barfußlaufen gehörte zu Rathen, wenn es das Wetter nur irgend erlaubte. Nur wenn die Großmama Beschorner mit in Rathen war, mussten wir zu den Mahlzeiten mit Schuhen und Strümpfen erscheinen. Wir fanden das höchst überflüssig. Sie hielt aber streng darauf.

Nun erst liefen wir ins Haus, aus dem uns der unvergessliche Geruch nach dem feuchten Sandstein der frisch gescheuerten Treppe und der breiten Platten des Hausflurs entgegenschlug. In der kleinen Krämerschen Stube stand noch das alte Sofa mit dem schwarzen Wachstuchbezug, der rundherum mit kleinen, weißen Porzellanknöpfen befestigt war, und der liebe, alte, blau gemusterte Kachelofen mit der Ofenbank davor. In der guten Stube blühten Geranien und Fleißiges Lieschen am Fenster und über der Tür hing der alte, kolorierte Stich, auf dem, treppenförmig aufgebaut, die Stände zu sehen waren: Bauer, Bürger, Edelmann, ganz oben der König. Ganz zuletzt stiegen wir erst hinauf zu unserer Ferienwohnung, in der uns ein großer Strauß jungen Buchengrüns in einem Tonkrug begrüßte.

Der alte Hof an der Elbe

Das Krämersche Gehöft, zu dem etwa zehn Hektar Land gehörten, war in der landesüblichen Weise gebaut. Es umschloss einen viereckigen Hof, in dem sich – im Gegensatz zu den meisten Höfen der Umgebung – kein Misthaufen befand. Dieser lag vor der hinteren Stalltür, an der Rückseite des Hauses.

Ein besonderes Stallgebäude kennt man in der Sächsischen Schweiz nicht. Wohnhaus und Stall sind unter dem gleichen Dach. Das Gebäude hat ein massives Sandsteinuntergeschoß. Der Stall bei Krämers – genau wie der bei Försters und in allen anderen Gehöften, die ich kannte – wurde durch massive Sandsteinpfeiler oder Säulen gestützt, die regelrechte, flache Rundbogen-Kreuzgewölbe trugen. Die Ställe hatten dadurch ein altertümliches, behäbiges Aussehen, wirkten durch die alljährlich erneuerte Weißkalkung jedoch hell und sauber.

Über dem Sandstein-Untergeschoß war ein Obergeschoß aus Fachwerk errichtet. Wie mir Mutter Krämer einmal erzählte, zogen früher Handwerker, die von weither kamen (vielleicht aus Franken?) von Dorf zu Dorf auf Stör. Sie wohnten bei ihren jeweiligen Arbeitgebern und füllten die Gefache neuer Bauten mit Weidenflechtwerk, Lehm und Stroh aus. Sie besserten auch die Schäden an alten Fachwerkbauten aus.

Seit es diese herumziehenden Spezialisten nicht mehr gab, wurde die Erhaltung der Fachwerkbauten schwierig. Nach dem Ersten Weltkrieg gingen viele Bauern, darunter Metas Bruder Otto Karsch, der das Gehöft inzwischen geerbt hatte, dazu über, das Fachwerk des Obergeschosses mit Holzverschalung zu verkleiden. Es sah auch hübsch aus, aber die Dörfer des Elbsandsteingebirges bekamen ein ganz anderes Gesicht dadurch.

In unserer Kinderzeit war das Krämersche Haus noch ein richtiges Fachwerkhaus mit einem blaugrauen Anstrich. Gegenüber dem Haus befand sich der Schuppen, der links einen Holzspeicher, rechts eine Werkstatt und drüber einen Heuboden enthielt. Die linke Hofseite schloss eine große Scheune, ebenfalls ein Fachwerkbau, ab. Die Scheune hatte eine durchgehende Tenne und war meist mit Stroh und Getreide gefüllt. Sie war ein herrlicher Spiel- und Versteckplatz. Hinter der Scheune lief die Straße nach Weißig, die uns vom Försterschen Nachbarhof trennte.

In der Mitte des Hofes stand die bereits erwähnte große, alles überschattende Kastanie. Hierhin stellten wir meist den langen grünen Gartentisch und die beiden Bänke, an denen Mutti mit ihrer Näharbeit saß und an denen wir nachmittags unsere Milch tranken, manchmal auch zu Abend aßen. Unter der Kastanie gab es noch eine richtige „Plumpe", aus einem ausgehöhlten Baumstamm mit einem hölzernen Pumpenschwengel, den wir nur zu gern betätigten. Wir füllten unsere Eimerchen und Gießkannen und planschten dann nach Herzenslust in unserem Sandhaufen.

Ein freier Platz zwischen Schuppen und Scheune wurde durch das Göpelwerk der Dreschmaschine ausgefüllt. Der lange, dicke Baumstamm, den beim Dreschen ein Ochse immer im Kreise herumziehen musste, diente uns zum Balancieren und zu mancherlei Spielen und Turnkunststücken. Das Dreschen mit dem Göpeldreschwerk haben wir nie erlebt. Aber ich kann mich noch gut daran erinnern, dass Krämers mit richtigen Dreschflegeln im Takt auf der Tenne droschen. Es galt dann, schönes, gutes Stroh zu erhalten, aus dem die Bänder und Seile gedreht und geknotet wurden, mit denen man bei der Ernte die Garben band. Als später nicht mehr mit der Hand gemäht wurde, sondern man allgemein Mähbinder benützte, die die Garben mit Bindfaden banden, hörte das Dreschflegel-Dreschen ganz auf.

Wir bewohnten während unseres Aufenthaltes in Rathen den größten Teil des oberen Stockwerks, mit einer eigenen, durch die große Kastanie auf dem Hof zwar stark verdunkelten, aber sehr anheimelnden Küche und mit dem großen Verandazimmer als Wohnzimmer. Das hatte eine hellblaue Tapete mit großen, weißen Päonien darauf, wohl noch im Geschmack der achtziger Jahre des 19. Jahrhunderts. Neben der Verandatür hing ein Öldruck der Raffaelschen Madonna della Sedia. In der Mitte des Zimmers, auf dem Tisch, standen die frischgrünen Buchenzweige oder manchmal ein Wiesenblumenstrauß. Wir benützten dieses Zimmer nur an sehr kalten Regentagen. Auch bei Regen waren wir sonst meist auf der Veranda, auf der zwei große Tische standen. Die eine Hälfte war offen, die andere, die linke Seite, war verglast. In eins der Fensterquadrate war ein Stern aus buntem Glas eingesetzt in allen Farben. Außer uns haben sich sicher sehr viele Kinder hier entzückt die Bastei oder die Eisenbahnzüge durch das grüne, rote, blaue oder gelbe Glas angesehen.

Auf der Veranda nahmen wir alle Mahlzeiten ein und beobachteten, wie am Abend die Sonne hinter der Bastei verschwand. Bei Regenwetter spielten oder malten wir hier. Mit Tonpfeifen machten wir Seifenblasen, die wir dann weit fliegen lassen konnten.

Diese Veranda mit dem großartigen Blick auf die Basteikette in ihrer ganzen Ausdehnung von den Steinbrüchen bis zur Burgruine Rathen war ein idealer Beobachtungsplatz. Man sah die Elbe mit ihrem Schiffsverkehr und gleichzeitig auch die Eisenbahn. Kein Zug entging uns. Oft warteten wir aber auch auf der Veranda auf angekündigte Besuche oder auf Papa, der zum Wochenende nach Rathen kam. Man konnte hier gleichzeitig den Pfad auf dem Bahndamm und die Apfelallee überblicken. Sobald wir den Besuch kommen sahen, liefen wir ihm dann entgegen.

Dass uns Kinder die Eisenbahn stark beschäftigte, ist wohl begreiflich. Da kamen die langen Güterzüge – vom kleinen Gerhard „guter Zug" genannt. Die bösen Züge waren demnach die Bummelzüge. Schneller als wir gucken konnten, sausten die D-Züge vorüber. Wir konnten beobachten, wie das Signal auf und zu ging und hörten den ganzen Tag das vertraute Gebimmel, wenn die Schranke an der Straße nach Weißig geschlossen wurde. Einmalig war der Widerhall, wenn die Eisenbahn den weiten Elbbogen unterhalb der Felsmauer der Bastei durchfuhr. Nachts schien das Zuggeräusch durch die Basteiwände verstärkt zu sein und klang ganz anders als am Tage. Heimlich kletterten wir aus den Betten und liefen zum Fenster, um die Lichter der Züge gespenstisch durch die Nacht huschen zu sehen. Die Eisenbahn behielt bis weit in die spätere Jugend für uns einen erregenden Reiz.

Die gleiche große Rolle spielte für uns der Schiffsverkehr auf der Elbe. Rathen wäre ohne den Strom nicht zu denken gewesen. Wenn irgend Wetter und Zeit es erlaubten, packte Mutti ihren Strumpfstopfkorb oder eine hübschere Ferienhandarbeit zusammen und zog mit uns hinab ans Ufer. Barfuß, wie wir fast immer herumliefen, durften wir weit ins Wasser waten. Welche Seligkeit, wenn einer der weißgrünen Elbdampfer vorbeikam und mit den Schaufelrädern an seiner Seite recht hohe Wellen machte. Manches Mal wurden meine bis unter die Arme gerafften Röcke sogar nass. Ehe wir mit neun Jahren schwimmen lernten, besaßen wir noch keine Badeanzüge oder Strandhöschen oder dergleichen. Wenn wir mal baden durften, badeten wir „ohne was".

An der Elbe war immer etwas zu sehen. Da kamen die langen, langen Flöße, aus Baumstämmen der böhmischen Wälder zusammengefügt. Da gab es noch die Kettenschlepper, die rasselnd an einer Kette, die damals schon über fünfzig Jahre auf dem

Grund des Flusses lag, sich stromaufwärts leierten. Im Gefolge hatten sie oft eine stattliche Zahl von Elbzillen, die in Böhmen mit Braunkohle oder in Königstein mit Sandsteinen beladen wurden und dann stromab bis Hamburg trieben. Im Herbst brachten diese Zillen das berühmte böhmische Obst, Äpfel und Pflaumen nach Dresden.

Elbkahn, um 1910

Mit größter Aufregung erwarteten wir die sahnefarbenen „Salondampfer" der Sächsisch-Böhmischen Dampfschiffahrts-Gesellschaft, besonders, wenn sie bewimpelt waren und an Bord eine lustige Kapelle Lieder und Märsche spielte.

Wir winkten jedem Schiff, jedem Floß und jeder Zille. Manchmal winkten Kinder von den Zillen zurück oder ein weißer, kläffender Spitz lief am Schiffsrand entlang und beschimpfte uns. Sehr stolz waren wir darauf, die Namen der meisten Dampfer zu kennen und schon von weitem zu wissen, welches Schiff kam.

Ganz besondere Freude machte uns das Echo, das vom gegenüberliegenden Elbufer zurückschallte. Unendlich oft riefen wir „Wie heißt der Bürgermeister von Wesel?" und fanden es unendlich komisch, wenn es aus den Bergen „Esel" antwortete.

Nach Wolkenbrüchen, von denen wir einige besonders schwere in der Pfingstzeit erlebten, war der Strom lehmgelb und Treibholz und entwurzelte Bäume schwammen vorbei. In trockenen Jahren blieb zwischen den Elbwiesen und dem Wasser ein breiter Steinstrand frei. Führte die Elbe viel Wasser, so ging es bis zum alten Leinpfad, der am Ufer entlang führte.

Diesen alten Treidelpfad liebten wir alle. Oft gingen wir ihn abends noch mit Mutti entlang elbabwärts bis zur Fähre oder stromauf bis zu „Scheumanns" und dann auf der Königsteiner Straße heim. Rechts und links vom Pfad blühten die Elbwiesen ganz besonders schön. Die Eltern kannten alle Blumen und bestimmten sofort den Namen, wenn wir etwas Neues fanden. So wussten wir Kinder, schon ehe wir zur Schule kamen, die Namen der Rathener Wiesenblumen. Mir hatten es die Namen angetan, die so märchenhaft klangen. Was gab es da aber auch alles! Natternkopf und Teufelskralle, Kuckucksblumen und Klatschnelken, Glockenblumen und Wiesenbocksbart, Kronwicken, Pechnelken und Zittergras. Mohn fanden wir meist nur in der kleinen Sorte mit den vier Blütenblättchen. Die richtigen, üppigen Klatschmohne mit den schönen Blüten waren Pfingsten noch selten. Wir meinten, es sei die Mohnkönigin.

Einmal hatten wir eine Stelle entdeckt, an der Klatschmohn in Knospen stand. An meinem vierten oder fünften Geburtstag stand Gerhard ganz zeitig auf, um zu dieser Stelle am Bahndamm zu laufen. Richtig, er fand eine aufgeblühte Mohnkönigin, pflückte sie und brachte sie mir ganz, ganz vorsichtig. Ich stand im Hof unter der Kastanie und sehe ihn noch ganz langsam zum kleinen Pförtchen am Bahndamm hereinkommen auf mich zu. In dem Augenblick aber, in dem er mir die Blume überreichen will, fallen alle ihre schönen roten Blütenblätter ab. Wie traurig standen wir zwei davor. Aber es hatte mich doch – so klein ich damals war – gerührt und erfreut, dass Gerhard mir diese Blume geholt hatte. So habe ich es nicht vergessen.

Geburtstag und Pfingsten

Ich hatte das große Glück, dass mein Geburtstag im Anfang Juni meist in die Rathener Zeit fiel. Den Geburtstagstisch baute Mutti auf dem Tisch im Verandazimmer auf. In der Mitte stand alljährlich ein großer Pfingstrosenstrauß aus Metas Gärtchen und die Geburtstags-„bäbe" mit Kerzen. Rundherum lagen neue, kleine Bälle, bunte Söckchen, Sandspielzeug und oft ein neues Taschenmesserchen mit abgerundeter Klinge. Ich trug immer eins bei mir, verlor es aber dann meist im Laufe des Sommers. Zu meinem dritten oder vierten Geburtstag bekam ich eine große, stabile, von Herrn Boitz gezimmerte Schiebkarre, mit der später noch meine Kinder gespielt haben.

In sehr deutlicher Erinnerung ist mir der vierte Geburtstag, an dem wir Papa erwarteten, der von einer Reise nach Thüringen zurückkehrte. Ich entdeckte ihn als erste, wie er auf dem Bahndamm herankam, lief ihm entgegen und sehe noch, wie er – mit neuen gelben Stiefeln, die mir großen Eindruck machten – über den Zaun von Metas Gärtchen stieg. Er brachte mir aus Eisenach eine silberne Brosche mit einem Reliefbild der Heiligen Elisabeth mit, die ich als Backfisch viel getragen, zu meinem großen Kummer aber dann verloren habe. Vor allem aber freute mich das Märchenbuch „Frau Maere" von Vogel, das ich in meiner Kinderzeit ganz besonders geliebt habe.

Mein Geburtstag wurde sehr festlich dadurch, dass wir mittags auswärts, d.h. am anderen Elbufer aßen. Schon die Überfahrt über die Elbe mit dem schwarz geteerten Fährkahn mit den weißen Bänken und den grünen Wänden war ein großes Vergnügen. Der Kahn hing an einem in der Mitte des Stromes verankerten Drahtseil und wurde durch die Strömung an das andere Ufer gedrückt. Schon frühzeitig wurde uns hier das Geheimnis des Parallelogramms der Kräfte erklärt.

Der schöne Blick von der Elbe aus, stromauf zum Lilien- und Königstein, stromab zur Bastei war eine weitere Freude. Nun galt es zu wählen, ob es mich zum

Erbgericht zog – von dessen Wirtsgarten mit den viereckig gestutzten Kastanien aus man besonders gut die ankommenden Dampfer und ihre Anlegemanöver beobachten konnte – oder ob ich den Rosengarten, auf dem anderen Ufer des Amselbaches vorzog. Hier gab es einen wirklichen, kleinen Rosengarten, d.h. einige Rosenbeete, in denen an Stäben leuchtende bunte Glaskugeln, so groß wie Luftballons, steckten. Man konnte in einer mit wildem Wein berankten Laube oder an einem hübschen Tisch unter einer Kastanie sitzen und das Treiben unten im Schwimmbad am Ufer beobachten.

Die Wahl war schwer, denn sehr gern stiegen wir auch zur Burgruine hinauf. Erst führte ein kleiner Zickzackpfad ziemlich steil hinan, dann musste man durch einen gruseligen Durchgang in der alten Burgmauer gehen. Im Mauerwerk waren vergitterte Nischen, in denen sich allerlei Knochen, eiserne Fesseln und Steinkugeln befanden, die man in der alten Raubritterburg Rathen gefunden hatte. Oben im Burggärtchen saß man sehr hübsch an rot gestrichenen Tischen unter alten Bäumen und konnte hinab auf den Strom und die Fähre und hinüber zu Krämers Gut sehen. Manchen Geburtstag haben wir hier gefeiert. Ich durfte mein Festessen selbst wählen. Meist gab es Schnitzel mit grünem Salat und dazu ein Glas „Limetta", ein angeblich aus Dörrobst bereitetes alkoholfreies Getränk.

Der eigentliche Höhepunkt der Rathener Zeit war das Pfingstfest. Das Haus wurde geputzt, der Hof gefegt, Birken wurden vor die Haustüre gestellt und dann vor allem Kuchen gebacken. Wenn Mutter Krämer Kuchen buk – Hefekuchen, meist mit Quark oder Mohn oder auch mit Streuseln belegt – hockten wir natürlich unten bei ihr in der Stube. Da sahen wir auch den Safran, der in unserem Kinderlied vorkam und der zu dem Pfingstkuchen gehörte und ihm einen besonderen, unvergesslichen Geschmack gab. Später im Jahr, sobald die Heidelbeeren reif waren, wurde Heidelbeerkuchen gebacken. An einem dicken Stück, das mir die uralte Großmutter Förster aus ihrem Fenster herausreichte, habe ich meine ersten Milchzähne ausgebissen und mit verschluckt.

Nach alter Tradition wurde das Pfingstfest von meinen Großeltern, später von Großmama, mit allen Kindern, Schwiegerkindern und Enkeln in Rathen gefeiert. Eine große Kalbskeule, ein Berg Stangenspargel und am Nachmittag auf dem Hof eine Ananas- oder Waldmeisterbowle gehörten dazu. Wir Kinder waren nur Nebenpersonen, fanden es aber doch herrlich, dabei sein zu dürfen. Zu Großvaters Zeiten amüsierten die Erwachsenen sich manchmal mit einem Kegelspiel mit einer an einem langen Strick baumelnden Kugel, einem sogenannten „Bummelschub".

Wir Kinder standen Pfingsten viel an der Eisenbahnschranke. Uns erfreuten die überfüllten Züge, bei denen häufig sogar Viehwagen eingesetzt waren, um den Feiertagsverkehr bewältigen zu können. Unermüdlich winkten wie den feiertagsfrohen Fahrgästen. Abends gingen wir dann manchmal alle zum Bahnhof, um das Gewimmel und den Kampf um Plätze in den überfüllten Zügen anzusehen.

Am zweiten Pfingstfeiertag machte Vater gern mit uns einen größeren Spaziergang. Einmal haben wir den Rauenstein erstiegen. Das war wohl ziemlich weit für mich damals und Papa musste mich längere Zeit huckepack tragen. Ich kann mich noch gut daran erinnern und an die vielen, vielen Stufen und den schönen, weißen Sand. Ich soll damals immer wieder begeistert geäußert haben, der sei „wie Öl". Was ich damit meinte, wusste niemand. Es wird wohl immer ein Rätsel bleiben.

Butterfass, Hühnernester, Heuernte und Quarkbemmen

Jeder Tag in Rathen war für uns ein Festtag, auch wenn nicht gerade Pfingsten oder Geburtstag gefeiert wurde. Schon der Tagesanfang war herrlich. Da muhten die Kühe im Stall, die Hähne krähten auf dem Misthaufen und die Vögel sangen im Birnbaum vorm Fenster. Bei jedem Wetter wurde auf der Veranda gefrühstückt. Wir bekamen die frisch gemolkene Morgenmilch und dazu ein Mohnzöpfchen. Das gab es nur in Rathen, ein Zöpfchen aus Semmelteig, dick mit Mohn bestreut und noch dicker mit Krämers selbst gemachter, gesalzener Butter bestrichen.

Krämers hatten ein eigentümliches Butterfass: eine viereckige Holzkiste, die in einem Gestell hing und hin und hergeschaukelt wurde, bis die Butter gut war. Der Kasten wurde dann herausgehoben und wir durften das Gestell als Schaukeln benützen, bekamen auch gleich noch ein Glas frische Buttermilch dazu.

Kaum hatten wir am Morgen den letzten Bissen des Frühstückes verschluckt, so ging es hinunter zu dem schönen Sandhaufen, den wir nach dem Spiel allabendlich mit großen Holzschaufeln wieder ordentlich hoch schippen mussten.

Einmal, ich war wohl gerade drei Jahre alt geworden, hatte ich im Eifer des Spiels nicht aufgepasst und plötzlich war mein Höschen nass, was damals eigentlich nicht mehr vorkam. Mutti war sehr ärgerlich und sperrte mich zur Strafe im Stall in einen leeren Schweinekoben. Reumütig und geduldig saß ich lange dort. Dann wurde es doch zu langweilig. An ein Herausklettern war nicht zu denken, die Mauern waren glatt und für mich zu hoch. Verzweifelt kniete ich schließlich in einem Winkel nieder und betete laut: „Lieber Gott bitte hole mich aus dem Schweinestall!" In diesem Augenblick kam Mutti, die mich ganz vergessen hatte, und befreite mich aus meinem Gefängnis.

Manchmal ging ich nach dem Frühstück erstmal auf Entdeckungsfahrt aus. Den schmalen Weg auf dem Bahndamm entlang durfte ich – bis zum Signal – schon frühzeitig allein gehen. Ich liebte den Pfad fast ebenso wie den Treidelpfad an der Elbe. Hier gab es ganz besondere Blumen, Königskerzen, gelbes Löwenmäulchen (Leinkraut), die kleinen, blauen Kreuzblümchen, die Papa liebte und die ich für ihn pflückte und die klebrigen Pechnelken. Manchmal fand man Walderdbeeren, kleine Schneckenhäuser und interessante Käfer oder Eidechsen. Um nicht erst um den Schuppen herumgehen zu müssen, kletterten wir in Metas Gärtchen über den Zaun mit den gekreuzten Stäben, an dem wir wohl überhaupt unsere ersten Kletterübungen gemacht haben. Oft lief ich schon vor dem Frühstück einmal diesen Lieblingspfad entlang. Hatte es getaut, gab es nasse Schuhchen und entsprechende Schelte. Sobald das Gras trocken war, durften wir dann barfuß laufen und alles war vergessen.

Auf unsere Schuhe zu achten, war die einzige Kleidersorge, die wir Kinder in Rathen hatten. Im Übrigen waren wir zweckmäßig in blaue „Russenkittel" mit rotem Besatz aus derbem Baumwollsatin gekleidet. Für kaltes Wetter besaßen wir die gleichen Kittel mit langen Ärmeln und aus Lodenstoff. Meist trugen wir aber nur unsere „Kittelschürzen" aus gestreiftem oder gewürfeltem Schürzenstoff, rot abgesetzt und mit Passe, Halsbündchen und Taschen versehen. Die Passe wurde hinten geknöpft – wie heute bei Apothekerkitteln. Gerhard als Junge trug über dem Kittel einen Ledergürtel oder eine Schnur mit Bommeln, ich dagegen trug eine Schärpe oder gar nichts um meine Kittelschürze.

Als Kopfbedeckung trugen wir so genannte Schlapphüte aus naturfarbenem Leinen, rot eingefasst und waschbar. Sie schützten uns vor der Sonne. Nur Helmut bekam mal eine Sportmütze geschenkt, als kleiner, etwa zweijähriger Wicht. Sehr bald benützte er sie zweckentfremdet dazu, um von der schönen, braunen Jauche, die den Försterschen Misthaufen umgab, zu schöpfen. Vorm Trinken konnten wir ihn gerade noch bewahren.

Am Vormittag bummelte Mutti gern mit uns zu den nächsten Gehöften, zu Frödes oder Scheuermanns, die verstreut in Abständen von einigen hundert Metern zwischen der Königsteiner Straße und dem Bahndamm lagen. Wir fragten dann, ob vielleicht schon die ersten Radieschen oder Salatköpfe zu haben seien oder auch einmal Spinat, grüne Stachelbeeren oder Rhabarber zur Bereicherung unserer einfachen Mittagsmahlzeiten. Wir aßen in der Woche sehr viel Eier; Fleisch wurde nur für den Sonntag drüben in Rathen oder in Königstein besorgt. Meist nahmen wir von Dresden einen ganzen geräucherten Schinken mit nach Rathen. Der deckte in der Woche unseren Fleischbedarf zum Mittagessen oder Abendbrot.

In das kleine Kaufflädchen von Herrn Hering, am anderen Ufer im Ort Rathen, kamen wir nur selten. Auf unserer Elbseite gab es keinen Kaufmann. Was wir an Mehl, Grieß, Nudeln, Reis oder Kolonialwaren brauchten, hatte Mutti schon aus Dresden mitgenommen. Fehlendes, dazu Obst und Gemüse, brachte Papa im Rucksack mit, wenn er am Sonnabend für das Wochenende zu uns herauskam. Dann holte ihn seine ganze Familie mit großer Feierlichkeit am Bahnhof ab und die Wiedersehensfreude war groß.

Am Sonntag machten wir dann mit unserem wanderfreudigen Vater größere Spaziergänge nach Weißig oder zur Lahse, dem Nonnenfelsen, dem Rauenstein oder zu den Bärensteinen. Die Eltern öffneten uns zeitig die Augen für die Schönheiten rundum, für die Felsenwelt und die weiten Ausblicke von den Bergen.

In der Woche spielten wir am liebsten auf dem Hof. Mit Meta Krämer und Försters Selma vom Nachbarhof, die ein paar Jahre älter waren als wir, haben wir wundervoll gespielt, am häufigsten wohl „Mutter und Kind", wobei wir natürlich die Kinderrollen zudiktiert bekamen. Der Bock, der zum Sensendengeln diente, war unser Tisch, Holzklötze die Stühle. Als Mittagessen bekamen wir meist Margaritenblüten als Spiegeleier und Sauerampfer als Spinat vorgesetzt.

Als wir etwas größer wurden, durften Gerhard und ich manchmal Meta entgegengehen wenn sie von Weißig aus der Schule kam. Ein paar Mal haben wir sie sogar abgeholt. Ehe die neue Straße (1906 etwa) nach Weißig durch unser einst so geliebtes und idyllisches „Gründchen" gebaut wurde, gab es nach Weißig nur eine sehr steile, mit Sandsteinplatten gepflasterte Straße. Die Pferde mussten sich entsetzlich quälen, um einen Wagen hier hinaufzuziehen. Diese Straße führte durch ein kleines, etwas unheimliches Gehölz, in dem wunderschöne Johanniswedel, auch Geißbart genannt, blühten.

Sehr oft fiel in unsere Rathener Zeit gerade die Heuernte. Wir durften immer mit, wenn Krämers ins Heu, zum Wenden oder Einfahren gingen. Am schönsten war es, wenn auf den entfernten, noch hinter dem Rathener Bahnhof liegenden Nusswiesen Heu gemacht wurde. Die lange Fahrt im Acker- oder Leiterwagen mit den gemütlich zockelnden Ochsen davor, war ein Hauptspaß. Bei der Nusswiese durften wir an der Elbe spielen, die hier, im Innenbogen, nur wenig Strömung hatte und sehr flach war. Hier konnten wir besonders weit hineinwaten und auch baden. Einmal überraschte uns an der Nusswiese ein fürchterliches Gewitter mit einem starken Wolkenbruch. Fluchtartig verließen wir den Platz, waren aber, noch ehe wir den Bahnhof erreichten, bis auf die Haut durchnässt. Die gute Meta tat alles, um ihre Schützlinge zu retten und zu wärmen.

Ein andermal, wahrscheinlich im gleichen Sommer, waren wir alle auf dem Weg zur Lahse, einem Felsen oberhalb Rathens. Barfuß wie immer stiegen wir quer durch den Wald vom Gründchen aus steil hoch. Plötzlich trat ich mir eine Glasscherbe sehr tief in den Fuß. Es war äußerst schmerzhaft und blutete stark. Meta, selbst noch ein Kind von etwa zwölf Jahren, nahm mich Huckepack und sprang mit mir durch den steilen Wald hinab zur Straße. Dann trug sie mich noch den ganzen, weiten Weg heim. Danach hing ich noch mehr an ihr und begleitete sie, wo ich nur konnte.

Früh gingen wir zusammen auf Eiersuche. Die Hühner hatten keine bestimmten Legenester, sondern bauten sich solche in Schuppen und Scheune im Stroh, wo es ihnen gerade passte. Kam ein Huhn gackernd aus irgendeinem Winkel des Hofes, so spürten wir ihm nach und manchmal fanden wir Nester, in denen schon ein Dutzend Eier lag. Wenn alle Ecken abgesucht waren, kletterten wir zuletzt noch mit einer Leiter auf den steinernen Backofen, der überdacht war. Hier, unter allerlei Gerümpel waren meist auch ein paar Nester. Hier oben zeigte mir Meta, wie man rohe Eier austrinken kann und schenkte mir auch manchmal eines.

Heuernte an der Elbe, 1905

Lieferten wir dann der Mutter Krämer unsere Beute ab, so bekamen wir wohl zur Belohnung eine große „Quarkbemme" – so lang, dass wir sie mit beiden Händen halten mussten, wenn wir hinein bissen. Sie war von einem großen, schweren, runden Brotlaib geschnitten. So große gab es nur in Rathen und das Brot schmeckte natürlich auch viel, viel besser als unser Dresdner Brot.

Gern gingen wir auch zu den „alten Försters", den Eltern des damaligen Besitzers vom Nachbarhof. Sie wohnten im Auszüglerhäuschen an der Weißiger Straße. Beide waren schon sehr alt, über achtzig, glaube ich. Der alte Förster war wohl schon vor 1830 geboren und hatte noch miterlebt, wie nachts die Anwohner des Stroms aus den Betten geholt wurden, um beim Stromauf-Treideln der Kähne zu helfen. Der alte Mann erzählte uns von seiner bescheidenen Jugendzeit und war entsetzt über die Verschwendung, wenn er sah, dass wir auf unsere Semmeln – die an und für sich ja schon ein Luxus waren – auch noch Butter gestrichen bekamen.

Der alte Förster war ein guter Bienenvater. Er hielt seine Bienen noch in aus Stroh geflochtenen Körben und ließ uns gern zusehen, wenn er mit einer Maske versehen auf die Leiter stieg, um einen Schwarm einzufangen. Er erzählte uns staunenden Kindern und Mutti, die sich sehr dafür interessierte, vieles aus dem Leben seiner Bienen.

Wenn Großmama Beschorner mit uns in Rathen war, ging sie am liebsten mit uns in das erwähnte Gründchen, durch das ein schmaler, grasbewachsener Weg führte. Es gab da einen unheimlichen alten Brunnen, an den wir nicht gehen durften, weil ein

Nix drin hauste – und wohl auch, weil er nicht umzäunt war. Großmama suchte ein grasiges, schattiges Plätzchen, wo wir uns niederließen. Während Mutti Handarbeiten machte, las Großmama uns Märchen vor.

An besonderen Tagen konnte die Oma sogar zaubern, was wir fest glaubten. Sie ging umher und suchte, bis sie ein „Bonbonbäumchen" fand, an dem eingewickelte Bonbons hingen. Wir waren in unsere Spiele vertieft gewesen und hatten Großmama nicht beachtet. Nun rief sie uns und wir mussten das Bäumchen schütteln. Währenddessen stand sie hinter uns und murmelte Zaubersprüche – und richtig, dann regnete es Bonbons. Dass sie diese hinter unseren Köpfen in die dichten Zweige warf, haben wir nie gemerkt.

Es waren wirklich ungetrübt glückliche Wochen, die wir alljährlich in Rathen verlebten. Ist es ein Wunder, wenn wir dann das ganze Jahr über Sehnsucht hatten? Mir kamen manchmal die Tränen, wenn ich bei der nahen Eisenbahnbrücke an der Englischen Kirche Züge sah, die nach Rathen fuhren. Wir betrachteten Rathen und die Sächsische Schweiz als unsere eigentliche Heimat.

Brunnen auf der Zwingerterrasse (Gertraude Gmeiner 1921)

Feste im Jahresablauf

So glücklich wir in den Ferien auf dem Land waren und so sehr wir die Ungebundenheit des Landlebens genossen, auch unser Leben in der Stadt hatte zahlreiche Höhepunkte und Festtage.

Den ersten Tag des Jahres, den Neujahrstag, möchte ich eigentlich nicht dazu zählen. Es war uns zwar bewusst, dass es ein besonderer Tag war, aber dass wir für diesen Tag, schon als wir noch kaum sprechen konnten, Verschen lernen und den Eltern aufsagen mussten, erschien uns sehr lästig.

Geburtstage

Ein richtiger Festtag war dann Vaters Geburtstag am 2. Februar. Wir durften ihm nur selbst gemachte Geschenke bringen. Schon lange vorher fertigten wir Flechtblättchen an oder stichelten, klebten und malten unter Muttis Anleitung eifrig, immer in der Angst, nicht mehr rechtzeitig fertig zu werden. Wieder mussten wir Verschen lernen, manchmal hatte Mutti sogar ganze Aufführungen gedichtet. Einmal traten wir Kinder als Tiere auf, mit richtigen Masken. Ich war eine Krähe, Helmut ein Ziegenböckchen. Ein andermal stellten wir die Vier Jahreszeiten dar. Wir fanden das zwar ganz lustig, hatten aber alle keine schauspielerische Ader.

Sobald Papa seinen Geburtstag feierte, war der Winter vorbei. Es wurde wieder hell in der Wohnung, denn genau an diesem Tag, Lichtmess, stand die Sonne wieder so hoch, dass sie mittags über das Dach des gegenüberliegenden Hauses auf unsern Esstisch scheinen konnte. In den Doppelfenstern blühten Muttis Treibhyazinthen, der Frühling war nicht mehr fern.

Abends kamen meist Geburtstagsgäste, aber da feierten wir Kinder noch nicht mit. Zwei- oder dreimal im Winter mussten die Eltern sogar richtige, große Abendgesellschaften geben. Nervosität erfüllte vorher die Wohnung. Schon nachmittags kam ein Lohndiener, der mit unseren Mädchen die lange Tafel im Esszimmer deckte. Das Meißner Zwiebelmusterporzellan und die zahlreichen Gläser wurden blank poliert und der große Silberkasten geöffnet. Mutti stellte wunderschöne Blumenschalen und kleinere Schälchen mit Salzmandeln auf den Tisch und legte neben jedes Gedeck ein winziges Semmelchen, ein winziges Hörnchen und eine klitzekleine Salzstange, die mit einem Seidenbändchen zusammengebunden waren. Die entzückten mich ganz besonders.

In der Küche ging es lebhaft zu. Wir Kinder durften sie nicht betreten. Meist wirkte eine Kochfrau dort, einmal auch ein richtiger Koch mit hoher, weißer Mütze, der einen Küchenjungen mitbrachte. Unser Schlafzimmer lag neben der Küche. Spät am Abend, als alle Gäste da waren und an der Tafel saßen, schlüpften wir schnell in die Küche und hockten dann mit unter die Nachthemden gezogenen Knien auf der

Küchenbank vorm Fenster. Wie hungrige Spatzen sperrten wir die Schnäbel auf und der Koch oder der nette Küchenjunge stopften uns Leckerbissen hinein. Sobald das Essen vorüber war und die Stühle im Zimmer gerückt wurden, verschwanden wir eiligst in unseren Betten.

Einmal hatten die Eltern auch eine Gesellschaft, keine so offizielle, sondern den so genannten „Schiffner-Abend", ein regelmäßiges Treffen einiger befreundeter Ehepaare. Wir Kinder waren krank, Helmut und ich fieberten noch. Gerhard war schon wieder aufgestanden und in der Schule gewesen. Dort hatte man ihm wohl die Geschichte vom Bischof Hatto und dem Mäuseturm erzählt, die er uns nicht vorenthalten wollte und gleich dramatisch darstellte. Wir sollten uns vorstellen, sein Bett sei die Insel, der Kachelofen am Fuße des Bettes sei der Turm. Der Zimmerfußboden war der Rhein, der von Ratten und Mäusen wimmelte, die gerade hindurch schwammen. In unserem Fieberzustand konnten wir uns alles nur zu gut vorstellen. Gerhard floh aufs Bett, von da auf die Bettkante und von dieser wollte er mit einem Klimmzug auf den Ofen klettern. Aber der Ofensims brach ab. Die Steine stürzten auf den ins Bett zurückfallenden Gerhard und eine Wolke von Ruß erfüllte das Zimmer.

Die Eltern, die nach dem Trubel des Tages sich wahrscheinlich aufatmend an der Abendtafel niedergelassen hatten, um sich ihren Gäste zu widmen, waren sicherlich nicht entzückt, als plötzlich eine kleine, blutüberströmte und rußgeschwärzte Gestalt im einst weißen Nachthemd in der Türe stand. Mit dem Bischof Hatto hatte sie jedenfalls keinerlei Ähnlichkeit mehr.

So verging der Winter und der 3. März, Muttis Geburtstag, kam heran. Für uns begann dann der Frühling richtig. Mutti bekam große Tulpensträuße, manchmal blassen, weißen Gewächshausflieder und die von ihr so sehr geliebten Alpenveilchen. Es wurde warm draußen. Auf der Straße spielten die Kinder mit Murmeln und Kreiseln und wir warteten sehnsüchtig auf den Tag, an dem wir endlich wieder Halbstrümpfchen tragen durften.

Nun begann die Vorosterzeit. Auf Sonntagsspaziergängen sahen wir in der grünenden Saat schon richtige Osterhasen sitzen. Abends stellten wir ein Schälchen mit Wasser und eine Mohrrübe für den Osterhasen auf den Balkon. Oft war am Morgen die Rübe angeknabbert und das Wasserschälchen leer. Manchmal lag als Dank sogar ein Ei in dem Napf. Einmal habe ich auch einen richtigen, sehr großen Osterhasen aus unserer Stubentür springen sehen. Es war sicher ein Traum, aber ich war mir nie ganz klar darüber. Jahrelang war ich fest davon überzeugt, den Osterhasen doch einmal wirklich gesehen zu haben und glaubte darum auch sehr lange an seine Existenz.

Am Ostersonnabend gingen wir mit Mutti nachmittags in die Stadt zum Altmarkt. Zu meinem Entzücken war dort Blumenmarkt. In blauen Eimern standen Mengen herrlicher, gelber Narzissen, blühende Weidenkätzchen, leuchtend bunte Tulpen und helles Birkengrün. Kinder boten Himmelsschlüsselsträußchen an. Es war wunderschön. Während wir so durch die Reihen schlenderten und Mutti hier und da einen Strauß kaufte, bis sie schließlich den ganzen Arm voll Blumen und Zweige hatte, läuteten die Glocken der Kreuzkirche das Osterfest ein. In späteren Jahren wurden auch Lieder vom Turm geblasen und gesungen. Noch später stand der Altmarkt voll Autos und nur wenige Blumenfrauen hielten ihre überteuerte Ware feil. Doch da war ich schon längst kein Kind mehr.

Am Ostersonntag wurde zunächst in dem mit Frühlingsblumen geschmückten Esszimmer festlich gefrühstückt. Inzwischen guckten wir schon rundum und freuten uns, wenn wir irgendwo ein verstecktes Osterei entdecken konnten. Sobald wir Kinder mit unserem Frühstück fertig waren und aufstehen durften, stürzten wir los. Jeder suchte seine Lieblingswinkel ab. Der Osterhase pflegte sehr schwer zu verstecken und oft suchten wir sehr lange, oben, auf dem Sims in den alten Zinnkrügen und hinter den Zinntellern, zwischen den Blumen in den Doppelfenstern und in allen Möbelecken. Überall war etwas versteckt. Harte Eier in allen Farben, auch die von uns sehr geliebten marmorierten Eier mit einem Osterhasenbildchen darauf. Gelee-Eier und Kokos- und auch Schokoladen-Eier fanden wir und sicher auch für jedes Kind ein mit Bildchen bedrucktes Blechei zum Öffnen. In meinem steckten ganz kleine Osterhasen-Püppchen mit Höschen und Röckchen. Mit denen spielte ich sehr, sehr gern. Anderes Spielzeug versteckte der Osterhase nicht. Heutzutage muss er ja sogar manchmal Roller oder Fahrräder legen, der Arme!

Meistens machten wir an einem der Osterfesttage eine Wanderung mit den Eltern. Oft brachten wir dann die ersten Anemonen oder Himmelsschlüssel heim. Wenn wir Glück hatten, fanden wir auch unterwegs noch hier und da ein Ei.

Als nächste Feste im Jahresablauf folgten Pfingsten und mein Geburtstag. Beide Feiertage verbrachten wir immer in Rathen, wie ich bereits erwähnte.

Nach den Sommerferien setzte sich die Reihe der Festtage am 21. 8. mit Gerhards Geburtstag fort. Mein armer Bruder tat mir oft leid, weil sein Geburtstag gerade auf den ersten Schultag nach den großen Ferien fiel.

Zum letzten Geburtstag vor Gerhards Schulbeginn bekamen Gerhard und ich wunderschöne, große, bunte Gummibälle. Mutti besuchte an dem Tag mit uns ihre Schwägerin, Tante Anneliese Beschorner, die zur Erholung oben auf der Bastei wohnte. Merkwürdigerweise ist mir von dem ganzen Ausflug nichts in Erinnerung geblieben, als das Spiel mit unseren neuen Bällen, die wir in der steinernen Regenrinne am Rande der Basteistraße kollern ließen. Vielleicht war es derselbe Geburtstag, an dem Papa, der gerade verreist war, seinem Ältesten aus Wien eine Schachtel mit Kerzen aus Marzipan und Streichhölzer aus Zucker schickte. Alles war täuschend nachgemacht und gefiel uns sehr.

Auch an den nächsten Feiertag des Jahres, Hans Helmuts Geburtstag am 12. September, habe ich nur wenige Erinnerungen, sehe aber noch deutlich einen seiner

Geburtstagstische vor mir. Mutti baute uns die Bescherung vor dem linken Esszimmerfenster auf. Auf die Sitze zweier gegeneinander gestellten Stühle wurde eine Holzplatte, wohl ein Schrankbrett, gelegt. Wir konnten mit unseren Kinderstühlchen dann bequem vor unseren Herrlichkeiten sitzen. In dem Maße, wie wir wuchsen, wurde die Tischplatte durch untergelegte Bücher erhöht.

Als Helmut drei oder vier Jahre alt wurde, lag auf dem Tisch in der Mitte ein riesiger, gelber Kürbis. Zur Feier von Bübs Geburtstag durften wir alle mit Mutti in den Zoologischen Garten gehen. Wir sollten den Kürbis dem Elefanten mitbringen, Der Wärter legte ihn in den Käfig. Dann trampelte der Elefant den schönen Kürbis ganz kaputt, ehe er ihn fraß. Das machte uns viel Spaß.

Auch an Helmuts Geburtstag war Papa einmal verreist. Aus der Wachau oder vom Bodensee schickte er ein Paket mit riesigen Birnen und Äpfeln, wie wir sie noch nie gesehen hatten. Von seinem Patenonkel, Dr. Abbe in Wildungen bekam Büb mehrmals Auswahlsendungen mit mindestens zehn Bilderbüchern. Helmut durfte sich das Schönste aussuchen, wobei wir älteren Geschwister natürlich bei der schweren Wahl mitwirkten und uns mit größter Freude alle zehn Bücher aufs Genaueste ansahen. Helmut war der letzte Geburtstäger im Jahresablauf.

Nun kamen mehr als zwei Monate einer festlosen Zeit. Die täglichen Spaziergänge hatten solange noch Reiz, wie das Laub fiel und man rechts und links von den Wegen im Großen Garten raschelnd durch die Laubwälle schlurfen konnte. Dann aber kamen graue, regnerische und langweilige Tage und wir waren fast ganz ans Zimmer gefesselt, bis es endlich mal schneite oder fror.

Sehr frühzeitig wurden wir mit Schlittschuhen ausgerüstet, um statt des täglichen Spaziergangs auf die Eisbahn gehen zu können. Mit vier Jahren machte ich meine ersten Versuche in dieser Kunst, auf der gegossenen Eisbahn an der Lukaskirche, wo im Sommer die Tennisplätze von Czarda waren. Schon vor Schulbeginn liefen wir Kinder ganz nett Schlittschuh. Sonntags gingen wir mit Mutti, die selbst recht gut lief, auf den Carolasee. Das Schlittschuhlaufen spielte in unserer Jugend eine sehr große Rolle. Nach dem ersten Krieg, als wir keine Stiefel mehr kaufen konnten und in der Inflationszeit die Eintrittspreise auf den Eisbahnen unerschwinglich geworden waren, hörte dieses Vergnügen auf. Es wurde dann bald durch das sonntägliche Skilaufen im Erzgebirge abgelöst.

Adventszeit und Weihnachten

An irgendeinem Tag in diesen langweiligen, grauen Wochen hieß es dann plötzlich „Morgen ist der 1. Advent, heute Abend dürft ihr Eure Pantöffelchen aufs Fensterbrett stellen".

Nun begann eine Zeit der Wunder und Überraschungen. Voller Erwartung schlüpften wir am Morgen, manchmal schon in der Nacht, aus den Betten. Da stand auf dem Fensterbrett ein großer Strauß von Tannenzweigen mit silbernen Sternen und

Silberfäden geschmückt und in unseren Pantoffeln lag etwas zum Naschen. Adventskalender hatten wir noch nicht, die wurden erst viele Jahre später erfunden, aber eine große Weihnachtsuhr bekamen wir einmal mit einem hölzernen Zeiger und den Tagen von 1 bis 24 rund um ein Bild von Knecht Ruprecht und dem Christkind, das gerade aus dem Himmel guckt. Merkwürdigerweise gab es dasselbe Bild in unserem Caspari-Bilderbuch „Kinderhumor für Auge und Ohr", nur natürlich nicht so schön in Brandmalerei und Ölfarbe! Ja, der Ruprecht konnte allerhand.

Von diesem Tage an durften wir allabendlich bis zum Weihnachtstag unsere Schuhchen vors Fenster stellen. Waren wir artig gewesen, so lag früh etwas drin, ein Apfel oder einige Nüsse, Rosinen oder Feigen, manchmal auch ein paar Stück Würfelzucker. Sonntags fanden wir vielleicht einen Pfefferkuchen oder sogar einen kleinen Schokoladen-Weihnachtsmann, wenn wir wirklich sehr brav gewesen waren.

Die Spannung war immer sehr groß, denn so ein ganz gutes Gewissen hatten wir wohl nie. Der Ruprecht war auch unerbittlich. Wenn wir unartig gewesen waren, lag nichts im Pantoffel. Waren wir wirklich ganz bös und ungehorsam gewesen, dann bekamen wir manchmal sogar einen Verwarnungszettel oder auch mal eine Rute in den Schuh. Das ist aber nur selten vorgekommen. Wir hatten allen Grund, uns in der Weihnachtszeit musterhaft zu benehmen.

Der gute Knecht Ruprecht machte sich aber auch auf andere Weise bemerkbar. Manchmal klingelte es besonders anhaltend und laut an unserer Wohnungstür und wir Kinder wurden zum Öffnen geschickt. Dann stand niemand draußen, aber wir fanden im Briefkasten ein paar wunderschöne Weihnachtspostkarten, manchmal für uns alle drei, manchmal nur für den einen oder anderen. Meist stand nur der Vorname drauf, manchmal auch ein Gruß vom Ruprecht oder eine Ermahnung. Liebevoll sammelte ich durch die Jahre diese Karten, deren früheste aus meinem dritten Lebensjahr stammten. Im Zweiten Weltkrieg, als ich für meine Kinder auch nicht die kleinste Kleinigkeit mehr kaufen konnte, schenkte ich ihnen nach und nach diese Karten.

Ich glaube, die allerschönste Adventszeit verlebten wir während unseres Keuchhustens im Jahre 1905. Vermutlich waren wir ziemlich krank. Durch die viele Husterei hatte sich bei mir die Augenbindehaut stark entzündet. Gerhard stellte sachlich fest, ich hätte rote Augen, sei also eine Hexe, die man daran erkennen könne. Ich würde also eines Tages sicherlich verbrannt werden. Diesem Schicksal ging ich mit nicht geringer Sorge entgegen. Mit den Erwachsenen sprachen wir natürlich nicht über so etwas. Es war ja auch noch nicht so weit.

Im Übrigen habe ich diese Monate in bester Erinnerung als eine Zeit des ständigen Verwöhntwerdens. Papa brachte einmal einem jeden seiner Kinder je ein Glas Marmelade mit, Aprikosen-, Brombeeren- und Erdbeermarmelade, Sorten, die wir sonst nie bekamen. Wir durften davon unsere Brote selbst streichen, so dick wir nur wollten. Ja, sogar ohne Brot, mit dem Teelöffel aus dem Glas durften wir schwelgerisch naschen.

Großmutter Beschorner schenkte uns kleine Butterdöschen, die sie regelmäßig auffüllte sodass wir ganz dick Butter streichen konnten. Aber am besten meinte es doch in dieser Zeit der Knecht Ruprecht mit uns. Er ist zwar nie selbst zu uns gekommen, erst viel später besuchte er unser Nesthäkchen Elfriede. Da waren wir anderen aber schon groß und glaubten nicht mehr an seine Echtheit.

Aber damals war er wie ein guter Geist allgegenwärtig. Tagtäglich machte er sich irgendwie bemerkbar. Herrliche Dinge lagen in den Pantöffelchen und wir bekamen sehr viele und sehr schöne Postkarten. Abends, auf unserem langen und dunklen Flur, stolperten wir hin und wieder über kleine Leinwandsäckchen. Da waren Nüsse drin, die wir vergolden sollten oder kleine, viereckige, in buntes Glanzpapier gewickelte Zuckersteine für den Christbaum oder auch Pfefferkuchen, Schokoladen- und Geleekringel, die wir für den Christbaum „anbändeln" sollten. Das dunkelgrüne Häkelgarn dafür lag gleich mit im Sack.

Heute – 1966 – spielt die Weihnachtsbäckerei wohl die größte Rolle in der Adventszeit. Damals war das Backen im Haus sehr erschwert und im Allgemeinen nicht üblich. Viele Familien buken natürlich die Weihnachtsstollen selbst, d.h. sie bereiteten den Teig vor, der dann beim Bäcker gebacken wurde. Als wir noch klein waren, wurden die Stollen bei dem Bäckermeister in der Christianstraße bestellt, in dessen Haus wir früher gewohnt hatten.

Mit dem Pfefferkuchenbacken fing Mutti in der Zeit an, als Medings noch neben uns wohnten. Gemeinsam bereiteten die beiden jungen Frauen den Teig, der dann vier Wochen stehen musste. Eines Tages ging dann Tante Meding mit Werner und Mutti mit uns beiden Großen, Gerhard und mir, zum Bäcker. Erst hier wurde der Teig ausgerollt und ausgestochen. Wir Kinder durften zuletzt die Mandeln auflegen. Schließlich wurde Blech um Blech gebacken und mit einem ganzen Waschkorb voll Pfefferkuchen, nach holsteinischem Rezept, kehrten wir nach Haus zurück.

Später wurde Mutti so kühn, im eigenen Kohleherd in der Küche zu backen. Es war schwierig, immer den richtigen Hitzegrad zu haben. Das Pfefferkuchenbacken wurde zu einer aufregenden Angelegenheit, bis wir schließlich im Ersten Weltkrieg einen Gasbackofen erhielten.

Anderes Weihnachtsgebäck kannten wir nicht, nur gekaufte Pfeffernüsse, Spitzkuchen oder Makronen. Die Vielfalt der Weihnachtsplätzchen kam erst auf, als Gas- oder Elektroherde das Backen erleichterten. Schokoladenwürste, Quittenbrot oder Marzipankartoffeln wurden schon hin und wieder zu Haus hergestellt und waren sehr geschätzt von uns Kindern.

Auch ohne die Weihnachtsbäckerei, die jetzt zur Adventszeit gehört, waren die Vorweihnachtswochen voll des geheimnisvollen Zaubers und mit der größten Vorfreude erfüllt.

Ich bin inzwischen viel herumgekommen in Deutschland, aber es will mir doch scheinen, als habe man es in meiner sächsischen Heimat ganz besonders gut verstanden, das Weihnachtsfest zu feiern. Glanz und Innigkeit des Festes gingen wohl vom Erzgebirge aus, dem „Sächsischen Weihnachtsland", wie es genannt wird. In dieser kargen und rauen Gegend, in der der Schnee manchmal auf die noch grünen Haferfelder fiel, herrschte einst große Armut. Holzwirtschaft und Erzbergbau waren die Erwerbsquellen der Bevölkerung. Der Silberbergbau hatte einst Reichtum gebracht, doch nun lag er schon lange still. Andere Erze wurden noch nicht gefördert. Der Bergmann arbeitete hart unter Tage und flüchtete wohl in Träume, wenn er am Feierabend am Holz herumschnitzelte. So entstanden kindlich einfache Figuren, Menschen und Tiere, auch ganze Szenen aus dem täglichen Leben. Auf den Jahrmärkten der Umgebung wurden diese bescheidenen Erzeugnisse feilgehalten, an deren Herstellung ganze Familien einschließlich der Kinder beteiligt waren.

Großmutter Gmeiner schenkte uns einmal einen ganzen „Holzschlag". Da gab es Waldarbeiter mit Sägen, kleine Holzhacker, aufgeschichtete Holzstöße und liegende Baumstämme. Vater bastelte uns dazu ein sehr hübsches Forsthaus. Ich ahnte damals nicht, dass es meine spätere Umwelt sein würde, mit der ich so glücklich spielte.

Im Erzgebirge wurde das Weihnachtsfest mit ganz besonderer Liebe vorbereitet. Da wurden Krippen geschnitzt und die großen, furchterregenden Nussknacker gedrechselt. Im zweiten Band des „Struwwelpeter", dem „König Nussknacker" sind alle diese erzgebirgischen Figuren und Häuschen zu sehen, wie sie schon vor hundert und mehr Jahren hergestellt wurden. Wir liebten am meisten die Räuchermännchen und die Bergleute und Engel, die in beiden Händen Herzen trugen.

In den kleinen, einstöckigen erzgebirgischen Häusern wurden in der Christnacht, wenn alle Familien zur Mitternachtsmette gingen, so viele Lichterengel ins Fenster gestellt, wie Mädchen im Hause waren und so viele Bergleute, wie es Buben gab. So leuchteten die kinderreichen Häuser besonders hell. Auch wir besaßen jeder unsern eigenen Engel oder Bergmann, der am Weihnachtsabend unseren Beschertisch erleuchtete.

Eine Sitte, die in unserer Familie üblich, sonst aber in Dresden nicht bekannt war, stammte auch aus dem Erzgebirge. Vater erzählte, ein Geselle, der aus dem Erzgebirge kam und bei Großvater arbeitete, habe sie in seinem Elternhaus eingeführt. Es war der Umzug durch die Wohnung mit Weihnachtslaternen vor der Bescherung. Wahrscheinlich wurden diese Laternen ursprünglich auf dem Kirchgang benützt. Jedes Kind hatte seine eigene. Sie waren aus starker Pappe angefertigt und auf einem Stab befestigt. Die unsrigen hatten noch barock geschwungene Formen. Auf jeder der vier Seiten war ein Bild mit Bezug auf den kleinen Besitzer ausgeschnitten und mit geöltem Buntpapier hinterklebt. Unsere Laternen, von Vater in nächtlicher Arbeit liebevoll angefertigt, spielten bei der Weihnachtsbescherung eine große Rolle.

Ein anderer erzgebirgischer Brauch, von dem uns erzählt wurde, gefiel uns gar nicht. Statt des Christbaums würden im Erzgebirge Weihnachtspyramiden aufgestellt, eine Sitte, die wohl noch ziemlich verbreitet war. Vom Christmarkt her kannten wir diese kunstvollen Pyramiden, die sich sogar, von Kerzen erwärmt, drehen konnten. Aber sie gefielen uns nicht. Die Erwachsenen bewunderten sie entzückt, doch uns Kindern schienen sie fremd und unweihnachtlich. Manchmal, wenn wir nicht artig waren, wurde uns gedroht, wie bekämen in diesem Jahr keinen Christbaum, sondern eine Pyramide. Das verstärkte die Abneigung gegen diese künstlichen Gebilde, deren Eigenart wir ja noch nicht erkennen konnten. Wir wollten nicht auf unseren Weihnachtsbaum verzichten, der uns so unendlich viel schöner vorkam.

An den Adventssonntagen bastelten wir mit den Eltern allerlei Christbaumschmuck. Papa leitete uns an und half mit oder las uns dabei Märchen vor. Frühzeitig lernten wir, mit unseren runden Kinderscheren und Leim umzugehen und korrekt und sauber zu arbeiten. Huschelei wurde nicht geduldet. Sterne, Körbchen, Laternchen und lange, bunte Ketten aus Glanzpapier, wie sie auch heute noch von vielen Kindern angefertigt werden, entstanden so und schmückten jahrelang unseren Christbaum. Am vierten Advent wurden dann Nüsse und Äpfel vergoldet. Man machte sie feucht und legte sie auf hauchdünne Schaumgoldblättchen. Sorgsam tupfte man das Gold dann mit Watte fest. In diese Nüsse wurden Nusshalter, schmale gedrehte Streifchen aus buntem Blech, gesteckt und oben umgebogen, damit das Christkind sie leicht an die Zweige hängen konnte. Außer diesem Schmuck hingen an unserem Baum noch Zuckerwerk und große Schokoladen-Pfefferkuchensterne und -Herzen, Pfefferkuchen mit rosa und weißem Zuckerguss und Schokoladenkringel. Glaskugeln und den sonst üblichen Christbaumtand kannten wir nicht, fanden ihn auch nicht so schön, wenn wir ihn später bei Schulkameraden sahen, weil er uns ungewohnt war.

Das wichtigste war für unseren Vater der Baum selbst, der, wenn möglich, echte Bienenwachskerzen bekam. Der Weihnachtsbaum durfte keine Fichte sein, sondern musste eine schöne, gleichmäßig gewachsene, möglichst breite und dichte Tanne aus dem Bayrischen Wald oder dem Böhmerwald sein. Es waren mächtige Bäume, die vom Fußboden bis zur Decke unserer vier Meter hohen Zimmer reichten.

Früh, wenn Vater seine Patientenbesuche machte, durchstreifte er nach und nach wohl alle Christbaummärkte unserer Gegend, am Rathaus, an der Ringstraße, vor dem Hauptbahnhof und am Moltkeplatz oder wo sonst noch weihnachtliche Wälder aufgebaut waren. In Dresden standen nicht mit Strohseilen zusammengebundene Bäume lieblos angelehnt in einer Ecke, sondern jeder einzelne Baum hatte ein einfaches Kreuz aus Fichtenholz, das mit ihm verkauft wurde. In langen Reihen, richtig wie ein Wald, standen in der Adventszeit die Christbäume überall in der Stadt. Zwischen den Bäumen blieb in der Mitte ein Weg frei, so dass man ungehindert im Walde spazieren gehen konnte. Noch ehe der eigentliche Christmarkt begann, standen die Bäume schon in der Stadt und wir waren manches Mal schon hindurchgegangen, ehe der ersehnte „Goldene Sonntag", der letzte Adventssonntag vor Weihnachten herangekommen war.

Auf diesen Tag freuten wir uns sehr. Sobald es anfing, dunkel zu werden, besuchte Vater mit uns allen den Christmarkt, der noch auf den großen Plätzen der Innenstadt, dem Altmarkt und dem Neumarkt aufgebaut wurde. Kein parkendes Auto störte das Bild, breit flutete die Menschenmenge auf den Fahrstraßen entlang.

Ein Christmarktbesuch war ganz etwas anderes als ein Jahrmarktsbesuch, schon weil er nicht am hellen Tage, sondern bei Dunkelheit erfolgte, wenn in allen Buden die Lampen brannten. Außerdem kauften wir nicht für uns selbst ein, sondern es galt, die Weihnachtsgeschenke für die Geschwister auszusuchen.

Ehe wir das Haus verließen, steckte uns Papa die Manteltaschen voll Kupfermünzen, die er das ganze Jahr über gesammelt hatte. Die durften wir dann den armen Kindern geben, die frierend an den Straßenecken oder unter den Hauseingängen standen und Pflaumentoffel, Wunderkerzen oder Lametta feilhielten. Mir war das immer unangenehm. Ich war verlegen diesen gleichaltrigen Kindern gegenüber, die es so viel schwerer hatten als wir.

Unser Weg zum Christmarkt führte zunächst in ein Papiergeschäft, früher zu Unrasch in der Mosczinskystraße, später über den Moltkeplatz und durch den Portikus in das bei den Schulkindern damals sehr beliebte Papiergeschäft des Fräulein Ackermann in der Bürgerwiese. Hier durften wir uns hemmungslos aussuchen, was wir für unsere Spiele und Basteleien, später für die Schule brauchten. Herrliche bunte Bleistifte mit farbigen, glitzernden Glaskristallen oder Radiergummis am Ende, Federhalter mit einem kleinen Guckloch, durch das man dann ganz winzig die Bastei oder etwas ähnliches sah, marmorierte Radiergummis, Federbüchsen und Tintenwischer, ja sogar, wenn nötig, einen neuen Schieferkasten oder sogar ein Federetui durften wir uns wünschen. Dazu Modellbogen, Buntpapier zum Basteln, Buntstifte und Zeichenpapier. Das neue Malbuch oder der Ausschneidebogen für Papierpuppen wurde besonders sorgfältig ausgewählt. Das erstere war besonders wichtig und wurde meist schon am ersten Feiertag in Angriff genommen, natürlich mit richtigen Wasserfarben.

In gehobener, erwartungsvoller Stimmung zogen wir weiter, erst noch durch die langen Reihen duftender Weihnachtsbäume, die auf der Ringstraße aufgestellt waren, vorbei an der oftmals erleuchteten Kreuzkirche, aus der Weihnachtsmusik klang, zu der Budenstadt auf dem Altmarkt. Gewissenhaft wurde Reihe für Reihe, Bude für Bude angesehen. Mit großer Geduld berieten uns die Eltern bei unseren Einkäufen. Vater hatte sogar ein Fünfzigpfennigstück gespendet, das wir fest in der kleinen Faust hielten. Es gab so viel zu sehen. Da waren die Pulsnitzer Pfefferkuchenbuden mit Herzen und Sprüchen und Pfefferkuchenmännern. Für die gaben wir nichts aus, sie wurden nur bewundert. Manchmal legte der Knecht Ruprecht in der nächsten Nacht ein paar Pfeffernüsschen in unseren Pantoffel. Dann kamen die Buden mit den Dresdner Christstollen in allen Größen. Sie waren für uns ganz uninteressant, denn wir wussten, dass wir am Heiligen Abend jeder auf seinem Platz einen eigenen Stollen finden würden. Interessanter waren schon die Lausitzer und Bunzlauer Töpferwaren mit ganz kleinem Puppengeschirr dabei und dann natürlich die Spielwarenbuden mit allerlei Blechspielwaren und Musikinstrumenten. In den erzgebirgischen Buden standen in Reihen Leuchterengel und Bergleute und in ovalen Spanschachteln gab es Tiere aller Art und Größen.

Wenn dann alle Budenreihen gewissenhaft durchstreift waren und man heimlich gekauft hatte, was die Geschwister vielleicht bewundert und sich gewünscht hatten, führte uns Papa in die Konditorei Kreutzkamm am Altmarkt. Welches Glück, wenn wir einen Fensterplatz im ersten Stock ergatterten und noch einmal nachgenießend auf die mit Karbid- und Petroleumlampen „hell" erleuchteten Budenreihen hinabblicken konnten. Es war der einzige Tag im Jahr, an dem wir in eine Konditorei geführt wurden. Das Stück Torte, das wir uns aussuchen durften oder der Windbeutel mit Schlagsahne erschienen uns als unerhörte Leckerei, die wir ganz langsam und mit Andacht genossen.

Dies war der letzte Sonntag vor dem so heiß ersehnten Heiligen Abend. An irgendeinem der nächsten Tage wurde uns von den Erwachsenen zugeraunt „Morgen ist Weihnachten", woraufhin wir den ganzen Tag, wahrscheinlich schrecklich falsch, aber sehr laut sangen „Morgen, Kinder, wird's was geben!!"

Noch ein letztes Mal stellten wir abends unsere Pantöffelchen heraus. Wenn wir am nächsten Morgen ein Pfefferkuchenhäuschen mit Hänsel und Gretel davor fanden, dann gab es keinen Zweifel mehr, der Weihnachtstag war wirklich und wahrhaftig gekommen!

Schon seit Tagen hatten wir nicht mehr ins Esszimmer gedurft. Die schöne Tanne, die eines Morgens auf dem Vorsaal oder dem Balkon stand, hatte das Christkind längst ins Besucherzimmer geholt. Manchmal, wenn ein Erwachsener unvorsichtig die Tür öffnete, konnten wir einen Blick erhaschen, haben aber zu unserer Enttäuschung nie das Christkind am Werk gesehen. Meist saßen wir an diesem Weihnachtsmorgen ungeduldig in unserem Kinderzimmer und legten letzte Hand an unsere Weihnachtsarbeiten.

Mittags gab es alljährlich die traditionellen Milchkartoffeln mit Rindfleisch gekocht, um am nächsten Tag eine gute Brühe für die Feiertagssuppe zu haben.

Nachmittags hielt Papa noch Sprechstunde und es wollte und wollte nicht dunkel werden. Schließlich wurden wir aber doch frisch gewaschen und in unsere besten Sachen, d. h. ich meist in ein leichtes Sommerkleidchen und die Brüder in ihre weißen Matrosenblusen gesteckt. Bald kamen unsere Weihnachtsgäste, die Großeltern oder einsame alte Onkel und Tanten aus der Generation der Großeltern.

Wenn wir alle dann im Salon versammelt waren und auf eine baldige Bescherung hofften, wurde Vater ganz sicher noch einmal zu irgendeinem Patienten gerufen. Mit Weihnachtsliedersingen, Vorlesen der Weihnachtsgeschichte und Raten, was man wohl bekam, versuchten Mutti und die Gäste uns noch zu vertrösten, bis wir endlich, endlich unsere Weihnachtslaternen anzünden durften und sämtliche Flügeltüren geöffnet wurden.

Durch einen langen, feierlichen Umzug wurde unsere Geduld noch einmal schrecklich auf die Probe gestellt und unsere Erwartungen aufs Höchste gesteigert. Dem Zug voran ging Papa mit seiner Gitarre, Weihnachtslieder spielend, dann kamen wir Kinder mit unseren Laternen, vor Aufregung kaum mitsingend. Es folgten die Erwachsenen, Mutti, die Gäste und unsere singstarken Haushilfen.

Nun zogen wir durch die ganze, dunkle Wohnung. Kein Zimmer wurde ausgelassen. Einmal – und das war wohl der schönste Augenblick – führte unser Weg quer durch das Weihnachtszimmer in seiner verwirrenden Pracht. Vor der Balkontür in der Mitte stand die große Tanne im Glanze unendlich vieler Kerzen, bunt und strahlend. Rechts und links unterm Baum waren unsere Kinderbeschertische aufgebaut. Quer vor dem Baum stand ein langer, schmaler Tisch mit der Krippe in der Mitte und Bescherung der Eltern rechts und links. In diesem Augenblick vergaßen wir Kinder die Singerei ganz und schielten nach unseren Tischen, ob das ersehnte Hauptgeschenk auch wirklich da sei. Flüsternd teilten wir uns mit, was wir erspäht hatten, während Papa den Zug unbarmherzig noch einmal durch die ganze Wohnung führte. Wenn das Bescherzimmer zum zweiten Mal erreicht wurde, durften wir an unsere Tische eilen. Wir kannten unsere Plätze, auch wenn der vertraute Engel oder Bergmann sie uns nicht gewiesen hätte. Hinter dem Leuchter, auf der Mitte des Tisches, lag für jeden ein eigener Weihnachtsstollen, rechts und links über den Stuhllehnen hingen die zunächst kaum beachteten neuen Anziehsachen, davor lehnten von Papa selbst ausgesuchte, künstlerisch wertvolle Bilderbücher und dazwischen war alles aufgebaut, was wir uns gewünscht hatten, von Mutti selbst genähte Puppenkleiderchen, die Malbücher und Buntstifte und natürlich das jeweilige Hauptgeschenk.

Weihnachten 1906 bekam ich eine Babypuppe, ganz aus Porzellan, die ich Schelmchen nannte. Dazu eine Wickelkommode, die schon aus Muttis Kinderzeit stammte, nun aber schön weiß gestrichen war, mit hellblauen Zierstreifen. Die ganze, von Mutti angefertigte Babyausstattung meiner Puppe entsprach genau der Ausstattung, die für mein neues Geschwisterchen bereit lag – Elfriede, die wenig später geboren wurde. Sogar eine schöne, hellblaue Babybadewanne mit richtigem Kran bekam ich für mein Schelmchen.

Nachdem die erste Aufregung sich gelegt hatte und wir auch die Gabentische der Geschwister bewundert hatten, holten wir die kleinen Geschenke, die wir für die Eltern, Großeltern und Gäste mühsam angefertigt hatten und verteilten sie.

Viel zu bald begann das Abendbrot im Nebenzimmer, in Muttis Zimmer, in dem nun der große Esstisch stand. Ein dicker Tannenkranz mit zwölf großen Kerzen beleuchtete die festliche Tafel. Vor dem Ersten Weltkrieg wurde ohne Rücksicht auf die Hausfrau und ihre dienstbaren Geister selbstverständlich ein warmes Festessen mit Suppe und Nachtisch gereicht. Muttis schöne Damasttischtücher, das Meißner Zwiebelmustergeschirr, das viele Silber und die strahlenden Kerzen – alles war schön und feierlich, auch wenn es den mir so grässlichen polnischen Karpfen gab. Wir Kinder waren froh, wenn wir endlich wieder aufstehen und an unsere Beschertische zurückkehren durften, ehe wir übermüdet und glücklich in die Betten sanken.

Am ersten Feiertag huschten wir, sobald wir wach wurden, gleich in unseren Nachthemden in das Bescherzimmer, wo wir schon die Mädchen rumoren hörten. Der Wintermorgen schien noch grau ins Zimmer, denn Petroleumlampen wurden früh nicht angezündet. Der große Kachelofen in der Zimmerecke war schon angeheizt. Das Ofenloch stand noch offen, bis die Kohle durchgebrannt war. In dem blanken Parkettfußboden spiegelten sich die Flammen. Wir hockten mit dem schönsten unserer Geschenke oder mit dem neuen Bilderbuch vor dem Feuer und warfen hin und wieder einen Blick auf den wunderschönen, bunten Baum, der am Tage so ganz anders aber nicht weniger schön aussah als am Abend. So spielten wir bei dem flackernden Schein, bis wir endlich zum Anziehen gerufen wurden und der erste Weihnachtstag mit einem festlichen Stollenfrühstück begann. Wir durften von unseren eigenen, genau bezeichneten Stollen so viel und so dick schneiden, wie wir nur wollten. Das machte es natürlich besonders reizvoll.

Ein alljährlich wiederkehrendes Weihnachtsessen hatten wir damals nicht. Später briet Mutti zum ersten Feiertag meist einen Truthahn. In diesen frühen Jahren kamen verschiedene Leckerbissen auf den Tisch. Wahrscheinlich waren es zumeist Patientengeschenke, eine Gans zum Beispiel, oder ein Hase, auch an Fasane, Schneehühner und Haselhühner kann ich mich erinnern.

Für Vater gehörten zur Weihnachtszeit unbedingt ein großer, westfälischer Knochenschinken und ein Prickenfass aus Königsberg. Die Pricken oder Neunaugen, für mein Gefühl unappetitliche Würmer, wurden in eichenen, kleinen Fässchen geliefert und schmeckten den Erwachsenen anscheinend köstlich. Zur Feier der Weihnachtstage brauchte ich mich an dieser Schwelgerei nicht zu beteiligen. Zu anderen Zeiten musste ich unbarmherzig stets von dem mir so verhassten Fisch mitessen, der auf den Tisch kam. Oft konnte ich mich nicht zum Hinunterschlucken entschließen, ging mit dem Mund voll Fisch zum Spaziergang und kam mit dem Mund voll Fisch wieder heim, wie Mutti erzählte. Auf den Gedanken, den Fisch heimlich auszuspucken, bin ich nie gekommen. Es wäre mir wohl wie eine Unehrlichkeit erschienen.

Vater liebte es, Weihnachten aus dem Vollen zu schöpfen und brachte selbst allerlei mit, was Mutti nicht vom Haushaltsgeld anschaffen konnte. Ganze Säcke voll

Nüsse und Paranüsse kaufte er vor Weihnachten ein, vor allem aber eine ganze Kiste mit Datteln und eine mit Feigen – den breitgequetschten, die wir „Elefantenohren" nannten. Äpfel, Apfelsinen, Feigen, Datteln und Nüsse gab es in der Weihnachtswoche dann regelmäßig als Nachtisch. An den Feiertagen selbst gab es sicher einmal Muttis Glanzstück „Watte ums Herz" mit dem selbst eingekochten Dreifruchtkompott.

Wir Kinder durften uns nach jeder Mahlzeit etwas vom Christbaum holen. Wir waren tatsächlich so anständig, nicht außer der Zeit zu naschen, oder wenigstens nur ganz selten. Aber wir untersuchten und beguckten den Baum zwischendrin ganz gründlich und merkten uns das schönste Stück, was noch am Baum hing. Welche Sorge, die Geschwister könnten es auch entdeckt haben! Sobald wir vom Esstisch aufstehen durften, stürzten wir zum Baum, um ja den erwählten Schokoladenstern oder Zuckerring zu erwischen. Zuletzt hingen meist nur noch die Äpfel und goldenen Nüsse am Baum, denn Äpfel und Nüsse hatten wir auch in unseren wohlgefüllten Fresskörbchen, wie wir unsere Bunten Teller nannten.

Die Weihnachtswoche verbrachten wir am liebsten im Bescherzimmer unter dem Christbaum. Hin und wieder unterbrach Mutti unser Spiel, um mit uns einen Gang durch den verschneiten Großen Garten oder einen Besuch bei den Großmüttern oder Verwandten zu machen.

So kam das Jahresende schnell heran. Vom letzten Tage des Jahres, dem Silvester, merkten wir in der Vorschulzeit nichts, denn wir wurden in die Betten gesteckt, nachdem wir noch einmal das Neujahrsgedicht für die Eltern geübt hatten.

Schule – Beginn eines neuen Lebensabschnittes

Eine kleine Schwester

Schnell sind die glücklichen, ersten Kinderjahre verflogen. Als das Jahr 1907 begann, ahnte ich nicht, dass nun für mich ein neuer Lebensabschnitt anfing, der durch die Ankunft meiner Schwester Elfriede und durch den Schulbeginn eingeleitet wurde. Beide Ereignisse fielen noch in die letzten Monate vor meinem siebenten Geburtstag.

Voll Spannung warteten wir schon einige Wochen auf das neue Geschwisterchen, das uns versprochen worden war. Meine Gedanken beschäftigten sich viel mit diesem Ereignis.

Einmal, auf einem Spaziergang zum Besuch der inzwischen in die Canalettostraße gezogenen Großmutter Beschorner, lief ich voraus und wartete an der Uhr vor der Ausstellung, Ecke Stübelallee und Lennéstraße auf die anderen. Ich guckte dabei in den Himmel, sah den Wolken zu und überlegte, ob ich wohl ein Brüderchen oder ein Schwesterchen bekommen würde.

Gerhard, Elfriede, Helmut, Gertraude mit ihrer Mutter Hertha Gmeiner, 1908

Als das Kinderfräulein herankam, fragte es mich, was ich da oben sähe. Ich fabulierte drauf los und erzählte von einer Wolke, ganz rosa, auf der ich soeben das kleine Schwesterchen vom Himmel herunterkommen gesehen habe. Phantasielos und unklug hakte das Fräulein nun nach, ob ich das denn ganz wirklich gesehen hätte?

Was blieb mir nun anderes übrig, als zu meinem Traum zu stehen und „ja" zu sagen. Im Grunde war ich erstaunt, dass man meine Erzählung für bare Münze nahm. So wurde aus der Träumerei, die die Erwachsenen nicht als solche verstehen wollten und törichterweise ernst nahmen, eine Lüge, die mich damals sehr bedrückt hat, vor allem, als sie den Eltern und allen Verwandten erzählt wurde. Als dann nach wenigen Tagen wirklich ein Schwesterchen eintraf, war ich sehr erleichtert, dass meine Prophezeiung richtig gewesen war.

Als uns das Geschwisterchen gezeigt wurde, entzückte mich das Drum und Dran, der rosa und weiße Babykorb mit dem Himmel aus Tüll und Spitzen und der großen rosa Taftschleife vorn sicher genau so, wie das kleine, schlafende Menschenkind im Korb.

Stolz zeigte ich allen Besucherinnen, die in den nächsten Tagen Mutti Glück wünschten, alle die reizenden Wolljäckchen, Mützchen und winzigen Babyschuhchen, die in der Wickelkommode lagen. Ich freute mich sicher am allermeisten über jedes hübsche Stück, das als Mitbringsel der Besucher den Vorrat vermehrte.

Schulbeginn

Doch die Zeit eilte im Sauseschritt weiter und mein Schulbeginn rückte immer näher. Schon im Herbst hatte Mutti mir eines Tages mein neues, hellbraunes Rippensamt-Mäntelchen angezogen, das von ihr selbst gestickte, weißseidene Häubchen aufgesetzt und mich zur „Zehnklassigen Privatschule für Mädchen Höherer Stände von M. und A. Kox" geführt. Es war eine der führenden Dresdner Privatschulen, die in den Händen einer vortrefflichen Pädagogin und klugen Frau, des Fräulein Anna Kox lag.

Als ich an der Hand meiner Mutter in ihrem Arbeitszimmer stand, fasste ich sofort großes Vertrauen zu ihr, obwohl sie mir viele Fragen stellte. Auf die Frage, ob ich stricken könne, antwortete ich ehrlich und überzeugt „ja, aber ich bin zu faul dazu" – sehr zur Verlegenheit meiner guten Mutter. Nun, „Fräulein Anna", wie sie von ihren Schülerinnen genannt wurde, schloss mich jedenfalls schon damals in ihr Herz. Ich fühlte mich immer von ihr verstanden und beschützt auch gegen die Lehrer, die oft nicht verstehen konnten, dass ich „zu faul dazu" war, Klassenerste zu spielen, obwohl mir alles so leicht fiel. Ich betrachtete das als ein Geschenk der Götter, das mir die Möglichkeit gab, eine durch Schulsorgen unbeschwerte Jugend zu genießen.

Während die kleinen Geister unter meinen sächsischen Lehrern manchmal gestöhnt hatten „de Gertraude is e schwiericher Gorogter", schrieb mir Fräulein Anna noch nach 40 Jahren (kurz vor ihrem Tode in kümmerlichsten Verhältnissen in der Ostzone) – ich sei immer ein originelles Kind gewesen, an dem sie viel Freude gehabt hätte. In gewissem Sinne verstand sie mich besser als meine Mutter. Ich habe ihr unendlich viel zu danken.

Die Anmeldung zur Schule endete mit einem Glas Schlagsahne für 15 Pfennige, das mir meine Mutter in der kleinen Konditorei von Windisch, an der Christianstraße, spendierte. Bei unserer, in mancher Hinsicht sehr einfachen Erziehung, war dieser Konditoreibesuch ein Ereignis, das den Anmeldetag zu etwas Besonderem stempelte.

Zunächst warf der bevorstehende Schulbeginn durchaus erfreuliche Schatten voraus. Wir zwölf ABC-Schützinnen wurden eines Nachmittags zu Fräulein Kox eingeladen und sollten sogar unsere Puppen mitbringen. Stolz zog ich mit meinem weißen Puppenwagen und den drei Puppenkindern, denen Mutti weiße Kieler Matrosensachen sehr geschickt genäht hatte, los. Leider passierte mir – wie bei ungezählten späteren Kindergesellschaften auch – das Missgeschick, dass ich die Schokoladentasse mit Schwung umwarf. Meiner Mutter war das wahrscheinlich peinlicher als mir selbst.

Kurz nach diesem Fest nahm mich mein Vater einmal früh mit in die Stadt, was sonst nicht vorkam. Bei einem Sattler in der Viktoriastraße, Ecke Ringstraße, kaufte er mir einen soliden, schwarzen Lederranzen und eine lederne Frühstückstasche zum Umhängen. Auch einen wunderschönen, wahrscheinlich japanischen, schwarzen Lack-Schieferkasten, in den perlmutterne Seerosen eingelegt waren, besorgten wir damals.

Nun wurde es bald ernst. Wenige Tage nach der Ankunft meiner kleinen Schwester Elfriede im März 1907 begann meine Schulzeit. Meine Mutter, die noch lag, verabschiedete mich an meinem ersten Schultag zu meiner Verwunderung mit Tränen. Ich marschierte stolz los, an der Hand meines Vaters. Er lieferte mich in der Klasse ab, musste aber dann zu seinen Patienten. So blieb ich allein mit meinen Mitschülerinnen, mit denen ich dann zehn Jahre Freuden und Leiden teilen sollte.

Zunächst bekamen wir ein Buch mit Bildern in die Hand gedrückt. Wir fanden es sehr komisch, die französischen Bezeichnungen dieser Gegenstände im Chor nachplappern zu müssen: le coq, le chat, le mur … so fing die erste Seite an.

Dieser erste Schultag brachte aber auch eine große Enttäuschung. Als die Schule aus war, warteten draußen eine Menge Mütter und Großmütter mit Zuckertüten. Auf mich wartete niemand. Ich wusste ja, dass meine Mutter krank war. Bedrückt und tief enttäuscht schlich ich heim. Die Zuckertüte, die mich dann zu Hause erwartete, freute mich nicht mehr so recht. Sie brachte eine weitere Enttäuschung, denn als ich freigebig an die Brüder Plätzchen und Zuckerzeug ausgeteilt hatte, musste ich feststellen, dass für mich selbst nicht viel blieb, weil die große Tüte unten mit Papier ausgestopft war.

Am nächsten Morgen musste ich bereits allein zur Schule gehen. Der Weg war nicht weit und mir von unseren täglichen Spaziergängen bekannt. Nur um einige Straßenecken musste ich gehen, um zur Lindengasse zu gelangen. Selbstbewusst zog ich los, um dann plötzlich hilflos vor einer langen Mauer zu stehen, die mehrere ganz gleichartige, große, eiserne Tore hatte. Welches war nun das richtige und wie konnte man es aufmachen? Weit und breit war niemand zu erblicken, als ein alter Straßenkehrer im blauen Kittel. Der sah meine Not, stellte seinen Besen an die Wand und führte mich treu an der Hand bis in den Schulgarten.

Es war ein alter Garten mit großen, schönen Bäumen, noch aus der Zeit, in der die Schule noch eine Privatvilla gewesen war oder zu den großen Struveschen Anlagen gehört hatte. In einer Gartenecke vor unserem Klassenraum hielt sich Fräulein Annas Schwester, Margarete Fox, Zwerghühnchen, die uns sehr entzückten. Früh schlichen wir ganz leise in die Klasse, denn meist brütete ein Hühnchen im Papierkorb neben meinem Platz. Mit lautem Gegacker flog es dann mitten im Unterricht zum Fenster hinaus. Die bravste Schülerin bekam dann mittags das Ei.

Ich habe nie eins bekommen. Ich war zu wild und ungebändigt, auch gar nicht an Umgang mit anderen, weniger robusten Kindern gewöhnt, sodass manchmal Klagen über mein allzu raues Wesen kamen.

Schulbeginn: Gertraude Gmeiner 1907

Zu wirklichen Streichen war ich damals aber noch viel zu unschuldig und nicht fähig. Ich war darum schwer gekränkt, als mir ein solcher zugetraut wurde.

Auf dem Weg zur Schule fand ich eines Morgens im Straßenstaub einen Maikäfer. Man muss ermessen können, was ein lebendiger Maikäfer für ein Großstadtkind bedeutet. Ich war selig über meinen Fund, hielt ihn fest in meiner kleinen Faust und vertrödelte mich dabei auf dem Schulweg.

In letzter Minute witschte ich in die Klasse, nicht ahnend, wo mein Maikäfer nun bleiben konnte. Da lag auf dem Pult der Lehrerin ein herrlicher Fliederstrauß. Schnell setzte ich meinen Maikäfer hinein, froh, ihm etwas so Schönes bieten zu können. Mitten in der Schulstunde flog er dann brummend auf. Die Lehrerin glaubte sofort an einen Schabernack. Peinliches Verhör. Ich meldete mich und musste zum ersten Mal nachsitzen. Die Welt erschien mir bös und ungerecht.

Nicht lange nach diesem Erlebnis begannen meine ersten Schulferien, die Pfingstferien. Wir fuhren wie alljährlich nach dem geliebten Rathen zu Krämers. Schule und Schulsorgen waren vergessen – aber nicht ganz, denn meinen siebten Geburtstag konnte ich nicht mehr in Rathen verleben, sondern musste ihn wegen der Schule erstmals in Dresden verbringen. Vor der Schule wurde mir beschert und ich schnitt von der schönen, großen Geburtstagsbäbe mit dem dicken Schokoladenguss und den Mandelstiften darauf das erste Stück für meine liebe Klassenlehrerin, Fräulein Prinzhorn.

Dann musste ich mich leider von meinem Gabentischchen trennen, die Zeit des ungestörten Spielens war vorbei. Die Pflicht rief – der Ernst des Lebens hatte begonnen.

Hofkirche mit Elbbrücke (Gertraude Gmeiner 1921)

Frieden, Fortschritt, heile Welt
1907 bis 1914[*]

---

[*] aufgeschrieben in den Jahren 1967 bis 1968

Der Tageslauf

Mit dem Schulbeginn Anfang April 1907 lernte ich neue große und kleine Sorgen und Freuden kennen. Wie wohl für jedes Kind, fing für mich nun ein Doppelleben an. Schule und Elternhaus – das waren zwei verschiedene Welten, die es säuberlich auseinander zuhalten galt. Der Vormittag gehörte der Schule, der Nachmittag der Familie. Nachmittagsunterricht kannten wir glücklicherweise nicht.

Der Tagesablauf für die nächsten zehn Jahre – ein mir endlos erscheinender Zeitabschnitt – war nun streng geregelt und galt als ein unumstößliches Gesetz.

Schon die Jugendzeit unserer kurz vor und nach dem 1870er Krieg geborenen Elterngeneration verlief in ganz ähnlicher Weise. Wir wussten nicht, dass diese in einer besonders langen Friedenszeit entstandene, gleichmäßige Tageseinteilung etwas Ungewöhnliches war. Für unsere Vorstellung war schon ein Wohnungs- oder Schulwechsel ein außerordentliches und einschneidendes Ereignis, um das wir die Offiziers- und Beamtenkinder ein bisschen beneideten.

Plötzliche und unerwartete Veränderungen, verbunden mit häufigem Orts- und Schulwechsel, wie sie die Jahrgänge meiner Kinder in und nach dem Zweiten Weltkrieg recht unerfreulich erleben mussten, waren für uns einfach undenkbar.

In den ersten beiden Schuljahren gingen wir „Kleinen" am Morgen etwas später zur Schule, erst um neun oder um zehn Uhr. Vom dritten Schuljahr an begann die Schule pünktlich um acht Uhr. Mutti weckte uns regelmäßig um viertel vor sieben Uhr und erschien ärgerlich noch einmal Punkt sieben Uhr, um uns endgültig aus den Betten zu jagen. Nachdem ich mich – sommers wie winters natürlich kalt – gewaschen hatte und angezogen war, wurde ich bis in mein zwölftes Jahr von Mutti oder dem Kinderfräulein frisiert. Meine glatten Haare wurden in möglichst feste Zöpfe geflochten und mit einer roten Taftband-Haarschleife zusammengebunden. Bei dieser günstigen Gelegenheit mussten Schulaufgaben wiederholt, Gedichte, Vokabeln und Einmaleins aufgesagt und abgehört werden.

Zwanzig Minuten vor acht Uhr erschien ich dann am Frühstückstisch im Esszimmer, an dem Vater meist schon mit seiner Zeitung, dem „Dresdner Anzeiger" saß.

Zwei Tassen Kakao und drei Eckchen Zeilensemmel ohne Butter, nie mehr und nie weniger, wurden bis etwa sieben Minuten vor acht Uhr verschlungen. Um diese Zeit knackste es im Schlagwerk der großen Standuhr – für mich ein sicheres Zeichen, dass es allerhöchste Zeit zum Abmarsch war.

Ich hatte keinen weiten Schulweg. Erst musste ich ein Stück der Lüttichaustraße entlanggehen, dann einen Häuserblock weit die Struvestraße und zuletzt noch etwa hundert Meter Lindengasse, um – meist gerade bei ersten Klingelzeichen – die Schule zu erreichen. Auf dem Weg benützte ich nach Möglichkeit nur die granitnen Randplatten des Bürgersteigs und kreuzte abergläubisch an einer ganz bestimmten Stelle die

Struvestraße. Glückte das, so war ich sicher, dass es auch in der Schule gut gehen würde – was es ja auch meistens tat.

Vor dem Unterrichtsbeginn, von acht bis zehn Minuten nach acht, fand eine Andacht statt. Erst wurde ein Liedervers gesungen, dann las Fräulein Anna Kox aus einem Andachtsbuch vor und zum Schluss sprachen wir das Vaterunser. In späteren Jahren saß ich während der Andacht manchmal hinter einer Klapptür, wenige Meter von Fräulein Kox entfernt, um schnell noch eine vergessene Schulaufgabe ins Heft zu schreiben. Wehe, wenn die Feder gekratzt hätte!

Nach der Andacht begann der Unterricht. Wir hatten die für alle Schulen vorgeschriebenen fünf Schulstunden, doch war eine jede und auch die Pausen um einige Minuten verkürzt und die Schule hörte erst fünf Minuten nach ein Uhr auf. Dadurch wurden 45 Minuten für den täglichen schwedischen Turnunterricht gewonnen, an dem wir alle mit Begeisterung teilnahmen. Jeweils zwei Jahrgänge hatten gemeinsam Turnstunde.

Für den Heimweg brauchte man merkwürdigerweise mehr Zeit als für den Weg zur Schule. Die Auslagen der wenigen Läden an meinem Schulweg, insbesondere eines Blumen- und eines Papiergeschäfts musste ich genau betrachten. Kurz vor halb zwei Uhr langte ich zu Haus an. Keines von uns Kindern hätte je gewagt, mit ungewaschenen Händen und ungekämmten Haaren am Tisch zu erscheinen, wenn auf die Minute pünktlich um halb zwei Uhr der große Gong angeschlagen wurde.

Das einfache, aber stets abwechslungsreiche Mittagessen: Suppe, viel Gemüse, meist mit gekochtem Rindfleisch oder als Hauptgericht ein Auflauf oder eine Mehlspeise mit Kompott, Obst zum Nachtisch, wurde gegen zwei Uhr beendet. Vater zog sich in seine Gemächer zurück, um vor der pünktlich um drei Uhr beginnenden Sprechstunde noch zu ruhen oder zu lesen. Mutti legte sich auch regelmäßig hin. Wir Kinder sollten – ja sollten – uns sogleich an unsere Schularbeiten setzen. Häufig nahm ich nur gewissenhaft mein Aufgabenheft vor, um erst einmal auszustreichen, was ich nicht zu tun gedachte. Dann stürzte ich mich auf das Märchenbuch oder den Jugendschmöker, in dem ich gerade las.

Gegen drei Uhr, wenn die Arbeit in der Küche fertig war, wurden wir mit Mädchen oder Kinderfräulein „an die Luft" geschickt. Wir gingen spazieren wie in den Vorschultagen oder später allein auf die Eisbahn oder in den Zoologischen Garten, wenn wir nicht – aus Gesundheitsgründen zu Fuß – einige Kilometer weit zum Schrebergärtchen oder zur Klavierstunde pilgern mussten. Vor dem Abendbrot wurden dann noch husch-husch die restlichen Schularbeiten erledigt.

Abends, Schlag sieben Uhr, wurden wir Kinder abgefüttert und ins Bett gesteckt. Als wir älter wurden, aßen wir um halb acht Uhr mit den Eltern zu Abend und durften etwas länger, etwa bis neun Uhr aufbleiben.

Japanischer Palais von der Elbseite (Gertraude Gmeiner 1921)

Die Schule

Gebäude und Anlagen

Meine Schule, die „Zehnklassige Privatschule für Mädchen Höherer Stände von M. und A. Kox" lag in unmittelbarer Nähe der Bürgerwiese. Diese einstigen Viehweiden der Stadt wurden 1846 von Lenné in Anlagen umgewandelt, die sich bis zum Großen Garten hinzogen. Am Rande der Bürgerwiese hatten einst schöne Landhäuser und inzwischen leider verschwundene Schlösschen (z. B. das Palais Mosczinsky) gestanden. Unsere Schule stammte aus einer späteren Zeit. Welchem Zweck das Haupthaus einst gedient hatte, ist mir unbekannt. Es war wahrscheinlich in der Mitte des 19. Jahrhunderts erbaut worden und war ein ziemlich dunkler Kasten. Jetzt enthielt es die Kox'sche Privatwohnung und das mit der Schule verbundene Internat. Im Erdgeschoß hatte Fräulein Anna Kox ihr Dienstzimmer, in dem ihr großer, alter Rollsekretär stand. Hierhin ging man meist nicht freiwillig, sondern nur, wenn man etwas ausgefressen hatte.

Die Klassenzimmer waren teils in einem älteren Nebengebäude, teils ebenerdig an dem vor einigen Jahren erbauten sog. „Schillergang" untergebracht. Bei Regenwetter verbrachten wir in diesem Gang die großen Pausen, um zehn Uhr und um zwölf Uhr. Alle Klassenräume waren hell und luftig und sehr verschieden im Charakter. In der Größe waren sie nur etwa für je zwanzig Schülerinnen berechnet.

Die Schulgebäude lagen in einem großen, alten Garten, der sich von der Lindengasse bis zur Beuststraße ausdehnte. Prachtvolle alte Platanen und Hainbuchen mit meterdicken Stämmen standen darin. Einige dieser uralten Bäume mussten leider fallen, als 1907 – in meinem ersten Schuljahr – die Turnhalle mit dem großen, original schwedischen Turnsaal, Umkleideräumen und Duschen erbaut wurde.

Ein Turngerüst mit einer in der Großen Pause eifrig benützten Reckstange und ein Rundlauf standen im Hof zwischen Haupthaus und Lindengasse. Hier spielten die jüngeren Jahrgänge in den Pausen Hasch und Drittenabschlagen. Dem mit scharfem Splitt bestreuten Hof verdanke ich mehrere bös aufgeschlagene Knie.

Als wir älter und gesetzter wurden, lustwandelten wir in den Pausen lieber im Garten, eingehakt in Vierer- oder Sechserreihen oder mit der jeweiligen „besten Freundin" zu zweit. Im Sommer standen rot gestrichene Gartenmöbel an verschiedenen schattigen Plätzen. Jede Klasse sicherte sich im Frühjahr ihren Stammplatz, der nach ungeschriebenen Gesetzen meist von den anderen Klassen geachtet wurde.

Im Ganzen waren wir etwa zweihundert Schülerinnen, die sich auf zehn Klassen verteilten. Das erste Schuljahr nannte sich X. Klasse, im letzten Schuljahr besuchten man die I. Klasse. Man zählte also wie auf dem Gymnasium rückwärts.

Mitschülerinnen

Bis zum Schulbeginn hatte ich ausschließlich in der Familie und dem Geschwisterkreis gelebt. Mit anderen Kindern kam ich so gut wie nie in Berührung. Nun stand ich plötzlich in einer Gemeinschaft, musste mich einordnen und anderen anpassen. Vom ersten Schultage an wurde in den Pausen der Kampf um die Führung der kleinen Herde von zunächst zwölf ABC-Schützen ausgetragen. Wir spielten meist Hasch oder auch einmal ein Kreisspiel im Hof. Mir war es selbstverständlich, die Spiele vorzuschlagen und ihre Durchführung zu organisieren, wie ich es zu Haus in der Kinderstube gewöhnt war, seit Gerhard zur Schule ging. Ich war nicht wenig erstaunt, in meiner Platznachbarin Erika eine Gegenspielerin zu finden, deren Vorschlägen, die nicht so wild waren wie die meinen, die Klasse lieber Gehör schenkte. Sehr bald wurde Erika unsere unbestrittene Anführerin und ich gehörte zu ihren treuesten Gefolgsleuten.

Als Erikas Vater Ende des Schuljahres versetzt wurde, empfand ich den Verlust meiner besten Freundin sehr schwer. Wir trennten uns mit Tränen. Ich trauerte ihr lange nach und taufte meine große Puppe, die ich Weihnachten erhielt, selbstverständlich Erika.

Mit einigen meiner Mitschülerinnen, mit denen ich zehn Jahre lang in der Schule Freud und Leid geteilt habe, bin ich noch heute, nach sechzig Jahren, eng befreundet. Einige andere hatten schwere Schicksale, viele sind früh gestorben.

Mit unserem Geburtsjahr 1900 hatte ein neues Jahrhundert begonnen. Man setzte große Hoffnungen auf die Zukunft, die glücklich zu werden versprach. Keinem von uns kleinen Mädchen war an der Wiege gesungen worden, was für ungewöhnlich schwere Zeiten uns erwarteten.

Wir waren eine ziemlich gleichaltrige Schar gesunder, wohlerzogener und auch ganz intelligenter Kinder. Es musste Freude machen, uns zu unterrichten. Wir galten auch bald als eine besonders aufgeweckte und nette Klasse.

Die Zusammensetzung der Klasse im Hinblick auf die väterlichen Berufe war sehr typisch für Dresden-*Altstadt*. Bekanntlich fließt die Elbe mitten durch meine Heimatstadt. Sie trennt die Altstadt, in der wir lebten, von der Neustadt. Sie trennte auch die Gesellschaft der beiden Stadtteile. Die „Neustädter" gingen auf ihre Schulen und ihre Gymnasien, wie wir auf die unseren. Nur in seltenen Fällen überschritten Schulkinder die Elbbrücken. Erst viel später, in der Tanzstundenzeit, bei Hausbällen und Festlichkeiten lernten wir die gleichaltrige Jugend vom anderen Elbufer kennen.

In der Neustadt lagen die meisten Kasernen und Ministerien. Hier herrschten die Offiziers- und Beamtenfamilien vor. In der Altstadt überwogen Ärzte, Juristen und Industrielle. Kaufleute gab es wohl auf beiden Ufern.

Meine Klasse bestand etwa zur Hälfte aus Arzt- und Juristenkindern, zur Hälfte aus Töchtern von Industriellen. Außerdem hatten wir in der Schule einen hohen Prozentsatz von Ausländerinnen, vor allem Amerikanerinnen und Engländerinnen, aber auch Russinnen. Im Internat lebten viele Töchter von Auslandsdeutschen, die in Niederländisch-Indien, in Mexiko oder sonst wo in der weiten Welt geboren waren.

Ein großer Teil der Familien meiner Freundinnen wohnte in eigenen Häusern, Villen, wie sie um die Jahrhundertwende in der Gegend zwischen der Eisenbahnlinie nach Böhmen und dem Großen Garten, in der Wiener- und Tiergartenstraße und deren zahlreichen Nebenstraßen erbaut worden waren. Nur wenige Mitschülerinnen wohnten hinter dem Bahnhof im Schweizerviertel oder jenseits des Großen Gartens, in dem von der Stübelallee begrenzten Villenviertel, also in der Gegend, in der seit kurzem auch die Großmutter Beschorner wohnte. Diese Mädchen hatten einen weiten Schulweg und mussten sogar die Straßenbahn benützen. Mittags gingen sie meist zu Fuß heim und ich schloss mich manchmal an, wenn ich einmal in der Woche die Großmutter besuchte und bei ihr zu Mittag aß.

Lehrer und Unterricht

Unsere Schulvorsteherin, Fräulein Anna Kox wird nicht viel über die Mitte der Dreißig gewesen sein, als ich zur Schule kam. Sie hatte schon in sehr jungen Jahren die Schule – einst „Bauersche Privatschule" – übernommen und in kurzer Zeit zu einer der besten Mädchenschulen Dresdens entwickelt.

Fräulein Anna, wie sie genannt wurde, war zweifellos eine überragende, organisatorisch und erzieherisch hochbegabte Persönlichkeit. Sie sah gut aus mit ihrem klugen, energischen Gesicht, den großen, dunklen Augen und dunklen Haaren. Fräulein Kox zog sich auch geschmackvoll und gut an, in der Art des – von einer großen Liebe zu violetten Farbtönen aller Schattierungen beherrschten, kunstgewerblichen – „Reformkleid-Stils" der Zeit vor dem Ersten Weltkrieg.

Fräulein Anna hatte zwei Schwestern. Margarete stand dem Internat vor und betreute den großen Haushalt. Sie gab uns außerdem in den ersten Schuljahren Singunterricht. Wahrscheinlich war sie etwas älter und wirkte fraulicher als Anna. Wir hatten nur selten mit Fräulein Margarete zu tun. Am seltensten sahen wir die etwas altjüngferliche dritte Schwester, Else. Weniger begabt als Anna und Margarete übernahm sie den Schönschreibeunterricht der kleinsten Klassen. Diese drei so verschiedenen Schwestern lebten mit ihrer alten Mutter, einer Arztwitwe zusammen. Die „alte Frau Doktor" war so ein richtiges Großmütterchen mit schwarzem Spitzenhäubchen und gütigem Gesicht. Wenn sie sich auf dem Schulhof blicken ließ, liefen wir alle auf sie zu, um ihr Guten Morgen zu sagen, die Hand zu geben und ein Knickschen zu machen. Alle Schülerinnen hatten sie gern und manchmal legte sie ein gutes Wort für irgendeine kleine Sünderin ein.

Die Kox'sche Schule war eine reine Privatschule. Sie musste sich wahrscheinlich ohne Zuschuss tragen. Das Schulgeld war entsprechend hoch, doch glaube ich, dass die Gehälter der Lehrer für heutige Begriffe nur sehr bescheiden sein konnten.

Trotzdem hatten wir einige hervorragende gute Lehrerinnen. Unsere Schulleiterin, Fräulein Anna, war jedoch weitaus die beste unter unseren Erziehern.

Ein oder zwei Jahre lang hatten wir bei ihr Mathematikunterricht (Algebra und Graphische Darstellungen). In Naturkunde nahmen wir mit ihr „den Menschen" durch. Längere Zeit unterrichtete sie uns in Geschichte. Hier verdanke ich ihr am meisten. Ihr kam es auf Einzelheiten nicht an, sondern stets auf den Überblick von höherer Warte aus. Das machte den Unterricht sehr fesselnd. Sympathischerweise fand sie es falsch, wenn die Schüler Geschichtszahlen paukten. Sie legte Wert darauf, dass wir eine ungefähre Vorstellung der Jahrhunderte bekamen und die Ereignisse etwa im richtigen Jahrzehnt unterbringen konnten. Es kam ihr nicht auf das Auswendiglernen, sondern vor allem auf die lebendige Vorstellung des Zeitgeschehens an. Wenn diese erst da war, so blieben die Zahlen von allein haften, meinte sie optimistisch, womit sie sogar im Wesentlichen recht behielt.

Als Fräulein Anna anfing, uns zu unterrichten, lagen die ersten Schuljahre bereits hinter uns und wir waren mindestens zehn Jahre alt. In den allerersten Schuljahren hatten wir als Klassenlehrerin das gütige, kluge und erzieherisch begabte Fräulein Prinzhorn. Wir liebten sie alle. Sie unterrichtete uns in Deutsch und dem im ersten Schuljahr so wichtigen Anschauungsunterricht an Hand der großen Rollbilder mit den Jahreszeiten Frühling, Sommer, Herbst und Winter.

Einmal, im ersten Schuljahr, hat die ganze Klasse einschließlich Fräulein Prinzhorn Tränen gelacht. Ich kann mich gut daran erinnern. Wir hatten das Wort „Pfui" gelesen und Fräulein Prinzhorn fragte, wann man es wohl anwende. Elisabeth v. W. (E. v. W. wurde später die *erste weibliche* Bürgermeisterin einer sächsischen Gemeinde und als solche 1945 von den Russen erschossen), später durch alle Schuljahre unbestritten unsere Klassenerste, meldete sich und sagte mit Pathos: „... wenn der Hund einen Haufen in die Stube setzt!". Es war übrigens Fräulein Prinzhorn, die von mir behauptete, ich finge einen Satz an, fiele dann die Treppe herunter, und spräche den Satz unten fertig. Es kann etwas Wahres daran gewesen sein. Treppen fiel ich häufig herunter.

Unsere erste Rechenlehrerin, Fräulein Ehnimb, war das genaue Gegenteil von Fräulein Prinzhorn. Auch bei ihr lernte man etwas. Sie war nicht unbegabt, aber ungerecht und böse. Es machte ihr Freude, die wehr- und hilflosen Kleinen zu quälen. Wir alle hassten sie aus tiefster Seele. Immer wieder kamen Mütter zu Fräulein Kox, um sich zu beschweren. Aber Fräulein Ehnimb war nicht zu fassen. Später ist sie geisteskrank geworden.

Zu den Lehrerinnen, die sich nicht allgemeiner Beliebtheit erfreuten, die ich persönlich aber sehr gern hatte, gehörte Fräulein Hilbert. Im dritten Schuljahr unterrichtete sie uns in Heimatkunde, später gab sie Rechenunterricht. Bunte Kreiden und Buntstifte spielten eine große Rolle in ihren Stunden. In Heimatkunde malten wir mit großem Eifer neben den Namen eines jeden sächsischen Städtchens dessen Haupterzeugnisse. Noch heute sehe ich vor mir Pfefferkuchen, sobald ich von Pulsnitz höre, Tonkrüglein, wenn man von Kamenz spricht, Uhren, wenn Glashütte, Musikinstrumente, wenn Markneukirchen genannt wird.

Bei den so schwierigen Rechnungsarten des schriftlichen Multiplizierens und Dividierens bekamen die Hunderter, die Zehner und die Einer verschiedene Kreidefarben. Ich glaube, um dieser bunten Farben willen hatten wir alle den Rechenunterricht gern. Als Fräulein Hilbert Geburtstag hatte, malten wir ihr mit den bunten Kreiden die ganze Tafel voll Geburtstagsblumen und Glückwünsche. Einmal in dieser Zeit hatte ich mir eine Häkelnadel im Handarbeitsunterricht tief in die Handfläche gestoßen. Der Widerhaken saß fest und Fräulein Kox bemühte sich, ihn herauszuholen. Fräulein Hilbert, die zufällig dabei war, versprach mir Schokolade, wenn ich nicht weinte. Am nächsten Tage hat sie mir diese dann auch wirklich gebracht. Eine ganze Tafel Schokolade für mich allein, man denke!! – Fräulein Hilbert war eine begeisterte Wanderin und Alpinistin. Sie verbrachte ihre Ferien stets in den Bergen. 1916 traf ich sie dicht unter dem Gipfel des Nebelhorns. Dann sah ich sie nie wieder.

Unserem Lehrerkollegium gehörten auch einige kaum Deutsch sprechende Ausländerinnen an, die in Französisch, Englisch und Turnen unterrichteten. Den französischen Unterricht, den wir vom ersten Schultag an hatten, gab uns eine französische Schweizerin, Mademoiselle Favarger. Mit ihr bin ich nie zurechtgekommen. Ich hatte immer das Gefühl, dass sie mich nicht mochte und ungerecht behandelte. Mir war sie auch nicht sympathisch. Ich hatte wohl auch nur wenig Sprachbegabung und das Französische erschien mir zu affektiert oder, wie wir sagten „affig".

Der englische Unterricht, der im vierten Schuljahr begann, machte mir dagegen einen Heidenspaß. Miss Metcalfe hatten wir alle gern. Eine Schönheit war sie nicht. Wahrscheinlich stand sie den damals sehr aktiven Suffragetten nahe, von denen sie uns gern erzählte. Sie kämpfte begeistert für die Gleichberechtigung der Frauen, leistete auch selbst viel. Sie hatte eine eigene Lehrmethode ausgearbeitet und auch das Lehrbuch „English made easy" selbst geschrieben. Wir sprachen vom ersten Tag an nur Englisch mit ihr und durften nach Herzenslust kauderwelschen, wie uns der Schnabel gewachsen war. Bei ihr lasen wir im Chor die Verben in allen Zeitformen und Gedichte aus einem original-englischen Sammelband „Treasury of Verse", ähnlich dem deutschen „Echtermeyer".

Mit Bleistift mussten wir Aussprache, Betonung und die deutsche Übersetzung neben die Worte schreiben. Vokabeln brauchten wir nicht viel zu lernen. Mit Begeisterung lasen wir die oft sehr rhythmischen Lieder und Balladen, die wir uns selbst auswählen durften. Durch das viele laute Lesen und dauernde Sehen der Worte nebst Übersetzung besaßen wir bald einen umfassenden Wortschatz.

Eine Schwedin war die dritte ausländische Lehrerin, die an unserer Schule unterrichtete. Sie leitete den Turnunterricht aller Klassen. Fröken Arvedson war ein sehr reizendes junges Mädchen, um deren Gunst sich viele Schülerinnen bewarben. Als es mir nicht gelang, diese zu erringen, ging ich in Opposition über und turnte absichtlich schlecht, obwohl mir das oft schwer fiel, weil ich so gern turnte. Ich erreichte es schließlich, eine miserable Note zu bekommen. Kurz danach verließ uns Fröken Arvedson, um einer Landsmännin, Fröken Hagberg, Platz zu machen. Da schnellte meine Turnnote sofort wieder empor.

Für jene Zeit war unsere tägliche Turnstunde sehr fortschrittlich und ungewöhnlich. Ungewöhnlich war auch unsere einheitliche Kleidung nach schwedischem Muster. Wir trugen so genannte „Sweater", das waren weiße Turnhemden aus Baumwolltrikot mit viereckigem Ausschnitt und kleinen Ärmelchen. Am unteren Rand und am Ärmel waren sie dunkelblau, immer dichter werdend, geringelt, so dass eine blaue Kante den Abschluss bildete und den Übergang zu den dunkelblauen „Pumphöschen" aus wollenem Cheviotstoff. Nur die Lehrerin und die jungen Mädchen der Oberklassen, für die die glatt anliegenden Sweater genierlich waren, trugen weiße, blau besetzte Satinblusen zu ihren echt schwedischen „Rockhosen".

Wir zogen uns in der Garderobe um, wo jedes Kind einen eigenen Kleiderhaken hatte. Die Turnschuhe aus weichem, schwarzem Leder durften nie außerhalb des Saales benützt werden. Sie waren also stets sauber. Ebenfalls peinlich sauber wurde der Parkettfußboden des Turnsaales gehalten. Außer mit Turnschuhen durfte er nur mit riesengroßen Filzpantoffeln, wie sie bei Schlossbesichtigungen üblich sind, betreten werden. Wir konnten also nach Herzenslust Bodengymnastik betreiben, ohne schmutzig zu werden.

Aus der letzten Schulstunde vor dem Turnunterricht liefen wir beim Klingelzeichen eiligst in die Garderoben, um uns in Windeseile umzuziehen. Dann konnten wir länger nach Belieben an den Geräten herumklettern und die auf zwei Meter Höhe eingestellten Schwebebalken benützen. Sobald das Fröken mit ihrer Trillerpfeife im Saal erschien, stellten wir uns nach der Größe in zwei Reihen auf. In der ersten Hälfte der Stunde machten wir Freiübungen nach schwedischen Kommandos. Danach ging es an die Geräte. Unsere beste Turnerin war meine Freundin Lotti M., klein und drahtig, voller Mut und Energie; es gab nichts, was sie nicht fertig brachte. Ich gehörte zu den größten Mädels in der Klasse und war erheblich schwerer als Lotti. Zu meinem großen Kummer machte mir ein anständiger Aufschwung bis zuletzt Schwierigkeiten. Im Balancieren am Schwebebaum, in jeder Höhe und auch auf der runden Kante, im Kasten- oder Bockspringen, im Seilklettern und im Handstand nahm ich es mit allen auf. Ich wundere mich noch heute, dass – außer einem Armbruch, den eine Mitschülerin sich auf ebenem Boden zuzog – keine ernsten Verletzungen vorgekommen sind.

Am Sonnabend wurde nach wenigen Freiübungen gespielt, schwedische Spiele, oft in zwei Parteien. Eines dieser Spiele mit einem Ball („Brennball", ähnlich dem Völkerball) spielten wir mit besonderer Freude. Lotti führte meist die eine Partei, ich die andere an. Wilde Spielleidenschaft, über der ich alles vergaß, konnte mich dann packen. Später habe ich nur bei harten Hockeywettspielen manchmal ähnliches empfunden.

Ich verdanke diesen Turnstunden sehr viel. Wir waren außerordentlich gut trainiert und sehr gelenkig. Bei allen Sportarten, die ich später betrieben habe, kam mir das zugute. Nicht korrigiert wurde durch das Schwedische Turnen meine von klein auf schlechte Haltung. Der durch eine zu stark S-förmig gekrümmte Wirbelsäule bedingte „Buckel" wurde durch die schwedische „Achtung!"-Stellung mit stark eingezogenem Kreuz noch verstärkt. Auch von den rechtwinklig auswärts gedrehten Fußspitzen ist man später abgekommen und zur natürlichen Parallelstellung der Füße übergegangen.

Wir mussten noch bei allen Sprüngen über Bock und Kasten auf dem harten Parkettboden in dieser Auswärtsstellung in Kniebeuge gehen. Die starke Überforderung und Dehnung der Knie-Innenbänder ergab wahrscheinlich die Disposition für die Meniskusverletzung, die ich mir später beim Skilaufen zuzog, eine Verletzung, die mir lebenslänglich zu schaffen machte. Andererseits wäre ich ohne das gute Training dieser zehn Jahre schwedischen Turnens wohl kaum den schweren körperlichen Anforderungen gewachsen gewesen, die in der Jugend der Sport, später aber vor allem der Zweite Weltkrieg und die Versorgung von Familie, Haus und Garten in der schwierigen Nachkriegszeit an mich gestellt haben.

Als im Sommer 1914, Mitte Juli, die Großen Ferien begannen und wir uns fröhlich von unseren Lehrerinnen verabschiedeten, ahnte niemand, dass noch vor dem Ferienschluss ein Krieg ausbrechen würde und dass wir unsere nach Schweden, England oder in die Schweiz zurückgekehrten Lehrerinnen nie wieder sehen sollten. Bei dem nun eintretenden Lehrermangel wurden sie nie vollwertig ersetzt. Von den Kriegsjahren will ich hier jedoch nicht berichten.

Neben ausgezeichneten Lehrkräften, die sicher aus erzieherischer Begabung und Begeisterung ihren Beruf ergriffen hatten, gab es an unserer Schule noch eine Anzahl trauriger, kümmerlicher, gestrandeter Existenzen, für die die Anstellung an einer Privatschule eine Art Gnadenbrot bedeutete. Ein bitteres Brot wahrscheinlich. Mitleid und Rührung ergreift mich, wenn ich an einige von ihnen denke und ich schäme mich eines jeden Streichs, den wir diesen armen Seelen einst spielten.

Das auffallendste Original und ärmste Wesen von allen unseren Lehrerinnen war sicher unsere Handarbeitslehrerin, Fräulein Michelet. Sie wird, als ich zur Schule kam, so um die fünfzig Jahre alt gewesen sein, erschien uns aber natürlich uralt. In ihrer ganzen Art gehörte sie einer längstvergangenen Zeit an. Ihr Aussehen war so ungewöhnlich, so bar aller Reize, dass wir sie wie eine Ausnahme, ein Wesen aus der Vergangenheit ansahen, an das wir keinen Maßstab legen konnten und über das wir nicht einmal lachten. Das gute Fräulein Michelet war lang und hager, wahrscheinlich vollkommen unterernährt und halbverhungert. Ihre dunklen Haare hingen nach allen Seiten glatt und strähnig herab. Etwa in Schulterhöhe waren sie rundherum gerade geschnitten. Im Jahre 1907, in einer Zeit, in der man noch keine Kurzhaarfrisuren kannte, war das wirklich ein etwas ungewöhnlicher Anblick. In meinen zehn Schuljahren habe ich Fräulein Michelet nur in zwei Kleidern gesehen, einem dunkelbraunen und einem dunkelblauen Wollstoffkleid. Beide waren nach dem gleichen Schnitt, von der Achsel bis zum Boden durchgehend und ziemlich anliegend in so genannter Prinzessform gearbeitet. Alle Nähte und Kanten waren mit den schon lange unmodernen Posamenten-Börtchen verziert. Feste, abgetragene schwarze Stiefel sahen unter dem Rocksaum hervor.

Entweder die gute Seele lebte in einer furchtbaren verschämten Armut, wie man sie sich jetzt kaum vorstellen kann oder aber – was durchaus möglich ist und wofür vieles spricht – Fräulein Michelet gönnte sich selbst nichts und gab von ihren schmalen Einnahmen so viel sie nur konnte für die Heidenmission ab. Der Missionstätigkeit galt ihr ganzes Interesse und ihre ganze Liebe. In der Handarbeitsstunde erzählte sie uns in rührender naiver Weise von den armen Negerlein, die nicht einmal Hemden besaßen. Hier waren wir allerdings boshaft genug, um uns heimlich über die Barchent-Hemden zu mokieren, in denen die Negerkinder aus Anstandsgründen schwitzen sollten. Im Unterricht erschöpfte die Gute ihre Kraft damit, uns zur Ruhe zu mahnen. Aber das Handarbeiten macht ja erst Spaß, wenn es von munteren Reden begleitet wird. Das war damals genauso wie es wohl heute ist. Mir haben die Handarbeiten, insbesondere das Nähen und Sticken, immer viel Freude gemacht. Es war ein Jammer, dass wir unseren Eifer an gräulich geschmacklose, vorsintflutliche Muster, mit denen niemand etwas anfangen konnte, verschwenden mussten.

Ich kann mich nicht daran erinnern, dass wir das gute Fräulein Michelet absichtlich geärgert oder ihr wirklich böse Streiche gespielt hätten. Aber auf ihrem Katheder lag auch sicher niemals ein Blumenstrauß. Wie leicht hätte man diese einsame Seele glücklich machen können!

Mindestens genauso bedauernswert war ein anderes altes Jüngferlein, Fräulein Seeling. Sie war damals sicher schon weit über die Sechzig, klein und schmächtig, mit spärlichem, gelblich-grauen Haar, das am Hinterkopf zu einem kleinen Zwiebelchen zusammengedreht war. Wenn Fräulein Seeling etwas lesen wollte, so musste sie trotz ihrer Brille das Schriftstück dicht an ihre Nase halten, so kurzsichtig war sie. Fräulein Seeling gab uns im dritten Schuljahr den ersten Geschichtsunterricht, d. h. sie erzählte uns die Griechischen Heldensagen, die wir dann mühsam aufschreiben mussten. Ich kannte diese Sagen noch nicht und fand sie so interessant, dass ich sie nachts, wenn wir längst schlafen sollten, heimlich Helmut erzählte, mit dem ich damals im selben Zimmer schlief.

Während Fräulein Seelings griechische Sagen angenehm über uns herunter rieselten und wir meist auch so viel mitkriegten, wie nötig war, um überraschende Fragen zu beantworten, pflegten wir uns in dem Unterricht nebenher noch mit allem möglichen anderen zu beschäftigen, denn Fräulein Seeling konnte es ja doch nicht sehen. Manche machten ihre Schularbeiten. Ich zeichnete meistens. Weil ich auf der hintersten Bank saß, fühlte ich mich vollkommen sicher. Einmal war ich so vertieft in mein Werk, ein Konterfei unserer armen Lehrerin, dass ich gar nicht merkte, dass diese höchstpersönlich plötzlich neben mir stand und mein Machwerk beschlagnahmte. Das hatte böse Folgen und führte zu einer strengen Bestrafung.

Strafen und Flucht nach ‚Amerika'

Wenn ich am Anfang meiner Schulzeit gefragt wurde, ob ich gern zur Schule ginge, verneinte ich entrüstet. Ich empfand die Schule als eine Art Freiheitsberaubung, gegen die ich von jeher empfindlich war. Im Grunde machte es mir aber doch Freude, so viele Gespielinnen zu haben und immer wieder Neues zu hören.

In Unterrichtsfächern, die mich interessierten, war ich voll und ganz bei der Sache und erzielte mühelos gute Noten. Rechnen und Mathematik, Geschichte, Geographie, Naturwissenschaften, Zeichnen und Turnen machten mir am meisten Freude, Sprachen weniger und Singen und Religion gar nicht. Viel hing von der Persönlichkeit des jeweiligen Lehrers ab. Wenn ich einen Lehrer nicht mochte und mich der Unterricht nicht interessierte, war ich wohl recht schwierig. Durch Lebhaftigkeit, Dazwischenreden und „anderweitige Interessen" störte ich sehr häufig den Unterricht. Zu den braven und gesitteten Schülerinnen gehörte ich jedenfalls nicht, wohl aber zu den interessierten und guten, wenn auch querköpfigen. Mein ungezügeltes Benehmen trug mir manche Strafe ein. Häufiges Zuspätkommen, mangelhafte oder gar nicht gemachte Schularbeiten, Schwatzen in der Stunde und vorlaute oder schnoddrige Bemerkungen gegenüber den Lehrkräften gehörten zu meinen Hauptsünden.

So lernte ich denn nach und nach alle Strafen kennen, über die ein Lehrer damals verfügte. Körperliche Strafen, Schläge oder auch nur Klapse kannten wir nicht. Ich hörte auch nie aus anderen Schulen davon. Ich glaube, sie waren in Sachsen schon seit langem nicht mehr üblich oder verboten. Umso mehr wundert es mich, dass man heute – nach sechzig Jahren – immer wieder zu hören bekommt, die Lehrer könnten nicht ohne Züchtigungsrecht auskommen. Sollte das an den Lehrern liegen?

Die mildeste Strafe war bei uns das Nachsitzen. Man musste nach Schulschluss in der Klasse bleiben und irgendetwas auswendig lernen. Die Lehrerin blieb auch da. Sehr bald hatten wir herausgefunden, dass es nur auf den längeren Atem ankam und dass die Lehrerin genauso gestraft wurde wie wir. Man saß und tat, als ob man eifrig lernte und lauerte nur darauf, wer es länger aushielt. Meist gab die Lehrerin auf und schickte einen heim.

Schwere Sünden wurden mit einem Eintrag ins Klassenbuch geahndet. Vielen Mitschülerinnen passierte das nie, mir leider häufiger. Mit dem schwarzen Klassenbuch musste man dann bei Fräulein Anna erscheinen. Sie redete einem ins Gewissen – oder – in ganz schweren Fällen schrieb sie einen Strafzettel, eine Mitteilung an die Eltern. Diese Strafe entsprach etwa dem Arrest in den Jungsschulen und wog sehr schwer.

Meinen ersten Strafzettel, vielmehr gleich zwei Stück auf einmal, erhielt ich im Sommer 1909, in meinem dritten Schuljahr. Ich erzählte bereits, wie ich Fräulein Seelings Bild angefertigt hatte und dabei erwischt wurde. Der Eintrag ins Klassenbuch erfolgte sofort. Es war an einem Sonnabend und wir waren nachmittags zu irgendeiner Mitschülerin eingeladen. Dieses Vergnügen war natürlich gefährdet, wenn ich mit einem Strafzettel heimkam.

Mir lag daran, Straferlass oder wenigstens Aufschub zu erhalten. Aus irgendeiner Laune heraus versuchte ich das auf eine Weise zu erreichen, für die ich sonst zu stolz war und die ich auch nie wieder angewandt habe. Ich bemühte mich, durch haltloses Flennen Mitleid zu erwecken. Noch weiß ich, wie schwer es war, so durch Stunden am Heulen zu bleiben. Fräulein Anna ließ sich wohl nicht täuschen, aber ihre Schwester Margarete hielt mich wahrscheinlich für eine reuige Sünderin und erwirkte mir Strafaufschub, falls ich mir bis zum Herbst nichts mehr zu schulden kommen ließ. Vergnügt ging ich nachmittags zu der Kindergesellschaft, mit dem besten Gewissen der Welt wanderte ich am Sonntag mit den Eltern und Geschwistern.

Müde kamen wir heim. Am Montag früh hatten wir in der ersten Stunde Französisch. Ich sollte das Gedicht aufsagen, das zu lernen wir am Sonnabend aufbekommen hatten. Über meiner krampfhaften Heulerei hatte ich nichts ins Aufgabenheft eingeschrieben und nichts gelernt. Die Französin, die mich wenig liebte und wohl von meinen Sonnabendsünden wusste, tobte. Der nächste Eintrag im Klassenbuch war fällig.

Fräulein Kox war sehr erstaunt, mich so bald mit dem Schwarzen Buch unter dem Arm wieder zu sehen. Sie war sehr ärgerlich und schrieb gleich die beiden Strafzettel aus, die mit der Post befördert werden sollten. (Ich besitze sie übrigens noch.)

Nun aber packte mich der große Zorn und Trotz. Ich fühlte mich ungerecht behandelt und wollte nichts mehr mit der Schule zu tun haben. Noch vor der Zehn-Uhr-Pause stand mein Entschluss fest, fort zu gehen – nach Amerika, von dem unser Kinderfräulein uns gerade erzählt hatte.

In der Frühstückspause erbettelte ich unter dem Vorwand, mein Frühstück vergessen zu haben, bei meinen Mitschülerinnen so viele Frühstückspäckchen, wie mein

Ranzen fassen konnte. Die Bücher, die ich ja nun nie mehr brauchte, blieben unter der Schulbank liegen. Nur meine beste Freundin, Karin St., wusste von dem Plan. Mit ihr zog ich nach Schulschluss um ein Uhr die Wienerstraße entlang. Wir sammelten an den Gartengittern der Villen die Triebe des wilden Weins, mit denen ich meine Frühstückstasche als Zukost auffüllte. An der Ecke der Mozartstraße, in der Karin wohnte, wartete ich, bis sie mir von zu Haus noch einige leckere Schinkenbrötchen geholt hatte.

Dann war ich allein auf mich angewiesen. Mit Schrecken wurde mir plötzlich klar, dass – nach früheren Erfahrungen – die Eltern sofort die Polizei anzurufen pflegten, wenn eins ihrer Kinder abhanden kam. Wie weit konnte man mich in meinem feuerroten Kleidchen, mit den roten Söckchen und dem roten Band auf dem Strohhut erkennen! Auf Nebenstraßen, immer nach Polizisten ausspähend, wanderte ich zur Bismarcksäule in Räcknitz, die wir hin und wieder bei unseren Spaziergängen aufgesucht hatten. Wie liebte ich die ländliche Umgebung, das Stadtgut Räcknitz und die historischen Erinnerungen der Gegend, um die wir wohl wussten und von denen ich schon erzählte. Ich stieg bis hinauf zur Bismarcksäule.

Als ich eine Weile auf den hohen Sandsteinstufen des Denkmals gesessen und auf meine Vaterstadt herabgeblickt hatte, während ich mit Genuss meinen Proviantranzen langsam leerte, beschloss ich, zunächst nicht weiter zu wandern, sondern die erste Nacht in unserem unweit gelegenen Schrebergarten zu verbringen. Die ersten Möhren mussten schon genießbar sein und etwas Rohkost lockte. Auch hatte ich großen Durst, denn es war ein strahlender Sommertag. Ich überkletterte also den Zaun unseres Gärtchens, futterte alles, was die Jahreszeit bot und versuchte vergeblich, in die Gartenlaube einzudringen.

Da entdeckte ich im Nebengarten Herrn Schwarz, einen alten Mann mit weißem Vollbart, der viele schöne Rosenhochstämmchen zog. Er unterhielt in seinem Schrebergarten auch einen kleinen Bierverlag. Wir liebten Herrn Schwarz sehr, denn er war immer freundlich und verständnisvoll. Ich beschloss, mich ihm anzuvertrauen. Mit ernstem Kopfnicken hörte er sich meine Geschichte an und sagte dann, er habe ein ganz sicheres Versteck. Im Fußboden seiner Laube öffnete er eine Falltür und ließ mich auf einer Leiter hinunterkrabbeln in einen kleinen Keller, in dem er die Bierkästen aufbewahrte.

Die Falltür wurde geschlossen und etwas Schweres darauf gerückt. Es wurde unheimlich still – und bald begriff ich, dass ich gefangen war. Eine große Wut und Enttäuschung packte mich über diesen Verrat des guten Herrn Schwarz und erfüllte mich so restlos, dass ich sowohl unserem Kinderfräulein, das mich nach einiger Zeit abholte, sowie meinen Eltern, die mich am späten Nachmittag wiederhatten, nichts anderes berichten konnte. Meine eigenen Untaten waren vergessen. Auf den Gedanken, dass meine Eltern sich schrecklich gesorgt hatten, war ich noch gar nicht gekommen. Herrn Schwarz' gemeiner Verrat war für mich eine so ungeheuerliche Erfahrung, dass mein Vater das schon bereit gehaltene spanische Röhrchen wegsteckte und meine Mutter mit einem Teller warmer Reissuppe erschien und mich tröstete.

Als ich am nächsten Morgen aus dem Unterricht geholt wurde und Fräulein Anna mir erzählte, wie sie auf einen Nachmittagskaffee verzichtet habe, um mich stundenlang im Großen Garten zu suchen, erfüllte mich doch ein klein wenig Schadenfreude, so gern ich Fräulein Kox auch mochte. Meine Freundin Karin hatte übrigens trotz schärfster Verhöre dicht gehalten.

Im Herbst des nächsten Jahres – ich war inzwischen zehn Jahre alt geworden – machte ich noch einmal Bekanntschaft mit einer „exemplarischen Strafe", wie Fräulein Kox sich auszudrücken pflegte. Noch heute bin ich davon überzeugt, dass ich zu Unrecht bestraft wurde und kann mir den Hergang nicht recht erklären.

Am Tage vor der Zensurenkonferenz vor Michaelis hatte Fräulein Anna ihre nachmittägliche Runde durch die Klassenräume gemacht. In meiner Klasse, der Siebten, lagen unter den Bänken an die zwanzig sauber in dunkelrote Kaliko eingeschlagene Bücher weit verstreut umher – meine sämtlichen Schulbücher! Ich pflegte sie in drei wohlgeordneten Stößen unter der Bank aufzubewahren. Nur die für meine Schulaufgaben nötigen Lehrbücher nahm ich mittags mit nach Hause.

Ich war sehr erstaunt, als ich am nächsten Morgen mein Pult leer und alle Bücher am Boden verstreut vorfand. So etwas war noch nie vorgekommen. Ich wusste nicht, wie das zugegangen war. Vielleicht hatte mir jemand einen Streich spielen wollen, aber wer? Wir hatten keine Feindschaften untereinander, waren auch sonst recht harmlos. Nun, ich sammelte die Bücher wieder auf und dachte nichts Böses.

Die Zensurenverteilung Ostern und Michaelis war immer eine sehr feierliche Angelegenheit. Sie fand im Turnsaal statt, in dem sämtliche Schüler nach Klassen geordnet saßen und der ganze „Lehrkörper" versammelt war. Erst hielt Fräulein Anna eine Ansprache und ging auf den allgemeinen Leistungsstand ein. Dann wurden die besonders tüchtigen Schüler lobend erwähnt (ich nie!) und zuletzt die schwarzen Schafe gerügt. Danach kam die Verlesung der vier Hauptzensuren einer jeden Schülerin, der Noten für Fleiß, Aufmerksamkeit, Ordnung und Betragen. In einer Privatschule für wohlerzogene und gesittete Mädchen war es natürlich Ehrensache, hier „Vier Einsen" im Zeugnis nach Haus zu bringen. Leider ist mir das in meinen zehn Schuljahren – trotz ernstlicher Bemühungen – nicht ein einziges Mal geglückt. Manchmal hatte ich sogar die schlechtesten Hauptzensuren (im Betragen 1 b, ganz schlimm!!), aber mit die besten Leistungszensuren in der Klasse. Ich hatte Glück, dass meine Eltern, insbesondere der Vater, auf die Leistungsnoten mehr Wert legten als auf die Hauptzensuren. Wenn die schlechte Betragensnote allerdings Unehrlichkeit, Lüge oder dergleichen als Grund gehabt hätte, so hätte er keinen Spaß verstanden. Aber Wildheit und vorlautes Wesen nahm er nicht so tragisch.

Damals, Michaelis 1910, war ich selbst vollkommen überrascht, als Fräulein Kox meine Zensuren vorlas: Gertraude Gmeiner, Ordnung 4!! An diesem Tag die einzige Ordnungsvier in der ganzen Schule, welche Schande!

Ich fühlte mich allerdings wie ein *unschuldig* Verurteilter und halte mich auch heute noch nicht für von Natur aus unordentlich veranlagt. Spätere Nachfrage ergab übrigens, dass die herumliegenden Bücher vor der Konferenz den Ausschlag gegeben hatten. Häufiges Zuspätkommen, liederliche Schrift und oft zu Haus vergessene Schulbücher kamen als weitere Sünden dazu.

Am härtesten traf diese Ordnungsvier meine Mutter, die zu meinem Erstaunen bitterlich weinte und sich lange nicht trösten konnte. Für mich war es insofern unangenehm, als ich dieses Mal nun wirklich eine Einladung absagen musste, auf die ich mich ganz besonders gefreut hatte.

In meinen ersten Schuljahren fand ein paar Tage vor der Zeugnisverteilung im Turnsaal ein „Examen" vor der eingeladenen Elternschaft statt. Jede Klasse wurde in ein oder zwei Fächern „geprüft", d. h. eine normale Unterrichtsstunde wurde vorgeführt. Dazwischen mussten einzelne Schülerinnen wohleinstudierte Gedichte mit einem Knicks vortragen. Ich habe einmal das Gedicht „Vom Kirschbaum" von Ferdinand Avenarius aufsagen müssen, mit dem Schluss „... wie man Badewasser probiert – Und über seine Runzeln ging ein Schmunzeln." Diese Examen fanden wir ganz lustig und festlich. Vielleicht wurde uns durch sie die Examensangst in späteren Prüfungen genommen. Wir saßen in zwei oder drei Stuhlreihen in unseren besten Kleidchen mit den breitesten Taft-Haarschleifen, die nur bei ganz besonderen Gelegenheiten eingebunden wurden, sittsam da und hatten eine richtige Schulstunde. Im ersten Schuljahr wurden wir von Fräulein Prinzhorn im Anschauungsunterricht über „die Hunde" geprüft. Nach unserem ersten Unterrichtsjahr in Englisch hatten wir eine englische Stunde im Examen. Die Mütter fanden allen Grund, über unsere Plapperkünste zu staunen. Ich glaube, diese Examen hörten dann auf. Ich kann mich an keines mehr erinnern.

Das alljährliche Turnexamen oder „Vorturnen" wurde eher beibehalten. In frisch gewaschenen weiß-blauen Sweatern traten wir einheitlich gekleidet an und vollführten akrobatische Kunststückchen, bei denen die Mütter Angst bekamen. Wie freuten wir uns, wenn wir recht gefährlich aussehende Übungen vorführen durften. Mit Begeisterung waren wir bei der Sache, denn wir kannten weder Angst noch Schwindel.

Ereignisse und Feste

Gehörte die Zensurenverteilung noch so etwas zu den unangenehmen Ereignissen in unserem Schulleben, so rechneten die Examen schon beinahe zu den Festlichkeiten.

Freuden, wie z.B. die später üblichen Schulausflüge, kannten wir leider noch nicht. Erst in den Sommern vorm Krieg, 1912 und 1913, machte ein junger, bayrischer Naturkundelehrer, für den wir schwärmten, mit seinen Klassen kleine botanische

Wanderungen, die sehr beliebt waren. Der arme Otto Schön fiel dann kurz nach Kriegsausbruch irgendwo an der Alpenfront.

Nur einmal war die ganze Schule unterwegs, um eine totale Sonnenfinsternis zu betrachten. War es 1912? Ich weiß es nicht genau. Mit rußgeschwärzten Glasscherben bewaffnet wanderten wir auf dem mir wohlbekannten Weg zur Bismarcksäule. Eine alte Kirschenallee führte damals vom Zelleschen Weg zum Stadtgut Räcknitz. Hier erlebten wir die dunkelste Viertelstunde, die uns großen Eindruck machte. Es war alles so unwirklich. Die eigentümliche Beleuchtung veränderte die uns so bekannte Gegend in recht unheimlicher Weise.

Dieser Schulausflug blieb ein einmaliges Ereignis. Es gab aber auch eine alljährlich wiederkehrende Festlichkeit, auf die wir uns das ganze Jahr über schon freuten. Das war das große Schulfest zu Kaisers Geburtstag am 27. Januar. Da lud Fräulein Kox alle ihre Schülerinnen zu einem Kostümfest ein. Ein Nachmittag gehörte den „Kleinen", der nächste Nachmittag und Abend den „Großen". Die Kleinen durften auch ihre jüngeren Geschwister mitbringen. Ich kann mich da an reizend kostümierte Kinder erinnern.

Aufführungen erhöhten die Festfreude. Bei einer solchen trat ich einmal in meinem moosgrünen Flint-Kostüm als Herold auf. Jedenfalls war es immer ein toller Trubel. Oben auf der Gitterleiter des Turnsaals oder in den Sprossenleitern an den Wänden erholte man sich dann vom Herumtoben. Wir wurden mit Schokolade und Berliner Pfannkuchen traktiert. An den Schwebebalken hingen Würstchen und Apfelsinen und ganz oben an den Achtmeter-Kletterseilen hing ein Kranz mit Geschenken für die „Großen". Spiele wurden gespielt, Luftschlangen, „Flatterbänder" genannt, geworfen, erste Tanzversuche gemacht und Kostüme bestaunt. Im Sommer 1908 hatten mir die Eltern aus Brixen ein echtes Tiroler Dirndlkleid mitgebracht. Dieses oder eins seiner Nachfolger trug ich beim Schulfest. Die Wellen des Frohsinns schlugen meist sehr hoch bei den Feiern der „Kleinen".

Ich glaube, 1914 durften wir erstmals mit den „Großen" feiern. Sehr stolz trug ich ein richtiges Faschingskostüm. Zwei meiner Freundinnen – Karin St. und Ellinor D. – und ich hatten uns zu Weihnachten das gleiche, von der Hausschneiderin angefertigte Pierrettenkostüm gewünscht, weiß mit schwarzen Besatzblenden und dicken, gelben Bommeln. Dazu trugen wir einen kühn aufgeschlagenen, breitkrempigen weißen Filzhut mit den längsten Pfauenfedern, die wir hatten auftreiben können. Wir kamen uns sehr schick vor, sahen wohl auch alle drei recht lustig aus. Es war unser letztes Schulfest. Im Januar darauf war die sorglose Friedenszeit vorüber.

Außer diesem Schulfest im ersten Monat des Kalenderjahres veranstaltete die Schule statt einer Weihnachtsfeier für die Schülerinnen im Dezember eine große Armenbescherung. Schon lange vorher sammelten wir verwachsene Kleider und Schuhe, legten Spielzeug bereit und erbettelten Spenden in der Verwandtschaft. Meine Großmutter

Beschorner strickte das ganze Jahr über Jäckchen und Mützchen, die armen Erzgebirgsgemeinden geschickt wurden.

Die Sachen hatten scheußliche Farben, ein Bronzebraun, Dunkelrot und Dunkellila. Ich glaube, es gab damals noch nicht viele andere Farben für Wolle. Außerdem waren die Jäckchen sehr klein, dafür hatte Großmama aber ungeheure Mengen angefertigt, aus denen wir uns dann allerlei aussuchen durften. Für uns Enkelkinder hat Großmutter nie gestrickt. Handgestrickte Sachen waren noch nicht Mode, sondern nur praktische, notwendige Kleidungsstücke zum Erwärmen. Für die Armenbescherung kam auch an neuen Sachen immer viel zusammen. Die Stollen stiftete Fräulein Kox.

Im Turnsaal stand ein sehr großer, schön geschmückter Weihnachtsbaum. Auf langen, langen Tafeln waren von den Lehrerinnen und von den Oberklassen die Gaben aufgebaut worden. Sie wurden dann an Mütter mit Kindern jeden Alters verteilt. Wahrscheinlich waren es von der Kirchengemeinde benannte Familien.

Wir Schulkinder standen unter dem Christbaum und sangen in der Singstunde einstudierte Weihnachtslieder. Es wurden auch Gedichte vorgetragen und die Allerkleinsten sagten die Weihnachtsgeschichte auf. Dann führte Fräulein Anna die Familien an ihre Plätze und wir halfen, wo es nötig war, beim Einpacken der Geschenke. In nähere Berührung mit den bescherten Kindern kamen wir dabei meist nicht. Es waren doch zwei verschiedene Welten. Die weihnachtliche Stimmung bei diesen Feiern war aber immer sehr schön.

Es kam damals erst auf, auch in der Vorweihnachtszeit schon etwas zu feiern. Auch wir schmückten in der Adventszeit unser Klassenzimmer mit Tannenzweigen und Silberfäden. Jede Klasse strebte danach, den schönsten Raum zu haben.

Bei allen diesen Unternehmungen waren wir in unserer Klasse sehr einig, wenn auch durch zwei oder drei etwas intrigant veranlagte Mitschülerinnen immer belebende Spannungen entstanden. Ernste Abneigungen gab es nicht. Im Laufe der Jahre war die Schülerinnenzahl auf etwas über zwanzig Kinder angewachsen. Lotti M., Karin St. und eine Amerikanerin Jo McB. waren schon im ersten und zweiten Jahr zu uns gestoßen. Im fünften Schuljahr kamen Marianne St. und Ellen H. in unsere Klasse, außerdem noch verschiedene Ausländerinnen, eine Engländerin, eine Schottin und eine Amerikanerin von den Philippinen, Mela F., mit der ich mich sehr anfreundete.

Wir hielten wie Pech und Schwefel zusammen, und wenn eine Mitschülerin Geburtstag hatte, wurde meist die ganze Klasse eingeladen. Auf den hübschen, häufig mit Bildchen geschmückten Einladungskarten standen unten die Buchstaben „u.A.w.g.". Jahrelang glaubte ich, das hieße „und abends wird gebadet", denn sehr häufig schlossen diese Feste, die stets am Sonnabend stattfanden, damit, dass wir heimgeschickt wurden, weil unsere Gastgeber nun ihre Kinder baden wollten.

Zu den Einladungen erschienen wir alle in den gleichen, weißen Stickereikleidchen, die sich nur durch die rosa oder hellblaue Schärpe und Haarschleife unterschieden. Ich fand es besonders schön, wenn wir im Sommer in eine der Villen eingeladen wurden, denn die hatten alle ein kleines Stück Garten hinter dem Haus, in dem in den meisten Fällen ein Turngerät mit Schaukel und Reckstange stand. Ohne Rücksicht auf die weißen Spitzenkleidchen genossen insbesondere wir Mietwohnungskinder diesen Auslauf. Hasch und Verstecken wurde gespielt, wenn die Gastgeber es nicht vorzogen, uns mit gesitteten Kreisspielen zu beschäftigen. Die Geburtstagsfeiern begannen gegen vier Uhr mit einer Festtafel, mit Kakao und meist einfachem Kuchen, „Sechserstückchen", oder Obstkuchen, kaum je mit einer Geburtstagstorte. Wenn es sehr üppig zuging, wurde noch mal Limonade, Pudding oder Obstsalat zwischendrin gereicht, in ganz seltenen Fällen einmal Eis, denn die Herstellung mit Eismaschine und Salz war schwierig. Gegen sieben Uhr gab es belegte Brote und dann wurden wir abgeschoben, denn, wie gesagt: „u.A.w.g."

Der Höhepunkt dieser Kinderfeste war das Topfschlagen oder die Lotterie. Was konnte man alles gewinnen! Taschenmesser und Drehbleistifte, Briefpapier, Malbücher, Buntstifte und andere Herrlichkeiten.

In Trupps gingen wir dann heim oder fuhren mit der Straßenbahn. Manchmal kam eins der Kinderfräuleins oder Mädchen zur Abholung. Einmal habe ich mich schrecklich geniert. Da war ich mit noch einer Klassenkameradin bei Ellen H. in der Tiergartenstraße eingeladen, wahrscheinlich zum ersten Mal. Abends brachte uns der Diener bis zur Haltestelle der Straßenbahn. Er ging immer einen Schritt hinter uns, was mir schrecklich fatal war.

Eine ganz außergewöhnliche Einladung hatte sich die Mutter unserer neuen Klassenkameradin Marianne St. im Sommer 1912 einfallen lassen. Wir wurden zu einer Fahrt mit einem Elbdampfer nach Poyritz bei Pillnitz eingeladen, tranken dort in einem ländlichen Gasthof an der Elbe im Freien unsere Schokolade, machten Spiele und fuhren wieder mit dem Dampfer heim. Es war ein ganz, ganz großes Erlebnis.

Einmal im Sommer besuchten wir auch Lotti M., deren Eltern ein Sommerhaus in Cossebaude oben auf der Höhe hatten. Dahin fuhren wir sogar mit dem Zug, dann stiegen wir auf den Berg, den Lotti jeden Morgen hinunter, jeden Mittag wieder hinaufsteigen musste. Einmal, als wir abends nicht ins Zugabteil III. Klasse, sondern in ein leeres Abteil der IV. Klasse „für Reisende mit Traglasten" einstiegen und dort bis zum Hauptbahnhof herumtollten, kamen wir uns ungeheuer verrucht vor. Wir waren doch sehr harmlose Kinderchen!

Im Winter verlor ich einmal auf dem Weg zu meiner Freundin Jo McB. meinen Straßenbahngroschen, an der Haltestelle der „9" vorn an der Bürgerwiese, im Schnee. Die lange Lüttichaustraße zurück bis nach Hause zu gehen, neues Geld zu holen und wieder zur Bürgerwiese zu laufen, kam mir länger vor, als ein Fußmarsch zu Jo, die ganz am Ende der Wienerstraße wohnte. So stapfte ich tapfer los und war sicherlich eine Stunde unterwegs. Als ich schließlich durchfroren und müde bei meinen Gastgebern eintraf, hatte man sich schon um mich gesorgt und hin und her telefoniert.

Ich denke gern an meine Schulzeit und auch an den Unterricht in der Schule. Hier möchte ich die Erinnerungen an einen anderen Unterricht einschalten, der zwar privat war und nicht zur Schule gehörte, mir aber nicht recht in die Erzählung vom Leben zu Haus passen will. Es sind die unangenehmen Erinnerungen, die ich an meinen Klavierunterricht habe.

Die Klavierstunde

Als wir so etwa neun bis zehn Jahre alt waren (im dritten Schuljahr), bekamen einige meiner Klassenkameradinnen Klavierunterricht. Sie hatten eine reizende, junge Lehrerin und schwärmten begeistert von den Stunden. Offenbar machten sie auch schnelle Fortschritte und spielten bald den „Fröhlichen Landmann".

Schon in der allerersten Singstunde bei Fräulein Margarete, gleich nach dem Schulbeginn, als wir das Lied „Fuchs, du hast die Gans gestohlen" sangen, sollte ich schweigen, weil ich „brummte". Woran das lag und wie das zu ändern wäre, wurde mir nicht verraten, aber es wurde bald Sitte, dass ich überhaupt nicht mehr mitsingen durfte. Das bedrückte mich und ich beschloss, die Eltern nun auch um Klavierunterricht zu bitten in der heimlichen Hoffnung, ich könne dadurch hinter das mir verschlossene Geheimnis der Musik kommen. Hätte ich diese Bitte nie ausgesprochen!

Mutti ging sofort darauf ein, denn ihre beste Freundin hatte eine arme Verwandte, die sich und ihre alte Mutter mit Klavierunterricht durchs Leben bringen musste. Man tat ein gutes Werk, wenn man sie unterstützte und schlug somit zwei Fliegen mit einer Klappe.

Sehr bald begann mein Klavierunterricht bei Fräulein M., einer typischen alten Jungfer von vielleicht knapp fünfzig Jahren, die mir von Anfang an höchst unsympathisch war. Der Unterricht wurde eine Qual für beide Teile. Es ist mir heute unbegreiflich, warum es kein Zurück mehr gab, wenn man einmal so eine Sache angefangen hatte. Schon nach wenigen Stunden musste die Lehrerin ja merken, dass mir ein musikalisches Ohr vollkommen fehlte. Ich hörte keinen falschen Ton, konnte beim Üben also auch nicht selbst korrigieren. Es ist, als ob man Schreibmaschine lernen sollte, ohne das Geschriebene je zu Gesicht zu bekommen und seine Fehler zu erkennen. Es ist ein Ding der Unmöglichkeit. Wie wenig Vorstellung davon Fräulein M. hatte, zeigte, dass sie es als Faulheit betrachtete, wenn ich die „Vorspielstücke" für Weihnachten usw. nicht auswendig lernen konnte. Ich versuchte, mir die bildliche Vorstellung der Noten einzuprägen oder mir die Reihenfolge der zu benützenden Tasten zu merken. Das ging wohl bei der Singstimme von „Hänschen klein", bei richtigen Stücken war es unmöglich für ein zehn- bis zwölfjähriges Kind.

Wenn meine Lehrerin etwas intelligenter gewesen wäre, hätte sie mir theoretisch wohl einiges beibringen können, denn ich *wollte* ja gern etwas von den Geheimnissen der Musik erfahren. So aber übte ich mit Verzweiflung Tonleitern und weiß heute noch nicht, wozu diese künstlichen Gebilde eigentlich da sind. Eine ganze Unterrichtsstunde verging z.B. damit, dass Fräulein M. behauptete, fis und ges seien verschiedene Töne, was ich energisch bestritt. Es war ja schließlich dieselbe Klaviertaste, die nach meiner Meinung unmöglich verschiedene Töne von sich geben konnte.

Jede dieser Stunden war ein aufreibender Kampf, viele endeten mit Tränen. Einmal war ich dann wohl zu widersetzlich und frech gewesen und wurde aus dem Unterricht hinausgeworfen. Fräulein M. weigerte sich, mich weiterhin zu unterrichten, wenn ich nicht um Verzeihung bäte. Ich hatte ja gar keinen anderen Wunsch, als von dem Unterricht loszukommen, dachte also nicht daran, um Entschuldigung zu bitten. Aber siehe da, eines schönen Tags musste ich doch wieder zur Klavierstunde antreten.

Dieses Martyrium dauerte viele Jahre, wohl meine ganze Schulzeit lang. Es hat mich viel Zeit und Tränen, die Lehrerin viele Nerven und die Eltern viel Geld gekostet. Der Erfolg auf musikalischem Gebiet war gleich Null.

Das einzige, was ich schon als Kind gewissermaßen positiv bewertete, war die Erkenntnis einer ausgleichenden Gerechtigkeit. Mir fiel es so leicht im Schulunterricht; in Mathematik, im Zeichnen und Turnen lag ich mit an der Spitze der Klasse. Es war mir manchmal etwas unheimlich, dass alles so glatt ging. Hier im Musikunterricht erlebte ich meine Grenzen und die Nöte, die unbegabte Kinder durchmachen, von denen Dinge verlangt werden, die sie einfach nicht leisten können. Bei den grausamen alljährlichen „Vorspielen" vor der eingeladenen Elternschaft, bei welchen ich unfehlbar versagen musste, und meist heulend vom Klavier aufstand, lernte ich die Scham und die Ängste durchfallender Examenskandidaten kennen und verstehen. Vielleicht wurde durch diesen Mangel eine gewisse Überheblichkeit gebremst, zu der ich neigte.

Als ich viel später einmal las, dass Wilhelm v. Kügelgen zum Maler ausgebildet wurde, obwohl er farbenblind war und dass sein Vater, Gerhard v. Kügelgen, der selbst ein bedeutender Maler und Akademieprofessor war, diesen Umstand für unerheblich hielt, dachte ich an meinen Klavierunterricht und den rührenden Glauben der Erzieher, dass es nur eine Sache des guten Willens sei, solche fehlende Veranlagungen durch Fleiß zu ersetzen. Aus dieser Vorstellung einer früheren Zeit stammt vielleicht auch die moralische Verurteilung unmusikalischer Leute, die mich lebenslang geärgert hat. Mir schien es oft, als ob sich musikalische Menschen unmusikalischen gegenüber überlegen und fast als bessere Menschen fühlten, manche taten so, als ob es sich bei Unmusikalität nicht um einen körperlichen Mangel, sondern um einen Charakterfehler handele, der mit Interesselosigkeit und Unbildung auf der gleichen Stufe steht.

So erleichtert, wie ich einst mittags die Schule verließ und heim wanderte, möchte ich jetzt das Kapitel Schule abschließen und mich dem Leben zu Haus in den Jahren zwischen 1907 und 1914 zuwenden.

Umgebindehaus in Waltersdorf an der Lausche, Oberlausitz (Gertraude Gmeiner 1920)

Haus und Familie

Wohnung und Umwelt

Nach Schulbeginn blieb meine häusliche Umgebung zunächst so, wie sie in der Vorschulzeit gewesen war. Wir wohnten nach wie vor in der Lüttichaustraße 30, in dem Eckhaus zur Sidonienstraße, zwei Treppen hoch. Aber diese Wohnung wurde allmählich zu eng. Wir (damals noch) drei wilden Kinder mussten in Mutters Wohnzimmer spielen oder in dem nicht allzu großen Hinterzimmer, in dem unsere drei Betten standen. Auch für die Schularbeiten mussten wir uns immer erst ein Plätzchen suchen.

Um wenigstens diesem Übelstand abzuhelfen, bekam ich zum Weihnachtsfest 1907 ein Schulpult. Ich war glücklich, nun einen Platz ganz für mich allein zu haben. Das Pult wurde durch viele Jahre zu meiner eigenen, eigentlichen Welt. Bis in mein fünfzehntes Lebensjahr konnte ich mich nicht von ihm trennen, obwohl meine Beine inzwischen viel zu lang geworden waren und ich mich nur noch mühsam auf den Sitz quetschen konnte.

Eine Lösung der Wohnungsfrage fand sich, als 1908 die auf dem gleichen Treppenflur gelegene Fünfzimmer-Wohnung, deren Front nach der Lüttichaustraße lag, frei wurde. Vater mietete sie und die beiden Wohnungen wurden durch eine gemeinsame Flurtür verbunden. Nun hatten wir – einschließlich der Praxisräume – etwa vierzehn Zimmer und Vater konnte sich jetzt endlich den schon lange notwendigen Röntgenraum einrichten.

Alle Schlafzimmer wurden in die neue Wohnung verlegt. Gerhard, der nun Sextaner war, erhielt ein eigenes Zimmer, in dem auch seine Aquarien mit allerlei bunten Fischchen standen. Das einstige Elternschlafzimmer – ein großer Raum mit zwei Fenstern nach Süden zur Sidonienstraße – bekamen wir als Kinderzimmer zugeteilt. Nun endlich hatten wir ein eigenes Reich und genügend Platz für alle unsere Spiele.

Ein anderer von Mutti schon lange gehegter Wunsch erfüllte sich im Sommer nach Elfriedes Ankunft. Sie konnte ein Schrebergärtchen pachten, das in der größeren Gartenkolonie dicht hinter der Lukaskirche lag. Mutter war sehr glücklich darüber, obwohl es eigentlich eine Mehrbelastung für alle war und der lange und langweilige Weg durch die Werderstraße uns das Gartenvergnügen etwas vergällte.

Technik

Mehr als durch die Wohnungserweiterung und durch die Pachtung des „Gärtchens" wurde unsere Umwelt in diesen Jahren durch die schnelle Entwicklung der Technik beeinflusst und verändert.

Wie Mutti mir oft erzählte, gab es in meinem Geburtsjahr 1900 einen Zeitungsstreit, ob man das Jahr als Abschluss des alten oder Beginn des neuen Jahrhunderts betrachten müsse. So sehr ich einsah, dass das alte Hundert voll gemacht werden müsse, so wenig habe ich mich je als noch im alten Jahrhundert geboren betrachtet. In grüner Jugend verachtete ich sogar ein wenig meinen älteren Bruder Gerhard, weil er 1898 geboren worden war, also noch aus dem vergangenen Jahrhundert stammte.

Wir waren überzeugt davon, einem neuen und besseren Jahrhundert anzugehören und durchdrungen von dem Gefühl, in einer Zeit des Fortschritts und der Wunder zu leben, die die Technik uns brachte. Wir waren schon damals stets gefasst auf neue Überraschungen und sind es heute – 1966 – wohl mehr denn je. Dass wir es noch erleben müssen, wie sogar der gute alte Mond mit seinem freundlichen Gesicht eines schönen Tages von der Erde aus beschossen wird, das ließen wir uns allerdings nicht träumen. Uns genügte zunächst vollkommen, was die Technik uns für den Alltag bescherte.

Als Vater 1908 die zweite Wohnung dazu mietete und alle Zimmer vorgerichtet wurden, bekamen das Esszimmer und unser neues Kinderzimmer Gasbeleuchtung. Ich liebte das grünlich-kalte Licht nicht. Bei jeder Erschütterung gingen die überempfindlichen Glühstrümpfe entzwei und mussten mühsam ersetzt werden. Das rief immer Ärger hervor.

Elektrisches Licht und das Vergnügen des An- und Ausknipsens hatten wir schon kennen gelernt, als nach Großvaters Tod die Großmutter Beschorner in die Canalettostraße zog. Die vorhandenen Petroleumlampen, an denen manche Erinnerung hing, und von denen man sich nur schwer trennte, wurden für elektrische Birnen umgearbeitet. So gewöhnte man sich schnell an den Wechsel. Wir hatten noch bis ins Jahr 1915, bis zum Umzug in das schräg gegenüberliegende Haus, Petroleumlampen in den meisten Räumen unserer Wohnung.

Nach Schulbeginn kam ich bei Kindergesellschaften oder Besuchen nun auch in die Wohnungen oder Häuser meiner Klassenkameradinnen. In den meisten Villen, so wie auch in unserer Schule, waren die Öfen bereits verschwunden und Dampfheizungen eingebaut. Aber es gab auch noch sehr, sehr viele Wohnungen mit den guten, alten Kachelöfen, wie wir sie hatten. In den Küchen tauchten die ersten Gasherde und Gasbacköfen auf und ein ganz neues Material trat seinen Siegeszug an, das Aluminium.

Bei einem Besuch, den Mutti und ich bei entfernten Klette-Verwandten in Strehlen machten, um deren neues Haus zu besichtigen, bewunderten wir staunend die ausschließlich mit blankem, neuen Aluminiumgeschirr ausgestattete Küche. Wir kannten zu Haus nur Ton-, Eisen- und Emailletöpfe. Nun ließen wir uns über die Vorzüge des Aluminiums belehren. Mutti interessierte dabei besonders die Frage, womit man das Aluminium putzen müsse, um es so schön blank zu erhalten.

Auch für eine Verschönerung des Feierabends sorgte die Technik mit ihren Erfindungen. Apparate mit großen, bunten Trichtern wurden hergestellt, die auf unerklärliche Weise Musik, die in schwarze Scheiben gebannt war, wieder zum Klingen bringen konnten, so, wie bei Münchhausen die eingefrorene Musik der Trompete schließlich wieder auftaute. Die stolzen Besitzer dieser so genannten Grammophone wollten die Mitwelt freundlicherweise an ihrem Glück teilhaben lassen und stellten die Apparate insbesondere am Sonntagnachmittag ans offene Fenster. Meinen Vater konnte das allerdings zur Raserei treiben. In dem Jahr vorm Krieg hörte man, wo man ging und stand, *den* Schlager, den ersten und wohl erfolgreichsten, an den ich mich erinnern kann: „Puppchen, Du bist mein Augenstern!"

Von einer anderen, ganz geheimnisvollen Neuerung mit einem schwierigen Namen wussten meine Mitschülerinnen zu berichten. Einige hatten sogar schon Bekanntschaft mit dem „Kinematographen" gemacht. Es musste ein wahres Wunderding sein. Mit Apparaten, die man in Sälen aufstellen konnte, in denen sonst nur Vorträge gehalten wurden, z.B. im Vereinshaus in der Zinzendorfstraße, wurden Bilder an die Wand geworfen, die sich sogar richtig bewegten. Es musste ähnlich sein, wie bei der Laterna magica meines Bruders Helmut. Aber da waren die Bilder gemalt oder gezeichnet und standen still. Beim Kinematographen sah man lebendige Menschen, die sich richtig bewegten und zwar so, dass man wusste, was sie wollten, auch wenn man sie nicht reden hören konnte.

Ganz unverhofft erlebten wir diese Wunderwelt im Jahre 1908. Ein Onkel aus Leipzig besuchte uns kurz nach dem schrecklichen Ausbruch des Aetna und der Zerstörung der Stadt Messina. Als er hörte, dass – irgendwo im oberen Teil der Pragerstraße – ein Film vom Ausbruch des Aetna gezeigt wurde, nahm er uns alle mit zu diesem ersten Kinobesuch. Noch sehe ich, wie sich die glühenden Lavamassen – die Bilder waren ganz rot getönt – auf die Häuser zu wälzten. Es war sehr aufregend und schauerlich. Der Beifilm von einem mondsüchtigen Mann, der nach einem Schatz grub, machte uns fast noch tieferen Eindruck. Einen anderen Mann, der träumte, er flöge im Nachthemd um den Kirchturm und das im Film wirklich tat, sah ich damals auch oder bei einer der nächsten Vorführungen, zu der wir mit Vater gingen: einem Werbefilm über den Aufbau der Deutschen Flotte. Unendlich viele verschiedene Schiffe wurden hier gezeigt. Am meisten Spaß machte es aber, die Matrosen zu sehen, die eimerweise Wasser über das Deck schütteten, um es zu schrubben. Möglicherweise hat mein Bruder Gerhard schon damals den Entschluss gefasst, einmal zur Marine zu gehen.

In diesen Jahren wurden dann auch die ersten, richtigen Kinopaläste gebaut, ich glaube, zuerst das U. T. in der Waisenhausstraße. Hier lief dann auch bald ein Monumentalfilm „Quo vadis" – oder war es „Ben Hur", den viele meiner Freundinnen sehen durften. Uns erlaubten es die Eltern nicht. Aber später, als die Jahrhundertfeiern der Napoleonzeit einsetzten, durften wir einen Film über die Königin Luise und einen über Theodor Körner, 1912 in seinem 100. Todesjahr, ansehen, die uns sehr großen Eindruck machten.

Von meiner ersten Autofahrt mit Vater nach Königsbrück, so um 1905 herum, erzählte ich schon. Inzwischen hatte man sich daran gewöhnt, Autos in den Straßen der Stadt zu sehen. Zu den angestaunten Autobesitzern gehörten auch die Väter verschiedener Schulfreundinnen, meist Ärzte. Sie nahmen eins von uns kleinen Mädchen hin und wieder mit von der Schule heim. Zunächst musste der Fahrer mit viel Kraft und Schwung eine Kurbel vorn am Auto drehen, so wie man ein Spielzeug aufzieht. Dann sprang der Fahrer schnell in den Wagen hinter das Lenkrad und man sauste los. Es waren offene Autos und der Fahrwind wirbelte uns das Haar durcheinander.

Ein paar Mal durfte ich gleich von der Schule weg im Auto zu meiner Freundin Luise K. fahren, die ziemlich weit draußen im Vorort Cotta wohnte. Das war eine lange Fahrt, die uns viel Freude machte. Für mich war es auch etwas Neues, in einer anderen Familie Mittag zu essen. Bis dahin war das noch nicht vorgekommen! Ob ich auch in Cotta übernachtete, weiß ich nicht mehr. Ich glaube kaum, das wäre in damaliger Zeit zu außergewöhnlich gewesen.

Sehr gut weiß ich dagegen noch, dass ich sehr erstaunt war, zu merken, wie gründlich Luise ihre Schularbeiten machte. Einmal haben wir auch in der Dämmerung oder bei Mondschein auf einem Absatz der von der Halle nach oben führenden Treppe gesessen und uns unsere größten Geheimnisse erzählt. Leider habe ich mich bei einem dieser Besuche wenig gut aufgeführt. Luise und ihre Schwestern hatten eine französische Erzieherin, eine „Mademoiselle", wie sie meist nur genannt wurde. Als diese uns nachmittags in den Anlagen spazieren führen musste, was ich sehr langweilig fand, stiftete ich meine Freundin dazu an, der Mademoiselle davonzulaufen. Wir kamen getrennt heim und die Erzieherin war so entrüstet, dass sie zu kündigen drohte. Großzügigerweise wurde mir dieser Streich nicht nachgetragen und ich habe noch viele schöne Stunden in dem gastfreien Haus verlebt.

Auch die Eltern meiner bereits erwähnten Freundin Karin St. besaßen ein Auto und nahmen mich manchmal mit. Karin war ein Einzelkind und ich durfte sie hin und wieder auf größeren sonntäglichen Fahrten begleiten. Vater St. hatte einen Chauffeur und fuhr nicht selbst. Ich erinnere mich an eine Fahrt nach Königstein über unser Ferienparadies Rathen hinaus, was mir ungeheuer weit erschien. Ein andermal fuhren wir ein Stück nach dem Erzgebirge hin und machten ein Picknick im Müglitztal. In Oberbärenburg tranken wir Kaffee. Es war eine Riesenreise, die man in kurzer Zeit gemacht hatte. Man fuhr und fuhr und konnte gar nicht so schnell alles sehen, was am Wege wuchs oder sonst die Aufmerksamkeit erregte.

Es war so etwas ganz anderes, als unsere beschaulichen Sonntagswanderungen mit Vater. Ich wusste nicht recht, welcher Art zu reisen ich den Vorzug geben sollte. Im Grunde waren mir unsere Wanderungen doch wohl noch lieber, weil ich dabei mehr tun und lassen konnte, was mir gerade einfiel und Freude machte. Das Stillsitzen im Wagen und nur immerzu gucken behagte meiner aktiven Natur nicht so recht.

Stärker als die Autos, die bald schon nichts Neues mehr waren, interessierte uns nun alles, was mit der Luftfahrt zusammenhing.

Bisher kannten wir nur gerade die großen, gelben Luftballons, die hin und wieder einsam über der Stadt dahin trieben. Ostern fanden alljährlich von Dresden-Reick aus Ballon-Wettflüge (Gordon-Bennet-Wettflüge) statt. Bei der Gasanstalt wurden die großen, gelben Luftballonhüllen aufgefüllt. Wir beobachteten dann auf unserer Osterwanderung ihren Start und den Flug, soweit er zu sehen war. Einmal fuhren wir sogar gerade mit dem Zug am Gaswerk vorbei, als ein abfliegender Ballon gegen ein Schuppendach gedrückt und zerstört wurde.

Die Eltern erzählten uns, dass es nun auch schon Luftschiffe gäbe, die man sogar lenken könne. Ein Graf Zeppelin sei der Erfinder. Auf dem Bodensee habe er eine große, schwimmende Halle erbaut. Die Eltern, die den Bodensee sehr liebten und mehrfach in Meersburg waren, hatten den Grafen Zeppelin sogar einmal in Friedrichshafen auf dem Bahnsteig gesehen und fotografiert.

Mutti besaß nämlich schon seit 1905 auch so ein kleines technisches Wunderwerk, eine Klappkamera mit Rollfilmen. Fast vierzig Jahre lang hat sie mit diesem Apparat ausgezeichnete Aufnahmen gemacht, die sie dann selbst auf Tageslichtpapier abzog. Wir besaßen viele, dicke Alben, sauber geklebt und unterschrieben, in denen alle Ereignisse aus unseren Kindertagen festgehalten waren. Wir sahen sie uns oft und gern an. Wie dankbar bin ich, dass Mutti mir zur Hochzeit noch einmal Abzüge von den mich betreffenden Bildern machen ließ und in ein schönes Buch klebte. So sind wenigstens diese Aufnahmen gerettet, während alle anderen 1945 in Dresden verbrannten.

Doch zurück zum Zeppelinluftschiff, das wir bald auch in Dresden zu sehen bekamen. Welche Aufregung, wenn sein Kommen gemeldet worden war und wir das typische, brummende Geräusch in der Luft hörten. Für kurze Augenblicke tauchte das majestätisch dahin gleitende Luftschiff über der Straße auf, um bald wieder hinter den nächsten Dächern zu verschwinden.

Wie stolz waren wir auf diese Errungenschaften „unserer Zeit" und wie hart traf uns alle die Nachricht von der Zerstörung des Luftschiffs LZ 4 des Grafen Zeppelin bei Echterdingen am 5. August 1908. In jenem Jahr verbrachten wir die Großen Ferien auf der Ebenheit, einem Hochplateau am Fuß des Liliensteins in der Sächsischen Schweiz. Mit Mutti und Großmama Beschorner saßen wir vor dem hübschen Landgasthof Friebel, an rot gestrichenen Tischen unter grünen Bäumen und warteten auf unser Mittagessen. Da brachte die Zeitung den Bericht von dem schrecklichen Zeppelinunglück im Gewittersturm. Alle Menschen waren damals aufs Tiefste betroffen und wir Kinder waren richtig verstört von dieser Katastrophe. Spontan wurde danach im ganzen Lande eine Sammlung veranstaltet, die eine ansehnliche Summe einbrachte und dem Grafen den Bau eines neuen Luftschiffes ermöglichte.

Ein weiteres Ereignis, das in die Geschichte der Luftfahrt eingegangen ist, erlebten wir zwei Jahre später, 1910, aus unmittelbarer Nähe wieder in der Sächsischen Schweiz, fast in derselben Gegend.

Als wir wie alljährlich in den Pfingstferien in dem geliebten Rathen waren, kam die Kunde, dass ein ganz kühnes Luftfahrtunternehmen geplant sei. Ein Aeroplan-Wettflug rund um die Festung Königstein sollte stattfinden. Die Flugzeuge sollten in Dresden aufsteigen, dann den etwa 30 km entfernten Königstein erreichen, ihn umkreisen und wieder nach Dresden zurückkehren. Alle berühmten Flieger, die Brüder Wright, Rumpler, Grade, Blériot, Farman und wie sie alle hießen, wurden genannt. Wer wirklich alles mitflog, kann ich nicht sagen.

Schon früh am Morgen liefen wir zum Dorf Weißig hinauf und warteten sehr lange an den Eulensteinen, kleinen Felsen auf der Hochfläche. Als es zu langweilig wurde, wanderten wir weiter und waren schließlich an der Neuen Schänke unterhalb des Königsteins, als am Horizont die ersehnten Punkte auftauchten und schnell größer wurden. Etwa acht bis zehn Flugzeuge, meist Doppeldecker, soweit ich mich erinnere, kamen langsam und schwankend heran und umflogen die Festung in der Höhe der Felsen, 100 bis 200 Meter über der Elbe. In atemloser Spannung warteten wir darauf, dass sie die Wipfel der Bäume streiften oder an die Felsen stießen. Doch alles ging glatt, die Punkte verschwanden wieder am Horizont. Wir Kinder wanderten heim, erfüllt von dem Gefühl, Zeugen eines ungeheuren technischen Fortschritts gewesen zu sein.

Neben den großen Erfindungen schlichen sich fast unbemerkt kleinere Neuerungen ein, die heute nicht mehr aus unserem Leben hinweg zu denken sind. Sie wirkten auf ihren Gebieten genauso umwälzend, wie die großen Erfindungen auf den ihren. Den Bau und die Einführung der elektrischen Straßenbahnen habe ich nicht miterlebt. Sie hatten schon Ende des 19. Jahrhunderts die Pferdebahnen verdrängt. Auch Fahrräder sah man schon vor der Jahrhundertwende in den Straßen. Dass es früher im Großen Garten, auf dem Lennéplatz eine besondere Fahrradbahn gab, auf der das Radfahren gelehrt und sozusagen als Gymnastik betrieben wurde, erzählte ich schon. Auch davon berichtete ich, dass Vater als Arzt sich sehr frühzeitig ein Telefon anschaffte.

Zu den Kleinigkeiten, die in ihrer Weise Althergebrachtes umgestalteten, gehörten auch die Füllfederhalter, die wir allerdings erst zur Einsegnung und dann „fürs Leben" erhielten. Tatsächlich schreibe ich noch mit der gleichen Watermann-Feder mit Iridiumspitze, die ich 1916 bekam! Wie viel habe ich die in einem halben Jahrhundert benützt!

In der Schule haben wir zwar nicht mehr auf der Schiefertafel geschrieben, aber wir quälten uns doch mit den spitzen Stahlfedern und den Tintenfässern, mit denen jedes Pult versehen war. Die Tinte kochte Fräulein Kox übrigens selbst, wie man sagte. Sie war jedenfalls ganz anders als die, die wir für unsere Schularbeiten kauften.

Die Nähmaschinen, die bestimmt zu einschneidenden Veränderungen im Haushalt geführt hatten, waren schon zur Zeit unserer Großmutter erfunden worden. Wir betrachteten sie als etwas Selbstverständliches. Eine neuere Erfindung, die in den Familien noch wenig eingeführt war und über die die Erwachsenen sich unterhielten, war die Schreibmaschine. In den Geschäftsbetrieben gab es wahrscheinlich schon viele. Ich bekam eine richtige Schreibmaschine, in der Art, wie sie noch heute gebräuchlich sind, erst sehr viel später zu Gesicht.

Vater, dessen charaktervolle Handschrift für viele Menschen so unleserlich war wie eine Hieroglyphenschrift, schaffte sich eine ganz eigenartige Schreibmaschine an, mit der er alle seine Rechnungen selbst anfertigte: Auf einer kleinen Tafel standen die Buchstaben und Zahlen. Mit einem Stift zeigte man auf den gewünschten Buchstaben und drückte gleichzeitig eine Taste. Nun schlug ein kleiner Kolben, auf dem alle Buchstaben aufgezeichnet waren, den gewünschten Buchstaben aufs Papier. Es war ein sehr mühsames und umständliches Verfahren. Vater hatte es aber in dieser Schreiberei zu einer gewissen Fertigkeit gebracht und übte sie bis zu seinem Tode aus.

Die Eltern – jetzt kritisch betrachtet

So sehr wir uns für alle technischen Veränderungen in unserer näheren Umgebung interessierten, so berührten sie doch nur unser äußeres Dasein. Wichtiger für unsere Entwicklung und unser jeweiliges seelisches Wohlbefinden wurden die Menschen unserer Umwelt. Erst als Schulkinder begannen wir, sie kritischer zu betrachten. Sympathien und Antipathien entstanden. Allmählich mussten wir lernen mit allen Erwachsenen, die uns betreuten, auszukommen. Das war manchmal nicht leicht. Wir waren ja noch Kinder damals und hatten von Temperamenten und Charakterverschiedenheiten bestimmt nie etwas gehört und weder über uns selbst noch über andere Leute nachgedacht. Wir fanden einfach die einen nett und die anderen nicht und verhielten uns entsprechend. Einigen unserer Mädchen und Erzieherinnen standen wir von Anfang an ziemlich feindlich gegenüber. Manchmal erscheint mir meine Kinderzeit als ein einziger Abwehrkampf gegen die „Großen", ein ständiger Versuch, mich gegen sie durchzusetzen und zu behaupten.

Die meisten Reibereien entstanden zwischen den Hausangestellten und uns Kindern um Kleinigkeiten. Normalerweise gab es etwa alle ein bis zwei Jahre einen Mädchenwechsel. Zwischendurch erfolgten aber auch Kündigungen und Wechsel unseretwegen, was immer sehr ärgerlich war. Insbesondere Gerhard stand oft auf Kriegsfuß mit unseren Mädchen, die sich nicht von ihm kommandieren lassen wollten. Ich glaube, manchmal hatten es unsere Hilfen nicht leicht. Einige prachtvolle Schlesierinnen und Deutschböhminnen (später Sudetendeutsche genannt) waren unter ihnen. Ihrer sei dankbar gedacht.

Obwohl wir mit diesen Hausgenossinnen im Laufe des Tages mehr zusammen waren als mit den Eltern, kann von einer planmäßigen Erziehung oder charakterlichen

Beeinflussung durch diese Kräfte nicht die Rede sein. Wir fühlten uns von vornherein überlegen diesen jungen und unerfahrenen Mädchen gegenüber. Die eigentliche häusliche Erziehung lag ausschließlich in den Händen unserer Eltern.

An den Vater und die Mutter legte ich zunächst bestimmt keinen Maßstab an. Erst später, als ich die Eltern meiner Schulfreundinnen kennen lernte, fing ich an zu beobachten und Vergleiche zu ziehen, die natürlich meistens zugunsten der eigenen Eltern ausfielen.

Wenn ich hier versuchen möchte, die Eltern kurz zu schildern, so ist es nicht leicht, mir das Bild, das ich als Kind von ihnen hatte, genau ins Gedächtnis zu rufen. Es wird verdeckt und wahrscheinlich verfälscht durch manche bittere Erinnerung aus späteren Jahren. Es scheint mir unmöglich, diese späteren Eindrücke ganz auszuschalten. In den Kinderjahren nahmen wir noch alles als selbstverständlich hin. Spannungen, die sicher schon vorhanden waren, konnten wir nicht erkennen, beachteten sie jedenfalls noch nicht.

Jetzt scheint es mir fast, als seien beide, Vater und auch Mutter, in den Jahren vor dem Ersten Weltkrieg ganz anders gewesen, als in den darauf folgenden Jahren unserer Jugend. Es gab dann viel Zank und Streit und harte Kämpfe in unserer Familie.

Die schweren Zeiten mit ständiger Überforderung und Sorge haben beide Eltern wahrscheinlich sehr stark belastet. Vieles muss auf diese nervliche Überbeanspruchung, ja in den Jahren 1914 bis 1924 manches vielleicht einfach auf den Hunger zurückgeführt werden.

Doch was ist Charakter, was ist körperliches Befinden, was Ausdruck seelischer Schwierigkeiten und was ist krankhaft? Wie oft haben wir nach dem Krieg, als wir anfingen, uns für Psychologie zu interessieren, an dem Charakter der Eltern herumgerätselt.

Als ich selbst später schwere Schilddrüsen-Überfunktionen bekam, wusste ich, dass ich oft unausstehlich war – und doch konnte ich nicht anders sein. Oft erinnerte mich das an Vaters Verhalten. War seine einerseits so aufgeschlossene, wache, betriebsame und lebhafte, andererseits ständig gereizte Art von der Schilddrüse beeinflusst? Hatte sie andere Gründe? Wie viele Eigenschaften, die rein körperlich bedingt sind, wurden früher als Charakterfehler gewertet. Wie manchem Gallenkranken, wie manchen Drüsengestörten ist bitter unrecht getan worden. Vaters Wesen hat sich bestimmt etwa seit dem Beginn des Ersten Weltkriegs gewandelt. Möglicherweise war das jedoch Folge einer schweren Operation von 1913 und wir erklärten uns sein Verhalten fälschlich aus der Überbelastung und Anspannung der Kriegs- und Nachkriegsjahre? Ich weiß es nicht!

Es ist schwer, Vaters Charakter zu beschreiben. Wie die zwei sehr verschiedenen Seiten einer Medaille erscheint mir sein Bild. In den Vorkriegsjahren erlebten wir Kinder im Wesentlichen Vaters positive Seiten. Er war sehr klug und kenntnisreich und ungewöhnlich vielseitig interessiert. Dazu kam eine künstlerische Ader und vielleicht ein Schuss Genialität, jedenfalls ein überdurchschnittlicher Schwung. Damals, als er noch mehr Zeit hatte, beschäftigte er sich viel mit uns, regte uns zu sehr vielem an und verstand es, uns schon sehr früh die Augen für die Schönheiten der Natur und für die Kunst zu öffnen.

Vater war stets sehr lebhaft. Plötzliche, zornige Temperamentsausbrüche kamen zwar vor, waren damals aber noch selten und schienen uns zu ihm zu gehören. Noch überwog die frohe, sanguinische Seite seines Wesens, die später von der cholerischen fast ganz verdrängt wurde. Wegen Kleinigkeiten konnte er sich dann unverhältnismäßig stark aufregen und die Gewalt über sich vollkommen verlieren. Selbstbeherrschung und Rücksichtnahme hatte er nie gelernt. Dagegen verlangte er Selbstbeherrschung körperlichen Unbequemlichkeiten und Leiden gegenüber. Hier war er auch gegen sich selbst hart. Er kannte keine Verweichlichung und duldete sie auch bei uns Kindern nicht. Wir lernten es frühzeitig, Schmerzen ohne Gejammere zu ertragen und hielten das für selbstverständlich.

Gefühle zeigte Vater nicht. Ich kann mich nicht daran erinnern, dass er uns je zärtlich oder besonders liebevoll behandelt hätte. Ich habe, glaube ich, kein einziges Mal einen Kuss von ihm erhalten. Die Gefühle waren tief verborgen, wahrscheinlich schämte er sich ihrer. Seine Zuneigung äußerte sich in gelegentlichen Geschenken, z. B. in Büchern, die er uns mitbrachte und Überraschungen, die er sich für uns ausdachte. Wir empfanden wohl zu Recht alles, was er für uns tat, uns zeigte, erklärte oder vorlas, als Ausdruck seiner Liebe. Wir hingen an ihm, bewunderten ihn und waren vor allem stolz auf ihn. Aber wir hätten nie gewagt, mit unseren kleinen Sorgen zu ihm zu kommen. In der Familie wollte er unbehelligt bleiben, vielleicht – wie Mutti meinte – weil er sich in seiner Praxis bei den Patienten verausgabte? Wahrscheinlich war er aber mit den Eigenschaften des Geistes reichlicher ausgestattet als mit den Eigenschaften des Herzens und Gemütes. Vor allem war es wohl Güte, die wir an ihm vermissten.

Die Verwandtschaft beurteilte Vater als „egozentrisch", als „Herrennatur", „starken Charakter", wohl auch als Haustyrannen. Aber auch diese Urteile sind relativ, denn Muttis Brüder, Onkel Hans und Onkel Herbert Beschorner, waren wohl sehr anders und viel weichere Naturen. Vater war härter und verstandesmäßiger eingestellt, ihnen aber wohl an Großzügigkeit überlegen. Er gewann die Verwandtschaft immer wieder durch seine geistreiche und gastfreie Art, wenn sie Weihnachten oder Festtagen zu uns kamen.

Seinen vielseitigen Kenntnissen und Interessen und seiner temperamentvollen Art verdankte Vater sehr viele Bewunderer auch unter seinen Patienten und Freunden. Er verstand es, eine ganze Gesellschaft zu unterhalten, liebte es aber auch, dabei zu glänzen.

Wo viel Licht ist, ist viel Schatten, sagte Mutti des Öfteren. Später lernten wir auch die Schattenseiten kennen und litten oft unter der ungerechten Heftigkeit unseres Vaters. In unserer Kinderzeit ahnten wir aber noch nichts von den Schwierigkeiten und Bitternissen späterer Jahre. Wir waren stolz auf unseren Vater und konnten es auch sein, obwohl er uns in vieler Hinsicht viel ferner stand, als die Väter unserer Schulfreunde ihren Kindern.

Unsere Mutter war eine von Grund auf andere Natur als der Vater. Nur in ihrem übersteigerten Pflichtgefühl glichen sich beide Eltern bis zuletzt. Soviel ich es beurteilen kann, ist Mutti sehr behütet, stark gefühlsbetont und etwas wirklichkeitsfern aufgewachsen. Ihr anlehnungsbedürftiges und unselbständiges Wesen wurde vermutlich durch ihre Erziehung zu strengem Gehorsam und pietistisch-puritanischer Frömmigkeit noch gefördert. Sie war etwas sentimental veranlagt, vielleicht neigte sie sogar ein wenig zur Melancholie. Sie besaß nicht so viel Temperament wie Vater. Streng bürgerlich erzogen war Mutti allem Ungewöhnlichen und nicht Herkömmlichen gegenüber etwas ängstlich – obwohl auch sie sicher viel aufgeschlossener war als die meisten ihrer Zeitgenossinnen.

Als Mutter mit 22 Jahren heiratete, hatte sie wahrscheinlich Vorstellungen von der Ehe, die in keiner Weise zu dem Leben passten, das vor ihr lag. Auf einen rauen Alltag war sie nur schlecht vorbereitet.

Kennzeichnend für die Ehe-Illusion der jungen Mädchen vor der Jahrhundertwende ist die Polterabendaufführung, die ihre Freundinnen veranstalteten. Sie stellten lebende Bilder dar zu A. v. Chamissos Zyklus „Frauenliebe und -Leben". „Seit ich ihn gesehen, glaube ich blind zu sein ..." usw.

Ähnliche Erwartungen mussten natürlich enttäuscht werden. Das Verhängnis für Mutti lag darin, dass es ihr wohl nie ganz gelang, sich mit den so anderen Tatsachen abzufinden. Vater war jedenfalls um keinen Preis bereit, die Rolle zu spielen, die man von ihm erwartete.

Mutti selbst sagte in späteren Jahren, ihr Ideal sei „der Efeu gewesen, der sich um die Eiche rankt..." – „... und der sie erstickt" ergänzte Vater. Nun, die Eiche ist nie erstickt worden, wenn sie auch in den letzten Jahren sehr einsam dastand. Aber der Efeu ist wohl vor der Zeit verkümmert.

Trotzdem glaube ich, dass die Ehe der Eltern in diesen ersten fünfzehn Jahren glücklich war, wenn Mutti wahrscheinlich auch die Weichheit und liebevolle Zärtlichkeit sehr vermisst hat, an die sie von ihrem Elternhaus her gewöhnt war.

Ob wir Kinder Mutti viel Liebe zeigten, weiß ich nicht mehr. Wir drei Großen, für die der Vater das Vorbild war, scheuten uns, Gefühle zu zeigen. Das Schmusen war bei uns nicht üblich, Küsserei auch nicht. Nur einen Gutenachtkuss bekamen wir von Mutti abends. Aber der war mir manchmal sehr fatal, wenn die Eltern zum Abendbrot Hering oder Zwiebeln gegessen hatten.

Ich fürchte, die arme Mutti hat kein liebevolles Verwöhntwerden von Seiten ihrer drei ältesten Kinder erfahren. Umso glücklicher wird sie gewesen sein, ihr viel später geborenes Nesthäkchen ganz in ihrem Sinne erziehen zu können. Alle Liebe wandte sie Elfriede zu, die ihr in manchem Wesenszug glich und Mutti die kindliche Anhänglichkeit entgegenbrachte, die sie an uns Großen vermissen musste. Uns schien es selbstverständlich, dass Elfriede oft verzogen wurde. Wir alle verwöhnten sie ja so sehr wir konnten. Ich empfand es überdies schon damals unbewusst dankbar, dass Mutti durch Elfriede einen Ausgleich fand für mein ihr gegenüber oft recht ruppiges Wesen.

Zu meinem Vater fühlte ich mich von jeher sehr viel stärker hingezogen als zu meiner Mutter. Mit ihr stand ich häufig auf gespanntem Fuß. Von klein auf gab es Reibereien und Trotzreaktionen meinerseits. Obwohl ich Mutti doch auch sehr gern hatte, stand ich ihr gegenüber meist in Abwehrstellung, ohne eigentlich sagen zu können, was mich zu ständigem Widerspruch reizte.

Trotz ihrer großen charakterlichen Verschiedenheiten verband die Eltern in den ersten Ehejahren nicht nur die Beschäftigung mit uns Kindern sehr stark, sondern es verband sie auch der Sinn für die Natur, das Interesse für Pflanzen, Pilze und Vögel, die Lust am Wandern und nicht zuletzt die Freude am Reisen.

In einer Zeit, in der „man" nach der Schweiz reiste, nach Italien oder an die Riviera, fuhren sie nach Süddeutschland, ins Frankenland, in den Böhmerwald, ins Elsass und die Vogesen, an den Bodensee oder in die bayerischen oder österreichischen Alpen. Dann schickten sie ihre Koffer voraus und wanderten mit dem Rucksack von Ort zu Ort. Sie entdeckten die damals noch unbekannten und von Urlaubermassen verschonten alten Städtchen, besuchten Kirchen und Schlösser, zeichneten und malten fleißig und kamen begeistert und erholt heim.

Mit ihrer Rollbildkamera, die sie immer mit sich herumschleppte, machte Mutti auf ihren Reisen ausgezeichnete Aufnahmen. Vater fotografierte nicht, aber er hatte Freude an Muttis schönen Bildern und Reiseerinnerungen.

Ursprünglich war Mutti in ihrer schöngeistigen Bildung dem Vater überlegen. Er eignete sich jedoch binnen kurzem mühelos an, was sie in langen Jahren gelernt hatte. Im Zeichnen und Aquarellieren übertraf er sie bald. Mit seiner musikalischen Begabung konnte es Mutti ohnehin nicht aufnehmen.

Später brachte Vater Mutti hin und wieder ein Buch, das sie lesen sollte. Im Übrigen gab er sich vermutlich nicht viel Mühe um sie. So kam ihre Weiterbildung durch die Kleinkinderwirtschaft und häuslichen Aufgaben fast zum Erliegen. Dadurch blieb Mutti – in gewissem Sinne auch im Wesen – zeitlebens auf der Stufe stehen, auf der sie stand, als sie heiratete: in dem Stadium eines pflichteifrigen, fleißigen und lernbegierigen Schulmädchens, das aber stets eines Lehrers oder Führers bedurfte.

Lebenslang blieb sie aufgeschlossen für alle Anregungen und aufs Rührendste bemüht, mit Vater und uns heranwachsenden Kindern Schritt zu halten. Sie war dankbar für jede Belehrung, aber es war ihr nicht gegeben, sich aus eigener Kraft zu unterrichten.

Am glücklichsten war Mutti wohl in den frühen Jahren, als wir noch klein waren. Da machte sie mit uns Fröbelarbeiten, konnte unendlich geduldig und geschickt mit uns basteln und spielen oder uns stundenlang vorlesen. Wo sie nur konnte, ging sie auf unsere Wünsche ein.

Mutti war ungeheuer fleißig, ständig tätig, pflichtbewusst und aufopfernd und im Grunde vollkommen selbstlos. Aber sie war doch zu unelastisch, um sich in entscheidenden Dingen, z. B. im Bezug auf Pünktlichkeit, Vaters Wünschen anzupassen. Manchmal sagte sie, sie sei zwischen ihrer hartschädeligen Familie zerrieben worden, wie zwischen Mühlsteinen. Daran war wohl etwas Wahres. Durch eigensinniges, fast kindisches Festhalten an unwichtigen, kleinen Angewohnheiten, über die sich die ganze Familie ärgerte, wollte sie dann wohl beweisen, dass ihr doch noch ein Rest eigener Wille geblieben war. Anders kann ich es mir nicht erklären.

Für ihre Kinder setzte Mutti sich bedingungslos ein. Sie erkämpfte mit einem gewissen Heroismus manches für uns bei Vater. Dabei scheute sie nicht die schweren Stunden für sich selbst, wenn sie irgendeine Erlaubnis für uns erwirken konnte. Mit dem Um-Geld-bitten-müssen, was in der Inflationszeit und danach eine so verhängnisvolle Rolle spielte, hatten wir damals glücklicherweise noch nichts zu tun.

Mit Trauer und Mitleid denke ich jetzt oft an meine Mutter und das freudlose Leben, das sie später so selbstverständlich führte, ohne je zu klagen oder aufzubegehren. Auf wie vieles musste sie verzichten und wie tapfer ging sie ihren Weg. Am Ende hatte sie ihr Eigenleben ganz aufgegeben und lebte nur noch für Vater und uns. Ich glaube nicht, dass sie glücklich war, aber sie war zu bescheiden, um überhaupt den Anspruch auf persönliches Glück erheben.

Zuletzt in der Schreckensnacht vom 13. zum 14. Februar 1945, als die Eltern während des zweiten Angriffs auf Dresden im Keller waren, hätte Mutti sich wahrscheinlich noch retten können, so wie sich unsere damalige Hausgehilfin und die Fremden, die in unserem Keller Zuflucht gesucht hatten, noch gerettet haben und herauskamen. Mutti hätte aber nie und nimmer und um keinen Preis den nach einem leichten Schlaganfall noch behinderten Vater im Stich gelassen. So erfüllte sie wörtlich ihren Einsegnungsspruch: „Sei getreu bis in den Tod!"

Charakter und Anlagen meiner Geschwister möchte ich hier nicht zerpflücken. Altersmäßig gehöre ich zwischen die beiden Brüder Gerhard und den zwei Jahre jüngeren Hans Helmut. Mal stand ich dem einen, mal dem andern näher, je nach der augenblicklichen Entwicklungsstufe und den jeweiligen Interessen. In diesen Jahren waren wir ja immer zusammen, wurden gleich behandelt und erzogen und erlebten das

Gleiche. Wir haben uns oft gezankt und im Grunde doch gut vertragen. Soweit es meine beiden Brüder betrifft, kann ich oft im Plural erzählen. Elfriede, als einziges noch nicht schulpflichtiges Kleinkind, nahm uns drei Großen gegenüber eine Sonderstellung ein. Ihre Erlebnisse und Erinnerungen an diese Jahre werden nicht immer mit den unseren übereinstimmen.

Geselligkeit

Der Freundeskreis der Eltern war damals schon recht groß und die gesellschaftlichen Verpflichtungen oft so umfangreich, dass die Eltern manchmal darüber stöhnten.

Vater war als Spezialist für Innere Krankheiten ein viel gesuchter und als Diagnostiker bekannter Arzt. Er hatte keine Krankenkassen-, sondern nur Privatpraxis. An einigen Vormittagen der Woche war er bei der Polizei tätig. In Anerkennung irgendwelcher besonderer organisatorischer Leistung dort wurde er bereits 1909, im Alter von 42 Jahren, zum Königlich Sächsischen Medizinalrat ernannt.

Vater musste sich nun – sehr zu seinem Missvergnügen – eine Hofuniform anfertigen lassen: einen kostbaren, dunkelgrünen Frack in einer Art Rokokostil mit breiten Goldstickereien vorn herunter. Dazu wurde ein ebenfalls dunkelgrüner, goldbestickter Zweispitz getragen. In einem großen, mottensicheren Zinkkasten wurde diese Tracht aufbewahrt.

So angetan und von uns Kindern bewundert und beneidet, musste Vater bei gewissen Hoffestlichkeiten, ich glaube, auch beim Neujahrsempfang beim König im Schloss erscheinen, was er aber m.W. nur ein- oder zweimal getan hat. Später konnte er sich mit Krankheit entschuldigen.

Uns Kinder entzückte natürlich dieser späte Nachklang des goldstrotzenden Rokoko. Wir wurden an die Bilder aus unseren Märchenbüchern erinnert. Vater aber meinte, mit dem Zweispitz fühle er sich „wie einer von der Pietät", d. h. wie ein Leichenträger von Dresdens bekanntestem Beerdigungsinstitut.

Wir Kinder kannten natürlich kaum jemanden von dem weiteren Bekanntenkreis der Eltern, hörten höchstens einmal die Namen. Wir freuten uns, wenn wir Mutti im Abendkleid mit frisch gebrannten Stirnlöckchen bewundern durften. Anlässlich einer Hochzeit bekam Mutti damals ein Gesellschaftskleid, das mir traumhaft schön erschien. Es war aus altrosa Crêpe de Chine und am Ausschnitt von einer Kunstgewerblerin mit ganz kleinen, bunten Glasperlen bestickt. Um in diesem großen Staat zu dem etwa zehn Minuten entfernten Hotel zu gelangen, in dem das Fest stattfand, wurde nun nicht etwa erst die Droschke bestellt, sondern man ging selbstverständlich zu Fuß. Weil die Straße schmutzig war, steckte Mutti den langen Rock ihres neuen Kleides mit einer dicken Sicherheitsnadel hoch. In der Garderobe vergaß sie dann, die Nadel zu entfernen. Erst als man im Saal die aparte Raffung ihres Rockes bewunderte, merke sie den Fehler. Da aber damals gerade unsymmetrisch gewickelte und geraffte Röcke hochmodern waren, meinte sie, es sei gar nicht weiter aufgefallen.

Die näheren Freunde und Freundinnen der Eltern, mit denen sie regelmäßig zusammenkamen, kannten wir natürlich alle gut. Einige von ihnen waren unsere Paten.

An erster Stelle möchte ich hier Muttis Freundinnen nennen, die in einem „Kränzchen" vereint waren. „Kränzchen", das klingt nach Biedermeierzeit. Wahrscheinlich stammt die Sitte auch aus jenen Tagen. Sie scheint aber bis zum Ausgang des vorigen Jahrhunderts sehr beliebt gewesen zu sein. Wir Kinder empfanden die „Kränzchen" unserer Mutter jedenfalls schon damals als etwas sehr Altmodisches und ein klein wenig Lächerliches. Wir spotteten gern über diese Vereinigung, die mich heute eher etwas rührend anmutet.

Muttis Kränzchen bestand unverändert schon seit ihren ersten Schultagen. Da hatte sich ein kleiner Kreis von fünf bis sechs gleichgesinnten Klassenkameradinnen zu einem Freundschaftsbund zusammengeschlossen, der das ganze Leben lang hielt. Noch an jenem unseligen Fastnachtsdienstag, als Dresden in Flammen aufging, hatten sich die Kränzchenfreundinnen getroffen. Mit einer Ausnahme starben alle in dieser Nacht.

Reihum bei einer der Freundinnen traf man sich gewissenhaft alle vierzehn Tage. Es gab Kaffee, wahrscheinlich sogar ziemlich viel, dazu bescheidenen, beim Bäcker gekauften Kuchen, keine Schlagsahne oder gar Likör und Zigaretten! In der Zeit des Zusammenseins, so von vier bis sieben Uhr etwa, wurden fleißig Handarbeiten gemacht, gestrickt oder Kinderstrümpfe gestopft. Dabei wurden alle Sorgen und Kümmernisse der vergangenen zwei Wochen abgeladen, besprochen und beraten. Gestärkt, neu ausgerichtet und kaffeebelebt war Mutti dann zum Abendbrot wieder daheim. Es war eigentlich ein in seiner Bescheidenheit und Anspruchslosigkeit rührendes Vergnügen.

Mutti hing sehr an ihrem Kränzchen. Es hat ihr sehr viel bedeutet und wahrscheinlich hat es ihr auch sehr geholfen, mit ihrer später recht schwierigen Ehe und allen Mühsalen fertig zu werden, die ihre seelischen und nervlichen Kräfte bei weitem überstiegen. Diese Freundinnen, die sich seit Kindertagen kannten, waren so miteinander verwachsen, dass es wohl keine Sorge gab, die sie nicht zusammen durchsprachen. Wieweit Eheprobleme diskret behandelt wurden, weiß ich nicht. Über die Kinder und alle Erziehungsprobleme wurde jedenfalls eingehend gesprochen, Das wussten wir, und es machte uns vorsichtig.

Wenn Mutti sich manchmal beklagte, wir hätten kein Vertrauen und sprächen nicht mit ihr über unsere Sorgen und Nöte, so hatte das sicher darin seine Ursache, dass wir nicht wussten – oder sogar sicher annahmen – alles, was wir Mutti anvertrauten, würde im nächsten Kränzchen sorgenvoll erörtert werden. Vielleicht war es gar nicht so, aber es hätte ja sein können…. und dagegen ist man als Kind empfindlich. Jede einzelne der Tanten hatten wir sehr gern. Sie waren auch wirklich nett. Aber der Gesamtheit misstrauten wir.

Vater besaß keinen festen „Stammtisch", der Muttis Kränzchen entsprochen hätte. Etwa einmal in der Woche rief er, wenn er abends die Wohnung verließ, Mutti oder dem Mädchen zu „Ich bin im Tucher". Dort traf sich wohl am Freitag oder Sonnabend ein größerer, aber lockerer Kreis von etwa gleichaltrigen und gleichgesinnten Dresdner Ärzten, Juristen usw., über den ich aber nichts Näheres weiß.

Regelmäßig einmal im Monat kamen die Eltern am Abend mit sechs oder acht Ehepaaren zusammen zum „Schiffnerabend". Dieses Freundestreffen, nach seinem Begründer benannt, stammte noch aus Vaters Assistentenzeit am Friedrichstädter Krankenhaus in Dresden. Später waren die Ehefrauen in diesen Kreis aufgenommen worden, und man traf sich reihum bei einem der Ehepaare. Es gab ein von der Hausfrau selbst zubereitetes einfaches, besonders gutes oder apartes warmes Abendessen am mit Meissner Porzellan, Silber und festlichem Blumenschmuck gedeckten Tisch. Papa setzte seinen Freunden dann gern Dinge vor, die sie nicht kannten, z. B. Wildschwein oder auch mal Pfahlmuscheln oder bayerische oder Tiroler Gerichte, deren Rezepte die Eltern von ihren Urlaubsreisen mitgebracht hatten.

Zweimal im Jahr etwa war der Schiffnerabend bei uns. Dann durften wir die Gäste – die z.T. auch unsere Paten waren – noch begrüßen, bekamen hin und wieder auch einmal ein kleines Mitbringsel. Man brachte damals bei Gesellschaften auch der Hausfrau nur selten Blumen oder Bonbonnièren. Das fing eigentlich erst an, als es keine Haushilfen mehr gab und die Hausfrau für ihre Mühe belohnt werden sollte. Früher zeigte man sich durch ein Trinkgeld für die Mädchen des Hauses erkenntlich.

Bei den Schiffnerabenden wurde die Köchin geschult, und die Mädchen bedienten wie bei großen Festessen in schwarzen Kleidern, weißen Schürzen und Häubchen. Sie lernten dabei, vorschriftsmäßig zu servieren. Mutti verdankte diesem Kreis tüchtiger Hausfrauen viele hauswirtschaftliche Anregungen und gute Kochrezepte.

Als Generalproben waren diese Abendessen sehr wichtig, denn in jedem Winter wurden etwa zwei bis drei große Diners – d.h. eigentlich Soupers, Abendessen – notwendig. Man hatte gesellschaftliche Verpflichtungen, war da und dort eingeladen worden und musste sich revanchieren, oder man wollte neue Bekanntschaften und Freundschaften pflegen.

Diese Diners hatten einen sehr offiziellen Charakter. Außer den eigenen beiden Mädchen wurden ein Lohndiener engagiert und vor allem eine Kochfrau oder ein Koch. Etwa 20 bis 24 Gäste hatten in unserem Esszimmer Platz, wenn die große Tafel den ganzen Raum füllte. Vergeblich jagte Mutti mich immer wieder hinaus, wenn der Tisch gedeckt wurde. Unter irgendeinem Vorwand kam ich bald wieder zur anderen Türe herein. Ich fand es so wunderschön, den festlichen Tisch anzusehen.

Eine solche Tafel, die ganz in weiß und orange gehalten war, entzückte mich besonders. Große Schalen mit einer ganz neuen Tulpenzüchtung in hellem Orangegelb standen in der Mitte der Tafel. Vor jedem Platz lag winzig kleines Gebäck mit einem orangegelben Bändchen zusammengebunden, und ein kleines weiß-orangenes Körbchen mit Salzmandeln stand daneben. Wie schön sah das Gelb zu dem Blauweiß des Zwiebelmusters aus. Ich konnte mich nicht satt sehen. Mutti hatte alles mit feinem künstlerischen Empfinden und viel Geschmack zusammengestellt.

Viel Mühe gab sich Mutti auch immer mit den Tisch- und Menükarten. Einmal, als vorwiegend unsere Paten eingeladen waren, machte sie Silhouetten-Aufnahmen von uns Kindern für die Tischkarten. Als Menü reichte man damals eine Suppe oder Vorspeise, dann ein Fischgericht, danach Braten, Süßspeise und zuletzt eine Käseplatte. Wie beneideten wir die Gäste. Ich konnte mir nicht vorstellen, dass diese Abendessen oft wahrscheinlich eine ziemlich steife Angelegenheit waren.

Außer dem Verkehr mit den Kollegen pflegte Vater sehr den Zusammenhalt mit seinen Corpsbrüdern, den Marburger Teutonen und anderen Angehörigen des Kösener SC. Besonders wohl fühlte er sich aber in der zwanglosen Gesellschaft junger Künstler von der Dresdener Akademie. Woher er sie kannte, weiß ich nicht, vielleicht waren Patienten darunter.

Ein Meisterschüler von Eugen Bracht, Otto Arndts, war damals einer unserer häufigsten Gäste. Er war ein sehr einfallsreicher und lustiger junger Mann, der oft mit Freunden zum Tee kam, wenn Vaters Sprechstunde zu Ende ging. In jenen paradiesischen Zeiten war das oft schon gegen fünf Uhr der Fall. Zum Tee gab es meistens Braunschweiger Honigkuchen, der gleich in Zehnpfund-Paketen direkt aus Braunschweig bezogen wurde. Of wurde dann auch Gitarre gespielt, und wir Kinder durften zuhören, wenn Onkel Arndts schauerlich-schön den „Tod von Bi-Ba-Basel" sang.

Mit diesem Freundeskreis, in den meine gutbürgerliche und etwas prüde Mutter nicht so ganz hineinpasste, gingen die Eltern seit einigen Jahren zu den „Gauklerfesten". Diese großen, von den Schülern der Kunstakademie veranstalteten Faschingsfeste fanden in sämtlichen Räumen der Ausstellung am Großen Garten statt. Die Eltern waren als Pierrot und Pierrette gekleidet, in weißen, seidenen Kostümen mit roten oder auch einmal hell-lila Bommeln. Wir fanden sie wunderschön!

Vater erzählte später, am Anfang des Festes habe er Mutti ein Fünfmarkstück in die Hand gedrückt und sie sich dann selbst überlassen. Wenn er sie dann in den Morgenstunden – weit nach Mitternacht – gesucht habe, um heimzugehen, habe sie die fünf Mark immer noch treu und ängstlich fest in der Hand gehalten. Das wird zwar nicht ganz stimmen, aber offen gestanden kann ich mir meine Mutter auch nicht recht in dem Faschingstrubel vorstellen. Ganz schrecklich peinlich war es ihr, als sie einmal bei der Heimkehr vom Gauklerfest ihre zur Schule stürmenden Kinder auf der Treppe traf.

Vater liebte die ausgelassene Lustigkeit des Faschings, den er von seiner Münchener Studentenzeit her kannte. Er brachte uns Luftschlangen mit, nachmittags durften wir uns verkleiden und herumtoben, während er dazu Gitarre spielte.

Am Fastnachtsdienstag gab es auch regelmäßig nach alter sächsischer Sitte statt Mittagessen Kaffee mit „Plinsen", wahrscheinlich einem uralten Gebäck (slawisch „Blini"). Es sind ganz dünne, in der Pfanne gebackene Fladen aus Buchweizenmehl mit Hefe. Sie werden mit zerlassener Butter bestrichen, mit Rosinen, Zucker und Zimt bestreut, aufgerollt und warm aus der Hand gegessen. Nur am Fastnachtsdienstag buk man sie.

Im Jahre 1910 (oder war es 1912?) gaben die Eltern ein ganz großes Fastnachtsfest. Damals war das noch etwas sehr Ungewöhnliches. Unsere Wohnung wurde ganz umgestaltet, wobei die künstlerische Leitung beim „Onkel" Arndts lag. Wir Kinder mussten schon tagelang vorher Seidenpapierstreifen zu langen Bändern zusammenkleben. Diese wurden dann von einem Drahtring in der Mitte der Zimmerdecke ausgehend, strahlenförmig zu Schnuren an den Wänden geleitet. So entstand eine Art Zelt. Ein Zimmer hatte einen rot-weißen Baldachin, ein anderes einen gelben.

Unser Kinderzimmer wurde zu einer bayrischen Gaststube umgewandelt. Girlanden aus Fichtenzweigen, mit blauweißen Schleifen geschmückt, durchzogen den Raum. Im Residenztheater auf der Waisenhausstraße wurden gescheuerte Holztische und -bänke geborgt, und in Regensburg wurde eine große Kiste „echte Regensburger" Würstchen bestellt. Vater trug als Wirt einen Hessischen Fuhrmannskittel mit handgestrickter, blauweißer Zipfelmütze, die er sich einst als Student aus Marburg mitgebracht hatte. Mutti erschien in ihrem echten Salzburger Kostüm. Die Wogen der Fröhlichkeit gingen hoch. Wir Kinder durften bei diesem Fest mit dabei sein. Es war ein unvergessliches Erlebnis.

Für gewöhnlich wurden wir zu gesellschaftlichen Veranstaltungen noch nicht zugelassen und standen außerhalb dieser Welt der Erwachsenen. Kam Besuch, so wurden wir schnell gekämmt, in frische Schürzen gesteckt und „nach vorn" geschickt, d.h. in das Esszimmer oder den Salon, in dem die Erwachsenen sich befanden. Wir machten dann unseren Knicks oder Diener, hörten uns an, dass wir wieder gewachsen seien, ließen die üblichen Fragen nach Namen und Alter über uns ergehen und wurden dann bald – und wenn wir Glück hatten mit einer Tafel Schokolade – wieder entlassen.

Kinderzimmer, Spiele, Sport

Den Menschenkreis, in dem die Eltern lebten und verkehrten, kannten wir Kinder eigentlich nur aus respektvoller Entfernung. Ich habe versucht, ihn aus meiner Sicht etwas zu schildern, möchte aber nun aus der Welt der Erwachsenen wieder in die Kinderstube zurückkehren.

Unser Reich war auch räumlich von dem der Erwachsenen getrennt. Wenn uns auch, außer zu den Praxisräumen und Vaters Zimmern, der Zutritt zu allen Stuben offen stand, so waren wir im Wesentlichen doch ganz auf unser Spielzimmer angewiesen. Dort wurden wir mehr oder weniger gut durch die Mädchen oder unser Fräulein beaufsichtigt. Diese erschienen aber nur bei uns, wenn wir zu laut lärmten oder uns zankten, sonst arbeiteten sie meist in der Küche, in der wir nicht gern gesehen wurden. Wir blieben auch lieber in unsrem Spielzimmer, das mit allem ausgestattet war, was uns beschäftigen und erfreuen konnte.

Ein jeder von uns hatte seinen eigenen Platz und seine eigenen Schrankfächer. An den beiden Fenstern standen Helmuts und mein Schreibpult. Für mich hatte Mutti in der einen Ecke des großen Zimmers einen reizenden Puppenwinkel eingerichtet. Um den inzwischen aus der Mode gekommenen „Tritt", auf dem einst Muttis Nähtisch stand, lief nun das mit einer Tür versehene Gitter unseres ehemaligen Laufställchens. Hier hatten die Jungs keinen Zutritt. Hier stand mein Puppenwagen und ein Puppenbett aus Muttis Kinderzeit. Hier fanden die weiße Kommode und die Puppenbadewanne ihren Platz. Puppentischchen und Stühle und ein Wandschrank für das mit Röschen bemalte Porzellangeschirr meiner Puppenkinder ergänzten die in Weiß und Hellblau gehaltene Einrichtung. Die Puppenkommode (noch aus Mutters Jugendzeit) war wohlgefüllt mit von Mutti selbst genähten Puppenkleidern, die nach Möglichkeit meinen eigenen Kleidern entsprachen.

Helmut, Elfriede, Gertraude, Gerhard Gmeiner, 1913

Vor dem großen Kachelofen, den es natürlich auch in diesem Zimmer gab, stand ein fast ponygroßes, mit echtem Fell überzogenes Schaukelpferd, das aus irgendeiner urgroßväterlichen Kinderstube kam. Wahrscheinlich hatten es schon mehrere Vorfahrengenerationen benützt. Wir konnten mit seinen sanften Bewegungen nicht viel anfangen und vergnügten uns lieber auf der im Türrahmen hängenden Schaukel.

Unsere hübsche, hellgrün gestrichene und mit roten Lilien verzierte Zimmereinrichtung wurde noch durch einen ebenfalls ererbten, langen, schmalen Tisch vervollständigt, dessen Platte aus einer einzigen, etwa 4 cm dicken Eichenbohle bestand. Hier konnten wir ungehemmt basteln, malen, laubsägen, leimen, hämmern und Ton kneten. Nicht unerwähnt bleiben darf ein riesengroßer Schrank im Nebenzimmer, der mit Gesellschaftsspielen aller Art, Dame und Mühle, Halma, Wettrennen, Glocke und Hammer und was es alles gab, und mit Stößen von Kinderbüchern voll gestopft war. Ein Teil der Spiele und Bücher stammte auch noch aus der Kinderzeit der Eltern und Großeltern und musste auch von uns aufs Pfleglichste behandelt werden.

Meine Puppenecke liebte ich sehr, mochte es aber nicht, wenn ich dahin verbannt wurde. Das geschah stets, wenn die Brüder den freien Fußboden des ganzen Zimmers mit den Schienen ihrer Eisenbahn bedeckten. Nur schwer konnte man dann das Gleisgewirr überschreiten, ohne irgendwo anzustoßen oder gar auf eine Schiene zu treten. Das trug mir jedes Mal Schläge ein. Am Eisenbahnspiel selbst durfte ich mich als Mädchen nicht beteiligen. Das war Jungensache, genauso wie das Bleisoldatenspiel, das auch oft den ganzen Fußboden einnahm. Beim Bauen mit unseren großen Baukästen durfte ich mitwirken. Eine Zeitlang stellten wir mit Vorliebe große, labyrinthartige Bauten mit Tunneln und Durchgängen auf, durch die dann die weißen Mäuse, die Helmut züchtete, laufen durften. Leider wurde hin und wieder eine durch umfallende Bauklötze erschlagen, so dass wir später auf diese Belebung unserer Anlagen verzichteten.

In diesen Jahren, etwa bis 1910 – Helmut war damals acht Jahre, ich zehn und Gerhard zwölf Jahre alt – spielte die dreijährige Elfriede nur selten bei uns im Kinderzimmer. Einst hatte ihr Babykörbchen und später ihr Laufställchen bei Mutti oder im Esszimmer gestanden. Wenn wir aus der Schule kamen, waren unsere ersten Schritte, zu Dickchen zu eilen. Wir freuten uns über jeden Fortschritt, den Elfriede, von den Eltern auch „Muckepicke" genannt, machte. Zur Teestunde war Elfriede stets bei den Eltern im Esszimmer, die viel Freude an ihr hatten.

Wenn Elfriede uns Geschwistern ausnahmsweise einmal zur Betreuung überlassen wurde, verwöhnten wir sie nach Kräften. Einmal bin ich ganz furchtbar erschrocken. Ich musste Elfriede irgendein Spielzeug verweigern. Daraufhin bekam sie einen Wutanfall, so dass ihr die Luft wegblieb, sie ganz blau wurde und umfiel. Ich dachte, sie wäre tot, denn ich ahnte nicht, dass es diese Reaktionen manchmal bei kleinen Kindern gibt.

Als Elfriede etwa vier Jahre alt wurde, hielt sie ihren Einzug ins Kinderzimmer und auch in meine Puppenecke. Zu dieser Zeit vernachlässigte ich meine Puppenkinder aber bereits, denn mich hatte eine ungeheure Lesewut ergriffen. Diese Leidenschaft beherrschte mich weit über die Schulzeit hinaus. Über einem Buch konnte ich alles vergessen, einmal sogar eine Kindergesellschaft, auf die ich mich schon lange vorher sehr gefreut hatte.

Zunächst las ich lange Zeit am liebsten Märchenbücher, Volksmärchen und Kunstmärchen, alle, die ich erwischen konnte. Danach folgte alles, was sich zu Haus oder bei meinen Freundinnen an Sagen fand, Helmuts dicker Band Deutsche Heldensagen (Schalk), Rübezahl, Reinecke Fuchs, Till Eulenspiegel, Münchhausen, Gulliver und Robinson, Nils Holgerson und Tom Sawyer. Das waren alles „Lieblingsbücher", die mit Schuld daran waren, dass die Schularbeiten oft zu kurz kamen. Dieser Lesehunger verband mich vor allem mit meiner Freundin Karin, die genau so eine Leseratte war und selbst schon sehr viele, gute Bücher besaß.

Wir „Großen" begannen nun, aus den Spieljahren herauszuwachsen und uns viel mit Malen, Zeichnen, Basteln und Nähen zu beschäftigen.

Langweilig war es nur jeden zweiten Sonntagnachmittag, wenn die Eltern nicht zu Haus waren. Großmutter Beschorner hatte eingeführt, ihre Kinder und Schwiegerkinder alle vierzehn Tage sonntags zu sich zum Essen zu bitten. Großmutter war einst wegen ihrer guten Küche berühmt gewesen, und es machte ihr Freude, ihren Kindern noch einmal alle ihre Glanzstücke vorzusetzen. Wir blieben unter der Obhut eines unserer Mädchen zu Hause. Das zog sich aber meist in die Küche zurück, um Briefe zu schreiben oder Handarbeiten zu machen. Wir fühlten uns verlassen und ersannen Dummheiten.

Als wir jünger waren, machte es uns großen Spaß, unseren grauen Stoffelefanten oder einen von Elfriedes Teddybären an einer langen Schnur vom Balkon herunterzulassen und das Untier harmlosen Sonntagsspaziergängern vor der Nase herum baumeln zu lassen. Wenn Gefahr drohte, wurde es schnell hochgezogen. Oder wir banden Zuckerstückchen an unsere Schnur in der einfältigen Hoffnung, dass die Hunde danach springen würden. Wir Großstadtkinder wussten nicht, dass dazu wohl ein Würstchen geeigneter gewesen wäre.

Schließlich erfanden wir ein herrliches Spiel für die Sonntagnachmittage in der großen, leeren Wohnung. Wir nannten es „Dunkelhasch".

Einschließlich der – eigentlich verbotenen – Räume von Vater lagen sieben Zimmer unserer Wohnung in einer Flucht, durch Flügeltüren verbunden. Dahinter lief ein langer Gang, auf den aus jedem der Zimmer eine Tür führte. Es war ein geschlossener Kreis mit vielen Querverbindungen. Sobald es dunkel wurde, öffneten wir sämtliche Türen, zogen die Schuhe aus und spielten auf Strümpfen im Dunklen Suchen und Fangen. Es gab unendliche Möglichkeiten, sich hinter Türen und Möbeln zu verstecken, leise die Plätze zu wechseln oder auch sich anzupirschen und atemlos stillzustehen, wenn der Sucher dicht an einem vorbei schlich. Es war ein herrliches, sehr aufregendes Spiel, bei dem wir geradezu einen sechsten Sinn entwickelten, ähnlich dem Radarsinn der Fledermäuse. Leider hatten wir einmal Pech und prallten gegen Vaters Röntgenapparat. Eine der kostbaren Röhren ging entzwei, und fortan wurden die Praxisräume für unser Spiel verboten. Nun war der Kreis unterbrochen und „Dunkelhasch" hatte keinen Reiz mehr.

Nicht ungefährlich war ein anderer Zeitvertreib an einem solchen Sonntagnachmittag. Ein oder zwei Jahre vor dem Krieg wurde die Fassade unseres großen Eckhauses neu verputzt. Ein großes, hölzernes Baugerüst umschloss das ganze Haus. Einer der ein oder zwei Planken breiten Laufstege führte etwa anderthalb Meter unter unseren beiden Balkonen – dem nach der Sidonienstraße und dem nach der Lüttichaustraße – hindurch. Geheimnisvoll holte mich Gerhard und weihte mich in seinen Plan ein. Er wollte auf dem Gerüst – im zweiten Stockwerk!! – von dem einen Balkon um die Hausecke herum bis zu dem anderen laufen. Ich sollte ihm eventuell helfen, wenn er wieder heraufkletterte. Er überstieg also das eiserne Balkongeländer und ließ sich auf das Gerüst hinab. Inzwischen lief ich innen durch die ganze Wohnung, um ihn auf dem anderen Balkon zu empfangen. Mit kräftigem Klimmzug konnte er aber ohne Hilfe wieder heraufklettern. Mich reizte es ungeheuer, dieses gefährliche Wagstück nachzumachen. Herunter wäre ich wohl gekommen, auf den schmalen Brettern schwindelfrei ums Haus zu laufen konnte ich sicher – aber, wie sollte ich wieder hochklettern? Um meine Klimmzüge war es nur schwach bestellt. So unterließ ich schweren Herzens dieses Abenteuer, von dem die Eltern sicher niemals etwas erfahren haben. Manchmal ist es doch ganz gut, dass die Eltern nichts vom Treiben ihrer Sprösslinge wissen!

Vielleicht noch gefährlicher war eine Sache, um die die Eltern wussten. In der Zeit, in der die Brüder sehr viel und sehr geschickt mit ihren Matadorbaukästen allerlei Maschinen konstruierten, hatte Gerhard in Verbindung von Laubsägearbeit und Matadorrädern und Rollen einen sehr hübschen Schwebebahnwagen gebaut. Nun spannte er zwei Bindfäden von den beiden äußersten, gegenüber liegenden Hof-Fenstern unserer großen Wohnung diagonal über den steingepflasterten Hof. Es war eine Strecke von schätzungsweise zehn bis fünfzehn Metern. Der Anfang einer jeden Schnur wurde oben am Fensterkreuz des einen unserer hohen Fenster, das Ende unten am Fensterbrett des gegenüberliegenden Fensters angebracht. An der einen Seite postierte sich Gerhard, auf dem jenseitigen Fensterbrett stand ich. Wir setzten die Schwebebahnwagen auf die obere Schnur und ließen sie über den Hof rollen, bei Dunkelheit sogar von innen mit Kerzenstummeln beleuchtet. Dann nahmen wir die anrollenden Wagen unten am Fensterbrett in Empfang. Hier lag nun die Schwierigkeit, Manche Wagen blieben kurz vor dem Ziel stehen. Um sie hereinzuholen, standen wir auf dem Fensterbrett und hielten uns mit der einen Hand am Fensterkreuz fest – auf dessen Haltbarkeit wir blind vertrauten. Mit der anderen Hand versuchten wir, unsere stecken gebliebene Schwebebahn zu erwischen.

Ich wundere mich, dass die Eltern nicht die Gefährlichkeit dieses Spiels erkannten. Wahrscheinlich war es uns selbst schließlich nicht ganz geheuer, vielleicht verlor es auch an Reiz. Jedenfalls zogen wir nach einiger Zeit unsere Schnuren wieder ein und unsere Schutzengel konnten mal wieder etwas verschnaufen.

Wenn die Eltern verreist waren, hatten wir oft die großartigsten Einfälle, insbesondere, wenn das rührend gutmütige Fräulein Thieme uns in dieser Zeit hütete.

Einmal nahm Gerhard uns beiseite und entwickelte eine Idee, auf die wir begeistert eingingen. Wir hielten uns strikt an Gerhards Weisungen und kamen am nächsten Tage – natürlich ganz unabhängig voneinander – aus der Schule und berichteten dem arglosen „Äulein", man hätte uns gesagt, in Dresden seien Typhusfälle und es sei besser, nur Selterswasser zu trinken. Ängstlich wurde sofort eine Kiste Mineralwasser aus dem Keller geholt und wir schwelgten bis zur Heimkehr der Eltern in dem von uns so sehr geliebten „Krabbelwasser". Dann gab es allerdings ein gehöriges Donnerwetter. Da Ärzte aber „Dr. Struves künstliches Mineralwasser" zum Vorzugspreis von 10 Pfennigen je Flasche erhielten, dürfte der Schaden nicht allzu groß gewesen sein.

Das gute Fräulein Thieme, das in unseren Vorschuljahren schon als Kindergärtnerin bei uns gewesen war, wurde mit mir schlecht fertig. Ihre etwas süßliche Güte und Nachgiebigkeit war mir einfach zuwider und reizte mich nicht nur zum Widerspruch, sondern zum Widerstand in jeder Form. In einem der nächsten Jahre, als die Eltern wieder verreisten, wurde ich aus diesem Grunde zur Großmutter Beschorner ausgelagert, kam aber nachmittags manchmal nach Haus. Einmal kam ich gerade zurecht, um Gerhard beim Bau eines Gespenstes zu helfen, mit dem er das gute Äulein erschrecken wollte. Die so schön ausgedachte Überraschung klappte zwar nicht ganz, weil unser Gespenst nicht ätherisch war, sondern aus Besenstielen und Bett-Tüchern bestand und allerhand Gewicht hatte. Die Wäscheleine, die durch den acht Meter langen Flur gespannt war, hing stark durch. Auch war die Reibung zu groß, weil das Seil nicht auf Rollen lief. So kam unser Gespenst nicht recht von der Stelle, aber es wippte doch ganz großartig und Fräulein Thieme war verständnisvoll und geschickt genug, um ein furchtbares Erschrecken zu zeigen.

Dass Fräulein Thieme nicht mit mir zurecht kam, lag wohl daran, dass wir zu verschiedene Wesen waren, zum anderen Teil auch daran, dass die pädagogischen Lehren ihres Fröbelseminars schlecht für mich passten. Schon frühzeitig hatte ich meinen eigenen Willen und versuchte, ihn durchzusetzen. Das ist ja eigentlich kein Fehler. Sehr zeitig wurde es aber als Eigensinn und Trotz ausgelegt, wenn man nicht blind gehorchte. Trotz musste auf jeden Fall „gebrochen" werden. Das ist nach meiner Meinung eine der törichtsten Erziehungsmaßnahmen, die es gibt, aber sie ist wohl auch heute noch beliebt. Es lief schließlich nur darauf hinaus, zu sehen, wer der Stärkere blieb. Wohl hatten die Erzieher allerlei Strafmöglichkeiten, aber ich wußte, dass sie mich nie so hart behandeln konnten, dass ich deshalb nachgegeben hätte. Ich trieb es auch immer so lange, bis es krachte.

Mit Vorliebe schrieb ich in jener Zeit in die Poesiealben meiner Freundinnen den gefährlichen Spruch von Felix Dahn „Wenn sie zu Dir sprechen, Biegen oder Brechen, ruf „Brechen eh als Biegen, gib acht, so wirst Du siegen!". Nach diesem Rezept handelte ich jedenfalls damals. Ich fand, dass ich in diesen „Trotz" hineingetrieben wurde, wie Michael Kohlhaas, den ich damals mit größter Begeisterung las, in seine Untaten.

Von Fräulein Thieme fühlte ich mich falsch behandelt, wenn alles so auf die Spitze getrieben wurde, dass mir kein Rückweg blieb. Damals wollte ich aufschreiben, was die Erwachsenen alles verkehrt machten, wo es doch so einfach gewesen wäre, mich durch bescheidene, kleine Brücken aus meiner Verranntheit zu erlösen. Aber der Gedanke, dass vielleicht jemand mein Schriftstück finden könnte, war mir so peinlich, dass ich das Aufschreiben leider unterließ.

Einmal, ich war wohl so zwölf oder dreizehn Jahre alt, entdeckte ich auf Muttis Nachttisch ein Erziehungsbuch. Darin waren die Kinder und Jugendlichen schön nach Alter und Anlagen sortiert und ihr Verhalten in den verschiedenen Situationen und Entwicklungsstufen beschrieben. Für jeden Einzelfall wurden bestimmte Erziehungsmaßnahmen empfohlen.

Die Vorstellung, wie in einem Kochbuch katalogisiert zu sein und nach festen Rezepten behandelt zu werden, wie ein Gänsebraten, ärgerte mich maßlos. Schließlich hält man sich in dem Alter, in dem man beginnt, sich selbst zu entdecken, doch nicht für ein Dutzendprodukt

Heimlich las ich das Buch und prägte mir aufs Genaueste ein, was über meine Altersstufe gesagt wurde. Dann reagierte ich, wo es nur irgend ging, ganz anders, als es in dem dummen Buch beschrieben war. Das war allerdings manchmal recht mühsam. Dass die gute Mutti bald gänzlich durcheinander kam und nicht mehr wusste, wie sie ihre schwierige Tochter erziehen sollte, ist verständlich. Übrigens wandte ich diese Methode auch bei einigen Lehrern in der Schule an, was mir auch dort den Ruf, „schwierig" zu sein, eintrug.

Übrigens reagierten meine eigenen Kinder in ähnlicher Weise auf Mutti, ihre Großmutter. Wenn diese uns später besuchte, war sie reizend mit den Kindern, brachte ihnen besonders nett und verständnisvoll ausgesuchtes Spielzeug mit und beschäftigte sich liebevoll mit ihnen. Ich hätte es nicht anders und nicht besser machen können. Und trotzdem – bereits nach wenigen Tagen stand die kleine Gesellschaft irgendwie in Opposition zu ihr, genau so, wie ich es als Kind und auch später noch getan hatte. Woran es lag bei den Kindern und bei mir – ich habe es nie herausfinden können.

Leider wurde die Zeit zum Spielen für uns nun immer knapper. Es gab anderes zu tun. Außerdem mussten wir – wenn das Wetter es irgend erlaubte – nach wie vor täglich an die Luft.

Der Große Garten war nun nicht mehr das Hauptziel aller Spaziergänge. Nur wenn Elfriede dahin ausgefahren oder später spazieren geführt wurde, begleiteten wir sie oft. Am liebsten nahmen wir dann unser Diabolo mit, ein Spiel, das zu einer Krankheit geworden war, die auch die Erwachsenen ergriffen hatte. Man konnte im

Großen Garten Männer einherschreiten und Diabolo spielen sehen. Es war nichts Ungewöhnliches. Der Spieler hielt in beiden Händen Stöcke, zwischen denen eine etwa ein Meter lange Schnur lief. Auf dieser Schnur ließ man Kreisel tanzen, die aus zwei kegelförmigen, an den Spitzen verbundenen Hälften bestanden. An der dünnsten Stelle, in der Mitte, rollte der Kreisel auf der Schnur. Hatte man ihn so in Schwung gebracht, dass er sich mit großer Geschwindigkeit drehte, so konnte man ihn in die Luft schnellen und mit einigem Geschick wieder auffangen. Wir brachten es zu großer Fertigkeit in diesem Spiel.

Seit wir den Schrebergarten hatten, wurden wir Großen nun oft dorthin geschickt. Mutti begleitete uns, wenn sie die Zeit dazu hatte, denn es machte ihr große Freude, im Garten zu arbeiten. Wir Kinder waren im Gärtchen nicht so glücklich, wie die Eltern es wohl erwartet hatten. Es gab zu wenig Platz für unsere Spiele und allerlei Pflichten und Arbeiten, die uns nicht sonderlich zusagten.

Die Tauben, die wir einst übernommen hatten und die Kaninchen, die die Eltern uns nun schenkten, mussten täglich gefüttert werden und Wasser bekommen. Da das bei dem weiten Anmarschweg kaum durchführbar war (Sonntage, Ferien!), und wir auch gar nichts von Tauben- und Karnickelzucht verstanden, mussten die armen Tiere bald wieder abgeschafft werden.

Im Gärtchen hatten wir Kinder unsere eigenen Beete, auf denen wir nach Belieben säen und pflanzen konnten. Da aber jede Anleitung fehlte und wir auch nie Gelegenheit gehabt hatten, Gartenarbeit zu sehen oder gar irgendwo richtig mitzuhelfen, wo wurde nicht viel aus unseren Beeten. Als wir sie nach fünf Wochen Sommerferien verunkrautet und vertrocknet wieder fanden, verloren wir die Lust ganz.

Den Erdbeerbeeten und Himbeersträuchern gehörte zur Zeit der Reife unser Hauptinteresse, denn noch nie hatten wir Obst direkt vom Strauch gegessen. Mutti, die sich so darauf freute, einmal selbstgezogene Beeren einzukochen, sah es allerdings nicht gern, wenn wir alles abgrasten. Die Kirschen, auf die wir uns besonders gefreut hatten, wurden leider reif, als wir in den Sommerferien waren. So bedauerten wir Kinder es nicht allzu sehr, als wir nach einigen Jahren das Gärtchen verloren, weil das Gelände bebaut werden sollte (Radetzkystraße). Nur für Mutti war es wohl sehr schmerzlich.

Nun bekamen wir Dauerkarten für den Zoologischen Garten. Soweit es unsere doch schon recht knappe Freizeit erlaubte, benützten wir sie gerne. In den Zoo durfte ich Elfriede allein ausfahren, was ich gern und stolz tat. Wir haben manchen Nachmittag im Zoologischen Garten verbracht. Hin und wieder gab es auch sehr interessante Vorführungen von „Wilden", d. h. von verschiedenen Negerstämmen und einmal Samoanern aus der deutschen Kolonie Samoa. Die gruben ein tiefes Loch, machten darin ein Feuer, schütteten Laub darauf und legten ein ganzes Schwein hinein, was wiederum zugedeckt wurde. Nach der Vorstellung war es fertig und gar und wurde verteilt. Es schmeckte uns großartig!

Von den Tieren liebte ich am meisten die Seelöwen. Stundenlang konnten wir ihnen zusehen, wenn sie Kunststücke machten und geschickt im Teich herum schwammen. Auch den Affen statteten wir sehr gerne Besuche ab, wenigstens denen im Freigehege. In den Häusern stank es doch zu grässlich. Als richtige Großstadtkinder bekamen wir aber nie ein sehr inniges Verhältnis zu Tieren, wie es Landkinder oft haben. Mir blieben auch die Tiere, die wir zeitweise in unserer Wohnung hielten, fremd.

Von unserem Papagei und dem Kanarienvogel, den wir in der Vorschulzeit hatten, erzählte ich schon. Später besaßen wir einmal eine Katze, die, als sie am Fenster Fliegen fangen wollte, aus dem zweiten Stockwerk auf die Straße sprang und diese Leistung sogar heil überstand. Als die großen Ferien begannen, wurde die Mieze abgeschafft. Einmal schenkte eine Klassenkameradin mir zwei kleine, schwarze Schildkröten. Dass es Wasserschildkröten waren, wussten wir nicht und hielten sie trocken in einem Kasten, bis die armen Tiere starben. Mir war das schrecklich, und ich hatte lieber keine Tiere, als sie dann sterben zu sehen.

Eines Tages brachte Vater von Patienten, die wohl auch Grund hatten, die lieben Tierchen zu verschenken, ein Hamsterpärchen mit nach Haus. Sie wurden im Vogelbauer unseres einstigen Kanarienvogels untergebracht und mit Körnern gefüttert. Den Käfig mussten wir Kinder abwechselnd reinigen. Diese Arbeit war mir grässlich, weil sich in den Ritzen Maden und Würmer befanden, von denen ich dann träumte.

Wie lange wir diese Hamster hatten, kann ich nicht sagen. Eines Tages waren sie jedenfalls aus ihrem Käfig ausgebrochen und für Tage verschwunden. Durch knabbernde Geräusche machten sie sich eines Abends bemerkbar. Diese verräterischen Töne kamen ausgerechnet unter dem riesengroßen, schweren Spielzeugschrank hervor. Der Schrank hatte keine Füße, sondern schloss an den drei Vorderseiten mit dem Fußboden ab. Von hinten war der Hohlraum unter dem Schrankboden offen.

Als das Möbel mit großer Mühe von der Wand gerückt wurde, fand man ein ganzes Hamsterlager. Aus meinen Puppenkleidern hatten sich die Tierchen Nester gebaut und einen großen Vorrat von Erbsen gesammelt. Es war die Munition der Kanonen, mit denen die Bleisoldatenschlachten ausgetragen wurden. Die Ausreißer, unsere Hamster, wurden noch einmal eingefangen, brachen aber später wieder aus. Nach Tagen fand man sie am anderen Ende unserer großen Wohnung in Vaters Sprechzimmer wieder. Sie saßen hinter den Bücherregalen und hatten sich Höhlungen in den Sandstein der Hauswand gekratzt. Nun riss den Eltern die Geduld und die Hamster wurden dem Zoologischen Garten übergeben. Es war der letzte Versuch, Tiere in unserer Stadtwohnung zu halten, bis in Kriegszeiten Elfriede mit einer Angora-Kaninchenzucht begann.

Je älter wir wurden, desto weniger Zeit verbrachten wir am Nachmittag noch in der Wohnung. Mancherlei Pflichten, private Unterrichtsstunden und Vergnügen beanspruchten unsere Zeit. Die einstigen, täglichen Spaziergänge wurden nun vom Sport abgelöst, der eine ständig wachsende Rolle in unserem Leben zu spielen begann.

Ich erzählte schon, wie glücklich wir als Kleinkinder waren, wenn wie uns „austoben" durften – abends im Vorsaal der Wohnung oder Pfingsten in Rathen – und wie sehr wir unsere tägliche Turnstunde liebten. Die Freude an körperlicher Beweglichkeit und Geschicklichkeit brachte uns zeitig mit dem Sport in Berührung, der ja auch eigentlich erst im Anfang des 20. Jahrhunderts seine bedeutende Rolle zu spielen begann.

Ich fing mit vier Jahren an, Schlittschuh zu laufen. Mit acht Jahren bekam ich Rollschuhe, die ich sehr liebte und sehr viel benützte. Mit neun Jahren schwamm ich mich frei. Als Vierzehnjährige durfte ich anfangen, Tennis zu spielen, als Sechzehnjährige unter Gerhards Führung in der Sächsischen Schweiz klettern und als Siebzehnjährige – wenn auch selten – im Erzgebirge die ersten Skiversuche machen. Dann folgten Hockey und Leichtathletik.

Wenn ich versuche, mich an die glücklichsten Stunden meiner Jugend zu erinnern, so sind sie mit sportlichen Erlebnissen und Wettkämpfen verbunden – bis zu einem der ersten Januartage des Jahres 1929, an dem ich auf am Feldberg im Schwarzwald beim Skilaufen mein Knie so verletzte, dass ich mich nie wieder bedenkenlos auf meinen Körper verlassen konnte. Aber damals war meine Jugend ohnehin vorbei und andere Aufgaben warteten auf mich.

Als ich neun Jahre alt war, meldete Mutti mich eines Tages zum Schwimmunterricht im Bad Albertshof in der Werderstraße an. Das war ein ziemlich großes, altmodisches Hallenbad, das wohl einst mit dem Hotel Bristol verbunden war. Das Becken war 30 m lang und hatte sogar ein drei Meter hohes Sprungbrett. Zu den „Damen"-Stunden waren fast ausschließlich Schulmädels da und wir konnten uns ungestört austoben. Nach den üblichen Stunden an der Angel musste ich mich eine halbe Stunde im Tiefen frei schwimmen. Die Zeit schien mir endlos und ich war froh, als die Angelegenheit mit dem ersten Sprung vom Dreimeterbrett abgeschlossen wurde. Ich klatschte so scheußlich aufs Gesicht, dass ich Nasenbluten bekam. Aber nun wusste ich Bescheid und das passierte nie wieder. Meist verabredete ich mich mit Klassenkameradinnen, am häufigsten mit Lotti M., zum Schwimmen. Wir tobten dann ziemlich ausgelassen herum. Einmal, als wir wieder besonders viel gesprungen waren und sicher auch reichlich Wasser geschluckt hatten, entdeckte ich, dass das Bad von scheußlichen, roten Mückenlarven wimmelte. Ich ging nie wieder in den Albertshof.

Es gab noch ein zweites, erst kürzlich erbautes Hallenbad in Dresden, das Städtische Güntzbad an der Carolabrücke. Ein paar Mal war ich dort, aber der Weg, den wir zu Fuß zurücklegen mussten, war weiter und das Bad meist überfüllt. Hier waren auch junge Mädchen und ältere Frauen, die sich beklagten, wenn wir nicht genug Rücksicht nahmen. Vater sah es nicht sehr gern, wenn wir ins Güntzbad gingen und als schließlich irgendwelche Infektionen auf den Besuch dieses Bades zurückgeführt wurden, durften wir nicht mehr hin.

Nun konnten wir nur noch in den Pfingstferien in Rathen in der Elbe schwimmen. Wir nützten das auch weidlich aus und gingen täglich und bei jedem Wetter ins Wasser. Wir zogen uns gleich oben in unserer Wohnung bei Krämers aus, nahmen in Ermangelung von Bademänteln unsere grünen Lodencapes um und gingen durch die bunten Blumen des Feldrains hinunter zur Elbe. Mit etwa zwölf Jahren wagte ich es das erste Mal, über den Strom zu schwimmen. Ich war sehr glücklich und stolz auf diese Leistung. Man wurde von der Strömung doch einige hundert Meter abwärts getrieben. Wir liefen dann am jenseitigen Ufer wieder weit stromauf, oft bis zu dem kleinen Gasthof „Zum Einsiedler". Von dort schwammen wir wieder hinüber und zurück bis zu unserem Badeplatz bei Krämers. Wenn dann gerade noch eines der weißgrünen Dampfschiffe kam und mit seinen Schaufelrädern recht hohe Wellen machte, war das Vergnügen vollkommen. Waren die Ferien vorüber, so musste ich mein Badezeug – schwarzer Trikotanzug mit weißen Kanten, rote Gummibademütze – für viele Wochen wieder wegpacken.

Sobald wir wieder in Dresden waren, wurden die Rollschuhe hervorgeholt, die ich 1908 zu Weihnachten bekommen hatte. Die Straßen rund um unsere Wohnung waren alle asphaltiert und noch sehr still. Am liebsten liefen wir auf dem schönen, glatten Asphalt (dem später so berüchtigten Rutschasphalt) des Wiener Platzes, vorm Hauptbahnhof. Damals gab es da noch kleine Rasenflächen mit kugeligen Fliederbäumchen, neben denen lange Reihen von Pferdedroschken warteten, die gelbräderigen der ersten und die blauräderigen der zweiten Klasse. Die auf den Böcken schlafenden Kutscher wurden nur gelegentlich durch den schrillen Pfiff einer Lokomotive oder durch das Geschrei und Gerufe der Rollschuh laufenden Jugend aufgeschreckt.

Gerhard lief sehr gut, aber er lief selten mit uns. Meist ging ich allein oder mit Helmut zum Rollschuhlaufen. Wie bewunderte ich die Jungs, die die „Pistole" konnten, d. h. in voller Fahrt mit einem Bein in ganz tiefe Kniebeuge gingen, sodass sie auf der Ferse hockten, während das andere Bein gerade nach vorn gestreckt wurde. Ich kam aus der tiefen Kniebeuge mit nur einem Bein nicht wieder hoch, außerdem schleifte ja auch der Rock auf der Straße.

Als ich 1908 mit dem Rollschuhlaufen anfing, schenkte mir Großmama Beschorner einen roten Sweater oder Schwitzer, wie man damals wohl sagte, mit einem Rollkragen. Heute heißen diese Kleidungsstücke Pullover, aber sie sehen noch genauso aus. Ich trug meinen Sweater mit einem schottischen Röckchen zum Rollschuh- und Schlittschuhlaufen. Dieses Kleidungsstück und seine Farbe waren damals so ungewöhnlich, dass mir die Straßenkinder „Affe, Affe" nachzurufen pflegten.

Im Winter waren wir natürlich an jedem Eistag auf der Schlittschuhbahn. Es gab deren mehrere und man wähle die, wo man die meisten Freundinnen (später Freunde) zu treffen hoffte. Meistens waren wir auf den gegossenen Tennisplätzen an der Lukaskirche, bei Czarda. Wenn es so kalt wurde, dass der Carolasee zufror, gingen wir auf diesen. Dann liefen wir gleich nach dem Mittagessen zu Fuß dorthin. Zurück durften wir für den weiten Weg die Straßenbahn benützen.

Wenn wir so gegen drei Uhr am Carolasee waren, fuhr häufig auch die königliche Kutsche vor. Der König mit seiner Schwester Mathilde, an deren leicht geröteter Nase zu unserem Vergnügen ständig ein Tropfen hing, die drei Prinzessinnen und manchmal auch die Prinzen kamen. Alle waren eifrige Schlittschuhläufer. Sie mischten sich ganz zwanglos unter das Gewimmel auf dem Eise. Eine meiner Klassenkameradinnen legte es darauf an, möglichst vor den Füßen des Königs hinzufallen. Er hat sie aber nie aufgehoben, sondern immer einen eleganten Bogen um sie herum gemacht.

Als Schulkinder liefen wir nun schon recht sicher. Noch hatten wir aber nur wenig Sinn für Kunstlauf und schöne Bögen nach der Musik der schneidigen Militärkapellen. Wir spielten lieber Hasch und Wettlaufen oder übten plötzliches Bremsen oder Wenden oder sonstige Tricks. Ganz wichtig war für uns die Frage, ob es wohl in den Weihnachtsferien Schnee und Eis gäbe. Vorher konnte es noch so kalt gewesen sein, am Heiligen Abend taute es sicher – und erst zu Hohneujahr, am 6. Januar, wenn die Schule wieder anfing, kamen Kälte und Schnee wieder. Mutti erzählte dann immer, in ihrer Jugendzeit seien sie regelmäßig am ersten Feiertag auf dem Carolasee oder Palaisteich Schlittschuh gelaufen. Ganz Dresden habe sich dann dort getroffen. Wenn wir das hörten, packte uns der Neid. Wenn ich aber jetzt zurücksehe, scheint es mir so, als ob auch wir in den Weihnachtstagen oft auf dem Eise gewesen seien.

Zum Rodeln hatten wir leider nicht oft Gelegenheit. Zwar war ein jedes von uns Geschwistern stolzer Besitzer eines eigenen Rodelschlittens, aber oft warteten wir den ganzen Winter umsonst auf genügend Schnee. Ich kann mich nur an einen einzigen schneereichen Winter erinnern, der uns häufig auf der Rodelbahn sah. Parallel zur Westendstraße ging eine lange und steile, oft vereiste Bahn über die Felder. Sie galt als sehr gefährlich und ich durfte sie nicht benützen, habe es auch nur zwei oder dreimal getan. Gerhard, der als Junge sehr draufgängerisch war, rodelte immer auf der „großen" Bahn, Helmut und ich benützten eine mittlere, die harmloser war, während sich die Knirpse mit ihren Käsehitschen an den kleineren Hängen rundherum vergnügten.

In diesem Winter, wahrscheinlich 1911, traf ich auf den Feldern neben der Rodelbahn meine Klassenkameradin Marianne St., die zu Weihnachten Schneeschuhe bekommen hatte. Heute gilt als Geburtsjahr des Skilaufs in Sachsen das Jahr 1907. Das Schneeschuhlaufen war also 1911 noch fast unbekannt und der Anblick eines Skiläufers etwas ganz Neues und Ungewohntes. Marianne stand etwas unglücklich auf ihren Brettern und war gern bereit, sie gegen meinen Rodelschlitten zu vertauschen. Ich war glückselig mit den langen Hölzern an meinen Füßen. Von da an erschien alljährlich auf meinem Weihnachtswunschzettel an erster Stelle Skier. Gerhard bekam seine ersten Bretter 1914. Ich bekam keine, weil die Eltern sehr richtig erkannten, dass in Dresden selten genug Schnee lag, um diese Anschaffung zu rechtfertigen. Es war aber unmöglich, ein so junges Mädchen wie mich sonntags ins Erzgebirge fahren zu lassen. Nun sparte ich eisern jeden Groschen und kaufte mir 1917, im Krieg, im Sporthaus Mühlberg die letzten noch vorhandenen Ladenhüter. Es waren 2,20 m lange Eschenhölzer, mit denen ich dann das Erzgebirge unsicher machte. Oft war das nicht der Fall, aber ich fand es jedes Mal herrlich.

Um Schlittschuhlaufen und Rodeln zu können, mussten wir unsere Zeit bereits sehr einteilen, denn wir hatten an verschiedenen Nachmittagen der Woche irgendwelchen Unterricht. Von meinen unglückseligen Klavierstunden erzählte ich schon. Inzwischen war nun auch Helmut in der Vorschule, die „Bürgerschule" gekommen. In sämtlichen Dresdner Bürgerschulen gab es nachmittags freiwilligen Werkunterricht, Tonkneten für die untersten Klassen, Tischler- und Holzarbeiten für die größeren Klassen. Ich glaube, auch Buchbinden wurde gelehrt.

Zwei Winter lang durfte ich mit Helmuts Klassenkameraden am Tonknete-Unterricht teilnehmen. Mir machte das sehr viel Spaß. Wir verfertigten Aschenbecher und Schalen, einfache Blumenvasen und Briefbeschwerer. Wenn diese gut gelangen, wurden sie sogar glasiert und gebrannt. Weihnachten beglückte man dann damit die Eltern und Großeltern. Wir durften aber auch allerlei Tiere und Phantasieprodukte anfertigen, wobei Reptilien, insbesondere Schlangen und Eidechsen sich größter Beliebtheit erfreuten. Mit dem schmierigen, glitschigen Ton zu arbeiten war so viel schöner als zu Haus das Kneten mit buntem Plastilin.

In den nächsten Wintern, wohl etwa seit 1911, erhielt ich Unterricht in rhythmischer Gymnastik, noch außer unserem täglichen Schul-Turnunterricht. Eine Engländerin, Miss Flint, hatte in einem eigenen Saal in der Dippoldiswaldaer Gasse, in der Nähe des Vitzthumschen Gymnasiums und gar nicht sehr weit von unserer Wohnung, eine Art Schule eröffnet. Bald gehörte es zum guten Ton in den Kreisen der Dresdner Gesellschaft, die Töchter bei Miss Flint unterrichten zu lassen. Meine Mutter, die etwas unglücklich über mein unmusikalisches und ungraziöses Wesen war, hoffte, mich hier verwandeln zu können, was leider misslang. In der ersten Hälfte des Unterrichts wurden nach Musik Keulen- und Springseilübungen gemacht, die für mich sportlichen Reiz besaßen. Dann kamen gefühlvolle, tänzerische Arm- und Körperbewegungen, bei denen ich mich schrecklich genierte. Ich führte sie absichtlich abgehackt wie ein hölzerner Hampelmann durch, statt hingebend und weich. Oft musste ich sie dann allein wiederholen und glaubte, dabei in den Boden zu sinken. Zum Schluss wurden uns noch die üblichen Gesellschaftstänze, Walzer, Polka, Rheinländer und Française beigebracht. Das machte dann wieder Vergnügen.

Ich ging im Ganzen sehr gern zu dem Unterricht, bei dem man auch sehr viele, nette Mädchen aus anderen Schulen kennen lernte. Wir alle trugen die gleichen, vorgeschriebenen, im Schnitt sehr englischen Baumwollkrepp-Kleider in verschiedenen Farben, stets mit den gleichen Strümpfen und Seidenschuhen. Ich wurde von Kopf bis Fuß in Moosgrün eingekleidet. Das stand mir sicher gut, doch hätte ich in meinem Mädchengeschmack hellblau oder rosa, ja sogar helllila noch viel schöner gefunden. Meine schlechte Haltung wurde leider auch durch diesen Unterricht nicht korrigiert. Sie war wohl durch den Körperbau bedingt, denn ich gab mir wirklich große Mühe, mich gerade zu halten.

So vergingen die Tage mit Schule, Spiel, Sport und Unterricht. Unsere Wochen waren bald so ausgefüllt, dass ich mir einen genauen Stundenplan auch für die Nachmittagsbeschäftigungen anfertigen musste. Für die Sonntage durften wir kein eigenes Programm aufstellen. Die verbrachten wir nach wie vor mit den Eltern. auch in diesen Jahren widmete Vater sich uns jeden Sonntag.

Von den Wanderungen, die nun immer ausgedehnter wurden, werde ich noch erzählen. Blieben wir in der Stadt, so besuchten wir nun häufig eine von Dresdens zahlreichen Sammlungen.

Sonntage und Feste

Vater führte uns am Sonntagvormittag gern in die berühmten Dresdner Museen. Schon in der Vorschulzeit hatten wir manchmal mit den Eltern die Naturkundlichen Sammlungen im Zwinger ansehen dürfen, alle die ausgestopften Tiere und Vögel und die vielen bunten Steine.

Unserem wachsendem Verständnis und dem erwachenden technischen Interesse der Brüder entsprechend besuchten wir nun den Mathematisch-Physikalischen Salon mit seinen vielen Merkwürdigkeiten. Ich ging auch sehr gern mit in das Historische Museum im Johanneum am Neumarkt und besah mir dort die Ritterrüstungen und die Erinnerungen und Eroberungen aus den Türkenkriegen. Auch in der Porzellansammlung und dem schönen Kunstgewerbemuseum in der Kunstgewerbeschule, das ich später während meiner Ausbildung so oft ansah, waren wir mit den Eltern. Am wenigsten konnten wir mit den antiken Skulpturen und den kaltweißen Gipsabgüssen im Albertinum anfangen. Das war wohl auch nichts für unseren Vater. Ich glaube, wir sind mit ihm nur ein einziges Mal dort gewesen.

Die Gemäldegalerie besuchten wir öfters, auch schon in diesen Kindertagen. Später waren wir sehr häufig dort, während ich leider nur ein- oder zweimal im so sehr berühmten Grünen Gewölbe war. Dort musste man Eintritt bezahlen und zwar ziemlich viel für eine mehrköpfige Familie. So unterblieb der Besuch. Es gab ja so viel Schönes ganz umsonst zu sehen.

Besonders liebte ich das von Professor Seyffert errichtete Volkskundemuseum in dem alten Jägerhof in der Neustadt. Wann es eigentlich eröffnet wurde, weiß ich nicht. Jedenfalls gehörten wir von Anfang an zu den Besuchern, weil Vater für alle heimatkundlichen Bestrebungen großes Verständnis zeigte. Vor allem in der Weihnachtszeit ging ich gern dorthin. Alles war so ganz besonders hübsch aufgestellt. Da gab es verschiedene Bauernstuben aus allen Gegenden Sachsens und sehr viel erzgebirgisches Spielzeug, da gab es so hübsches Zinngeschirr und viele alte Geräte, die auch uns Kinder sehr interessierten.

Wenn die Eltern am Sonntagnachmittag nicht bei der Großmutter waren, von wo wir sie manchmal abholten, spielten sie meistens mit uns. Als wir noch klein waren, war es ein ganz besonderes Fest, wenn das Kasperletheater im Türrahmen aufgestellt wurde. Die Eltern improvisierten dann eine Vorstellung für uns. Wir besaßen viele und große Kasperlepuppen, doch glaube ich kaum, dass sie für uns Kinder angeschafft worden waren. Woher sie eigentlich stammten, weiß ich nicht. Wir fanden es herrlich, wenn das große, grüne Krokodil den Teufel fressen wollte, wir liebten den Kasper, aber ich glaube nicht, dass die Eltern überragende schauspielerische Fähigkeiten besaßen. So waren diese Vorführungen nicht sehr häufig.

Später bekam Helmut eine Laterna magica, zu der außer neuen Bildern noch eine Unzahl alter Bilder aus Muttis Jugendzeit gehörten. Wir liebten diese Vorführungen ebenfalls sehr, wenn sie auch unter erheblichen technischen Mängeln litten, weil die kleine Petroleumlampe im Apparat ein viel zu schwaches Licht hatte.

An kleineren Sonntagnachmittagsfreuden unserer Kinderjahre sei noch das Popcorn-Rösten genannt, was manchmal ganz feierlich vorgenommen wurde. Mutti besaß dafür ein Spezialsieb mit Deckel. Für uns war es ein Hauptspaß, wenn die platzenden Körner darin herum sprangen und sich in weiße Flocken verwandelten. Die gab es dann mit frischer Butter zum Abendbrot.

Manchmal machten wir mit den Eltern Gesellschaftsspiele, Würfelspiele wie Pferderennen oder auch das Schachlotto aus Muttis Kinderzeit, was ich besonders gern spielte.

An den langen Winternachmittagen las uns Vater gerne vor, zunächst aus meinem geliebten Märchenbuch „Frau Märe", das er mir zum vierten oder fünften Geburtstag geschenkt hatte, später Geschichten, die in Dresden spielten, so den „Bösen Dreier" von Nieritz, den „Goldenen Topf" von E. T. A. Hoffmann und die „Jugenderinnerungen eines alten Mannes" von W. v. Kügelgen. Wenn wir durch die Stadt gingen, zeigte Papa uns dann die Stellen, von denen wir gelesen hatten. Wir waren in der Neustadt an der Hauptstraße in dem Haus, in dem die Familie Kügelgen gewohnt hatte. „An Gottes Segen ist alles gelegen" stand daran geschrieben. Wir suchten auch die Stelle, wo der Vater Kügelgen ermordet worden war, unterhalb des Waldschlösschens, aber wir haben sie wohl nicht mehr gefunden.

Später hat der Vater uns Eichendorffs „Aus dem Leben eines Taugenichts" vorgelesen und einiges von Stifter. Diese beiden Schriftsteller liebte er sehr. Nachdem Papa die von Otto Ubbelohde illustrierte dreibändige Ausgabe der Grimmschen Märchen erworben hatte, las er sie uns alle vor, vom Anfang bis zum Ende. Wir bastelten, während Vater las. Ich machte Handarbeiten, denn bis Weihnachten musste noch viel fertig werden.

Die Advents- und Weihnachtszeit verbrachten wir nicht viel anders als in den frühen Kindertagen. An den Knecht Ruprecht glaubten wir allerdings schon lange nicht mehr, aber wir stellten doch treu und voll Erwartung allabendlich unsere Pantoffeln aufs Fensterbrett. Auch Karten – häufig mit erzieherischen Ermahnungen – schrieb uns der Ruprecht noch.

Als der Knecht Ruprecht dann ein- oder zweimal höchstpersönlich zu uns kam, um Elfriede zu besuchen, war es auch uns Großen noch etwas unheimlich. Er wusste so schrecklich gut Bescheid über unsere Sünden und wir konnten einfach nicht herausfinden, wer es wohl war. Der Onkel Arndts hatte seine Sache vortrefflich gemacht!

Mutti hatte nun angefangen, alljährlich eine große Menge Pfefferkuchen nach Holsteiner Rezept zu backen. Der Teig wurde schon vier Wochen vorher angesetzt und musste dann so lange „ruhen". An einem der letzten Adventssonntag-Nachmittage wurde dann gebacken, wobei die ganze Familie – außer Vater natürlich – mitwirkte. In der Küche wimmelte es nur so. Einige hundert Pfefferkuchen wurden ausgestochen und mit Mandeln verziert. Im Kohleherd wurden sie gebacken.

Die Weihnachtsstollen – ein großer für jeden Erwachsenen: Vater, Mutter, Hausgehilfen und Gäste, ein kleinerer für jedes Kind – bestellten die Eltern in diesen Jahren beim Bäckermeister in der Christianstraße, in dessen Haus wir früher gewohnt hatten.

Erst in späteren Jahren, wahrscheinlich nach dem Ersten Weltkrieg, fing Mutti an, Stollen zu backen, so wie das in den meisten großen Familien in Dresden üblich war. Tagelang vorher wurden alle Zutaten vorbereitet. Anfang Dezember, zur lange vorher festgelegten Stunde, trugen unsere Mädchen den Waschkorb mit den Stollenzutaten zum Plauenschen Platz, zu einem Bäcker, der den Teig (42 Pfund Stollenteig und Teig für ein Brett Kuchen mit 60 Stücken!) bearbeitete und die Stollen ausformte und buk. Eine Anzahl Frauen, Mutti mit weißer Schürze und Strickzeug bewaffnet unter ihnen, wartete dann lange und geduldig vor der Backstube auf „ihre" Stollen, um diese, sobald sie aus dem Ofen kamen, mehrfach mit Butter bepinseln und mit Zucker bestreuen zu können, bis sie eine zentimeterdicke, weiße Kruste hatten.

In späteren Jahren, als Elfriede im Tanzstundenalter war, kam die Sitte des „Stollenkaffees" auf. Beim Bäcker wurden gleichzeitig aus dem Stollenteig Brettkuchen mit verschiedenem Belag – Mohn, Mandeln oder Streusel mit Sirup – gebacken. Elfriede durfte dann ihre Freunde zu einem festlichen Kaffee bei Kerzenlicht einladen.

Ich war damals schon in der Fremde, bekam aber alljährlich ein leckeres Paket Stollenkuchen von Mutti zugeschickt.

Das Weihnachtsfest feierten wir weiterhin so, wie in den früheste Kindertagen. Am Heiligen Abend wurde erst beschert, nachdem wir mit unseren Laternen singend durch die ganze Wohnung gezogen waren. Inzwischen war alles zur Tradition geworden, was in vergangenen Jahren geschah. Solche festen Gewohnheiten haben gewisse Vorteile. Man freut sich auf diese althergebrachten Sitten. Auch muss nicht alles neu überlegt und organisiert werden, was für die Hausfrau eine gewisse Erleichterung bringt. Es hat aber auch Nachteile, denn jede Tradition ist eines Tages heilig und wehe, wenn man von ihr abweicht!

Zur Tradition gehörte schließlich auch eine gewisse Hast und Unruhe, mit der einer den anderen ansteckte. Es gehörte dazu die Angst, mit den Weihnachtsarbeiten oder -vorbereitungen nicht fertig zu werden. Nervosität beherrschte in den letzten Tagen vorm Fest die ganze Familie.

Vater war in diesen Jahren beruflich schon sehr angestrengt und meist um Weihnachten herum besonders reizbar. Wenn etwas nicht klappte, konnte es ihm die ganze Festtagslaune verderben. Wir bemühten uns, an alles, aber auch wirklich an alles zu denken, aber alljährlich gab es doch die gleichen Fragen. Und siehe, das eine oder andere war doch vergessen worden! Habt Ihr Löschwasser bereitgestellt? Sind die Kerzen vorbereitet und schon mal angezündet worden? Sind Ersatzkerzen für die Feiertage da? Wo ist der Anzünder, steckt eine Kerze drin, wer hat ihn verlegt? Sind die Kinderlaternen in Ordnung? Wo ist der Nussknacker? Ist genug Selterswasser im Haus? usw.

Wie atmeten alle auf, wenn endlich, endlich alles bereit zur Bescherung war. Bis zum letzten Augenblick hockte aber sicher eins von uns Kindern noch über den allerletzten, noch fertig zu stellenden Weihnachtsarbeiten. Die Bedeutung dieser Arbeiten wuchs von Jahr zu Jahr. Nur den Geschwistern durften wir von unserem Taschengeld etwas schenken. Meist kauften wir diese Kleinigkeiten auf dem Christmarkt ein.

Für die Eltern, Großeltern, Tanten, Onkels, Hausgenossen und Besuche fertigten wir die Geschenke selbst an. Schon im Herbst begannen wir damit, uns auszudenken, was jeder bekommen sollte. Nun kauften wir auch keine fertig vorgezeichneten Handarbeiten oder Laubsägevorlagen, die wir altmodisch und meist geschmacklos fanden, sondern nur das nötige Material. Dann entwarfen und zeichneten wir unsere Machwerke selbst. Ich fand viele und auch hübsche Anregungen für Handarbeiten in Muttis Modezeitschrift „Die Modenwelt". Im Übrigen war Elfriedes Caspari-Bilderbuch „Kinderhumor für Aug und Ohr" eine nie versiegende Quelle. Blumen, Schmuckleisten, Vögel, Mäuse und Häschen wurden abgezeichnet, ausgesägt und zu Zwirnwickeln und Weinkorken verarbeitet. Kalender wurden angefertigt, Untersetzer beklebt und Spanschachteln bemalt. Gleich nachdem unsere Bescherung vorüber war, brachten wir den beglückten Erwachsenen unsere Gaben.

Wohl weil der Verlauf des Heiligen Abends ziemlich festgelegt war, kann ich mich nicht an Einzelheiten aus diesen Jahren erinnern. Die Feste unterschieden sich voneinander vor allem durch die jeweiligen Hauptgeschenke, unter denen einige mich ganz besonders erfreuten. In dem Jahr, in dem ich die Rollschuhe bekam, ließ ich sie in den Feiertagen auch in der Wohnung nicht von den Füßen.

Überglücklich war ich an jenem Weihnachtsabend, an dem ein großer, schöner Puppenherd auf meinem Platz unter dem Christbaum stand. Es war eine vollkommene Überraschung, denn ich hatte noch nie daran gedacht, wirklich kochen zu dürfen, obwohl ich mich schon lange dafür interessierte, wie die Gerichte eigentlich entstanden.

Mit einem Abreißkalender, den mir jemand schenkte, als ich kaum lesen konnte, fing es an. Die Kochrezepte, die er enthielt, erschienen mir so hochinteressant, dass ich sie sammelte. Ein Puppenkochbuch, Maizena-Reklame, kam dazu. Auch das studierte ich eifrig. Zusammen mit dem immer hungrigen Helmut versuchte ich auch, aus in der Küche erbettelten Zutaten auf kaltem Wege irgendetwas Genießbares zusammenzubrauen.

Nun besaß ich einen richtigen Herd. Die Töpfe waren stabil und blank vernickelt. Man konnte sehr gut mit ihnen kochen. Eine Kiste hatte Mutti in ein Schränkchen mit hübschem, buntem Vorhang und mehreren Fächern verwandelt. Hier fand ich noch Töpfe, Tiegel, Pfannen und ein vollständiges Essgeschirr aus Muttis Kinderzeit. Nicht einmal die rot karierten, mit meinem Monogramm versehenen Küchentücher fehlten! Gleich in den Feiertagen machten wir die ersten Kochversuche. Leider mussten immer Erwachsene dabei oder wenigstens in der Nähe sein, weil der Herd mit Spiritus beheizt wurde und nicht ungefährlich war. Zweimal stand alles in Flammen.

Die Freude, die ich als Kind am Kochen hatte, blieb und wurde noch verstärkt durch den ausgezeichneten Kochunterricht, den ich später in Löbichau erhielt. So macht mir das Kochen – im Gegensatz zur sonstigen Hausarbeit – auch heute noch Vergnügen.

Ja, der Herd, das war wirklich eine schöne Weihnachtsüberraschung. Eines der nächsten Jahre brachte eine noch größere Überraschung, von der sich die Eltern wohl sehr viel versprochen hatten, der ich aber von Anfang an mit geteilten Gefühlen gegenüberstand. Vielleicht ging es den Brüdern ähnlich, obwohl wir uns natürlich nichts anmerken ließen.

Auf Betreiben unseres Kinderfräuleins hatten wir ein paar Mal zu Weihnachten für die Eltern kleine Aufführungen gemacht. Es waren irgendwelche Gelegenheitsdichtungen aus Zehnpfennigheften, bei denen ich meist eine Fee oder einen Weihnachtsengel in weißem Nachthemd mit Goldbandgürtel spielte, während die Brüder als Zwerge oder Nikoläuse mit Wattebart in ihren grünen Lodencapes auftraten.

An den Vorbereitungen hatten wir gewissen Spaß, aber eigentlich alle kein Talent zum Theaterspielen. Vielleicht hatten die Eltern das nicht erkannt und glaubten, uns eine Riesenfreude zu machen, als sie uns mit einem Puppentheater überraschten. Wir waren aber keine kleinen Goethes und beschäftigten uns mehr mit der Ausstattung der Stücke als mit der eigentlichen Aufführung. Diese Ausstattung war mühsam genug und machte mir wenig Freude. Die Kulissen und Figuren, die zu den Theaterstücken gehörten, waren mit schlechten Farben auf billigem Papier im Stile von 1880 gedruckt und erschienen uns hässlich und geschmacklos. Da Karton sich als zu schwach erwies, klebten wir diese Bögen auf richtige Pappe. Es war unendlich schwierig und anstrengend, dann alles mit unseren kleinen Scheren und Händen auszuschneiden. Gerhard, der sich am Theaterspiel selbst nicht beteiligte, übernahm das Aufnageln der Figuren auf Holzklötzchen, die er mit Blei ausgegossen hatte.

Die Personen des Spiels wurden dann auf kleine Drehscheiben gestellt, die man auf Stäben hin- und herschieben konnte. Helmut und ich lasen dazu wechselweise das Textbuch und bewegten die gerade agierenden Personen. Wir haben so den Wilhelm Tell aufgeführt, Zar und Zimmermann und zuletzt, mit von mir angekleideten kleinen, beweglichen Holzpüppchen, den Tannhäuser. Sehr denkwürdig war eine unserer ersten Aufführungen, die des Freischütz. Durch einen sehr effektvollen Kollophonium-Blitz geriet die als Moos in der Wolfsschlucht herumhängende Papierwolle in Brand. Nach erfolgreicher Löschung führten wir die Aufführung zu Ende. Helmut war wohl so erleichtert, dass er sein „Werft das Scheusal in die Wolfsschlucht!" wie ein Jubelruf hinausschmetterte, was alle unsere Zuschauer zum Lachen brachte. Helmut wurde später noch oft mit seinem Scheusal geneckt.

Hatten wir die Theateraufführungen am Heiligen Abend endlich hinter uns gebracht, so stand das Unangenehmste noch bevor. Auf dem Klavier musste ich irgendein blödes „Weihnachtsstück" spielen, an dem ich bereits wochenlang herumübte und dessen kitschiges Titelbild ich längst nicht mehr ansehen konnte. Aber auch das ging vorüber und schließlich konnte ich mich doch froh meinen Geschenken und vor allem den neuen Büchern zuwenden.

Etwa seit meinem ersten Schuljahr wurde die Weihnachtszeit noch durch eine Bescherung bei der Großmutter Beschorner verschönt. Seit Großvaters Tod hatte Großmama keinen Baum mehr geschmückt. Sie kam am Heiligen Abend zu uns und brachte ihre Geschenke mit. Nachdem sie dann in die Canalettostraße gezogen war, dachte sie sich für ihre Enkel eine neue Art der Weihnachtsfeier aus.

An einem der Feiertage versammelten sich bei ihr Mutti mit uns vier Geschwistern und Tante Annelies mit Leonore, die im Alter zwischen Helmut und Elfriede stand. Statt des runden Tischs stand in der Sitzecke des Wohnzimmers ein großer, geheimnisvoll mit einer Decke zugedeckter, aus Weidenruten geflochtener Wäschekorb. Rundherum standen Stühle, auf denen wir gespannt Platz nahmen.

Der Reihe nach durften wir nun ein Päckchen unter der Decke hervorholen. Nur selten erwischte man eins mit dem eigenen Namen, meist musste man es weitergeben. Der glückliche Empfänger packte es dann unter allgemeiner Spannung aus. Oft erhielt man nun doch noch irgendetwas, was man unter dem eigenen Weihnachtsbaum schmerzlich vermisst hatte und die Freude war groß. Wenn der Korb schließlich leer war, hatte auch jedes von uns den Schoß voller Geschenke, die sich Großmama sehr liebevoll ausgedacht hatte.

Zum Schluss wurden Droschken bestellt, blauräderige zweiter Güte natürlich. Alle Kinder, Mütter und Pakete wurden in diesen muffigen, dunklen Kästen verstaut, in denen man eng eingequetscht und höchst ungemütlich saß und über das Pflaster heimwärts rumpelte. Es war irgendwie etwas unheimlich und ganz aufregend, aber nicht sehr schön. Dass wir keines unserer zahlreichen Päckchen in dem dunklen Wagen verloren, wundert mich noch heute.

Nur zu schnell kam der letzte Tag des Jahres heran. Wir durften nun am Silvesterabend bis Mitternacht aufbleiben. Der Abend, der vor uns lag, erschien uns ganz unendlich lang.

Allmählich bildete sich auch für den Verlauf des Silvesters eine gewisse Tradition heraus. Bald durften wir Kinder mit Mutti am Nachmittag mit zum Gottesdienst in der Frauen-, der Kreuz- oder Sophienkirche gehen. Anschließend besuchten wir regelmäßig das Tedeum in der Katholischen Hofkirche, wo wir auch Vater und manche Verwandten trafen. Der Heimweg durch die noch festlich erleuchtete Stadt, auf dem noch letzte Einkäufe für den Abend gemacht wurden, war mir immer besonders lieb.

Zu Hause gab es ein feierliches Abendbrot, oft mit Gästen. Wieder, wie am Heiligen Abend, wurde über dem Esstisch der große Tannenkranz mit den zwölf dicken, weißen Kerzen angezündet. Der Tisch wurde von Mutti festlich und weihnachtlich geschmückt. Wir fanden auf unseren Plätzen ulkige kleine Figuren, Glücksschweinchen, Herzen, Kleeblätter und andere Glückssymbole aus Blei, wohl auch einmal Knallbonbons, die wir sehr liebten. Die schönen Bierkrüge aus Altenberger Zinn, die Vater damals anschaffte, schmückten die Tafel, auf der das eichene Prickenfass und der große, westfälische Schinken nicht fehlen durften.

Waren keine Gäste da, spielten wir nach dem Festessen mit den Eltern Gesellschaftsspiele. Jahrelang bevorzugten wir ein schwieriges Spiel mit Würfeln und Bildkarten, das auch noch aus der Jugendzeit der Eltern stammte, „Glocke und Hammer". Wir spielten es nur am Silvesterabend. Erst musste man besondere Karten ersteigern. Außer Glocke und Hammer gab es noch einen Schimmel, der kleine, aber regelmäßige

Erträge brachte und ein Wirtshaus, mit dem man viel verdienen, aber auch verlieren konnte.

Sehr schnell rückte Mitternacht näher. Der Weihnachtsbaum wurde noch einmal angezündet. Wir durften in der Küche unsere Bleifiguren einschmelzen und ins Wasser schütten, also nach altem Brauch Blei gießen. Meist ließ sich aus den entstandenen Gebilden nur prophezeien, dass wir im kommenden Jahr vorwiegend mit Rüben ernährt werden würden. Nur selten waren auch für eine kühne Phantasie deutbare Formen entstanden.

Das Zwölfuhr-Glockengeläut hörten wir dann vorn in Vaters Sprechzimmer vom Eckfenster aus an. Irgendwo in der Nachbarschaft wurde ein Choral auf der Trompete geblasen. Die Straßen waren menschenleer und feierlich. Später setzte dann das Prosit-Neujahr-Rufen ein. Dann schloss Vater die Fenster und wir mussten schlafen gehen.

Wieder war eines der schönen Kindheitsjahre zu Ende gegangen.

Wanderungen, Ferien

Ein neues Jahr war angebrochen. Der Winter verging, der Sommer kam und sah uns wieder auf Wanderungen und Reisen.

Wenn es das Wetter erlaubte, führte Vater nach wie vor an jedem zweiten Sonntag die ganze Familie ins Grüne. Aus den behaglichen Sonntagsspaziergängen unserer Kleinkinderjahre waren nun richtige Tageswanderungen geworden, bei denen wir oft stattliche Strecken marschierten. Wir liefen alle sehr gern und gut, aber manchmal wurde uns doch sehr viel zugemutet und wir kamen abends alle todmüde heim.

Oft brachen wir schon zeitig am Morgen auf. Wir trugen feste Schuhe und Wandersachen, d.h. praktische Kleidungsstücke, in denen wir uns ungehemmt bewegen und herumtollen konnten. Vater trug seinen sportlichen Reiseanzug mit Kniehosen, Mutti ihr Reisekostüm mit einer Sportbluse. Ich nahm stets eine kleine Schaufel im Lederetui zum Umhängen, einen bemalten Bauernkorb für Pilze und Blumen, mein Taschenmesser und einen Ball mit. Später hatte ein jedes von uns Geschwistern seinen eigenen Rucksack und Wanderstock.

Waren wir sehr zeitig aufgebrochen, so frühstückten wir irgendwo an einem schönen Fleckchen mitgebrachte Brote und Obst und kehrten mitunter schon am frühen Nachmittag heim, wo ein spätes Sonntagsessen auf uns wartete. Oft aßen wir auch in irgendeinem einfachen, behaglichen Landgasthof zu Mittag.

Müde und verstaubt kamen wir vom Bahnhof oder der Straßenbahnhaltestelle, gerade, wenn der normale Bürger nach seinem Mittagsschläfchen im Festgewand zum Sonntagsspaziergang antrat. Es war ein Gegensatz, der uns oft Spaß machte, vor allem, wenn man uns recht entsetzt oder missbilligend ansah.

Durch unsere Wanderungen lernten wir Dresdens schöne Umgebung und einen guten Teil unserer sächsischen Heimat sehr gründlich kennen. Manchmal fuhren wir am Morgen nur bis zur Endstation irgendeiner Straßenbahn. Oft benutzten wir den Zug, denn wir wohnten ja sehr nahe am Hauptbahnhof. Endete eine Wanderung in Elbnähe, so fuhren wir wohl auch ein Stück mit dem Dampfer heimwärts. Autobusse gab es noch nicht.

Für die Autofahrer der späteren Jahre galten als Hauptausflugsziele von Dresden das Erzgebirge und das Elbsandsteingebirge, meist Sächsische Schweiz genannt, die beide nur etwa 30 bis 40 km von der Stadt entfernt sind. Für unsere Sonntagswanderungen waren diese Ziele zu weit entfernt. Vater liebte außerdem die Sächsische Schweiz nicht besonders. Wanderungen in diesem Gebiet blieben den Ferien vorbehalten. Das Erzgebirge war nur sehr umständlich mit Kleinbahnen zu erreichen und kam deshalb für unsere Tagesausflüge kaum in Betracht. Wir lernten es erst später auf einer mehrtägigen Wanderung kennen.

In Dresdens allernächster Umgebung gab es genügend lockende Ziele für unsere Sonntagsausflüge. Es gab unendlich viel zu sehen, zu beobachten und zu lernen. Auch wenn der Vater uns nicht stets auf die geologischen Besonderheiten aufmerksam gemacht hätte, wären uns wohl die großen Unterschiede in der Landschaft um Dresden aufgefallen, wenn wir sie am Sonntag durchstreiften.

Da war zunächst auf dem anderen, dem rechten Elbufer, nordöstlich der Stadt, das ausgedehnte Gebiet der Dresdener Heide mit Sand, Findlingsblöcken und mageren Kiefernbeständen. Etwas weiter westlich, etwa 25 km von Dresden, begann die schöne Teichlandschaft der Moritzburger Seen mit großen, wildreichen, umgatterten Nadelwäldern und dem hübschen Ort Moritzburg mit seinem Wasserschloss. Nordöstlich von Dresden bis zur preußischen Grenze dehnte sich die Lausitzer Granitplatte aus, deren südliches Randgebiet wir auf unseren Wanderungen berührten. Besonders gern durchstreifte Vater die südlich von Dresden gelegenen großen Buchenwälder von Tharandt und Grillenburg oder das Weißeritztal und den Rabenauer Grund, die unmittelbar bei der Stadt anfingen.

Konnten wir ganztägig unterwegs sein, so zog es Vater sehr in die Meißner Gegend, aus der seine Mutter stammte und in der er wohl in der Jugend auch manchen schönen Ferientag verbracht hatte.

Mit den Jahren hatten sich gewisse Wandergewohnheiten herausgebildet. Zu jeder Jahreszeit, ja zu jedem Monat gehörten bestimmte Lieblingsziele. Sobald der Frühling sich meldete, zog es unseren Vater ins Freie.

Um die Osterzeit, meist am Karfreitag, fuhren wir mit der Straßenbahn bis zur Stadtgrenze nach Leubnitz-Neuostra. Wir wanderten durch heute längst bebaute Gebiete, durch den Heiligen Grund nach Goppeln, wohl auch zu der weithin sichtbaren Babisnauer Pappel oder zu dem Finckenfang bei Maxen. Vater wusste an allen Orten irgendetwas über die historische Vergangenheit der Gegenden zu erzählen, wodurch sie für uns besonders interessant wurden.

Demjenigen, der als erster einen Hasen sah, versprach Papa alljährlich 1 Mark, d.h. so viel Geld, wie wir als Monatstaschengeld erhielten. Wir passten natürlich mächtig auf, um diese Summe zu gewinnen. Manchmal hatten aber doch die Eltern die schärferen Augen. Von diesem ersten Gang des Jahres brachten wir Anemonen und Himmelsschlüssel mit heim, mit denen wir unsere Wohnung österlich schmückten.

Einer der nächsten Frühlingssonntage führte uns über Dohna, vorbei an dem alten Schloss Weesenstein, zum Wilisch. Hier, auf Kalk und Basaltboden, fanden wir Leberblümchen und Lärchensporn, auch seltenere Pflanzen, die in anderen Gegenden nicht vorkamen.

Schnell schritt das Frühjahr weiter fort. Der Mai kam, die Bäume blühten. Die Dresdner zogen „in die Baumblut", die am schönsten an den zur Elbe geneigten Hängen um Cossebaude war. Wir fuhren dahin und stiegen durch ein Meer blühender Kirschbäume nach Weißtropp hoch. In diesem Dörfchen entzückten mich alljährlich die blühenden Bauerngärten mit Gänsekresse, Stiefmütterchen und Herzchenstöcken, mit Tulpen und Kaiserkronen. Eine behagliche Kirche thronte wie eine Glucke über dem Dorf. Wenn wir die Höfe sahen, Ställe, Kühe und Hühner, wurde jedes Mal die große Sehnsucht wach, die wir das ganze Jahr über nach unserem geliebten Rathen hatten.

Unser Weg führte weiter durch so wunderschön blühende Kirschalleen – wie ich sie später nie wieder sah – zur Neudeckmühle, einer alten, romantisch gelegenen Mühle mit bescheidener Gastwirtschaft. Hier aßen wir zu Mittag. Wir Kinder bekamen meist das einfachste Essen, Braten mit Kartoffeln und Gemüse für 0,80 Mark. Die Eltern leisteten sich schon einmal ein teures Gericht, z.B. Kalbsnierenbraten für 1,00 Mark oder gar 1,20 Mark. Wir bekamen dazu ein Glas Milch, die Eltern tranken ein Glas Bier, wie das so allgemein üblich war.

Wenn die Zeit es erlaubte, machten wir hier eine längere Rast. Uns Kinder zog der Bach hinter der Mühle unwiderstehlich an. Wir durften daran spielen, Dämme bauen und Holzstücke schwimmen lassen. Nur ungern zogen wir weiter, durch ein langes Tal und schon müde durch einige Dörfer, bis wir schließlich zur Elbe kamen und vielleicht sogar mit dem Dampfer heimwärts fuhren.

Wenn gewisse Ziele sich auch wiederholten, so waren die Wege dahin selten die gleichen. Vater wollte immer wieder Neues kennen lernen. Ich glaube, wir haben auf jeder beherrschenden Anhöhe rund um Dresden gestanden, jedes hübsche Tal durchwandert und fast alle umliegenden Dörfer kennen gelernt.

Kam Pfingsten heran, so fuhren wir oft schon vor Himmelfahrt nach Rathen. Mindestens drei herrliche Wochen verlebten wir alljährlich dort. Am Wochenende besuchte uns Vater und dann wanderten wir mit ihm und erstiegen nach und nach alle die zahlreichen Sandsteinklippen und Berge oder „Steine", die von Rathen aus erreichbar waren. Der Rauenstein und die Bärensteine, der Lilienstein und die Festung Königstein, alle haben wir oftmals besucht. Die Bastei auf dem anderen Elbufer vermieden wir am Sonntag, weil schon in jener Zeit zu zahlreiche Besucher diesem Ziel zustrebten. In den schmalen Schluchten und Gründen im Basteigebiet traf man aber keinen Menschen.

An besondere Wanderungen zwischen Pfingsten und den am 14. Juli beginnenden Großen Ferien kann ich mich nicht erinnern, wohl aber an lange Kirschenalleen, durch die wir zogen. Wenn die Ernte im Gange war, stellte man Bretterbuden auf, in denen die vollen Obstkörbe gesammelt wurden. Hier oder unmittelbar bei den Pflückern am Baum konnte man Kirschen kaufen und Vater ließ jedem von uns den Sommerhut randvoll füllen.

Die Sommerferien unterbrachen unsere Sonntagswanderungen dann für längere Zeit. Um den 20. August herum fing die Schule wieder an. Bis wir uns dann wieder eingelebt hatten und der Haushalt wieder normal lief, wurde es September und die herbstlichen Ziele lockten.

Jetzt besuchten wir gern die Jagdwege bei Pillnitz oder die Buchenwälder um Tharandt und Grillenburg, aus denen wir stets eine Menge Pilze mit heimbrachten.

Die Umgebung von Meißen hatte in dieser Zeit auch die stärkste Anziehungskraft. Wir wanderten nach Schloss Scharffenberg und Siebeneichen oder am jenseitigen Elbufer zu der Römischen Bosel. Wenn die Weinlese im Gange war, bekamen wir manchmal Weintrauben oder Most, auch an frische Nüsse und Zwetschgen kann ich mich erinnern. In Meißen besichtigten wir einmal die Albrechtsburg mit den schönen spätgotischen Netzgewölben, ein andermal galt unser Besuch der Porzellanmanufaktur.

Wir rasteten in altertümlichen Wirtshäusern an der Elbe, z.B. der Rehbockschänke. Bei einem Aufenthalt auf der Burgschänke, von der man auf die Dächer und Giebel der Stadt sah, tranken die Eltern aus irgendeinem festlichen Grunde eine „Kalte Ente". Einmal kaufte uns Vater in einem Bäckerladen „Meissner Fummeln", luftballongroße, gebackene Teigblasen, die bei leichtester Berührung zersprangen. Nie gelang es uns, sie bei der Heimfahrt im Zug heil bis Dresden zu bringen. Der Teig schmeckte nicht nach viel und Vater meinte, es sei ein unhygienisches Gebäck, weil man nie wisse, ob der Bäckerjunge nicht seine Tuberkulose-Bazillen mit in die Fummel geblasen habe. Jetzt gibt es dieses originelle Gebäck sicher schon lange nicht mehr.

Moritzburg war eines der beliebtesten herbstlichen Ziele. Es war schön dort, wenn die großen, alten Kastanienalleen gelb waren und wir die glänzenden Früchte sammeln durften. Ein Freund und Corpsbruder von Vater, Onkel Lenz, lebte als Arzt in Moritzburg. Wir besuchten die Familie sehr gern. Onkel Lenz war in seiner Jugend als Schiffsarzt in Afrika gewesen. Der turmartige Treppenaufgang seines Hauses war mit merkwürdigen Geweihen, ausgestopften Zebra- und Gazellenköpfen und ähnlichen Trophäen geschmückt und darum für uns besonders interessant. Tante Lenz verwöhnte uns mit gutem Essen und selbst eingemachter Marmelade. Gemütliche Kaffeestunden zwischen üppig blühenden, leuchtenden Asternbeeten im herbstlichen Garten sind mir in schönster Erinnerung.

In Moritzburg konnte man auch bei der Wildfütterung zusehen. Hirsche, Rehe und zahlreiche Wildschweine kamen täglich zur bestimmten Stunde an den Fütterungsplatz, um sich ihren Anteil an Kastanien, Eicheln oder Rüben zu sichern. So konnten wir die Tiere ganz aus der Nähe beobachten. Ein- oder zweimal waren wir auch ganz spät im Herbst in Moritzburg, um das Abfischen eines der großen Teiche zu erleben und zuzusehen, wie die großen Netze voller zappelnder silbriger Karpfen aus der letzten Wasserlache des abgelassenen Teiches gezogen wurden.

Das Wanderjahr ging zu Ende. Doch auch im Winter haben wir einige besonders schöne Tage in Moritzburg verbracht. Wenn die Teiche zufroren und danach kein Schnee mehr auf das Eis fiel, konnte man auf diesen großen Flächen wundervoll Schlittschuh laufen. Aber nur ein- oder zweimal haben wir das erlebt. Einmal lag zwar kein Schnee auf dem Eis und es war spiegelglatt, aber es begann zu tauen und Wasser stand auf der Fläche. Ein Eissegler kreuzte Gerhards Weg und warf ihn um, so dass er klitschnass wurde. Seine Sachen trockneten auch an Tante Lenz' Ofen nicht so schnell und bei der Heimfahrt im Bimmelbähnchen bis Radebeul musste der arme Kerl nun jämmerlich frierend auf der Plattform des überfüllten Eisenbahnwagens stehen. An dem kleinen, rot glühenden Kanonenöfchen, das im Eisenbahnwagen stand, konnte er keinen Platz erobern.

Blieben wir durch unsere Sonntagswanderungen auch durch alle Jahreszeiten mit der Natur verbunden, so waren die Ferienwochen, die wir ganz auf dem Lande verbringen durften, für uns doch die Höhepunkte des Sommers.

So, wie sich schon im Spätherbst alle unsere Gedanken um das kommende Weihnachtsfest, den Mittelpunkt des Winters, drehten, so fingen wir schon Ostern an, von den Wochen auf dem Land, in Rathen, zu träumen.

War es dann endlich soweit, und betraten wir wieder den geliebten Bauernhof, so machte ich wohl im Übermaß des Glücks und der Freude zunächst einen Handstand am Scheunentor – ein etwas ungewöhnliches und kaum schickliches Verhalten, das man jedes Mal erwähnte, wenn ich in späteren Jahren nach Rathen kam.

Wir waren nun inzwischen älter geworden. Unsere Entdeckungsreisen wurden weiter ausgedehnt, die Unternehmungen wurden kühner, die Spiele wilder. Der große Sandhaufen hatte noch immer eine gewisse Anziehungskraft, seit einst Onkel Herbert mit uns die Springfontänen und Wasserkünste angelegt hatte. Unsere Bauten wurden nun in jedem Jahr kunstvoller und schwieriger, vielleicht auch schöner.

Wenn in der Nachbarschaft noch einige Kinder aufzutreiben waren, spielten wir allabendlich mit Leidenschaft „angebrannt – erlöst" (ursprünglich wohl „angeprangert"), wobei man sich in allen Gebäuden rund um den Hof und in den höchsten Winkeln der Scheunen verstecken konnte, bis es gelang, unbemerkt zum Anschlag am Scheunentor zu rennen. Beim Räuber- und Prinzessinnenspiel, das auch einige Jahre eine große Rolle spielte, krochen wir durch die schmierigen, von Kröten und Schnecken wimmelnden Wasserdurchlassrohre unter den Eisenbahnschienen hindurch. Schwimmend tollten wir in und an der Elbe herum. Im Walde, an der Lahse, wurden die ersten Felsen erklettert.

An ein besonderes Ereignis des Jahres 1910 muss ich denken. Papa kam am Wochenende heraus und wollte uns den Halleyschen Kometen zeigen, der damals am Himmel stand. Sobald es dunkel geworden war, wanderten wir auf dem Weg nach Wehlen zu. Vielleicht war es das erste Mal, dass ich nachts im Walde war. Eulen strichen über den Weg und Käuzchen schrieen. Mir wurde es sehr unheimlich zumute. Ich fürchtete mich, ließ mir aber nichts anmerken. Den Kometen, den wir uns wie den Stern von Bethlehem in unseren Kinderbüchern vorstellten, entdeckten wir natürlich nicht und waren sehr enttäuscht. Um uns etwas zu entschädigen, lud Papa noch zu einem Glas Limonade in den Garten der Bahnhofswirtschaft Kadner ein. Er meinte, wir sollten uns nur einbilden, den Kometen gesehen zu haben. Er habe ein rotes Schnupftuch um den Hals und eine Pfeife im Mund gehabt. Wir mussten lachen und gingen getröstet zu Bett. Ein Abenteuer war diese Nachtwanderung ja doch gewesen.

Die großen Ferien der Jahre, 1908, 1909 und 1910 verlebten wir sehr glücklich in der Sächsischen Schweiz „auf der Ebenheit", der Hochfläche unterhalb des Liliensteins, um die fast halbkreisförmig die Elbe fließt. Dort wohnten wir auf einem schönen Bauernhof, der dem tüchtigen, jungen Ehepaar Kunath – Schwiegersohn und Tochter unserer lieben Krämers in Rathen – gehörte.

Unsere Abreise in die Sommerfrische war immer ein großes Ereignis. Am ersten Ferientag brachen wir auf. Tagelang vorher schon packte Mutti den großen Schließkorb, der oft mehr als einen Zentner wog. Wir hatten Spielzeug, Bälle, Puppen, Mal- und Zeichensachen, Quartett und zahlreiche Märchen- und Geschichtsbücher herbeigeschleppt. Alles verschwand in dem Korbungetüm.

In Königstein wurde unser Gepäck mit der Fähre über den Strom gesetzt und mit einem Ochsenwagen von Kunaths nach der etwa hundert Meter über der Elbe liegenden Ebenheit gebracht. Auf der stark ansteigenden Straße durften wir nicht mitfahren. So benutzten wir einen kürzeren, sehr steilen und anstrengenden Fußweg, um möglichst schnell die Hochfläche zu erreichen. Hier, rund um den Lilienstein, standen jeweils einige hundert Meter voneinander entfernt, eine Anzahl sehr stattlicher Bauernhöfe. Zwischen diesen Gehöften und dem bewaldeten Sockel des Liliensteins dehnten sich die Felder aus. Nach der Elbseite bis zum Steilrand der Hochfläche lagen die zu jedem Hof gehörenden Wiesen. Gegenüber, auf der anderen Seite des Flusses, ragte die Festung Königstein auf. Allabendlich, wenn wir in den Betten lagen, hörten wir von dort den feierlichen Zapfenstreich erklingen.

Der Kunathsche Hof war typisch für die Gegend. Das Fachwerk-Wohnhaus hatte noch eine so genannte Umgebindestube, d.h. eine ebenerdige, aus Balken gefügte Wohnstube, in der einst der Webstuhl gestanden hatte. Der Stall war mit dem Wohnhaus verbunden und unter dem gleichen Dach. Zwei Seiten des viereckigen Hofes wurden von großen Scheunen gebildet. Die weinbewachsene Giebelwand eines uralten, strohgedeckten Lehmfachwerkhauses schloss die vierte Hofseite ab. Ich glaube, die kleinen, blinden Fensterchen dieses Gebäudes hatten sogar noch bleigefasste Butzenscheiben, wie wir sie auch an anderen alten Häusern auf der Ebenheit gesehen haben.

Dieser geheimnisvolle Bau hieß „das alte Lazarett" und hatte wahrscheinlich in der Napoleonzeit, vielleicht auch schon bei den Kämpfen des Siebenjährigen Krieges als Lazarett gedient, als die sächsische Armee auf der Ebenheit vor Friedrich dem Großen kapitulierte (1756). Nun stand es vielleicht schon über hundert Jahre leer und war mit allerlei Gerümpel angefüllt. Es war uns recht unheimlich und selten wagten wir einen Blick durch die wacklige Haustür. Heute würde mich interessieren, die innere Einteilung dieses jahrhundertealten Hauses zu sehen und unter dem alten Gerümpel zu stöbern, unter dem sich sicher manches Museumsstück befand.

Aber wir waren damals noch Kinder und um das Alte Lazarett, in dem es nicht geheuer war, schlugen wir einen Bogen. Wenn wir durch die Tür guckten, stellte ich mir vor, wie der Fußboden mit Stroh bedeckt war und arme, verwundete Soldaten darauf lagen.

Auf der Ebenheit hatte die Zeit stillgestanden. Alles war noch ganz ursprünglich dort. Nur hie und da nahmen die Höfe Sommerfrischler auf, denen Zimmer mit einfachen Bauernbetten zur Verfügung standen. Verpflegen musste man sich selbst. Wir nahmen stets eines unserer Dresdner Mädchen mit. Frühstück, Abendbrot und viele einfache Mittagessen wurden auf dem Spirituskocher bereitet. Hin und wieder aßen wir in dem nahe gelegenen, ländlichen Gasthof Friebel.

Ein jeder dieser einzeln gelegenen Höfe hatte einen künstlichen Feuerlöschteich. Kunaths hatten mit dem des Alten Lazaretts sogar zwei Teiche. Die meisten dieser großen Tümpel waren mit Entengrütze bedeckt und wimmelten von Fröschen, die allabendlich ihr Quakkonzert anstimmten. Für uns hatten diese Teiche eine große Anziehungskraft. Zwar konnten sie die Elbe nicht ersetzten, denn zu freiwilligen Bädern waren sie doch nicht geeignet. Unfreiwillig haben wir allerdings manchmal drin gebadet. Gerhard ließ selbst erbaute Segelschiffe schwimmen. Mit Brettern und zweckentfremdeten Holztrögen, die eigentlich beim Schweineschlachten gebraucht wurden, bauten wir uns Flöße, die wir mit Bohnenstangen über die Teiche stakten. Sobald ein

Brett verrutschte, fiel man unweigerlich ins Wasser. Diese Gefahr machte das Unternehmen sehr reizvoll.

Etwa einmal in der Woche mussten wir uns stadtfein machen, unsere Halbstrümpfe und Sandalen anziehen. Die Brüder zogen saubere, weiße Leinenhemden zu ihren Lederhosen an. Ich trug zu meinem roten Dirndlkleid eine frische, weiße Bluse mit weiten Puffärmeln und ein Schürzchen aus dem gleichen Stoff. Blaue Leinenjacken ergänzten unseren Anzug. Ein Dirndlstrohhut mit roter Schnur und Quasten durfte auch nicht fehlen. Helmut hatte einen Seppelhut mit einer ganz langen Fasanenfeder. Jedes von uns drei Großen bekam einen Rucksack auf und wir stiegen mit Mutti hinab nach Königstein, um einzukaufen. Mit der Fähre setzten wir über die Elbe, was uns immer wieder Freude machte. Lilienstein und Königstein blickten majestätisch auf uns herab. In dem kleinen Städtchen Königstein erregten wir Aufsehen in unserer bayerischen Tracht. Noch kannte man so etwas in Sachsen nicht.

    Auch das Einkaufen machte immer viel Freude, durften wir doch Wünsche äußern und an der Küchenzettelberatung teilnehmen. Außer Kolonialwaren und Fleisch kauften wir die ersten frischen Salatgurken zu den neuen Pellkartoffeln, grüne Gurken, auch einmal Tomaten, die es noch nicht oft gab. Zum Schluss bekamen wir wohl auch jedes noch eine schwarze Lakritzenstange oder ein paar Fruchtbonbons, die uns den steilen, beschwerlichen Aufstieg mit unseren Lasten erleichtern sollten. Ein anderes Transportmittel als den Rücken gab es nicht. Es wäre einem damals auch nicht in den Sinn gekommen, irgendwo einzukehren, um Kaffee oder Limonade zu trinken oder gar Eis zu essen, falls man das überhaupt bekommen hätte.

    Wenn Vater am Sonnabendnachmittag herauskam, stiegen wir wohl wieder von unserem Berg herab und holten ihn am Königsteiner Bahnhof ab. Dann schloss sich meist gleich eine kleine Wanderung an. Nach und nach haben wir jeden der zahlreichen Berge dieser Gegend besucht. Am interessantesten war natürlich die Festung Königstein mit ihren steilen Felswänden, die uns als unersteigbar galten. An einer Stelle war es allerdings einmal einem Schornsteinfeger gelungen, auf eine Wette hin die Wand zu erklettern. Dass dieser Essenkehrer, wie man in Sachsen sagt, die Schornsteine im Leipziger Elternhaus meiner Großmutter gesäubert und Großmama ihn persönlich gekannt hatte, erfüllte uns mit Stolz!

An den Sonntagen mit Vater ging es immer lebhaft zu. Meist brachte er auch irgendetwas mit, womit wir uns alle beschäftigten. Einmal war es ein großer, unten offener Seidenpapierballon, an dem unten ein mit Spiritus getränkter Wattebausch hing, der angezündet wurde. Die warme Luft sollte in die Ballonhülle strömen und den Ballon steigen lassen. Aber leider klappte die Sache nicht so recht.

    Ein andermal machten wir mit Papas Hilfe Flitzebogen aus Haselruten und Pfeile aus Wurstspeilern mit Holunderstück-Köpfen. Es gab ein Wettschießen nach einem aus Wurstspeilern und grünen Falläpfeln angefertigten Stern. Diesen Schießsport übten wie eine Zeitlang mit großer Leidenschaft aus.

Wenn wir nicht gerade am Teich spielten oder schossen, kletterten wir auf den Bäumen herum. Ein riesiger Kirschbaum mit ganz dunklen, kleinen aber sehr süßen „Krietschel"-Kirschen, der vorm Hoftor stand, wurde uns freigegeben. Hier durften wir uns satt essen und satt klettern. Oft saß ich lange träumend auf einem der starken Äste, sah über die reifen Kornfelder, bis hin zum Lilienstein mit seinem markanten Profil und der großen Felsennase. Von dem blaugrauen Sandstein hob sich das Gelb der Felder so schön ab.

Auch später suchte ich mir in den Ferien oft einen Kletterbaum, auf den ich mich gern mit einem Buch verkroch, um ungestört schmökern zu können. Weil der weite Rock des Dirndlkleides dabei störte, hatte mir Mutti ein „Baumkletterkleid" anfertigen lassen. Es war aus starkem, blauweiß gestreiftem Drell, wie er für die Blusen der Elbschiffer verwendet wurde, genäht. Dank eines Höschens aus dem gleichen Stoff, das ich unter diesem Kleid trug, konnte ich nun ungehemmt auf dem Bäumen herumklettern.

Bei der Ernte des Getreides, das während unserer Ferien reif wurde, halfen wir alle sehr gern und eifrig. Wir erlebten noch, wie die großen Felder mit der Sense gemäht und die Garben mit Strohseilen mit der Hand gebunden und in Puppen aufgestellt wurden. Es war gar nicht so leicht, genügend Ähren zusammenzuraffen und fest genug zu einer Garbe zusammenzubinden. Es musste außerdem sehr schnell gehen, denn man arbeitete in einer Reihe hinter den Schnittern. In unserem letzten Sommer auf der Ebenheit hatte der fortschrittliche Herr Kunath als einer der ersten Bauern auf der Ebenheit bereits einen Mähbinder in Betrieb, den Pferde zogen.

Nur zu schnell verflogen die Ferienwochen. Nachdem die Ernte eingebracht war, wobei wir natürlich wieder mitgewirkt hatten, übten wir uns auf den weiten Stoppelfeldern im Bumerangwerfen oder ließen unsere selbstgebauten Seidenpapierdrachen steigen. Ich saß dann gern auf dem Feldrain und guckte in den blauen Himmel mit den weißen, sich schnell verändernden Wolken, in die ich alle möglichen Gesichter und Gestalten hineinsah.

Nun fanden wir auch schon unter dem großen Birnbaum an der Hausecke die ersten, zwar wurmstichigen, aber reifen, gelben Frühbirnen. Der Sommer neigte sich seinem Ende zu, es galt, Abschied zu nehmen, was uns immer sehr schwer fiel. Braungebrannt, verwahrlost und prächtig erholt trafen wir nach etwa einstündiger Fahrt mit dem Bummelzug in Dresden ein. Die Stadt machte schon einen herbstlichen Eindruck. Das Laub der Straßenbäume begann bereits, sich zu verfärben.

In einem dieser Jahre machte Vater uns das Heimkommen leicht. Er hatte sich eine schöne Überraschung ausgedacht. In unserem Kinderzimmer waren übers Kreuz von einer Ecke zu anderen Schnuren gespannt, an denen prächtiges Obst hing, Äpfel, Birnen, Trauben, auch an eine Melone in der Mitte glaube ich mich zu erinnern.

Der Herbst war nun da, die letzten Schulwochen vor den Michaelisferien und den Zeugnissen begannen.

Die großen Ferien 1911 und 1912 sahen uns nicht in der Sächsischen Schweiz; erst 1913 fuhren wird wieder dort hin. Kleingießhübel, ein weltabgeschiedenes Dörfchen nahe der böhmischen Grenze, nicht weit von Koppelsdorf entfernt, war unser Reiseziel. Gegenüber von Schandau, bei Krippen, beginnt ein Waldtal, das von dem Krippenbach durchflossen wird. Damals noch durch keine Verkehrsmittel erschlossen, bewahrte diese Gegend ganz ihren ursprünglichen Reiz und Charakter. Nach etwa anderthalbstündigem Marsch erreichte man, fast am Ende des wunderschönen, romantischen Tales, die uralte, schindelgedeckte Röllingmühle. Schon seit dem Dreißigjährigen Krieg sei diese Mühle im Besitz der Familie Rölling, erzählte man uns. Bei dieser hübschen Mühle verließ die Straße den Talgrund und stieg etwas hinan zum Dorf Kleingießhübel. Der größte Bauernhof des Ortes, der etwas abseits lag, sollte nun für fünf herrliche Wochen unser Heim sein.

Mit dem Backtrog auf dem Teich, 1913

An einem ungewöhnlich großen, sehr sauberen, kiesbestreuten Hof stand an der rechten Seite das stattliche Fachwerkwohnhaus, in dem, wie üblich, auch der Kuhstall untergebracht war. Gegenüber befand sich die große Scheune. Die Querseite wurde von einem weiteren Wirtschaftsgebäude mit Pferdestall gebildet. Die vierte Seite, nach dem Dorf zu, blieb offen. Hier standen zwei alte, riesige Kastanien. Unter der einen, neben dem Wohnhaus, plätscherte ein Brunnen, dessen Wasser in einen großen Steintrog lief. Daneben standen eine Holzbank, ein Tisch und Stühle. Hier nahmen wir alle unsere Mahlzeiten ein. Mitten in der großen Wiese vorm Gehöft, etwas erhöht, lag ein größerer Teich, dessen eine Seite idyllisch von Erlen und Weiden eingefasst wurde. Der Teich hatte einen Zu- und Abfluss und war nicht so vergrünt, wie die Ebenheiter Löschteiche. Sicher hatte er früher der Fischzucht gedient, jetzt lebten nur noch Molche und Frösche dort. Weiße und rosa Seerosen blühten auf dem Wasser und entzückten mich immer wieder, wenn wir im Backtrog auf dem Teich herumpaddelten. Hier konnten wir auch täglich baden und am Wasser spielen.

Mit Mutti machten wir oft größere Spaziergänge in die umliegenden, weiten Fichtenwälder, aus denen sich die Felsen der beiden Zschirnsteine in der Ferne erhoben. In diesen Ferien spielte das Pilzesammeln und Bestimmen eine große Rolle. Vom vielen Nachschlagen in unserem dreibändigen Bestimmungsbuch von Michael kannte ich bald eine stattliche Anzahl Pilze. Was wir einwandfrei bestimmt hatten, aßen wir auch. Später zählte ich einmal, dass wir insgesamt ungefähr 45 verschiedene Sorten nach und nach verspeist haben. Alle sind uns gut bekommen. Auch Heidelbeeren, Himbeeren und Brombeeren haben wir in diesen Wäldern gesucht, die sich endlos bis nach Böhmen hinein erstreckten und gänzlich unberührt waren.

In dieser stillen Gegend gab es auch noch zahlreiche Kreuzottern, auf die sogar ein Kopfpreis von 50 Pfennigen gesetzt war. Wir wurden immer wieder zur Vorsicht ermahnt und mussten beim Beerensammeln und Pilzesuchen nach Möglichkeit Stiefel anziehen.

Dass diese Warnungen berechtigt waren, erlebte ich einige Jahre später. Um die Osterzeit machte ich mit Mutti eine Wanderung zum Kleinen Zschirnstein, wohl von Dresden aus. Es war vielleicht der erste, richtig sonnige und warme Frühlingstag. Wir hatten den Zschirnstein, eine langgestreckte Felsenklippe, erstiegen und gingen in lebhaftem Gespräch den schmalen Pfad auf dem von zahlreichen Rissen und Spalten durchzogenen Sandstein entlang. Unser Blick war in die Ferne gerichtet, auf all die blauen Berge rundum.

Zufällig sah Mutti einmal auf den Weg und entdeckte unmittelbar vor ihrem Fuß eine große, träge Schlange, eine Kreuzotter. Nun sahen wir rundum auf den Felsen und dem trockenen Heidekraut Dutzende von Kreuzottern, graue, braune, kleine und große. Ein unheimlicher Anblick. Uns blieb fast das Herz stehen und vorsichtig, vorsichtig traten wir den Rückweg an. Die Schlangen waren wohl zum ersten Mal aus ihren Höhlen und Verstecken an die Sonne gekrochen. Sie machten einen benommenen Eindruck und rührten sich zum Glück nicht von der Stelle. Wir waren aber doch sehr erleichtert und froh, als wir aus ihrer Nähe kamen. Ein Kreuzotternbiss in dieser menschenleeren Gegend hätte verhängnisvoll werden können.

Ostern 1914 machten wir eine mehrtägige Fußwanderung mit den Eltern, um die Lausitz etwas näher kennen lernen, denn auf unseren Sonntagswanderungen berührten wir sie kaum.

Wo unsere Wanderung begann, weiß ich nicht mehr. Am Ostersonntag waren wir jedenfalls in Bautzen und sahen uns die alte, hübsche Stadt an mit ihrer geteilten Kirche, die seit Jahrhunderten friedlich von Katholiken und Protestanten gleichzeitig benutzt wurde.

Auch an das Heimatmuseum kann ich mich erinnern und an die dort aufbewahrten wunderschön bemalten Ostereier. Die wendische Bevölkerung besaß eine ganz besondere Fertigkeit in der Kunst des Ostereierschmückens. Wir sahen dem berühmten Eierrollen an den steilen Hängen der Spree zu. Sämtliche Kinder der Stadt versuchten, möglichst viele der Apfelsinen und Eier zu erwischen, die von den Erwachsenen den Hang hinabgekollert wurden. Nur ganz wenige Eier landeten schließlich in der Spree.

Eine Nacht blieben wir auf dem Czorneboh, der einst dem schwarzen, bösen Slawengott geweiht war, während auf dem jenseits des Tales liegenden Bieleboh dem guten, weißen Gott geopfert wurde. Mit Mutti und Elfriede schlief ich in einem vorhanglosen Zimmer des Aussichtsturms, in Höhe der Baumwipfel, die sich in einem starken, nächtlichen Sturm bogen, während Wolkenfetzen vor dem Mond vorbeijagten. Es war so recht eine Nacht für das Wilde Heer. Nach allem, was wir gerade von dem bösen Gott Czorneboh und den heidnischen Opferfesten gehört hatten, war es etwas unheimlich. Die siebenjährige Elfriede fürchtete sich schrecklich und kroch schließlich in Muttis Bett.

Auch das Schlachtfeld von Hochkirch, zwischen Löbau und Bautzen, das sowohl im siebenjährigen Krieg als auch in der Napoleonzeit eine Rolle gespielt hatte, besuchten wir damals. Der österreichische Marschall Daun hatte hier 1758 über Friedrich den Großen gesiegt. Vater erläuterte uns genau die Stellung der beiden Heere und den Verlauf der Schlacht. 1813, also vor hundert Jahren, wurde auf dem gleichen Feld noch einmal gekämpft. Da siegten die Franzosen über die Verbündeten.

Aber wie weit lag das alles zurück. So fern, so unvorstellbar schienen uns diese Kriegsereignisse. Wir glaubten, in unserer Zeit seien solche Kämpfe im Herzen Europas nicht mehr möglich.

Wer hätte damals geahnt, dass uns nur noch wenige Monate von einem furchtbaren Krieg trennten, der die ganze Welt erschüttern und verändern sollte?

Elbufer beim Freibad „Anton's" (Gertraude Gmeiner 1921)

Stadt und Welt

In meinen Erinnerungen an die Kinderzeit leuchten die glücklichen Ferienwochen und die Sonn- und Festtage natürlich besonders hell.

Unser Leben kannte aber schließlich auch den Alltag, endlose Schultage, lange Wochen in dem steinernen Meer der Großstadt, in der wir uns gefangen fühlten, die wir aber trotzdem liebten.

Da wir dicht am Hauptbahnhof wohnten, nur wenige hundert Meter von der Prager Straße entfernt, kamen wir fast täglich in die innere Stadt und fühlten uns mit ihr sehr stark verbunden.

Ich liebte alle Wege, die mich durch die Innenstadt führten. Als ich größer wurde, nahm ich nur zu gern Mutti manchen Besorgungsgang ab. So oft es sich einrichten ließ, benutzte ich dabei meine Rollschuhe, besaß ich doch einen Stadtplan, auf dem alle asphaltierten Straßen eingezeichnet waren. Wie unendlich oft bin ich durch die Pragerstraße, über den Ring, durch die Seestraße bis zum Altmarkt und weiter durch die Schloss-Straße bis zur Elbbrücke gelaufen. Wie deutlich hat sich jede Einzelheit in das Gedächtnis eingegraben.

Dresdens Entwicklung

Aus eigener Anschauung hatten wir die jüngste Entwicklung Dresdens beobachten können. In diesen letzten Jahrzehnten vor dem Ersten Weltkrieg hatte die Stadt ihre – bis zur Zerstörung 1945 – endgültige Gestalt erhalten.

Wir hatten miterlebt, wie die neue Friedrich-August-Brücke über die Elbe gebaut wurde. Wir sahen, wie hinter den hölzernen Bauplanken das stattliche Neue Rathaus emporwuchs. Der Altmarkt hatte nach der Wiederherstellung des schönen Alten Rathauses und der Löwen-Apotheke ein sehr geschlossenes Aussehen bekommen. Am Opernplatz trat das Gebäude des „Italienischen Dörfchens" an die Stelle vieler kleiner, bunter Häuschen, an die ich mich noch zu erinnern glaube. So erhielt dieser schöne Platz einen Abschluss zur Elbe hin. Als letztes bedeutungsloses Gebäude in Zwingernähe entstand noch kurz vor dem Krieg gegenüber dem Kronentor das Neue Schauspielhaus an der Ostra-Allee.

In unserer nächsten Nähe wurde in diesen Jahren der obere Teil der Pragerstraße, zwischen Sidonienstraße und dem Hauptbahnhof, mit großen Geschäftshäusern, prächtigen Hotels und Kinopalästen bebaut. In uns Kindern erwachte ein gewisser Bürgerstolz und wir freuten uns über jeden Neubau.

Jenseits des Hauptbahnhofs, nach Räcknitz zu, war in der Verlängerung der Reichsstraße das moderne Münchener Viertel mit dem burgähnlichen Landgericht angelegt worden und dehnte sich schnell weiter aus.

Von einer anderen, ganz neuartigen Siedlung drüben über der Elbe wurde in jenen Tagen sehr viel gesprochen. Am Rande der Heide entstand die Gartenstadt Hellerau mit der Gymnastikschule des Emile Jaques-Dalcroze. Doch Hellerau lag weit draußen und außerhalb unseres Erlebnisgebietes. Wir waren wohl nur ein- oder zweimal dort, aber natürlich entzückt von den kleinen Eigenheimen mit ihren Gärten, die uns wie Spielzeug erschienen. Dass hier namhafte Künstler lebten und wirkten und eine neuer Geist richtungweisend auf manchen Gebieten von dieser Siedlung ausging, begriffen wir erst, als wir älter wurden und vom Werkbund, von den Deutschen Werkstätten, von Mary Wigman und anderen Künstlern hörten.

Wenn wir mit den Eltern sonntags durch die Stadt gingen, zur Galerie oder irgendeinem Museum, hatten sie uns stets auf die Schönheiten der alten Bauwerke aufmerksam gemacht und versucht, unseren Sinn auch für die geschichtliche Vergangenheit der Stadt zu wecken.

War ich auch noch zu jung, um Verständnis für die verschiedenen Baustile und insbesondere für den nicht kindlichen Barockstil zu haben, den ich als wirr und überladen empfand, so fühlte ich doch unbewusst die Schönheit der Verhältnisse und Linien, vor allem bei den schlichten und doch vornehmen Bürgerbauten in den Straßen rund um den Neumarkt oder auch in der Großen Meißner Gasse in der Neustadt. Allmählich empfand ich auch den festlichen Glanz der Prunkbauten, des Zwingers, des Japanischen Palais und schließlich auch des Palais im Großen Garten, das mir am längsten fremd blieb, obwohl wir so oft daran vorbei kamen. Viel schöner fand ich die kleinen Kavaliershäuschen und die blühenden Teppichbeete vor dem Palais, die großen, alten Kastanien rund um den Teich und den märchenhaft blühenden Rhododendron-Hain mit seinen uralten, riesigen Büschen. In der Erinnerung scheint es mir, als hätten in Dresden Flieder und Kastanien das ganze Jahr geblüht, so sehr gehörten sie zu den Anlagen und den Wohnvierteln um die Innenstadt.

In der inneren Stadt gab es allerdings nur wenig Flieder und keine Kastanien. Aber das Bild war deshalb nicht weniger farbig. Der blaugraue Sandstein der Gebäude und die malachitgrünen Dächer der Türme bildeten mit dem Himmel einen wechselnden, aber immer schönen Dreiklang.

Ich liebte das Stadtbild ganz besonders, wenn der Himmel gewittrig dunkelgrau war. Dann standen die Türme in der gleichen Farbe, aber heller auf dem Grund und ganz, ganz hell leuchteten die grünen Kupferdächer. Aber auch, wenn der Himmel hell und hoch war und die Türme dunkel wirkten, immer war es ein Farbklang, der mich entzückte.

Gotthard Kühl, damals Akademieprofessor, hat wie kein anderer das Bild Dresdens in diesen Jahren, den Zauber des blaugrauen Sandsteins und der kupfergrünen Türme festgehalten. Auch die roten und gelben Straßenbahnen schienen uns in das farbige Bild der Stadt zu gehören und an den Festtagen die Fahnen in weiß-grünen

Sachsenfarben und dem Schwarz-weiß-rot des zur Weltgeltung gekommenen Deutschen Reiches. Als diese Fahnen dann häufig wehten, standen wir allerdings schon im Ersten Weltkrieg und der Anfang vom Ende hatte begonnen.

Ereignisse

Wenn ich versuche, mich an das Dresden zwischen der Jahrhundertwende und dem Ersten Weltkrieg, das Dresden meiner Kinder- und Schuljahre zurückzuversetzen, so scheint mir ein besonderer Glanz, der sich von Jahr zu Jahr steigerte, über allem zu liegen.

Das ist wohl nicht nur die Verklärung, in der alte Menschen die Kinderzeit sehen, es ist hier vielleicht zugleich der Abglanz der festlichen Stimmung, die in diesen anderthalb Jahrzehnten die Stadt kennzeichneten. Zweifellos erlebte Dresden nach der Jahrhundertwende eine Blütezeit.

Dresden war eine schöne, saubere und friedliche Stadt, die sich vor Fremden sehen lassen konnte. Es kamen damals sehr viele Besucher nach Dresden, angezogen durch die einzigartige Lage am Elbstrom, durch das rege kulturelle Leben und die reichen Kunstschätze der Galerie und der Museen, vor allem aber auch angezogen durch die berühmte Oper und das Schauspielhaus mit den zahlreichen Ur- und Erstaufführungen jener Jahre. Später trugen auch wechselnde Ausstellungen dazu bei, Fremde anzuziehen.

Für uns alle waren es glückliche Jahre. Die Eltern nahmen regen Anteil am geselligen Leben in Dresden. Wir Kinder waren inzwischen aufnahmefähiger geworden und interessierten uns für alles, was um uns herum und in unserer Heimatstadt geschah.

Ich kann mich zwar nicht daran erinnern, dass die Erwachsenen ausdrücklich mit uns über die Ereignisse, die „die ganze Stadt" beschäftigten, gesprochen hätten. Trotzdem ist uns wohl nicht vieles entgangen. Wir schnappten hier und da etwas auf, sprachen darüber mit den Klassenkameradinnen und Freundinnen in der Schulpause oder – vor allem – beim Umziehen für die Turnstunde in der Garderobe.

So gewannen wir ein in den Einzelheiten wahrscheinlich oft verkehrtes, im Wesentlichen aber zutreffendes Bild der Geschehnisse. Nachrichtenquellen wie illustrierte Zeitschriften, Rundfunk, Fernsehen usw. gab es ja noch nicht. Die „Fliegenden Blätter", die uns Großmama zum Lesen gab, stammten noch aus dem vorigen Jahrhundert. Tageszeitungen durften wir – wenigstens im Urzustand – nicht lesen, damit Gräuelnachrichten, Mord und Totschlag nicht unsere Ruhe störten. Wir mussten sie aber – in mühsamer und nur selten durch einen Fünfer belohnter Arbeit – zu Stößen von Klopapier zurechtschneiden. Am stillen Ort konnten wir die interessantesten Berichte dann in langen, ungestörten Sitzungen aufs Genaueste studieren. Meist erwischten wir dann gerade das, was wir nicht lesen sollten. Aber so weit hatten die Erwachsenen wohl nicht gedacht.

Übrigens waren Krepprollen zu dieser Zeit noch nicht erfunden. Für die Erwachsenen hing ein Kästchen an der Wand mit glatten, ungebleichten Seidenpapierblättchen. Wir Kinder durften dieses wertvolle Material nur zu künstlerischen Zwecken benützen. Obwohl das Papier nicht allzu durchscheinend war, pausten wir ganze Seiten unserer Lieblingsbücher durch. Besonders geeignet war auch hier das bereits erwähnte Buch „Kinderhumor für Auge und Ohr" von Gertrud Caspari, in dem alle Figuren von starken Konturen umrandet waren. Auch Kleidchen für kleine Puppen und wunderschöne Papierblumen ließen sich aus diesen Seidenpapierblättchen anfertigen.

Über die Ereignisse in unserer Vaterstadt unterrichteten uns noch besser als diese Zeitungsbruchstücke die Schaukästen und Postkartenauslagen der Papiergeschäfte. Alles, was die Stadt bewegte und erregte, konnte man in den Läden sehen, an denen unser Weg vorbeiführte. Ein kleines Papiergeschäft an meinem Schulweg war an manchem Zuspätkommen schuld. Andere Papiergeschäfte sah ich mir bei Besorgungsgängen in der Stadt oder auf dem Weg zur Großmutter Gmeiner an.

Alles, was heute die Illustrierten füllt, gab es damals als Postkarten zu kaufen. Zunächst erfuhr man natürlich, was im Kaiserhaus oder bei der Königsfamilie vorging. Jeder neue Kaisersohn konnte im Taufkleidchen bewundert werden, Gruppenbilder der kaiserlichen oder königlichen Familie und unzählige Bilder von der jüngsten Königstochter, Anna Monika, waren zu sehen. Man hatte sie ihrer Mutter, der weggelaufenen Kronprinzessin (von der man nicht sprach) genommen und wieder zum König ins Schloss zurückgebracht. Das interessierte mich natürlich brennend. Auch die Bilder von der Hochzeit der Kaisertochter Viktoria Luise mit dem Herzog von Braunschweig-Lüneburg und später die Bilder dieser Familie betrachtete ich stets mit Vergnügen.

Noch mehr Schaukästen als für die Fürstlichkeiten wurden für die Schauspieler und Sänger der Königlichen Theater verwendet. Auch diese studierte ich eingehend, wobei ich die Kostüme viel interessanter fand als ihre wohlgenährten Träger. Dass diese zu den berühmtesten Schauspielern und Sängern der damaligen Zeit gehörten, wusste ich nicht. Die Namen Eva Plaschke v. d. Osten, Friedrich Plaschke, Carl Perron, Minnie Nast, Fritz Vogelstrom sagten mir nichts.

Aber dass es mit Strauß' „Rosenkavalier", von dem es so unendlich viele Postkarten gab, eine besondere Bewandtnis hatte, das erfasste ich wohl. Es war das Jahr der Uraufführung 1911!

Berühmte Aufführungen der Wagner-Opern und Erstauffführungen Hauptmannscher Stücke im Schauspielhaus fielen auch in diese Jahre. Der Rosenkavalier ist mir aber in ganz besonderer Erinnerung geblieben. Vielleicht, weil ich zwischen der „Hosenrolle" im Rosenkavalier, über die so viel gesprochen wurde, und der damals aufkommenden Hosenrockmode, über die man sich aufregte, einen Zusammenhang vermutete.

So war es für mich geradezu ein Erlebnis, einmal in der Bürgerwiese eine Dame in solch einem anrüchigen Kleidungsstück zu sehen. Wahrscheinlich war es eine Fremde oder eine Schauspielerin, die ein tadelloses, graues Schneiderkostüm mit langer Herrenhose trug. Heute ist es unvorstellbar, wie ihr alle Leute nachsahen und sich schrecklich entrüsteten. In meinen Postkartenläden gab es ganze Serien von Karten, die diese Hosenrockmode karikierten. Es war wohl noch einige Jahrzehnte zu früh für diese Entwicklung. Dass die Hosenrolle im Rosenkavalier nichts mit der Mode zu tun hatte, erfuhr ich erst viel später.

Wenn ich versuche, mich an Erlebnisse aus diesen Jahren zu erinnern, die mir einen ganz besonders großen Eindruck gemacht haben, so muss ich stets an eine Ausstellung denken, die ein etwa zehnjähriges Mädchen begeistern musste.

Das Dresdner Kinderkrankenhaus brauchte für seinen Ausbau Geld. Um Mittel zu beschaffen, veranstaltete man einen Wettbewerb: Puppen sollten angekleidet werden. Die schönste würde den Preis erhalten. Alle Puppen würden dann einige Tage ausgestellt und schließlich zugunsten des Krankenhauses verkauft oder verlost werden.

Dieser Aufruf hatte offenbar Erfolg. Die Dresdner Damen hatten sich in großer Zahl und mit originellen Ideen beteiligt. Mit Mutti, die zu meinem Kummer an dem Wettbewerb nicht teilgenommen hatte, obwohl sie es doch verstand, ganz reizende Puppenkleidchen zu nähen, durfte ich die Ausstellung ansehen. Sie versetzte mich in helles Entzücken. Man konnte ungezählte Puppen bewundern. Eine war schöner als die andere. Wie im Traum ging ich durch die Räume. Hier gab es alles, was man sich nur denken konnte und was das Herz einer Zehnjährigen höher schlagen ließ: Zunächst natürlich „süße" Babypuppen in Wolken von Weiß, Rosa und Hellblau, dann Puppen aller Größen, nach der neuesten damaligen Kindermode gekleidet, darunter viele in Smokkleidchen. Diese interessierten mich besonders, weil ich seit einiger Zeit selbst für meine und Elfriedes Puppen nähte und damals gerade anfing, mich an Smoknäherei zu versuchen.

Alle Gestalten aus Grimms und Andersens Märchen und aus den Sagenbüchern waren vertreten. Auch Tausendundeine Nacht fehlte nicht. Außerdem sah man Puppen in Trachten und Kostümen der ganzen Welt, von dem Tiroler Paar bis zur Japanerin. Am besten gefielen mir einige Gruppen, die nach Bildern der Dresdner Galerie gestaltet waren. Es gab da mehrfach das Schokoladenmädchen nach dem berühmten Pastell von Liotard. Ganz besonders gut gelungen war eine Puppe nach dem Gemälde van Dycks „die drei ältesten Kinder Karls I. von England". Hier sah ich zum ersten Mal Käthe-Kruse-Puppen, die im Begriff waren, ihren Siegeszug anzutreten. Im Typ passten sie gut zu den kleinen Prinzen und Prinzessinnen, die vor mehr als dreihundert Jahren gelebt hatten.

Wahrscheinlich war ich damals noch nicht oft in der Gemäldegalerie gewesen und kannte das Bild nur von Postkarten. Sicher wusste ich auch noch nichts von van Dyck und der niederländischen Malerei des 17. Jahrhunderts. Es muss also der Reiz dieser Kindergruppe selbst gewesen sein, der mich so entzückte, dass ich gar nicht wieder weg wollte. Diese Käthe-Kruse-Puppen wirkten soviel lebendiger, als die Puppen mit den starren Porzellangesichtern, die ich bis dahin nur kannte. Ich konnte mich von dieser Gruppe nicht trennen und hoffte, sie bei der Verlosung zu gewinnen, wurde aber leider bitter enttäuscht. Wenn ich mich recht erinnere, hatte diese Gruppe den 1. Preis errungen.

Aber nicht nur das Kinderkrankenhaus, auch andere Stellen brauchten offenbar Geld. Ich glaube, es war im Frühling des Jahres 1911, als eine große Straßensammlung, wahrscheinlich zugunsten des Roten Kreuzes, veranstaltet wurde. Es war die erste von den vielen Straßensammlungen, die wir später noch erleben sollten.

Dieser erste „Blumentag" – ein Margaritentag – war etwas Neues und ein Fest für die ganze Stadt. Ich glaube, wir hatten sogar schulfrei, um uns als Sammler betätigen zu können. Wir waren jedenfalls sehr stolz, aktiv an dieser Veranstaltung teilnehmen zu dürfen und sammelten mit ungeheurem Eifer und großer Begeisterung. Ganz in Weiß gekleidet, mit Margariten geschmückt, waren wir den ganzen Tag auf den Beinen. Zeitweilig durfte die vierjährige Elfriede mit mir sammeln. Mit ihrem Margaritenkränzchen auf dem Pagenkopf sah sie reizend aus und niemand verweigerte ihr die kleine Spende. Unsere Büchsen waren bald voll und wir mussten sie gegen leere umtauschen. Wie leid tun mir die Kinder, die heutzutage sammeln müssen und es dabei so schwer und so wenig Erfolg haben!

Die Rosenkavalier-Aufführung, der Margaritentag, die ungewöhnliche Hitze – das Jahr 1911 brachte noch weitere Ereignisse, die es bemerkenswert machten und in meiner Erinnerung als ein unvergessliches Jahr festgehalten haben.

Im Sommer 1911 sollte in Dresden eine ganz große Ausstellung gezeigt werden. Dass es mit dieser 1. Internationalen Hygiene-Ausstellung eine besondere Bewandtnis hatte, merkten wir bald. Mit hellwachem Interesse verfolgten wir alle Vorbereitungen. Internationale Ausstellungen waren in jenen Tagen wohl noch nicht häufig. Eine Hygiene-Ausstellung war etwas ganz Neues. Sie wurde ein glänzendes Ereignis, das in unvorstellbarem Maße das Leben der ganzen Stadt bestimmte und alle Gemüter beschäftigte.

Der Gedanke und wahrscheinlich auch ein großer Teil der zur Verwirklichung nötigen Mittel stammten von Otto Lingner, dem Hersteller des Mundwassers Odol. Ob dieses Wasser seine eigene Erfindung war und sich durch seine Güte den Markt eroberte, weiß ich nicht. Ich glaube, dass zu seiner weiten Verbreitung entscheidend die ungeheure Reklame beitrug, die für das Odol gemacht wurde. Es war wahrscheinlich überhaupt eine der ersten industriellen Werbungen auf ganz breiter Grundlage. Lingner hatte frühzeitig erkannt, welche Möglichkeiten in geschickter Reklame lagen. Die weiß-hellblaue Odol-Flasche mit dem krummen Hals war uns Kindern wohlbekannt, gab es doch keine Plakatsäule, kaum eine Hauswand, kaum einen Bretterzaun, von denen sie uns nicht gegrüßt hätte.

Bald wurde den Plakaten ganz allgemein erhöhte Aufmerksamkeit gewidmet. Vor allem der vor einigen Jahren gegründete Werkbund trug wohl dazu bei, dass die Reklame künstlerisch gestaltet wurde. Künstler wie Ludwig Hohlwein, Lucian Bernhard, Ehmke und andere prägten einen eigenen Plakatstil. Fast jedes der Plakate wurde von einer Miniaturausgabe, einer Reklamemarke begleitet. Sehr bald regte sich insbesondere unter der Jugend die Sammelleidenschaft. Es gab sehr schöne Reklamemarken. Helmut sammelte von uns am eifrigsten und besaß schließlich eine große Anzahl dieser kleinen Werke, an denen wir unseren Kunstgeschmack schulten. Bis zum Ersten Weltkrieg dauerte diese Reklamemarken-Leidenschaft. Dann verschluckte die Not der Zeit auch diese kleinen Kunstwerke.

Als die Hygiene-Ausstellung aufgebaut wurde, stand man noch ganz am Beginn dieser Entwicklung und war sehr aufnahmefähig für jede Art von Reklame. Überall tauchte nun das sehr wirkungsvolle Plakat der Hygiene-Ausstellung auf, ein großes Auge in Schwarz und Gelb, auf einem sternbedeckten, dunkelblauen Hintergrund, ein Entwurf Franz von Stucks. Im Kleinformat, als Marke, wurde es auf alle Briefe geklebt.

Uns Kinder hielt die Hygiene-Ausstellung von den ersten Frühlingswochen an in Atem. Auf unserem täglichen Spaziergang konnten wir das schnelle Entstehen der Ausstellungsanlagen und -hallen beobachten, die einen großen Teil des Großen Gartens in Anspruch nahmen.

Ein riesiges Gebiet von der Johann-Georgen-Allee über die Albrechtstraße bis tief in den Großen Garten, von unserer Pappel-Allee über das Sportplatzgebäude bis zur Stübelallee wurde mit Bretterzäunen umgeben. Von der Pappel-Allee bis weit hinein in die Lennéstraße wurde dieser Zaun mit einer humorvollen Bilderserie bemalt, die den uns bekannten Hans Huckebein von Wilhelm Busch darstellte, der in witziger Weise Reklame für Klepperbeins Wachholdersaft machte. Mit großem Entzücken betrachteten wie bei jedem Spaziergang die neu entstandenen Bilder.

Nach der Eröffnung der 1. Internationalen Hygiene-Ausstellung im Mai lag Feststimmung über der ganzen Stadt. Zahlreiche elegante Fremde kamen nach Dresden. Viele Gäste kamen auch in unser Haus – Corpsbrüder, Studienfreunde und Kollegen von Vater, Muttis Leipziger Verwandtschaft und noch viele, uns Kindern unbekannte Leute.

Für die vielen Veranstaltungen dieses Sommers hatte Mutti sich ganz neu eingekleidet. In ihrem silbergrauen Schneiderkostüm mit dem der Mode entsprechenden, riesigen, turbanähnlichen Hut in Silbergrau und Taubenblau kam sie mir wunderschön vor. Sie war ja auch noch eine junge Frau von erst 36 Jahren. Meist ging sie mit Elfriede aus. Das besonders niedliche, vierjährige Kind war auch reizend ausstaffiert worden. Sie trug weiße Schuhchen und Strümpfchen, was damals als ungewöhnlicher Luxus galt, und ein weißes Pikeemäntelchen mit breitem Pelerinenkragen. Zu diesem gehörte ein von Elfriedes Patentante, Muttis Kränzchenfreundin Elfriede Otto, selbst entworfenes und gesticktes Käppchen in weiß und altrosa, das Dickchen, wie wir unsere Schwester nannten, ganz reizend stand. Wir Geschwister waren sehr stolz auf Elfriede, die von uns nach Kräften verwöhnt wurde.

In der Hygiene-Ausstellung waren wir Großen nicht oft. Ein- oder zweimal durften wir mit den Eltern die Ausstellung besuchen und gründlich ansehen. Ganz feierlich war mir zumute, als ich zum ersten Mal die große Haupthalle der Ausstellung, die Schau „Der Mensch" betrat. Diese sehr anschaulich und leicht verständlich zusammengestellte, großartige Schau bildete das Kernstück des Deutschen Hygiene-Museums in Dresden. Mir vermittelte sie die ersten Vorstellungen vom Bau des menschlichen Körpers und den Aufgaben seiner Organe.

Interessant waren für uns auch die vielen, neuen Hallen, die in dem uns so wohlbekannten Gelände des Großen Gartens entstanden waren und natürlich die geschlossene Brücke, die über die Lennéstraße hinwegführte. Staunend erfassten wir, dass wirklich alle Erdteile und anscheinend alle Völker in der Hygiene-Ausstellung vertreten waren und begriffen, wie groß und weit die Welt ist. In der Erinnerung haften blieb mir nur das Bild einer Gruppe von Negern, die vorführten, wie sie mit Holzstückchen, Zweigen irgendeines Strauches ihrer Heimat, sich die Zähne putzten. Zu gerne hätte ich so ein Hölzchen gehabt, doch wurde uns Kindern nicht leicht etwas Unnötiges gekauft.

Nach der anstrengenden Besichtigung durften wir uns zuletzt im Vergnügungspark tummeln. Mit Elfriede saßen wir lange vor einem im Freien aufgebauten Kasperletheater. Später waren wir nicht wieder von dem „Taifun"-Rad wegzubringen. Es war eine vielleicht vier Meter im Durchmesser große Scheibe, die in der Mitte erhöht war und sich erst langsam, dann immer schneller drehte. Es galt, den Mittelpunkt zu gewinnen, auf dem man sich halten konnte. Es war gar nicht so leicht, und wir machten erste praktische Erfahrungen mit der Zentrifugalkraft. Immer dachte ich an das Taifunrad, wenn wir später im Physikunterricht die Fliehkraft behandelten.

In der Hygiene-Ausstellung gab es übrigens auch eine Schwedische Turnhalle, die unserem Turnsaal in der Kox'schen Schule genau entsprach. Die Oberklassen meiner Schule, die „Großen", hatten während der Dauer der Ausstellung ihren täglichen Unterricht dort vor einem oft begeisterten Publikum. Wie beneideten wir „Kleinen" sie!

In das „Undosa-Wellenbad", über das die Erwachsenen besonders viel sprachen, weil es – man höre! – ein „Familienbad" war, durften wir zu unserem Bedauern natürlich nicht hineinsehen. Es war wohl auch nur abends geöffnet.

Doch auch dieser so heiße und ereignisreiche Sommer nahm ein Ende. Der Herbst kam, die Ausstellung wurde geschlossen. Man brach die Hallen und die Bretterzäune mit den schönen Bildern ab. Eines Tages zeigte der Große Garten wieder sein altgewohntes Gesicht. Dresden kehrte zum Alltag zurück und rüstete sich für den Winter. Wir Kinder freuten uns auf die Advents- und Weihnachtszeit.

In diesem Winter gab es – ich glaube erstmals – außer unserem geliebten Christmarkt noch eine Weihnachtsmesse im Alten Landhaus in der König-Johannstraße, einem schlossähnlichen Barockgebäude. Diese Messe wurde, soviel ich weiß, von einer Dresdner Künstlervereinigung oder einer Gruppe von Kunstgewerblern veranstaltet, vielleicht von dem vor einiger Zeit gegründeten Dürerbund, dem Heimatschutz oder den Deutschen Werkstätten in Hellerau – oder vielleicht von allen zusammen. Genau weiß ich das nicht, doch hörte ich alle diese Namen öfters von den Eltern, die sich für alle Bestrebungen dieser Künstlergruppen interessierten und einsetzten. Insbesondere den Heimatschutz unterstützte Vater. Die schönen Heimatschutz-Hefte lasen auch wir später mit großem Interesse.

Diese z.T. in Dresden gegründeten Vereinigungen hatten sich zum Ziel gesetzt, der durch die industrielle Fertigung zunächst entstandenen Geschmacks- und Stilverwilderung entgegenzutreten und auch die Alltagsdinge wieder künstlerisch zu gestalten. Der Jugendstil der Jahrhundertwende hatte sich inzwischen ausgetobt. Schöne, neue Formen wurden angestrebt und gefunden.

Die Weihnachtsmesse im Alten Landhaus war in diesem Sinne liebevoll zusammengestellt und zeigte bestes Handwerk und Kunstgewerbe. In jedem Raum stand ein Christbaum, ein jeder vom anderen ganz verschieden geschmückt und ein jeder in seiner Art besonders schön. Keramik wurde ausgestellt, Töpfereien aus der Lausitz, schönes Glaszeug, Textilien, Handwebereien und Handarbeiten aller Art, handgebundene Bücher und handgearbeiteter Gold- und Silberschmuck, Holzschnitzereien, Spielzeug aus dem Erzgebirge und dergleichen Dinge mehr, die damals etwas Neues waren. Für mich, die ich gerade anfing, zu basteln und zu handarbeiten, gab es eine Fülle von Anregungen für die Weihnachtsarbeiten, an die wir bald mit Feuereifer gingen.

Im Alten Landhaus wurde etwa das gezeigt, was man heute in einem Dürerhaus oder in einem guten Kunstgewerbegeschäft kaufen kann. Damals gab es solche Geschäfte noch nicht. Sie wurden gerade erst gegründet (Dürerhaus, Raumkunst, Hellerauer Werkstätten). In den Läden der Stadt fand man noch vielen altmodischen und geschmacklosen Kram, wie er Ausgang des 19. Jahrhunderts von der Industrie serienweise hergestellt wurde. Die Weihnachtsmesse hat sicher dazu beigetragen, die verlorene Freude an schönem, echtem Handwerk und künstlerisch gestalteten Alltagsdingen wieder zu erwecken. Darüber hinaus hatte sie für mich einen ganz besonderen weihnachtlichen Zauber, der mich schon umfing, wenn ich das alte Barockhaus betrat und die zweiarmige, schön geschwungene Treppe – mit ihren schmiedeeisernen Gittern und den vielen Tannenbäumchen darauf – emporstieg.

Nach allem, was 1911 in Dresden geboten worden war, verlief das Jahr 1912 etwas ruhiger. Es wurde ein Jahr der Rückschau auf die Zeit vor hundert Jahren, hatte Dresden doch in den Napoleonischen Kriegen auch eine Rolle als Kampfplatz gespielt. Die Schrecken der Napoleonzeit und des Jahres 1812 mit dem unglückseligen Zug nach Russland wurden uns eindringlich nahe gebracht. Mit mehr Verständnis als einst in frühester Jugend standen wir nun auf dem Stein vor der Katholischen Hofkirche, in den das große „N" eingemeißelt war. Was mochte Napoleon bewegt haben, als er von hier aus dem Auszug seiner Truppen nach Russland zusah?

Hatten wir uns in den vergangenen Jahren mit Andreas Hofer und der Königin Luise beschäftigt, so begeisterten wir uns nun für Theodor Körner, unsren Dresdner Landsmann, dessen Denkmal vor der Kreuzschule, Vaters einstigem Gymnasium, stand. Vor 100 Jahren, im August 1812, war der junge Dichter als Lützowscher Jäger gefallen. Er stand uns besonders nahe, weil er wie wir in Dresden aufgewachsen war und sogar Vaters Schule besucht hatte. Mit den Eltern sahen wir uns das Körnerhaus in der Neustadt an, in dem auch Schiller verkehrt hatte. Voller Ehrfurcht betrachteten wir alle Erinnerungsstücke.

Die eigentlichen Jahrhundertfeiern der Befreiungskriege fanden erst 1913 statt. Mit der Einweihung des Völkerschlachtdenkmals in Leipzig am 18. 10. 1913 erreichten sie ihren Höhepunkt und fanden sie ihr Ende. An dieser Feier im fernen Leipzig (knapp 100 km von Dresden) nahm niemand von unserer Familie teil. Sie gehört nicht zu meinen eigenen Erlebnissen.

Ein anderes Ereignis militärischer Natur durften wir 1912 noch in Dresden miterleben. Die alljährlichen großen „Kaisermanöver" fanden in diesem Jahr in Sachsen statt. Von den Manövern selbst merkten wir nichts, hatten wir doch überhaupt wenig Beziehung zum Militär. Dresden war zwar eine große Garnisonstadt, doch das Militär und die meisten Kasernen lagen in der Neustadt, also beinahe auf einem anderen Stern. Wir Altstädter hatten nichts damit zu tun. Weil die Eltern nicht interessiert waren, hatten wir auch nie eine der großen Paraden auf dem Alaunplatz gesehen.

Wir Kinder kannten nur die Militärkapellen, die auf der Eisbahn am Carolasee spielten. Dann liefen die Erwachsenen – einschließlich des Königs und der Prinzessin Mathilde – paarweise im Takt der Musik im Kreise herum und störten uns Kinder erheblich beim Hasch-Spielen.

Nun sollten wir zum Abschluss der Kaisermanöver nicht nur eine Militärkapelle, sondern die Kapellen der sämtlichen Sächsischen Regimenter zu hören bekommen. Bei uns, in der Altstadt auf dem Opernplatz, sollte der „Große Zapfenstreich" aufgeführt werden.

Vater hatte von der Polizei, bei der er nach wie vor tätig war, die Berechtigung erhalten, sich mit seiner Familie auf einem abgegrenzten Platz unmittelbar vor dem Opernhaus aufzustellen. Von dort konnten wir alles sehr gut überblicken. Langsam wurde es dunkel, während wir erwartungsvoll über den weiten Platz schauten. Schwarz hoben sich die Türme der Hofkirche und des Schlosses vom Nachthimmel ab. Von ferne hörten wir Musik und bald sahen wir eine leuchtende Schlange, die sich über die Elbbrücke bewegte. Ein fast endloser Fackelzug marschierte zum Opernplatz und formierte sich zu einem riesigen Viereck, das von Fackelträgern umrandet wurde. Dieses Bild vor der dunklen Silhouette der Stadt blieb mir unvergesslich, wenn ich auch ein ganz klein wenig enttäuscht war. Die Soldaten trugen nicht die schönen rötlichen, herrlich qualmenden Pechfackeln, die wir von den Studentenfackelzügen her kannten, sondern Magnesiumfackeln. Deren kaltes, grünes Licht erschien mir künstlich, gar nicht wie richtiges Feuer. Es passte nicht so ganz zu dem nächtlichen Bild und dem großartigen, blauschwarzen Hintergrund.

Die feierliche Musik des Großen Zapfenstreichs, die dann aufklang, rauschte an mir unmusikalischem Kind vorbei, ohne einen sehr tiefen Eindruck zu hinterlassen. Nur an das Auf- und Abschwellen der Trommelwirbel kann ich mich noch gut erinnern. Das Macht- und Weihevolle dieser Stunde empfand ich aber doch sehr stark.

Dieser Zapfenstreich war wahrscheinlich das letzte große Ereignis in Dresden, das wir Kinder noch vor dem Ausbruch des Ersten Weltkrieges in unserer Vaterstadt miterleben durften.

Weltgeschehen

Aus den gleichen Quellen, aus denen wir unsere Kenntnisse über das Leben in unserer Vaterstadt schöpften, stammte damals unser Wissen vom Weltgeschehen. Zeitungsbruchstücke, Postkarten, Unterhaltungen in der Schule waren unsere Hauptinformationsquellen. Manches erfuhren wir auch zufällig aus den Gesprächen der Erwachsenen, einiges wurde uns gelegentlich von den Eltern und Erziehern mitgeteilt.

Wie mein Kindermädchen Marthel mir 1904 von den Kämpfen ihres Bruders gegen die Hereros in Südwestafrika erzählte und wie 1908 der Ausbruch des Aetna und die Verschüttung der Stadt Messina Anlass zu unserem ersten Kinobesuch wurden, berichtete ich schon. Auch von der Zerstörung des Luftschiffs des Grafen Zeppelin bei Echterdingen 1908 und von dem tiefen Eindruck, den dieses Unglück uns machte.

Der Ausbau der Deutschen Flotte und die Schifffahrt interessierten besonders Gerhard, der unentwegt selbst Schiffe baute. Noch ist mir das Entsetzen gegenwärtig, das uns alle befiel, als 1912 die ersten Nachrichten vom Untergang des schönsten, neuesten und größten Passagierdampfers der Zeit kamen. Die ganz neu erbaute „Titanic" war auf ihrer Jungfernfahrt nach New York mit einem Eisberg zusammengestoßen und mit Mann und Maus versunken. Lange beschäftigte diese Katastrophe meine Phantasie.

Von den Balkankriegen, die im gleichen und im nächsten Jahr die Gemüter bewegten, hörten wie nur nebenbei und ohne uns eine rechte Vorstellung von den Vorgängen und Kämpfen machen zu können. In einem der Jahre vor den Balkankriegen hatte Vater noch eine große und schöne Reise durch dem Balkan gemacht. Er war in der damals noch österreichischen Herzegowina, in Bosnien und Montenegro gewesen. Gelegentlich zeigte er uns oder Gästen einmal die guten Aquarelle, die er dort gemalt hatte. Den großen Kelim, der auf dem Esstisch lag, hatte er von dieser Reise mitgebracht. Auch das runde Messingbrett mit den kleinen Mokkatässchen und der Messingkaffeemühle, die sich so schwer drehen ließ, stammte aus türkischem Gebiet. Manchmal braute Vater höchst eigenhändig einen echten, türkischen Kaffee, der mitsamt dem Pulver und ganz viel Zucker getrunken wurde. Alle diese erworbenen Schätze wurden seinerzeit in einer grünen, mit dem roten Halbmond bemalten Kiste nach Dresden verfrachtet, in der heute (1966) noch das Brennholz für unseren Kachelofen aufbewahrt wird.

Wie Vater uns erzählte, trugen die Türken auf dem Balkan alle noch rote Feze mit schwarzen Seidentroddeln. Ich besaß selbst einen ganz echten Fez, den ich sehr liebte. Leider konnte ich ihn nur zu Haus aufsetzen und trug ihn meist, wenn ich an meinem Schulpult saß und schmökerte. Wahrscheinlich war es ein komischer Anblick.

Nun also war Krieg da unten. Die Türkenherrschaft auf dem Balkan sollte nun nach 250 Jahren ein Ende nehmen. Die Türken sollten endgültig aus Europa verdrängt werden. Mehr wussten wir nicht von den Balkankriegen. Sie interessierten mich auch nicht sehr. Es war doch alles so weit weg

Ich lebte damals ganz in der Vergangenheit und las am liebsten historische Jugendbücher, Jungsbücher natürlich. Die Jungmädchenbücher „Trotzkopf" und andere Pensionsgeschichten verachtete ich tief und fand sie albern. Geschichten aus der Völkerwanderung, aus der Hohenstaufenzeit und den Kreuzzügen, Scotts „Ivanhoe" u.a. und alle möglichen Rittergeschichten fesselten mich so stark, dass ich über dem Lesen alles andere vergessen konnte.

Ich glaube, auch die Brüder verfolgten die kriegerischen Auseinandersetzungen in der Welt noch mit wenig Interesse. Ihre Helden waren in jenen Jahren die Entdecker und Forscher und ihre großen Taten und kühnen Unternehmungen. Diese Männer wollten unter furchtbaren Entbehrungen und unter Einsatz ihres Lebens die letzten unerforschten Gebiete der Welt kennen lernen. Sie waren die Helden, für die die Jungen sich begeisterten.

Sven Hedin machte seine Asienreisen und durchstreifte das unerforschte Tibet. Gerhard besaß Sven Hedins Buch „Von Pol zu Pol". Afrikaforscher berichteten von ihren Erlebnissen. Das Wettrennen um die Entdeckung der Pole hatte eingesetzt und war um 1910 in vollem Gange. Amundsen, Scott, das waren uns vertraute Namen. Auch von den Eltern wurden wir über Erfolge und Misserfolge dieser Forscher auf dem Laufenden gehalten. Gerhard bekam etwas später, zu seiner Einsegnung 1914, ein reich bebildertes, zweibändiges Werk, das die letzte Fahrt des unglücklichen Kapitän Scott schilderte.

Mir, einem Mädchen, lagen diese Unternehmungen ferner. Rückschauend erscheinen sie mir jedoch sehr charakteristisch für den sportlichen Forschergeist, mit dem das 20. Jahrhundert begann und der dazu führte, die letzten weißen Flecken in unseren Atlanten verschwinden zu lassen und schließlich – in unseren Tagen – bis zum Mond vorzustoßen.

Das waren so etwa die Geschehnisse in der Welt, von denen Kunde bis in unsere Kinderstube drang. Von Politik wussten wir nichts, nicht von den Wolken, die sich um Deutschland zusammenzogen bzw. zusammengezogen wurden.

Vorkriegsjahre zu Hause

In dieser letzten Zeit vorm Krieg geschah so vieles in unserer engeren und weiteren Familie, was uns beschäftigte und voll ausfüllte, dass nicht nur wir Kinder den Geschehnissen in der Welt wenig Beachtung schenkten.

Eines Tages, im April 1913, schenkte Vater mir mittags bei Tisch eine schöne Rosenquarzkette und sagte, er schulde mir noch vom Winter her ein „Vielliebchen". Wir hätten gemeinsam eine doppelte Knackmandel gegessen und ich hätte zuerst daran gedacht, am nächsten Morgen „Guten Morgen, Herr Fischer" zu ihm zu sagen und somit gewonnen. Ich konnte mich nicht daran erinnern, doch hatten wir als Kinder oft mit ihm „Vielliebchen" gegessen und manches schöne Bilderbuch dabei gewonnen. Ich freute mich sehr über die Kette.

Als wir am nächsten Tag aus der Schule kamen, war Vater nicht da und wir erfuhren von Mutti, dass er sich in der Klinik an der Wintergartenstraße (St. Josefstift), an der er selbst als Innerer Arzt tätig war, einer schweren, wohl lebensgefährlichen Operation unterzogen hatte. Es kamen kritische Tage und Vater lag lange in der Klinik. Danach ging er zur Erholung ins Erzgebirge, in den „Lugsteinhof" in Zinnwald, der uns auf einer Erzgebirgswanderung so gefallen hatte. Von dort schickte er mir zum Geburtstag im Juni ein Zinnkrüglein, das heute noch auf meinem Bücherregal steht.

Nach unserer Rückkehr aus den großen Schulferien Ende August schien zu Haus in der Familie alles wieder in gewohnter Weise zu laufen. Vater war nur noch nervöser und reizbarer als zuvor. Vielleicht begannen schon damals die Schwierigkeiten, die sich in den nächsten Jahren durch die große Überlastung in der Kriegs- und Nachkriegszeit so sehr verstärkten, dass sie mir rückschauend wie Wesensänderungen erscheinen. Uns allen, vor allem aber Mutti, brachte das – zusätzlich zu allen sonstigen Sorgen in diesen schweren Jahren – manche bittere Stunde.

Zunächst jedoch schien alles gut, wenn es in unserer Familie auch damals schon immer häufiger zu Zank und Streit kam. Mutti war eigentlich ständig überfordert, was nicht dazu beitrug, Spannungen zu mildern.

Hier möchte ich zwei kleine Geschichten einschalten, die zwar aus einem späteren Jahr, 1915 wahrscheinlich, stammen, die sich aber schon damals hätten zutragen können. Ich gebe sie so wieder, wie ich sie vor einigen Jahren einmal aufschrieb.

„Auch in jenen Tagen, die uns heute so ruhig und friedlich erscheinen, kannte man Hetze und Nervosität. Dafür sorgte mein überaus lebhafter, betriebsamer und nervöser – auch unbeherrschter – Vater, dafür sorgte die umfangreiche Praxis, die wir doch in der Wohnung hatten. Sprechstundenhilfen kannte man damals noch nicht. Wir hatten stets zwei Mädchen, als drittes meist ein Kinderfräulein. Je nach Eignung hatte eine davon die Pflicht, die Tür zu öffnen. In weißer Schürze selbstverständlich, die bei jedem Klingeln schnell umgebunden werden musste, wurden die Patienten empfangen bzw. für einen späteren Termin bestellt und in ein bereitliegendes Buch eingetragen, alle halben Stunden einer. Die Telefongespräche, manchmal fünfzig an einem Tag, gingen alle erst zum Telefon neben der Küche, dort wurden Bestellungen notiert und nur dringende Gespräche „nach vorn", d.h. ins Sprechzimmer meines Vaters umgestellt. Den größten Teil dieser Gespräche nahm am Vormittag meine Mutter entgegen, die dann in der Küche beschäftigt war."

Einmal, nach so einem aufreibenden Vormittag, kam sie ganz abgehetzt an den Esstisch, an dem wir schon saßen. Sie pflegte das Tischgebet zu sprechen. Kaum sitzend beugte sie sich über die gefalteten Hände und betete mit frommer Stimme: „Hier Frau Dr. Gmeiner…". Mein Vater, die Situation gleich begreifend, antwortete mit der gleichen Stimme: „Hier der liebe Gott, was wünschen Sie?"

Ein andermal hatte die geplagte Mutti wieder viel Hetze und Ärger gehabt. Meine Schwester, vielleicht siebenjährig damals, kommt aus der Schule, erfüllt von irgendeinem Kindererlebnis, das sie gleich erzählen möchte. Mutti wehrte ab: „Ach, lass mich, ich bin ärgerlich!" Elfriede verstummt und sagt erstaunt und ungläubig: „Wie kann man ärgerlich sein, wenn man eine sooo schöne, weiße Blumenkohlsoße rühren darf!" Daran muss ich immer denken, wenn ich jetzt weiße Soßen rühre, es ist so etwas Sanftes, Glattes, das wirklich nicht zu Ärger passt."

Im Spätherbst des Jahres 1913 kam als frohe Überraschung die Nachricht, dass sich Muttis Bruder, unser Onkel Hans, verlobt hatte. Von seiner Braut, die viel jünger war als er und uns Halbwüchsigen im Alter näher stand als der Erwachsenen-Generation, waren wir sehr begeistert. Ich kam gerade in das Alter, in dem eine Verlobung mir hochinteressant erschien. Als das Brautpaar in den Weihnachtstagen erstmals feierlich zu uns eingeladen wurde, konnte ich nicht genug mithelfen, um alles recht festlich zu gestalten. Als Tischkarten buk Mutti natürlich Honigkuchenherzen, auf die ich mit Zuckerguss die Namen schreiben durfte. Es gab einen dicken Prager Schinken in Brotteig gebacken, ein Schlemmermahl, an das wir mit Sehnsucht dachten, als wir in einem der folgenden Jahre bei einer Pferdelende Weihnachten feierten.

Freibad „Anton's" an der Elbe (Gertraude Gmeiner 1921)

Das Jahr 1914

So kam in Glanz und Freude das verhängnisvolle Jahr 1914 heran, das uns zunächst Ereignisse brachte, die uns das vor uns liegende Leben als eine Kette von Freuden und Vergnügen erscheinen ließen. Ich stand nun an der Schwelle des Backfischalters. Noch keines der vorgehenden Jahre hatte ich mit so hochgespannten Erwartungen angetreten.

Wie ich schon beschrieb, feierten wir im Januar, zu Kaisers Geburtstag, unser Schulfest im neuen Pierrettenkostüm, das Karin, Ellinor und ich zu Weihnachten bekommen hatten. Bald danach sollte Onkel Hans' Hochzeit stattfinden. Noch vor Ostern würde Gerhards Einsegnungsfeier folgen. Das Jahr versprach, schön zu werden.

Schon dieser Winter war etwas Besonderes. Jeder Frosttag sah uns auf dem Eis. Die Klassenkameraden der Brüder fingen an, uns Mädels zu interessieren. Nun liefen auch wir paarweise nach der Musik im Kreis herum. Die ersten Flirts begannen. Ich selbst war zwar sehr zurückhaltend und etwas gehemmt. Aus Verlegenheit stieß ich meine Verehrer durch schnoddrige Bemerkungen vor den Kopf. Einige meiner Klassenkameradinnen hatten aber bereits beachtliche Erfolge. In der Schule, während des Umziehens zur täglichen Turnstunde, gab es meist so viel zu erzählen und zu besprechen, dass wir fast nie mehr rechtzeitig zum Unterricht fertig wurden.

Tänze auf dem Vulkan

Gleich nach Weihnachten begannen wir zu Haus mit den Vorbereitungen für die Hochzeit. Mutti hatte den Gedanken, ein Mokkaservice zu schenken, zu dem jedes von uns vier Kindern drei Tassen verzieren sollte, denn etwas Selbstgearbeitetes musste es natürlich sein. Die Tassen waren in vier verschiedenen Farben grundiert. Mutti zeichnete ein von einer Kunstgewerblerin entworfenes Muster darauf. Wir mussten dann sorgsam die Grundierung an bestimmten Stellen wegkratzen, so dass das weiße Porzellan wieder hervorkam. Dann wurden die Tassen nochmals gebrannt. Die Kannen usw. hatte Mutti selbst bearbeitet. Es wurde ein hübsches Geschenk, und das Kratzen machte uns Spaß. Es wurde alles auch rechtzeitig fertig.

Für Elfriede und mich ließ Mutti weiße Voilekleider von einer kunstgewerblichen Schneiderin anfertigen, die sich nur mit Kinderkleidung befasste. Mein Kleid war auf den Achseln gestickt und wie ein Empirekleid, oberhalb der Gürtellinie mit einem orangegelben Samtband zusammengehalten. Elfriede, die Blumen streuen sollte, sah sehr süß aus in einem Hängerchen mit vielen kleinen Falbeln. Die Brüder trugen ihre Kieler Matrosenanzüge mit weißen Blusen.

Die Trauung fand in der Frauenkirche statt, in der auch die Eltern getraut worden waren. Dann fuhren wir in Kutschen zum Hotel Bellevue am Opernplatz, dem berühmtesten Dresdner Hotel. Es war eine sehr große Hochzeit, etwa siebzig Personen. Diese Zahl war nicht ganz freiwillig so hoch. Die Brautmutter, Majorswitwe, hatte aus Versehen die Ehepaare als *eine* Person gezählt und musste nun gute Miene zum bösen Spiel machen.

Wir Halbwüchsigen saßen am unteren Ende des Tisches. Es war das erste Mal, dass ich an so einer großen, festlichen Tafel saß. Vor uns stand die Menükarte, die ungeahnte Herrlichkeiten versprach. Champagner-Eis vorneweg, Afrikanisches Palmenmark zwischendrin, zum Schluss Ananas-Eis; tolle Genüsse.

Aber es gab doch eine Enttäuschung. Wie bei Hofe – es war ja eine sehr stilvolle Hochzeit – nahm das Heer der Kellner die Teller ab, sobald das Brautpaar die seinen leer gegessen hatte. Da wir am Tischende zuletzt serviert bekamen und dann wegen der unzähligen langen Reden nicht essen konnten, verschwanden unsere verlockenden vollen Teller oft, nachdem wir kaum gekostet hatten. Aber nachweinen durften wir ihnen ja nicht, so gern ich das auch getan hätte. Helmut und Elfriede, die mit anderen Blumenstreukindern am Katzentisch saßen, konnten sich nach Herzenslust gütlich tun und zum Schluss sogar die ganze Ananas, in der das Eis serviert worden war, auslöffeln. Das Erwachsenwerden hatte offenbar auch Schattenseiten.

Das Jahr hielt zunächst wirklich, was es versprochen hatte. Fest reihte sich an Fest. Mit Gästen, Freunden und Verwandten wurde am 2. Februar Vaters Geburtstag, am 3. März der von Mutti gefeiert. Es gab abends jedes Mal ein gutes Essen, an dem wir Großen nun auch schon teilhaben durften.

Kaum waren Schnee und Eis vergessen, so begann die von uns in diesem Jahr besonders ersehnte Faschingszeit. Die Eltern hatten, wie alljährlich, das von den jungen Künstlern der Dresdner Kunstakademie veranstaltete Gauklerfest besucht und erzählten uns Wunderdinge von der Ausschmückung der sämtlichen Räume der Ausstellung, in der gefeiert wurde.

Seit einigen Jahren gab es am Fastnachtsdienstag auch in Dresden einen Umzug, der im Wesentlichen von den Schülern der Kunstakademie und der Kunstgewerbeschule gestaltet wurde. Er nahm seinen Weg stets durch die Lüttichaustraße. Zahlreiche Freunde und Bekannte, darunter auch meine beiden Pierretten-Freundinnen Karin und Ellinor, fanden sich dann bei uns ein, um von unseren Fenstern und Balkonen aus den Fastnachtsumzug anzusehen. Sie wurden mit Kaffee und großen Mengen der traditionellen, frischgebackenen sächsischen Heidemehl-Plinsen traktiert.

Nach dem Umzug durften wir drei Pierretten mit Konfetti und Pritschen bewaffnet, noch etwas in die Stadt gehen, um den Trubel auf der nahen Pragerstraße anzusehen. Als wir bei irgendeinem Bekannten auf die Trittbretter des offenen Autos klettern durften und so langsam durch die Stadt gefahren wurden, waren wir begeistert.

Dann kamen die stilleren Wochen bis zu Gerhards Einsegnung in der Kreuzkirche am Palmsonntag. Diese alte Dresdner Kirche war am Ende des vergangenen Jahrhunderts ausgebrannt und nach der Jahrhundertwende innen im reinsten Jugendstil neu ausgestattet worden. Ich mochte sie nicht, weiß auch von der Konfirmation nur noch, dass Gerhard der einzige Junge war, der zu seinem blauen Anzug kurze Hosen trug. Zur anschließenden Feier daheim kamen dann die beiden Großmütter und alle Paten. Mutti hatte eine Kochfrau bestellt, die als Vorspeise einen vorzüglichen Champignonauflauf gemacht hatte. Vater hielt eine schöne Rede und ich trank den ersten Schluck Wein meines Lebens.

Wenige Tage nach diesem Fest, am Gründonnerstag oder Karfreitag, brachen die Eltern mit uns vier Kindern zu der mehrtägigen Osterwanderung ins Lausitzer Land auf, von der ich bereits erzählte.

Nach den Osterferien gab es wieder ein Familienereignis, das Mutti wohl schmerzlich empfand. Ihre Jüngste, Elfriede, zu der sie ein besonders inniges Verhältnis hatte, kam nun auch zur Schule und zwar auch zu Fräulein Kox, in die gleiche Schule, in der ich nun inzwischen bis in die III. Klasse, in das achte Schuljahr vorgerückt war.

Zu meiner großen Freude durfte ich in diesem Frühjahr anfangen, Tennis zu spielen. Bei Czarda an der Lukaskirche, wo wir im Winter auf der gegossenen Eisbahn Schlittschuh liefen, wurde kurzerhand für den ganzen Sommer für den Dienstag und Freitag nachmittags von drei bis vier Uhr – ganz gleich, wie das Wetter war – ein Tennisplatz gemietet. Von Kopf bis Fuß in Weiß gekleidet, mit einem Glockenrock in Frottéstoff – damals große Mode – und einer langärmeligen weißen Hemdbluse, mit Leinenschuhen – die ich jedes Mal frisch weißte – und einem viel zu schweren Tennisschläger traf ich mich pünktlich mit einigen Klassenkameradinnen, die sich an der Platzmiete beteiligt hatten. Ellinor war auch unter ihnen. Leider blieben wir ohne jede Anleitung uns und unserem sehr großen Eifer überlassen. So gewöhnten wir uns allerlei Stilfehler und falsche Bewegungen, Schlägerhaltung usw. an, die uns später viel Kummer machten und nur schwer oder gar nicht wieder auszurotten waren.

Aber nicht genug damit. Das so überreiche Frühjahr 1914 hatte noch eine besondere Überraschung für uns bereit. Bei unserer alljährlichen Baumblütewanderung zur Neudeckmühle eröffneten uns die Eltern, dass Mutti in den Sommerferien mit uns an die See reisen würde. Ein lang gehegter, stiller Wunsch sollte für mich in Erfüllung gehen, war ich doch in meiner Schulklasse die einzige, die noch nie am Meer gewesen war. Wir waren ganz außer uns vor Freude bei dieser Eröffnung und konnten den Beginn der großen Reise kaum mehr erwarten. Aber noch trennten uns einige Wochen von dieser Fahrt.

Wie alljährlich erlebten wir besonders glückliche Pfingstferien in Rathen. Mit meiner Freundin Karin, die uns besuchte, feierten wir dort meinen 14. Geburtstag. Die Eltern schenkten mir ein in blaues Leder gebundenes Tagebuch und ich überlegte, was ich da wohl hineinschreiben würde.

Über die Pfingstfeiertage kam ein Brüderpaar zu uns nach Rathen zu Besuch, Freunde von Gerhard und Helmut. Begeistert spielten wir alle zusammen „Räuber und Prinzessinnen". Im Grunde waren wir allesamt ja doch noch richtige Kinder damals!

Sarajewo

Etwa zwei Wochen nach den Pfingstferien beendeten die Schüsse von Sarajewo auch unser bisher so unbeschwertes Kinderdasein. Nun wusste ich, was ich in mein Tagebuch schreiben konnte. Hier ist die genaue Abschrift der Bleistiftnotizen, die ich mir bald nach dem schicksalsschweren Tag von Sarajewo machte:

> *Mord von Sarajewo, 28. Juni 1914*
>
> *„Früh ging ich ahnungslos zur Schule. Mutti und Papa waren noch nicht aufgestanden und ich hatte auch noch nicht in die Zeitung geguckt. In der Schule war eine ungeheure Aufregung, ich wusste gar nicht weshalb. Ich fragte natürlich sofort was los wäre, konnte aber gar keine klare Antwort bekommen bis ich nach und nach erfuhr, dass der Thronfolger von Österreich und seine Gemahlin in Sarajewo ermordet worden wären. Wie die Schulstunden dann verliefen, weiß ich nicht mehr. Ich erinnere mich nur noch, wie ich dann nach Hause stürzte, um schleunigst die Zeitung zu lesen über der in Riesenbuchstaben die Ermordung stand.*
>
> *Alle Menschen waren furchtbar aufgeregt, manche behaupteten sogar, das würde Krieg geben. Das glaubte aber niemand.*
>
> *Wir Kinder selbst waren im Frieden aufgewachsen und verstanden von allen solchen Sachen darum nichts, ja es war uns sogar neu, dass Österreich und Serbien sich so schlecht standen und mit Erstaunen hörten wir von den fortwährenden Hetzen da unten erzählen. Wir hatten gedacht, so etwas wie dieser Mord könnte nur im Mittelalter oder allenfalls in Russland vorkommen."*

Nach diesem Erschrecken in der ganzen Welt am 28. Juni 1914 schien es wieder ruhiger zu werden. Von den Fäden, die in der Politik weitergesponnen wurden, wussten wir Kinder nichts. Wir beschäftigten uns mit unseren kleinen, täglichen Pflichten und freuten uns auf den noch vor den großen Ferien stattfindenden „Sachsentag".

Soviel ich mich erinnere, war der Anlass zu diesem Fest eigentlich betrüblicher Natur. Der erzgebirgische Silberbergbau um Freiberg herum, der Sachsen einst so viel Reichtum gebracht hatte, war nun unrentabel geworden und sollte eingestellt werden. Bei einem großen, mit einem Umzug verbundenen Heimatfest trugen die Bergleute noch einmal ihre historischen, schwarzen Knappenuniformen, die wir so gut von unseren weihnachtlichen Holzleuchtern her kannten. Es war eine letzte, festliche Bergparade, die an uns vorüber zog.

Ferien an der Ostsee, Kriegsausbruch

Mitte Juli, endlich, kamen die von uns mit so großer Sehnsucht und Spannung erwarteten Sommerferien herbei. Wir sollten unsere erste, große Reise an die Ostsee, in das kleine Bad Wustrow auf der Halbinsel Darß, antreten. Wieder wurde der große Schließkorb vom Boden geholt. Bettzeug, allerlei Haushaltskram, ja sogar Kochtöpfe und Elfriedes grünes Gitterbett wurden verpackt. Am ersten Ferientag bestiegen wir, Mutti mit uns vier Kindern und unserem Hausmädchen Martha, den verbilligten Ferienzug, der uns über Frankfurt/Oder nach Stralsund bringen sollte.

Um nichts von diesem großen Abenteuer zu verpassen, stand ich fast während der ganzen Fahrt am offenen Fenster des Ganges. Begeistert begrüßten wir die ersten schwarz-weißen d.h. preußischen Bahnschranken und machten uns auf jeden Wechsel der Landschaft und Bauart der Häuser aufmerksam. Zum ersten und wahrscheinlich einzigen Mal in meinem Leben sah ich die Oder bei der Stadt Frankfurt. In Angermünde gab es einen längeren Aufenthalt, bei dem die berühmten Spritzkuchen dieser Stadt am Zug verkauft wurden. Wir ließen sie uns herrlich schmecken.

Auf die Wagendächer des Zuges, in den wir in Stralsund umsteigen mussten, wurde erst sofort verdampfendes Wasser gegossen, so heiß war er in der Sonnenhitze geworden. Aber auch das gehörte zu dem großen Abenteuer dieser Reise, die mit einer hübschen Schifffahrt bei Sonnenuntergang von Ribnitz über den Bodden nach Wustrow endete. Eigentlich mussten wir bereits halbtot von den Strapazen sein. Die Ungeduld, endlich das Meer zu sehen, hielt uns wohl munter. Kurz nach Sonnenuntergang rochen wir den Seewind und standen mit Mutti auf der Düne. Vor dem noch roten Abendhimmel dehnte sich die Ostsee mit ihrem hellen Sandstrand. Ein großes Glücksgefühl ergriff uns. Wie freuten wir uns auf die langen Ferienwochen!

Schon am nächsten Morgen begannen wir mit Feuereifer, eine große Sandburg zu bauen. Wir badeten bei jedem Wetter und fanden einige stürmische Regentage fast noch schöner als den Sonnenschein.

Alles war neu und anders als zu Haus, alles erfreute uns. Die runden Brötchen am Morgen, das Schwarzbrot am Abend, die Menschen, die plattdeutsche Sprache, die Bauart der Häuser – für alles interessierten wir uns, nur nicht für das Weltgeschehen. Als wir nach der ersten Ferienwoche am Sonntag, dem 26. Juli, ahnungslos zur Kirche gingen und der Pfarrer seine Predigt mit den Worten „Krieg oder Frieden?" begann, waren wir wie vor den Kopf geschlagen und ganz verstört.

In diese zweite Ferienwoche fiel das Wustrower Schützenfest. Die Ribnitzer Blaskapelle hatte für die Festtage das schöne Lied „Freut euch des Lebens, solang noch das Lämpchen glüht" ... eingeübt. Es war wohl das einzige Lied, das sie spielen konnte. Es klang in diesen Tagen überall auf – in etwas gespenstigem Gegensatz zu den Nachrichten, die immer bedrohlicher klangen. Sorge erfüllte diese Tage, in denen ein Strandkorb nach dem anderen plötzlich verlassen wurde.

Am 31. Juli erhielten auch wir von Vater die telegrafische Aufforderung zur Heimkehr. Fieberhaft wurde die Nacht hindurch gepackt.

Am 1. August 1914 in aller Herrgottsfrühe reisten wir mit dem größten Teil der bis dahin noch im Ort verbliebenen Badegäste ab. Als das Dampferchen zum dritten Mal über den Bodden fuhr, gelang es uns endlich, auch einen Platz zu ergattern. Der Abschied von Wustrow war gekommen. Zurück blieb das Meer, blieb das friedvolle Fischerdorf, der blaue Himmel, die Sommerwolken, das ganze Ferienglück über dem die Klänge des Liedes „Freut euch des Lebens…" wie eine verspätete Mahnung zu schweben schien.

Stehend in überfüllten Zügen, ohne etwas zu essen oder zu trinken – so fuhren wir einer dunklen Zukunft entgegen.

In Berlin erwischten wir eine der wenigen noch in der Stadt vorhandenen Taxen, um vom Stettiner zum Anhalter Bahnhof zu gelangen. Ein freundlicher, junger Fahrer zeigte uns dabei sogar noch etwas von der Stadt, den Tiergarten, die Siegesallee, die berühmte Straße Unter den Linden.

Vorm Schloss wurde unser Wagen in eine unübersehbare, dichte Menschenmenge eingekeilt, die den Kaiser zu sehen hoffte. Wir erlebten, wie vom Balkon des Schlosses etwas verlesen wurde, verstehen konnte man natürlich nichts, denn es gab noch keine Lautsprecher. War es wohl die Mobilmachungs-Erklärung? Jedenfalls wurde eine große Begeisterung ausgelöst. Das Deutschlandlied wurde gesungen. Wir waren erfüllt von dem Bewusstsein, eine historische Stunde miterlebt zu haben.

Danach, als wir glücklich den Anhalter Bahnhof erreicht hatten, spielten sich beim Sturm auf die überfüllten Eisenbahnzüge unbeschreibliche Szenen ab. Aber schließlich standen wir doch vollzählig auf dem Gang eines Zuges, der unserer Heimatstadt Dresden entgegenrollte.

Vierzehn Jahr und sieben Wochen
ist der Backfisch ausgekrochen,
so heißt es wohl im Volksmund. Die Kinderzeit ist dann zu Ende. Sorglose und übermütige Jugendjahre sollen beginnen.

Als ich – fast auf den Tag – vierzehn Jahr und sieben Wochen alt wurde, brach der Krieg aus. Schon damals stürzte die Welt, in der wir glücklich gewesen waren, endgültig zusammen, nur wussten wir es noch nicht.

Zurück blieben die unzerstörbaren Erinnerungen und eine große Dankbarkeit für alle guten Stunden, die ich in meiner glücklichen Kinderzeit in meiner schönen Heimat erleben durfte.

Moritzburg (Gertraude Gmeiner 1921)

Krieg, Hunger, Armut, Aufbruch 1914 bis 1925[*]

---

[*] aufgeschrieben in den Jahren 1977 bis 1979

Schwere Jahre

Die Erinnerungen an meine Kindheit, die ich vor Jahren aufschrieb, endeten mit dem Beginn des ersten Weltkriegs und unserer überstürzten Rückkehr aus dem Ostseebad Wustrow in meine Heimatstadt Dresden am 1. August 1914.

Über die ernsten und harten Jahre, die nun folgten, wollte ich eigentlich nicht berichten. Auf ausdrücklichen Wunsch meiner Kinder werde ich nun doch erzählen, wie wir diese Zeiten, die jetzt schon Geschichte sind, erlebten. In den letzten sechzig Jahren hat sich das Leben eines jungen Mädchens so sehr geändert, dass dieser Bericht vielleicht auch meine Enkel interessieren wird.

Meine Erinnerungen sind noch lebendig. Sie werden durch gewissenhafte Tagebuchaufzeichnungen – von 1914 bis heute 1979 – unterstützt und ergänzt. Ich will mich bemühen, das Geschehen aus damaliger Sicht wahrheitsgemäß darzustellen. Vielleicht gelingt es mir, die ereignisreichen Jahre von 1914 bis 1925, die ich noch in Dresden verbrachte, anschaulich zu schildern.

Es sind zwiespältige Erinnerungen, die ich nun heraufbeschwören muss. In Europa gingen die Lichter aus, aber auch das Licht, das über unserer Kindheit gestrahlt hatte, verdunkelte sich. Mir ist, als sei es in jener Zeit von Tag zu Tag trüber geworden, bis ich schließlich – 1925 – aufatmend Dresden und das Elternhaus verließ, um nur noch Weihnachten und später in den Universitätsferien zurückzukehren.

Ein schwerer Druck lag über diesen Jugendjahren zwischen 15 und 25, die eigentlich die unbeschwertesten und sorglosesten sein sollten. Es waren vielleicht die Jahre meines Lebens, in denen ich innerlich am wenigsten glücklich war.

Für uns, mich und wohl auch für meine drei Geschwister, spielte sich das Dasein damals auf drei Ebenen oder besser in drei Sphären ab.

Als äußere Hülle, die alles umgab und bestimmte, sehe ich das Weltgeschehen jener Jahre an: den Krieg – vom Siegestaumel des Beginns bis zum bitteren Ende mit Hunger, Not und Krankheit (Grippewellen), die Revolution mit den ihr folgenden inneren Unruhen (Spartakus, Kapp-Putsch, Verwundung meines Bruders Helmut) und schließlich die Inflation, die vollkommene Geldentwertung bis zum mühsamen Neubeginn nach 1924. All das hat schwer auf uns gelastet.

Zur mittleren Sphäre, die uns unmittelbar umgab, rechne ich unsere Umwelt, das häusliche Dasein, das Leben in der Familie und vor allem das Verhältnis zwischen den Eltern einerseits und unseres zu den Eltern und Geschwistern andererseits, das immer problematischer wurde.

Wie stark der Einfluss des Weltgeschehens – der äußeren Hülle, der Sorgen und vor allem auch des Hungers – auf diesen inneren Bereich war, erkannte man wohl seinerzeit nicht voll. Die Generation unserer Eltern war im tiefsten Frieden aufgewachsen. Sie kannte nur ihre eigenen Probleme. (vgl. Literatur der Jahrhundertwende).

Sie hatte nicht voll erkannt, wie stark ihr Innenleben, ihre Launen und Stimmungen, vom äußeren Geschehen und der jeweiligen körperlichen Verfassung jedes Einzelnen abhingen. Die Spannungen in unserer Familie waren kein Einzelfall. Unsere Freunde erzählten von ähnlichen Schwierigkeiten in ihren Elternhäusern.

Vater litt sehr unter der politischen Entwicklung. Bei dem durch den Krieg bedingten Ärztemangel arbeitete er fast ununterbrochen. Früh machte er Besuche. Nachmittags hielt er Sprechstunde von 15 Uhr oft bis 22 Uhr in der Nacht. Und das bei völlig unzureichender Ernährung! – Die Überbeanspruchung, die seelische Belastung und die Sorge um uns nahmen ihn, den von jeher nervösen und impulsiven Menschen, besonders mit. Gesundheitliche Belastungen, die man damals wahrscheinlich gar nicht beachtete (Folgen der Operation von 1913, vielleicht auch Schilddrüsenstörungen), kamen dazu und lösten charakterliche Veränderungen aus. Er wurde immer reizbarer, unbeherrschter und schwieriger, was zunächst unsere Mutter und später auch wir Kinder zu spüren bekamen.

Die Eltern: Hertha und Dr. Kurt Gmeiner, um 1940

Mutti war den Ereignissen und vielfältigen Anforderungen wohl nicht gewachsen. Es fehlte ihr an Organisationsgabe und an der notwendigen inneren Selbständigkeit. So stand sie nie über einer Situation, sondern rieb sich in aufopfernder, selbstloser Kleinarbeit auf. Alle Verantwortung wurde auf sie abgewälzt. Sie lebte in einer Abwehrstellung und war doch immer das hilflose Opfer der augenblicklichen Lage. Wenn sie sich dann mit kleinlicher Rechthaberei und Vorwürfen zu verteidigen und zu behaupten suchte, so hatten wir Kinder dafür nur wenig Verständnis. Es kam ständig zu Reibereien. Die Spannungen wuchsen. Als in der Inflation dann noch ernste Geldsorgen und die Auswegslosigkeit der Lage hinzukamen, herrschte meist Streit und Unfrieden, unter dem wir alle litten. Vater stand seiner Familie immer ferner, später sogar feindlich gegenüber. Er fühlte sich bei den immer neuen und immer dringender werdenden Geldforderungen und bei der fortschreitenden Geldentwertung – deren Wesen man nicht begriff – missbraucht und ausgenützt. Schließlich machte sich bei ihm das Bestreben bemerkbar, sich von der Familie, insbesondere von seiner Frau, immer mehr zurückzuziehen.

Unterbrochen wurden schlimme Wochen dann allerdings durch großzügige Gastfreundschaft, schöne Feste zu Weihnachten, zu Neujahr oder an den Geburtstagen der Eltern.

Die Ferienaufenthalte Pfingsten im geliebten Rathen oder die Sommerferien an verschiedenen Orten waren Lichtblicke, die uns wieder neue Kraft gaben. Die Sonntagswanderungen, die Vater noch immer regelmäßig mit uns machte und auf denen er uns auf immer neuen Wegen durch Dresdens reizvolle Umgebung führte, gehören zu meinen liebsten Erinnerungen. Wir alle liebten unsere Heimat, die Natur und das Wandern. In diesen Stunden war Vater gelöst und wir waren glücklich und zufrieden.

Die dritte Sphäre, den innersten, hellen Kern dieser beiden, immer dunkler werdenden Welten, bildete bei mir das ängstlich gehütete Eigenleben, meine innere Welt, in die ich den Eltern nur selten einen Einblick gestattete. Das wird bei meinen Geschwistern nicht anders gewesen sein als bei mir.

Ich war jung und lebenslustig. Ich fühlte, dass ich etwas leisten konnte und war bestrebt, bis zu meinen Grenzen vorzudringen. So nahm ich alles mit, was die kulturell so lebendige Stadt Dresden auch in diesen Jahren noch zu bieten hatte.

Vater war ein bekannter und sehr geschätzter Arzt. Wir Geschwister besuchten die führenden Schulen der Stadt. Unsere Familie gehörte zu Dresdens „Gesellschaft" und wir waren uns dieser Tatsache bewusst. Wir hatten und fanden überall Freunde. So konnten wir auch in diesen schweren Zeiten im Rahmen der durch den Krieg bedingten bescheidenen Möglichkeiten unsere Jugend genießen. Der Sport spielte dabei für mich eine entscheidende Rolle. Körperliches Austoben ließ mich alle Schwierigkeiten vergessen. Sport konnte mein oft so gestörtes inneres Gleichgewicht wieder ins Lot bringen.

Das sind die drei Ebenen, auf denen sich mein Leben abspielte, von dem ich nun – im Wesentlichen in chronologischer Reihenfolge – berichten will.

Elbbrücke mit Hofkirche und Silhouette der Sophienkirche (Gertraude Gmeiner 1921)

Die Kriegsjahre

1914: Vom Siegestaumel zum Kriegsalltag

Als wir nach der langen, anstrengenden Reise von der Ostsee am Abend des 1. August 1914 übermüdet unsere Wohnung betraten, empfing uns die Nachricht, dass wir sechs Mann Einquartierung bekommen sollten. Die Kasernen mussten von den aktiven Soldaten für die einrückenden Reservisten freigemacht werden.

Am nächsten Morgen richteten wir in unserem schnell ausgeräumten, großen Spielzimmer mit allen verfügbaren Matratzen und Stroh eine Lagerstätte her. Das Stroh holten die Brüder und ich mit einem Handwagen irgendwo in der Innenstadt. Dabei schwitzten wir fürchterlich. Unsere Koffer mit den Sommersachen waren wegen der Truppentransporte auf der Bahn liegen geblieben. In der glühenden Augusthitze mussten wir tagelang in unserem Winterzeug, den dunkelblauen wollenen Matrosenanzügen herumlaufen. Aber wen störten jetzt solche Nebensächlichkeiten! An diesem Morgen war die Stadt voll aufgeregter Menschen. Gerüchte schwirrten herum, von aufgegriffenen Spionen, von einem angehaltenen, französischen, für Russland bestimmten Geldtransport, von ersten Gefechten an der russischen Grenze und von den ersten Heldentaten unserer Marine.

Am Abend kam dann die Einquartierung. Die Soldaten schliefen einige Nächte bei uns, ehe sie ins Feld ausrückten. Es waren sechs Mann: ein Gefreiter und fünf Schützen vom Regiment 108, alles prächtige Burschen. Wir Kinder sahen sie leider nur wenig, weil wir rechtzeitig ins Bett gehen mussten. Vater versorgte „unsere" Soldaten abends mit Bier und Zigarren. Unsere Mädchen freundeten sich mit den netten Kerlen an. Eine verlobte sich sogar, doch fiel ihr Freund noch vor Weihnachten 1915. Zwei kamen in Belgien in Gefangenschaft, den anderen schickte Mutti regelmäßig Liebesgaben mit der nun eingerichteten, portofreien Feldpost.

Die nächsten Tage verbrachten wir wie in einem Taumel. In der Nacht, als die englische Kriegserklärung bekannt wurde, am 4. August 1914, wälzten sich bis in die Morgenstunden Menschenströme durch unsere Straße. Aufregung, Empörung und Begeisterung machten sich in Rufen und Singen Luft. Wir standen in Nachthemden hinter den Fenstervorhängen und sahen verwirrt und beklommen auf die Straße hinunter.

Am 6. August fiel Lüttich. Andere Städte folgten. Sobald der Ruf „Extrablätter, Extrablätter" irgendwo auf der Straße erscholl, stürzte eins von uns Kindern mit einem Groschen in der Hand, Stufen überspringend, die zwei Treppen hinunter, um die neuesten Nachrichten zu holen. Radio und Fernsehen gab es ja noch nicht.

In diesen Tagen wollte jeder irgendwie helfen. Ich beneidete Gerhard, der mit einigen Pfadfinderfreunden zur Erntehilfe ins Erzgebirge fuhr. Was konnten wir tun?

Keiner wusste es. Erinnerungen an den 1870er Krieg beherrschten die Vorstellungen. Alte Frauen fingen an Charpie aus Leinwand zu zupfen, obwohl es inzwischen längst sterile Verbandwatte gab. Eine der schnell gegründeten Hilfsorganisationen gab Muster für unpraktische, aber schön farbig umstochene Tabaksbeutel und Nähzeug aus, die wir nun eifrig anfertigten.

Bald wurde ein Bahnhofsdienst zur Betreuung durchkommender Truppentransporte eingerichtet. Hier wirkte Mutti gewissenhaft bis zum Kriegsende mit. Waren Hilfskräfte nötig, so durfte auch ich mitkommen. Meist bestanden die Züge aus Viehwagen, die mit grünen Zweigen und lustigen Kreideaufschriften geschmückt waren. An die Soldaten wurden Erfrischungen, Kaffee, Tee, Brote, Schokolade und Zigaretten verteilt. Firmen spendeten reichlich Liebesgaben aller Art: Taschenmesser, Bleistifte, Kämme, Spiegel, Notizbücher und die sehr beliebten Mundharmoniken. Oft fuhren wir mit der Straßenbahn mitten in der Nacht zu entlegenen Bahnhöfen nach Dresden-Friedrichstadt oder zum Güterbahnhof, glücklich, helfen zu können.

So vergingen die letzten Wochen der Sommerferien. Ende August fing die Schule wieder an. Es war als lägen Jahre zwischen dem Ferienbeginn Mitte Juli und diesem Wiederanfang. Schmerzlich empfanden wir das Fehlen vieler ausländischer Mitschülerinnen, die seit Jahren zu unserer Klasse gehörten und mit denen wir gut befreundet waren. Ohne Abschied waren sie nun auf Nimmerwiedersehen verschwunden: Mela Fairchild, die Amerikanerin von den Philippinen, Bairnie, die Schottin, Gladys, die Engländerin, Irma, die Baltin und andere.

Etwa die Hälfte der Lehrer hatte gewechselt. Der Französin trauerte ich nicht nach. Die Engländerin, eine pädagogisch begabte Person, die eine eigene, auch heute noch ganz moderne Lehrmethode entwickelt hatte, vermissten wir sehr, ebenso unsere schwedische Turnlehrerin. Diese wurde allerdings bald durch eine andere, sehr reizende junge Schwedin ersetzt, bei der wir später mit Begeisterung die halsbrecherischen Kunststücke vollführten. Die jüngeren Lehrer waren eingezogen, zwei fielen bald. Der Unterricht in Naturwissenschaften, Chemie, Physik wurde von uralten Pensionären mehr schlecht als recht weitergeführt. In den zahlreichen Freistunden strickten wir Wollsocken für unsere Soldaten.

Unsere Klasse, die immer gut zusammengehalten hatte, schloss sich in diesen letzten Schuljahren besonders eng zusammen. Im November packten wir gemeinsam vierzehn reichhaltige Weihnachtspakete je zehn Pfund schwer, als Liebesgaben für unbekannte Soldaten. Sie enthielten etwa folgendes (lt. Tagebuch):

1 Paar Socken (handgestrickt)
1 Schal „
1 Paar Müffchen „
1 Kopfschützer „

1 Weihnachtsstollen
1 Pfund Würfelzucker
1 Hemd oder Unterhosen
Christbaumschmuck, Wurst, Rum, Schokolade, Tabak, Zigarren, Zigaretten, Seife, Waschlappen, Weihnachtskerzen, Buch, Hosenträger und noch unzählige andere Dinge wie Briefpapier, Bleistifte und Mundharmoniken.

Jedes einzelne Stück wurde in Seidenpapier gewickelt, mit schwarz-weiß-rotem Bändchen zugebunden und mit einem Tannenzweig geschmückt.

Beim Transport der Dresdner Liebesgaben zu unseren Soldaten an der Westfront ereignete sich in den Ardennen ein schwerer Autounfall, bei dem der Zugleiter, ein bekannter Dresdner Architekt (Prof. Erlwein, der das Alte Rathaus auf dem Altmarkt und die Löwenapotheke daneben so schön vorgerichtet hatte) ums Leben kam.

Auch die Sendung ging verloren – aber Pakete, die wir später von unserem Taschengeld und erbettelten Spenden packten und an unbekannte Soldaten schickten, kamen an. Wie freute man sich über einen Dankbrief! Dann folgten weitere Päckchen. Wünsche wurden erfüllt, ein Briefwechsel entstand. Schließlich betreute ich gleichzeitig bis zu zwölf Feldpostsoldaten, manche jahrelang. Besonders rührend schrieben mir einige Landsturmleute aus dem Erzgebirge, die in Russland lagen. Einer schnitzte mir mit dem Taschenmesser Holzlöffel, die ich jahrzehntelang für Mehl und Salz benutzte. Ich besitze sie noch heute. Einer oder der andere meiner Soldaten hat mich auch mal besucht. Mit der Revolution 1918 rissen alle Verbindungen ab. Diejenigen meiner Soldaten, die an der Front in Serbien, Italien oder sonst wo standen, sind wahrscheinlich in den letzten Kämpfen noch gefallen.

Im September 1914 begann ich mit einer Arbeit, die ich als meinen Kriegseinsatz betrachtete und mehr als fünf Jahre durchgeführt habe. Regelmäßig jeden Sonnabendnachmittag half ich in der sog. „Singestunde" der Lukasgemeinde. Oberhofprediger Kessler hatte den Gemeindesaal zur Verfügung gestellt, um Kinder nicht auf der Straße oder in der kalten Wohnung zu lassen, wenn ihre Mütter am Sonnabend als Putzfrauen usw. arbeiteten. Eine ältere Dame leitete das Unternehmen. Außer mir halfen noch andere junge Mädchen aus meiner Klasse mit.

Wenn wir um 15:30 Uhr kamen, standen schon an die hundert Kinder zwischen vier und vierzehn Jahren wartend vor der Tür. Wir halfen ihnen aus ihren Mäntelchen und sorgten für Sitzplätze im Saal. Dann wurden Lieder gesungen, Geschichten vorgelesen oder kleine Aufführungen gemacht. Danach traten wir Helferinnen in Aktion. Es wurden Kindergruppen gebildet, die wir auf eigene Faust beschäftigen mussten. Ich erhielt meist die Jungengruppe, so etwa dreißig Bürschchen, die ältesten etwa in meinem Alter. Mit Gesellschaftsspielen, Geschichten erzählen oder Vorlesen, Bastelarbeiten und Ähnlichem versuchte ich die Bande dann noch ein bis zwei Stunden zu beschäftigen und zu unterhalten. Im Sommer durften wir auf die im Krieg nicht mehr benützten Tennisplätze an der Lukaskirche. Hier konnten wir Kreisspiele, Ballspiele und Wettrennen veranstalten.

Ich lernte mich durchzusetzen und gewöhnte mir einen Kommandoton an, der später meinen eigenen Kindern wahrscheinlich oft missfiel. Unter meinen Singestundenkindern waren einige jämmerliche, blasse und unterernährte Kerlchen. Die großen, traurigen Augen eines knapp vierzehnjährigen, der vier kleine Geschwister mitbrachte, für die er die Verantwortung trug, sehe ich noch vor mir. Der Vater war gefallen.

Nach wie vor gehörte unser aller Hauptinteresse den Nachrichten von den verschiedenen Kriegsschauplätzen. Ende August 1914 hörten wir erstmals den Namen Hindenburg. Wie stolz war man auf die Siege in Ostpreußen und Polen!

Die Marine hatte in unseren jugendlichen Herzen stets einen besonderen Platz. Gespannt verfolgten wir die Heldentaten des Kreuzers „Emden" bis zum Untergang des Schiffs im November 1914. Voll Sorge dachten wir auch an den Sohn unserer Moritzburger Freunde, den jungen Leutnant zur See Karl Lenz, der sich an Bord der S.M.S. Scharnhorst mit dem Geschwader des Grafen Spee auf der ersten Auslandsreise im fernen Osten befand. Ich schreibe in mein Tagebuch:

TB: „Am 11. Dezember kommt die Nachricht, dass unser Südseegeschwader „Scharnhorst", „Gneisenau", „Dresden", „Leipzig", „Nürnberg" und „Prinz Eitel-Friedrich" bei den Falklandinseln auf feindliche Übermacht gestoßen sind. Trotzdem haben sie einen Kampf aufgenommen. Scharnhorst und Gneisenau sind untergegangen, denn die Schiffe der Engländer waren an Gefechtswert zehnmal so stark wie unser Geschwader. Endlich sind auch „Leipzig" und „Nürnberg" noch gesunken. „Dresden" und „Eitel-Friedrich" sind entkommen. In Deutschland war bei dieser Nachricht die Trauer groß. Wir mussten immer an Lenz' Sohn denken. Wie stolz waren sie auf ihn gewesen und jetzt war er tot, ohne dass sie ihn auch nur ein einziges Mal wieder gesehen hatten, seit er bei der Marine war!"

So kam das erste Kriegsweihnachten heran. Es war zugleich das letzte Weihnachtsfest in den Räumen, in denen ich meine Kinderjahre verbracht hatte. Man hatte uns die große Fünfzehn-Zimmerwohnung gekündigt, weil eine Kriegs-Getreidegesellschaft die so günstig in der Nähe des Hauptbahnhofs gelegene Etage beziehen sollte.

Noch einmal feierten wir Weihnachten fast friedensmäßig im gewohnten Rahmen, noch einmal stand eine große, reich mit buntem Zuckerzeug und Pfefferkuchen behangene echte Tanne mit vielen, vielen weißen Kerzen in dem gemütlichen Esszimmer mit dem großen Kachelofen. Es gab noch fast friedensmäßigen Dresdner Christstollen und Muttis selbstgebackene Holsteiner Pfefferkuchen.

Silvester, den letzten Tag dieses schicksalsschweren Jahres, verbrachten wir ohne Gäste. Vielleicht waren wir wie üblich nachmittags zum Tedeum in der Katholischen Hofkirche. Abends spielten wir mit den Eltern „Glocke und Hammer" bis Mitternacht, bis die Dresdner Glocken, insbesondere das mächtige Geläut der nahen Kreuzkirche, uns den Beginn des Jahres 1915 anzeigten.

Es war uns allen wohl bewusst, dass die Glocken mit dem im Neuen Jahr bevorstehenden Wohnungswechsel und dem immer ernster werdenden Kriegsgeschehen auch einen neuen Abschnitt in unserem Leben einläuteten.

Man hatte schon damals nur noch wenig Hoffnung auf einen bald bevorstehenden Frieden.

1915: Kriegswirtschaft, Kriegsanleihen, Umzug

Das Jahr 1915 begann mit Winterwochen nach unserem Herzen. Gerhard fuhr ins Erzgebirge zum Skilaufen mit den „neuen" Weihnachtsschneeschuhen (noch mit „Balata"-Bindung!), die Vater schon im Jahre 1907 für sich gekauft, aber nie benützt hatte.

Der Carolasee fror bald zu und wir Geschwister tummelten uns im Januar und Februar in jeder freien Stunde auf dem Eis. Gerhard war ein sehr guter Läufer und auch Elfriede, die nun im ersten Schuljahr war, lief schon ganz nett. Zwar spielten nun keine Militärkapellen mehr flotte Märsche und keine Königliche Kutsche mit schönen Pferden und livrierten Dienern fuhr vor, aber das beeinträchtigte nicht unser Vergnügen.

Man kann sich heute nicht vorstellen, welche Rolle das Schlittschuhlaufen damals spielte. Seit Goethes Zeiten wurde es im wahrsten Sinne zum Volkssport des Bürgertums bis hinauf zur Königlichen Familie. „Alles" lief, sogar die Großmütter unserer Schulfreunde konnten wir auf dem Eis elegante Bögen laufen sehen.

An Eistagen hatten die Schularbeiten zurückzustehen. Sie wurden abends beim Lichte der Gashängelampe in unserem Kinderzimmer müde und flüchtig erledigt. Gleich nach dem Mittagessen zogen wir los und durften auf dem Eis bleiben, bis die Lichter angezündet wurden, oft zwei bis drei Stunden lang.

Als Vierjährige hatte ich die ersten Schlittschuhe bekommen. Damals ging Mutti noch mit uns aufs Eis. Später waren wir Kinder auf der Schlittschuhbahn allein und wirklich ungestört und unbeobachtet, ganz unter uns. Wir fühlten uns frei und genossen das. Meist tobten wir herum und spielten Hasch, – Mädchen und Jungs, die auf der Schule streng getrennt waren – und auch die verschiedenen Jahrgänge durcheinander. Hier lernten wir die Freunde und Geschwister kennen, von denen wir bisher nur gehört hatten. Diese Kriegswinter 1914 bis 1918 waren unsere schönsten Schlittschuhwinter. Wir kannten uns alle, bildeten große Ketten, liefen später auch paarweise mit den ersten Flirts und den Tanzstundenfreunden.

Dass dieser Sport bald aufhören und nie wieder im alten Umfang betrieben werden sollte, war unvorstellbar. Und doch war es so. Früher besaß jedes Kind gut sitzende, meist maßgeschneiderte Stiefel, an die die Schlittschuhe mühelos angeschnallt werden konnten. Im Krieg gab es sehr bald kein Leder mehr und wir trugen nur noch Halbschuhe, Fertigware mit Ersatzsohlen aus Pappe, Filz, Holz oder dergleichen. 1920 arbeitete mir der Dorfschuster in Löbichau ein paar derbe Bauernstiefel und ich bekam Weihnachten die sehnlich gewünschten Schlittschuhe zum Festschrauben. Inzwischen standen wir aber schon mitten in der Inflation. Die Eintrittspreise, einst für Kinder 25 Pfennige, für Erwachsene 39 Pfennige, stiegen ins Unerschwingliche. Bald wurden auch keine Eisbahnen mehr gegossen.

Nach dem Kriege hat der Schlittschuhsport nie wieder die Rolle gespielt, die er für breite Schichten der Bevölkerung einst hatte. Die Jugend wandte sich dem Skilaufen zu.

Wer kann es uns Halbwüchsigen verdenken, dass wir in diesen unbeschwert glücklichen Stunden auf dem Eis den Krieg und alle Sorgen vergaßen? Bald genug machte sich der Ernst der Zeit auch für uns wieder bemerkbar.

Unsere engste Familie war zwar nicht unmittelbar am Kriegsgeschehen beteiligt, Vater, 48 Jahre alt, wurde in der Heimat gebraucht. Die Brüder waren – zunächst – noch zu jung. Aber Vettern von Mutti waren draußen. Ein Vetter, aktiver Offizier, fiel gleich am Kriegsanfang. Muttis Brüder waren eingezogen. Immer häufiger hörte man von Verwundeten und Gefallenen aus dem nächsten Freundeskreis.

Vaters Vetter Erhart Klette, nur ein paar Tage älter als Gerhard, war 1914 als Kriegsfreiwilliger mit Notabitur ausgerückt. Er erhielt einen Lungenschuss und kam durch Papas Vermittlung Anfang 1915 ins Josefstift in der Nähe des Großen Gartens, in dem Vater als Arzt tätig war. Es war nun auch zum Lazarett geworden. Ich besuchte Erhart und die anderen Verwundeten dort öfters, spielte mit ihnen Mühle und Dame und versuchte Schach zu lernen. Als Erhart wieder ausgehen durfte, war er bis zu seiner Lazarett-Entlassung ständiger Sonntagsgast bei uns zu Haus.

Doch auch dieser lange Winter nahm ein Ende und mit dem Frühling nahte der Wohnungswechsel.

Die Wohnungskündigung im Oktober 1914 war für die Eltern ein ganz unerwarteter, böser Schlag gewesen. Eine Arztpraxis kann nicht ohne weiteres in eine andere Gegend verlegt werden, obwohl Mutti gern mit uns Kindern im Grünen gelebt hätte. Der von uns gehegte Plan, Praxis und Wohnung zu trennen und in eine der Villenstraßen am Großen Garten zu ziehen, wurde fallengelassen, als an der schräg gegenüber liegenden Ecke unserer Straßenkreuzung Lüttichau-Sidonienstraße eine passende Wohnung frei wurde.

Kurz vor Ostern 1915 zogen wir ins erste Stockwerk des etwa 1860 gebauten, einzeln stehenden, zweistöckigen Mietshauses Lüttichaustraße 31 um, vor dessen eisernem Gartentor eine schöne, große Esche stand.

Neue Wohnung in der Lüttichaustraße 31

Für mich war es ein Lebensabschnitt, als ich unsere sonnige Wohnung, in der ich viele glückliche Kinderjahre verlebt hatte, verlassen musste. Noch einmal ging ich durch die leeren Räume und nahm bewusst Abschied von meiner Kinderzeit. In mein Tagebuch zeichnete ich zur Erinnerung einen genauen Plan der „alten" Wohnung.

Die nächsten zehn Jahre, meine Jugendjahre, verbrachte ich in der „neuen" Wohnung. Hier lebten die Eltern fast genau dreißig Jahre lang, bis sie im Zweiten Weltkrieg bei dem Bombenangriff auf Dresden am 13./14. Februar 1945 umkamen und das Haus zerstört wurde.

Nach den Plänen eines im gleichen Haus lebenden namhaften Dresdner Architekten (G. v. Mayenburg) war die neue Wohnung zweckmäßig und geschmackvoll vorgerichtet und mit Zentralheizung, elektrischem Licht und mit vielen Wandschränken versehen worden.

Mutti musste nun keine Petroleumlampen mehr putzen und unsere Mädchen mussten keine Kachelöfen mehr heizen und keine Kohlen mehr schleppen. In der Küche stand neben dem großen, eingebauten gekachelten Herd ein vierflammiger Gasherd und sehr bald auch eine viel benützte Gasbackröhre.

Abgesehen von der sehr dürftigen Mädchenkammer unter dem Dach hatte die Wohnung zwar nicht mehr vierzehn, aber immerhin elf Zimmer, von denen Vater vier für seine Praxis brauchte. Die Räume waren sehr groß und 4,50 Meter hoch. In die Decke des neun Meter langen Esszimmers waren dunkle Deckenbalken eingefügt worden. Unsere dunkelbraunen, geschnitzten Eichenmöbel, die vielen schönen Teppiche, die Zinnsachen und die vielen sonstigen Kunstgegenstände machten das Zimmer – besonders abends, wenn die große Hängelampe mit dem roten Seidenschirm brannte – zu einem sehr eindrucksvollen und festlichen Raum.

Unser „Salon", den Vater nach und nach mit echten, alten Empire- und Biedermeiermöbeln aus Kirschbaumholz ausstattete, und in dem sich auch eine Vitrine mit allerlei Meißner Porzellan (Affenkapelle) und anderen Kostbarkeiten befand, diente zugleich als Wartezimmer für die Patienten.

So stolz wir auf unsere neue Wohnung waren, rückblickend scheint mir gerade dieser Wohnungswechsel zu der Düsterkeit beigetragen zu haben, die für mich mit der Erinnerung an die dunklen, bedrückenden Kriegs- und Nachkriegsjahre verbunden ist.

Die alte Wohnung lag hoch im zweiten Stock, sonnig, mit der Hauptfront nach Süden zur Sidonienstraße. Man sah auf das gegenüberliegende stattliche Einzelhaus mit den großen Kastanien im Vorgarten und den Robinien an der Seite zum Nachbarhaus. Nun wohnten wir zwar selbst in so einem einzeln stehenden Haus, aber mit der Hauptfront nach Norden, mit dem Blick auf die geschlossene Zeile hoher, vierstöckiger Mietshäuser auf der anderen Seite der Sidonienstraße. Hier im ersten Stock waren wir der Straße viel näher und vom Himmel viel weiter entfernt. Kein Sonnenstrahl kam in unsere Wohnzimmer. Nur Vaters Lesezimmer und die Schlafzimmer lagen nach Süden. Erst am Abend, wenn überall elektrisches Licht brannte, schien mir die Wohnung hell zu werden. Tagsüber entschädigte uns die große Veranda am Esszimmer, an der Westseite zur Lüttichaustraße hin. Mutti bepflanzte sie liebevoll mit Geranien und Petunien und mit Glockenrebe (Cobeia), die an dem grünen, hölzernen Gitterwerk hochrankte. Hier saß Mutti an allen schönen Tagen vor ihrem übervollen Flickkorb. Hier empfing sie ihre Gäste. Hier fanden wir uns gern zur Teestunde ein. Später, zwischen den Kriegen, als der Autoverkehr immer stärker wurde, konnte man auf der Veranda vor Straßenlärm oft sein eigenes Wort nicht mehr verstehen.

Zur Wohnung gehörte auch ein winzig kleines Stückchen Garten hinter dem Haus, über das Mutti besonders glücklich war. Da standen einige alte, große, reich blühende Fliederbüsche und auch ein Holunderstrauch, dessen Beeren wir im Krieg ernten und vielseitig verwenden konnten. Es war schlechter, aufgeschütteter Boden. Mit viel Mühe und Liebe legte Mutti ein Staudenbeet an, an dem sie große Freude hatte. Tulpen und Hyazinthen blühten da. Margariten, Rittersporn und Phlox. Das Gärtchen ließ Mutti das Stadtleben – unter dem sie litt – zeitweilig vergessen. Auf dem schmalen Weg, der um das rechteckige, vermooste Rasenstück mit den paar überalterten, kümmerlichen Rhabarberstauden herumlief, spielten wir in den ersten Jahren sogar Krokett, woran sich an Sonntagen auch Vater manchmal beteiligte.

Trotz des Umzugsrummels verliefen die Ostertage nach alter Tradition mit einem Spaziergang am Karfreitag, von dem wir Himmelschlüssel mitbrachten, einem Stadtgang am Ostersonnabend zum Altmarkt, um das Osterläuten zu hören und schließlich mit einem Festessen am Ostersonntag, bei dem die Großmutter Beschorner und der verwundete Vetter Erhart als erste Gäste mitfeierten.

Der Umzug hatte an unserem täglichen Leben kaum etwas verändert. Nach den Ostertagen lief Vaters Praxis in der gewohnten Weise weiter wie in der alten Wohnung. Eine Arztpraxis in jener Zeit unterschied sich doch erheblich von den heutigen, durchorganisierten Unternehmen. Alles war viel persönlicher, weniger kaufmännisch. Angestellte hatte kaum ein Arzt.

Vater war stolz darauf, keine Kassen zu haben, sondern nur Privatpatienten zu betreuen. Er fand alle Versicherungssysteme unwürdig. So war er mit seiner Familie auch in keiner Krankenkasse. Er war weder feuer- noch diebstahlversichert. Um im Alter doch etwas Pension zu erhalten, arbeitete er an einem Vormittag in der Woche bei der Polizei, für die er auch Gutachten machte. Näheres weiß ich nicht. Wie die meisten Ärzte damals, hatte er keine Sprechstundenhilfe. Diesen Frauenberuf gab es noch nicht.

Wir hatten zwei Mädchen (Hausgehilfinnen sagt man heute), von denen das eine am Nachmittag damit beschäftigt war – in weißer Tändelschürze mit Stickerei – den Patienten die Tür zu öffnen, ihnen aus dem Mantel zu helfen und sie ins Wartezimmer, unseren Biedermeiersalon, zu geleiten.

Wenn das Telefon klingelte, oft fünfzigmal am Tag, ging hin, wer gerade in der Nähe stand. Gespräche für Vater wurden zu ihm umgestellt, Anmeldungen in ein dafür vorgesehenes Buch eingetragen. Alle halben Stunden kam ein Patient dran. Wer unangemeldet kam, musste auf dem Flur warten und wurde von Vater zwischendrin mal hereingeholt, wie es seine Zeit erlaubte.

Alle schriftlichen Arbeiten und das Ausstellen der Rechnungen erledigte Vater selbst auf seinem Unikum von Schreibmaschine, die er sich zugelegt hatte, als die Beschwerden über seine charaktervolle, aber schwer lesbare Handschrift zunahmen. Die Buchstaben waren auf dem kolbenartigen Kopf einer einzigen Taste befestigt. Mit einem Stift zeigte die linke Hand auf einer Tafel den gewünschten Buchstaben an, während die Rechte auf eine einzige Taste zu drücken hatte. Ein mühsames Verfahren, in dem er aber einige Fertigkeit erlangte. Helfen konnten wir dabei nicht.

Rechnungen wurden meist nur zum Jahresende in hohen Stößen ausgeschrieben. Nicht einmal das Markenkleben durften wir übernehmen. Auch Laboruntersuchungen machte Vater soweit möglich selbst. Hin und wieder wurden wir gerufen und mussten vom Bäcker gegenüber für 1 Pfennig Hefe holen. Vater brauchte nur ein erbsengroßes

Krümelchen für irgendwelche Untersuchungen. Wir genierten uns immer etwas, diesen ehrenvollen Auftrag auszuführen.

Meist beschränkte sich unsere Hilfe auf die Telefonbedienung. Das konnte bei nächtlichen Anrufen unangenehm sein. Ich schlief in der Nähe des Apparates und musste dann – halbwach – den gefühllosen, detaillierten Bericht irgendeines Polizisten über einen Mordfall oder die Auffindung eines Selbstmörders anhören. Glücklicherweise kam das nicht häufig vor. Wir waren noch nicht durch Radio und Fernsehen abgebrüht.

Am Vormittag machte Vater Besuche, deren Reihenfolge er uns aufschrieb. Kamen dringende Fälle, mussten wir versuchen, ihn telefonisch zu erreichen. Oft war er im Josefstift, wohin er seine Patienten legte. Ein Auto besaßen wir nicht. Meist benützte Vater die reichlich vorhandenen und sehr häufig verkehrenden Straßenbahnen oder er ging zu Fuß durch den Großen Garten, wenn es seine Zeit erlaubte. Das war der gesundheitliche Ausgleich, den er brauchte.

An dem Tageslauf von uns Schulkindern hatte sich durch den Wohnungswechsel auch so gut wie nichts geändert. Wir hatten nicht einmal einen anderen Schulweg. Die Brüder fuhren nach wie vor mit der Straßenbahn zum König-Georg-Gymnasium, damals der modernsten Jungensschule. Elfriede und ich pilgerten oder rannten zur nahe gelegenen Kox'schen Privatschule. Elfriede war nun ins zweite Schuljahr gekommen. Ich war im neunten Schuljahr, in der II. Klasse, also in meinem vorletzten Schuljahr.

Das Leben ging weiter, aber auch der Krieg ging weiter. Noch kamen viele Siegesmeldungen, die uns mit neuer Zuversicht und mit der Hoffnung auf einen baldigen Frieden erfüllten. Die Stadt prangte häufig im Schmuck unzähliger schwarz-weiß-roter und weiß-grüner Flaggen und Fahnen, deren wirkungsvoller Kontrast zum blaugrauen Sandstein und den grünen Kupferdächern der Dresdner Gebäude mich stets von neuem entzückte. Es kamen auch Trauerbotschaften über verlorene Schiffe, Luftschiffe, Zeppeline. Es kamen Nachrichten von harten Kämpfen an allen Fronten und es kamen neue Kriegserklärungen, die unsere Sorgen vergrößerten.

Im täglichen Leben wurden die Einschränkungen stärker fühlbar. Seit Februar durften keine Privatautos mehr fahren und nur noch jede zweite Gaslaterne der Straßenbeleuchtung durfte brennen. Im Mai sah ich die ersten Straßenbahnschaffnerinnen. Die Männer wurden selten. Der Anblick Verwundeter gehörte bald ins Straßenbild.

Mit dem Beginn der Pfingstferien zogen wir wieder, wie alljährlich, für glückliche zehn Tage nach Rathen. Großmutter Beschorner, die dort bei uns wohnte, konnte in den Feiertagen alle ihre Kinder mit ihren Familien um sich versammeln. Es gab manche gemeinsame Unternehmung mit gutem Mittagessen auf der Bastei oder in einem der hübschen Gasthöfe auf der anderen Elbseite. Mit Helmut machte ich größere

Wanderungen. So oft ich konnte schwamm ich in der Elbe. Es war alles, wie in den vergangenen Jahren – und doch war es ganz anders.

Unser Gehöft lag unmittelbar an der Eisenbahn, an der Hauptstrecke nach Prag und Wien, nach dem Balkan. Tag und Nacht rollten in kurzen Abständen Militärzüge vorüber. Wir rannten jedes Mal an die Schranken, um die Züge genau zu sehen. Ich schreibe in mein Tagebuch:

TB: „Täglich kommen ungeheuer lange Munitionszüge durch. Auch Lazarettzüge, täglich mehrere, von Galizien. Die Soldaten sind sehr vergnügt. Neulich kam ein bayerischer Zug durch. Er war ganz mit blauweißen Fahnen geschmückt und über und über mit Grün besteckt. Die Soldaten sangen, die Leicht verwundeten saßen auf den Trittbrettern und ließen die Beine baumeln. Selbst Schwerverwundete winkten uns von ihren Betten aus.
Einmal kam auch ein langer Zug Autos durch, ganz neue, die an die Front gingen. Ganze Züge Maschinengewehre, Mörser, Kanonen, Rote-Kreuz- und Feldpostwagen. Munition und Pioniermaterial, die vorbeikommen, gehen wahrscheinlich nach Italien, denn niemand zweifelt mehr daran, dass es uns das Wort brechen wird."

In diesen Tagen (am 24. Mai 1915) erfolgte tatsächlich Italiens Kriegserklärung an Österreich. Die Züge fuhren aber wahrscheinlich nicht nach Italien, sondern nach Serbien, wo bald eine große Offensive einsetzte.

Am 28. Juni jährte sich der Mord von Sarajevo. Was für ein Jahr lag hinter uns!

Noch versuchte man, das Leben im alten Stil weiterzuführen. Ich durfte auch wieder Tennisspielen: zweimal in der Woche je eine Stunde auf einem der Mietplätze an der Lukaskirche, damit ich „Bewegung in frischer Luft" hatte, denn das tägliche Spazierengehen hatte längst aufgehört. Ohne je eine richtige Anleitung gehabt zu haben, spielten wir Anfänger, Klassenkameradinnen und ich, mit alten Bällen, viel zu schweren Schlägern – aber sehr großer Begeisterung. Sportlich kam bei diesen wenigen Stunden, die zudem oft verregneten, natürlich nichts heraus. Wir gewöhnten uns nur allerlei Fehler und Unarten an, die später sehr schwer wieder auszumerzen waren. Von Tennisstil wussten wir nichts.

Mehr Zeit, als diese zwei Wochenstunden, hätte ich damals auch kaum zur Verfügung gehabt. Die Tage und Wochen waren randvoll ausgefüllt.

Alle ein bis zwei Wochen besuchte ich die Großmütter, die beide in Dresden lebten. Den Besuch bei der Großmutter Beschorner konnte ich meist mit dem Weg zur Klavierstunde (etwa 5 km) verbinden. Nur einen Weg durfte ich mit der Straßenbahn fahren, den anderen musste ich laufen, oft todmüde.

Für Großmutter Beschorner wickelte ich meist Wolle, weil sie viel „für die Armen" strickte. Manchmal las ich ihr französisch vor. So recht warm wurde man leider nicht mit ihr.

Zur Großmutter Gmeiner gab es keine direkte Straßenverbindung. Sie wohnte auch nicht ganz so weit. Zu ihr lief ich quer durch die ältesten Gässchen der Innenstadt (Trompeterstraße, Dippoldinswalder Platz, Liliengasse), etwa eine halbe Stunde.

Ich liebte die herzensgute Großmutter. Da sie aber nun fast vollständig taub war, konnte man sich nicht mit ihr unterhalten. Ein paar Mal bat sie mich, sie auf kleinen Ausflügen zu begleiten, was ich sehr gern tat. Allein konnte sie nichts mehr unternehmen, sehnte sich aber danach noch manches wieder zu sehen. Wie leicht kann man heute alten Menschen einen solchen Wunsch erfüllen und sie im Auto herumfahren. Damals sind wir einmal mit dem Schiff nach Pillnitz gefahren und ein paar Mal mit der Straßenbahn irgendwo an den Stadtrand. Das war alles. Es machte Großmama glücklich. Im September des Jahres 1915 wurde sie siebzig Jahre alt.

Klavierstunde, Kinderhort, Lazarettbesuche, Bahnhofsdienst, Sport, Geburtstagseinladungen bei Freundinnen und gelegentlich auch mal Schularbeiten – meine Nachmittage waren ausgefüllt.

Schnell vergingen die Wochen. Mitte Juli fingen die Großen Ferien (sechs Wochen) an, die wir wieder, wie schon im Jahre 1913 in Kleingießhübel nahe der böhmischen Grenze verlebten. Die menschenleeren, ausgedehnten Wälder um die beiden Zschirnsteine und bis tief hinein nach Böhmen standen voller Pilze. Wieder, wie schon 1913, packte uns die Sammelleidenschaft. Wir hatten ein Mädchen mitgenommen und kochten selbst. Da waren wir froh über die Bereicherung des Küchenzettels. Alles, was wir finden konnten, nahmen wir mit. Nach der Rückkehr bestimmte ich die Ausbeute gewissenhaft mit Hilfe des dreibändigen „Michael: Führer für Pilzfreunde", Erstausgabe etwa 1905. Wir vertrauten voll dem guten Herrn Michael und haben auch manches gegessen, was inzwischen fragwürdig geworden ist, z.B. die Kremplinge und anderes. Manche verdächtigen Arten und Abarten kannte man noch nicht, so u.a. den Karbol-Champignon und die zwei Formen des Hexenpilzes. Insgesamt haben wir mit all dem Kleinzeug, den Hörnlingen, Saftlingen, Schwindlingen und Schnecklingen mehr als 45 der abgebildeten Sorten gegessen. Nun, es ist uns gut bekommen und hat uns Spaß gemacht, gut geschmeckt und in schwieriger Zeit geholfen.

Auch das Beerensammeln spielte in diesem Sommer eine große Rolle. Nie wieder fand ich so wunderbare Brombeeren. Einmal bin ich nach Tisch losgelaufen ohne mich abzumelden, immer tiefer in die Wälder um die Zschirnsteine, wo es doch so viele Kreuzottern gab. Niemand hätte mich gefunden. Dazu kam ein sehr schweres Gewitter auf, unheimlich zwischen den Felsen. Mutti hatte sich wohl sehr geängstigt und ich war froh als ich, zwar triefnass und ohne Brombeeren, aber doch unbeschädigt heimkam.

Mit Vater, der uns zum Wochenende meist besuchte, machten wir sehr schöne Wanderungen in die noch vollkommen unberührten Gebiete nach Böhmen zu. Auch an den Sonntagen nach den Sommerferien im Herbst 1915 sind wir sehr viel unterwegs gewesen, in Pillnitz und Stolpen, in Tharandt und in der Meißner Gegend. Stets brachten wir Pilze, Beeren und Blumen mit heim.

Zu einem ganz besonderen Erlebnis wurde ein Besuch im alten Schloss Miltitz bei Meißen, dessen Ursprung noch auf die Besiedlung der Mark Meißen ums Jahr 1000 zurückgeführt wurde. Bischof Benno von Meißen höchstpersönlich soll noch den Hain riesiger Edelkastanien gepflanzt haben, in dem wir eifrig Esskastanien sammelten. Teile des Schlosses stammten noch aus dem 11., andere aus dem 13. und 16. Jahrhundert. Die meiste Zeit war es wohl im Besitz der Familien v. Miltitz und v. Heynitz.

Die Eigentümer hatten das Schloss jetzt für genesende Soldaten zur Verfügung gestellt und die Leiterin, ein Fräulein v. Heynitz, Patientin von Vater, hatte uns alle eingeladen, einen Tag mit den Soldaten im Schloss zu verbringen. Die Mahlzeiten mit den Verwundeten an langen Tafeln, die lustigen Aufführungen und Scherzspiele, die sie vorführten, die gemeinsamen Gesänge, es war ein Erlebnis, das mir einen starken Eindruck hinterließ.

In diesen Wochen wurde auf den verschiedensten Kriegsschauplätzen schwer gekämpft. Im Westen unternahm Joffre eine Offensive. Unsere Truppen marschierten durch Serbien, Belgrad fiel. – Schiffe gingen verloren. – Freude und Trauer wechselten ständig – und die Sorge wuchs. Auch das Leben in der Heimat wurde von Tag zu Tag düsterer und schwieriger.

In diesem Herbst sammelten wir Schüler fleißig Altmetall. Wir warben für die Dritte Kriegsanleihe, deren Erfolg (12 Milliarden, 30 Millionen Mark) uns sehr stolz machte. Abgesehen von dem immer häufiger benützten Papiergeld tauchte nun auch eisernes Münzgeld auf, 5- und 10-Pfennigstücke.

Die Verpflegung wurde immer knapper. Im November wurden Buttermarken eingeführt. Auf Milchmarken bekamen Helmut und Elfriede je einen halben Liter Milch. Wir anderen bekamen nichts. Zwei fleischlose Tage, ein schweine- und ein fettloser Tag wurden eingeführt. Das Kuchenbacken wurde verboten. Es gab kaum Seife mehr und nur noch Papierbindfaden.

Man versuchte alles, um dem Hunger zu entgehen. In Ostpreußen gab es begreiflicherweise noch mehr als damals im dicht bevölkerten Sachsen und noch keine Marken. Ich glaube, es war in dieser Zeit, dass Vater hin und wieder von Ostpreußen einen ganzen, runden Tilsiter Käse kommen ließ oder auch eine dicke, runde Blutwurst im Schweinemagen. Beides schmeckte herrlich und half uns über den Hunger hinweg. Bald aber war wieder Schmalhans Küchenmeister. Ich schreibe in mein Tagebuch bei Erwähnung dieser Einschränkungen:

> TB: *„Not macht erfinderisch. In den Zeitungen stehen jetzt immer massenhaft wundervolle neue fleisch-, fett-, mehl- und eierlose Gerichte, die zu unserem Entzücken alle durchprobiert werden. Das bringt Abwechslung in das Einerlei!"*

Um Weihnachtspakete für die Soldaten packen zu können, veranstalteten wir im November 1915 in der Schule einen Basar. Eifrig machten wir Handarbeiten und bastelten Geschenke. Wir übten Aufführungen ein, und auch Turnvorführungen standen auf dem Programm. Alle Eltern waren eingeladen. Es wurde ein großer Erfolg. Von den eingekommenen Geldern erhielt dann jede Schülerin zehn Mark für Soldatenpakete. Das war eine Freude! Die Aufführungen wurden dann nochmals für eingeladene verwundete Soldaten aus Lazaretten wiederholt, denen der Nachmittag viel Freude machte.

Leider hatte Mutti nicht zu unserem Basar kommen können. Schon im Oktober musste sie ins Krankenhaus, ins Josefstift. Eine größere Operation war nötig geworden. Es waren ernste Wochen. Zwar ging alles gut, aber wir Kinder waren doch aufgeschreckt und mit Sorge erfüllt. Ich ging oft zu Mutti ins Krankenhaus und besuchte dann auch die verwundeten Soldaten im Stift. Mutti konnte sich nur langsam erholen und kehrte erst wenige Tage vor Weihnachten nach Haus zurück. Es wurde ein ernstes Fest und so ganz anders als die frohen Kinderweihnachten in der Friedenszeit.

In dem großen Esszimmer der „neuen" Wohnung wirkte die große, an der Schmalseite des Zimmers stehende Tanne sehr feierlich. Nur weiße Kerzen und Silberfäden waren auf dem Baum. Es gab keine Stollen mehr und auch keine Pfefferkuchen. Großmama Beschorner war am Heiligen Abend unser Gast. Ich bekam einen Malkasten mit guten Aquarellfarben und viele Bücher. Gerhard erhielt neue Schneeschuhe. Wir waren alle zufrieden und glücklich.

Am 1. Weihnachtstag kam ganz unerwartet die Nachricht, dass Onkel Hans, Muttis Bruder, ziemlich schwer verwundet worden sei. Wir hofften, dass er nun bald in ein Heimatlazarett käme.

Die Kirchenglocken der Silvesternacht hörten wir von unserer Veranda aus an und dachten an alles, was das Kriegsjahr 1915 an Not und Sorge gebracht hatte. Dann stießen wir mit einem Punsch aus Johannisbeersaft auf das neue Jahr an.

1916: Konfirmation, Klettern, Sattessen im Allgäu, Tanzstunde

Als das für mich wichtigste Ereignis des nun beginnenden Jahres sah ich meine Einsegnung an, die Ostern 1916 erfolgen sollte. In jener Zeit bedeutete die Konfirmation besonders für Mädchen wirklich noch einen Lebensabschnitt. Man wurde nun zu den Erwachsenen gezählt und mit „Sie" angeredet, was ich grässlich fand. Man musste sich – soweit man konnte – als Dame benehmen, längere Kleider tragen, die Haare hochstecken und andere Unannehmlichkeiten mehr auf sich nehmen.

Schon im Oktober des vergangenen Jahres hatten die Konfirmandenstunden begonnen. Oberhofprediger Dr. Friedrich von der Evangelischen Hofkirche sollte mich einsegnen. Diese Kirche, die „Sophienkirche", war die einzige gotische Kirche in Dresden. Sie lag in unmittelbarer Nähe des Zwingers zwischen Post- und Opernplatz, nicht weit vom Schloss und der Katholischen Hofkirche entfernt.

Unser Unterricht fand in der berühmten, spätgotischen Bußmannkapelle statt, die jetzt wohl in einem Museum steht. Die schöne Kirche, die das Bombardement Dresdens im Februar 1945 überstanden hatte, wurde von den roten Machthabern nach dem zweiten Weltkrieg aus „Verkehrsgründen" gesprengt.

In der Pause zwischen den zwei Unterrichtsstunden durften wir in dieser stimmungsvollen, schwach erleuchteten Kirche mit dem dunklen Holzwerk und den alten Grabsteinen umhergehen.

Ich hatte die Konfirmandenstunde gern. Pastor Friedrich verstand es, klug zu unterrichten und hochinteressant zu erzählen. Im Oktober 1915 kam er gerade von einem Besuch bei den deutschen Truppen in der Türkei zurück. So sprachen wir zunächst viel über den Islam und andere Religionen. Mich interessierte alles Historische und Religionsgeschichtliche und letzten Endes auch das Altertümliche und Historische an unserem eigenen Bekenntnis. In diesem Zusammenhang sah ich auch die Gesangbuchlieder und den Katechismus.

Das waren die Sprache und die Denkweise der steinernen Toten draußen im Kirchenschiff, in ihren altertümlichen Kostümen, aber es war nicht mehr meine Sprache und auch nicht meine Denkart. Ich fand keinen Zugang mehr zu dieser vergangenen Welt, fand keinen Zugang mehr zur eigentlichen Religion. Mir fehlte wohl jede mystische Ader und wirkliches, religiöses Bedürfnis. War ich zu nüchtern, zu verstandesmäßig eingestellt? Ich weiß es nicht.

Im Winter war es bereits dunkel und die Laternen brannten, wenn wir die Sakristei verließen. Ich freute mich auf den Heimweg und pflegte einen kleinen Umweg zu machen. Zunächst ging ich am Zwinger, am Taschenbergpalais und an der Katholischen Hofkirche vorbei zur Elbe und etwa bis zur Mitte der Friedrich-August-Brücke. Ich sah hinunter auf den breiten, dunklen Strom und elbaufwärts zu den Lichterketten der Carola- und Albertbrücke. Vor mir lag das Schloss mit dem Georgentor, links die Brühlsche Terrasse, dahinter die Kuppel der Frauenkirche. Rechts standen die schönen Silhouetten des Schlossturms und des Turms der Katholischen Hofkirche gegen den Abendhimmel. Dieser – nun zerstörte – einst so bekannte und berühmte Blick auf meine Vaterstadt erfreute mich jedes Mal von neuem.

Eilig schlängelte ich mich nun durch das Menschengewimmel der abendlichen Schlossterrasse, über den Altmarkt und durch die belebte See- und Pragerstraße mit all den schönen Läden bis zur Sidonienstraße, von der es nur noch wenige Schritte bis zu unserer Wohnung waren.

Mitte April fand die Konfirmation statt. Am Vorabend hatte mir Vater „Werthers Leiden" (Lederband mit den Chodowiecki-Stichen) geschenkt und Stifters „Studien", zwei Bände in grünem Leder. Mutti hatte mir ein Gesangbuch gearbeitet, in dessen Ledereinband sie selbst eine Lutherrose gepunzt hatte. Ins Tagebuch schreibe ich über den 18. April 1916:

TB: „... ich zog schnell meine ganzen, neuen Sachen an (schwarzes Samtkleid mit Seidenbluse), machte meine Schnecken besonders sorgfältig und las in Ruhe alle die unzähligen Glückwünsche durch. Wie oft habe ich an diesem Morgen überlegt: hast Du auch alles? Handschuh? Ja, die schwarzen Glacéhandschuh. Taschentuch? Ja, das schöne, das Großmama B. schon vor Jahren, als ihre Augen noch gut waren, für den Tag meiner Konfirmation gestickt hatte. Auch das schöne Gesangbuch, das mir so große Freude gemacht hat und ein paar Keks, falls mir schwach wird sind nicht vergessen. 1/2 10 Uhr stiegen wir, Mutti und ich, in die Droschke und fuhren zur Kirche. Dann gehe ich in die Sakristei, wo schon alle meine Mitkonfirmanden versammelt sind."

Gertraude Gmeiner, 1916

Die Feier nahm ihren Anfang. Oberhofprediger Dr. Friedrich hielt eine sehr schöne Rede und segnete uns ein. Dann sollte das Abendmahl anschließen. Mich beschäftigte die ganze Zeit der Gedanke, ob es nicht unaufrichtig sei, an dieser mir so wesensfremde Zeremonie teilzunehmen. Aber ich konnte mich ihr ja nicht entziehen. Ich betete im Stillen unaufhörlich „Lieber Gott, vergib mir, dass ich nicht an Dich glauben kann!" – war mir dabei aber des Widersinns dieser Worte bewusst.

Zu Haus gab es zunächst den bei solchen Festen üblichen Trubel. Es kamen Besuche. Ich erhielt Blumen und vor allem viele, viele schöne Bücher, darunter ein als Tagebuch gedachtes, handgebundenes, rotes Wildlederbuch, das später unser so viel benutztes Gästebuch wurde.

Meine Einsegnung, zu der beide Großmütter und alle meine Paten und näheren Verwandten kamen, war das erste, große Fest in der neuen Wohnung. (Das große Speisezimmer hat später noch viele, schöne Feste gesehen. Zum allerletzten Mal waren wir alle an der Tafel versammelt, als meine Schwester Elfriede im zweiten Weltkrieg 1944 überstürzt heiraten wollte, ihr Verlobter aber am Abend vor der Hochzeit zu seiner Truppe nach Russland zurückkehren musste. Bedrückt verzehrten wir damals das vorbereitete Hochzeitsmahl, mehr oder weniger in dem Bewusstsein, dass wir nie wieder alle gemeinsam an dem Tisch im Elternhaus sitzen würden.)

Gegen 18 Uhr begann mein Konfirmationsfestessen. Es wurden Reden gehalten und Vater überreichte mir eine wertvolle silberne Armbanduhr. Ich schreibe ins Tagebuch:

TB: „Dicke (Elfriede) und Helmut hatten schon die Minuten gezählt. Sie freuten sich so, sich mal wieder richtig satt essen zu können, da man doch jetzt im Krieg immer Hunger hat."

Es gab eine große Kalbskeule mit Spargel und Morcheln. Wer weiß, wo Mutti dies alles damals noch aufgetrieben hatte. Wahrscheinlich war es überhaupt die letzte ganze Kalbskeule, die mir in meinem Leben auf dem Familientisch begegnet ist. Auf den Tisch meines eigenen Haushalts hat sich später niemals eine verirrt. Wir hatten Glück gehabt mit unserem Braten. Am nächsten Tag wurden die Fleischmarken eingeführt.

Anlässlich meiner Einsegnung hatte Vaters Freund, der Maler Beetz, eine Elfenbeinminiatur von mir nach einer Fotografie angefertigt. Mir gefiel das Bild nicht:

TB „Übrigens bin ich jetzt auch von Herrn Beetz gemalt worden. Wenn aber später mal jemand das Bild sehen sollte, so braucht er nicht zu denken, dass ich so ausgesehen habe. Meine Nase ist doch nicht ganz so klobig. Auch habe ich die Haare für gewöhnlich nicht so zusammengewürgt und überhaupt, ich finde das ganze Bild schlecht!"

Kurze Zeit nach der Konfirmation trennte ich mich von der praktischen Schneckenfrisur, die ich über drei Jahre getragen hatte. Nun war ich ein moderner Backfisch mit der damals üblichen Jungmädchenfrisur, einem Mozartzopf und einer ganz breiten, schwarzen Haarschleife im Nacken.

Nach der Einsegnung folgte ein Osterfest im gewohnten Verlauf, aber überschattet durch die Kriegsereignisse. Eine bedrohliche amerikanische Note beschäftigte die Gemüter. Auf Gallipoli an den Dardanellen wurde schwer gekämpft. Kämpfe um Verdun (Fort Douaumont) und Fortschritte in Italien wurden gemeldet, aber auch schwere Luftkämpfe, bei denen der erfolgreiche sächsische Flieger Immelmann fiel. Große Freude löste die Rückkehr des tapferen Schiffes SMS „Möwe" aus.

Nach den Osterferien begann ich als Klassenzweite mein zehntes und letztes Schuljahr bei Frl. Kox. Die Abschlussprüfung, das „Einjährige" (= Primareife) konnten wir an unserer Privatschule nicht machen. Ostern 1917 sollte ich diese so genannte Reifeprüfung als Zugewiesene an einer Städtischen Schule ablegen, wozu einige Wiederholungen nötig sein würden. Zunächst machte mir das jedoch noch keine Sorgen.

Mit allen meinen bereits erwähnten Tätigkeiten und Beschäftigungen vergingen die Wochen wie im Fluge. Wieder fuhren wir in den Pfingstferien nach Rathen. Wie schon im Vorjahre rollten noch immer pausenlos kriegswichtige Züge an unserem Gehöft vorüber. Neu hinzugekommen war der Balkanzug – direkte Verbindung zwischen Berlin und Konstantinopel – auf den wir sehr stolz waren.

TB: „Als wir gerade auf dem Bahndamm standen, kam der Balkanzug durch, so schnell, dass man gar nichts sehen konnte, aber natürlich behauptete jeder, einen Türken (mit Fez!) oder zumindest einen Offizier gesehen zu haben."

Statt der unzähligen Militärzüge mit Kriegsausrüstung fuhren nun in beiden Richtungen Transportzüge mit Versorgungsgütern vorbei: Vieh aus Dänemark, Getreide und Erdöl aus Rumänien u.a.m.

In diesen Pfingstferien durfte Gerhard mich erstmals mit zum Klettern nehmen. Es machte mir ungeheuren Spaß. Durch unsere täglichen Turnstunden waren wir geübt, Angst oder Schwindel kannte ich nicht. Gerhard war ein umsichtiger Führer. Unsere gemeinsamen Klettereien brachten uns sehr nahe. Als erstes erklommen wir von der Basteibrücke aus die Steinschleuder. In den zehn Ferientagen folgten die etwas schwierigere Nonne auf unserer Elbseite und noch einige Felsen auf dem anderen Ufer (Polenztalwächter, Feldsteine usw.).

Damals war ich trotz der schlechten Ernährung körperlich in guter Verfassung und leidenschaftlich für jeden Sport (Tennis, Klettern, Schwimmen, Eislauf) und fürs Turnen begeistert.

Bei der jungen Schwedin, die wir seit Kriegsbeginn als Turnlehrerin hatten, turnten wir mit Freude und Hingabe. Nun hatten wir schon das zehnte Jahr täglich unsere schwedische Turnstunde, waren gelenkig und durchtrainiert, balancierten in der größtmöglichen Höhe (zwei bis drei Meter) auf der runden Seite des Schwebebalkens und hatten Freude an allerlei halsbrecherischen Übungen.

Meine Freundin Lotti M. (die später selbst in Schweden ausgebildet wurde) hielt in unserer Klasse die Spitze. Sie war drahtig, klein und gewandt. Ich habe sie nie erreicht, aber mit ihr allerlei verwegene, fast akrobatische Übungen durchgeprobt. Mir läuft es heute kalt den Rücken runter, wenn ich an eine Übung denke, die in der Klasse nur wir beide machten. Wir kletterten an den acht Meter langen Seilen hoch. Oben musste man einen Aufschwung machen, sich mit den Füßen über dem Kopf festklammern und dann mit dem Kopf voran am Seil herunterrutschen. Ein Wunder, dass das immer so gut ging. Ernste Unfälle beim Turnen sind in meinen zehn Schuljahren nicht vorgekommen.

Am Sonnabend wurden schwedische Mannschaftsspiele, meist mit dem Ball, gemacht. Häufig wurde die eine Partei von Lotti, die andere von mir geführt. Da packte mich die Spielleidenschaft oft so, dass ich alles darüber vergessen konnte. Später, bei Hockeywettspielen ist mir das oft wieder so ergangen. Schön war das. Ich hatte große Freude an allen sportlichen Wettkämpfen und körperlichen Anforderungen.

Nach einer Knieverletzung im Januar 1929 kam ich mir wie ein Vogel mit gebrochenen Flügeln vor – und nun (1979) bin ich vollends eine lahme Krähe, die am Stock humpelt.

In diesem Frühsommer des Jahres 1916 hatte sich die Ernährungslage in Deutschland, insbesondere in Sachsen, schnell verschlechtert. Als Industrieland mit wenig Landwirtschaft und dichter Bevölkerung hat Sachsen damals wahrscheinlich mehr als andere deutsche Gebiete gehungert. Aus den Überschussgebieten Mecklenburg, Pommern, Ostpreußen und Schlesien wurde viel in die Reichshauptstadt Berlin (zwei Millionen Einwohner) geleitet. Bayern versorgte sich selbst. Außer einigen Städten im Ruhrgebiet waren wohl Leipzig und Dresden besonders schlecht dran. Den Fleischmarken folgten weitere Rationierungen. Vieles fehlte gänzlich. Zucker konnte man viertelpfundweise noch hier und dort erhalten. Butter kannten wir schon seit Weihnachten nicht mehr. Vater machte sich ernstliche Sorge um seine hungrige Familie.

Als Vater bei seinem Frühjahrsurlaub gesehen hatte, wie viel besser die Ernährungslage noch in Bayern war, beschloss er, die Großen Ferien mit uns allen im Allgäu zu verbringen, um uns mal wieder ordentlich herauszufüttern.

Als ganz große Überraschung wurde uns an meinem Geburtstag (5. Juni) eröffnet, dass wir allesamt sechs Wochen nach Maderhalm bei Fischen im Allgäu reisen würden. Wir sollten die Berge kennen lernen, zum ersten Mal die Alpen sehen! Unser Jubel war groß.

Dieser 16. Geburtstag war auch in anderer Hinsicht bemerkenswert. Wir bekamen schulfrei. Am 2. Juni hatte eine große Seeschlacht am Skagerrak stattgefunden. Der Engländer hatte viele Schiffe verloren, aber auch auf unserer Seite waren die Verluste groß. War es ein Seesieg? So ganz genau wusste man nicht, wer eigentlich gesiegt hatte. Ich glaube, man weiß es heute noch nicht. Aber wir bekamen jedenfalls schulfrei. Überall war geflaggt und ich konnte meinen Geburtstag in Hochstimmung verbringen.

Kurz vor Beginn der Sommerferien veranstaltete unsere Klasse noch ein kleines „Tennisturnier". Nach hartem Kampf bis zum Einbruch der Dunkelheit hatte ich schließlich einen kleinen Silberbecher („1. Preis Einzelspiel") errungen. Meine Freundin Ellen, die uns allen weit überlegen war, hatte fairerweise nicht mitgekämpft.

Endlich, am 14. Juli begannen die Großen Ferien. Mittags schloss die Schule – und noch am gleichen Abend fuhren wir nach Bayern.

Alle Ereignisse dieser ersten Reise in die Berge habe ich in meinem Tagebuch ausführlich aufgezeichnet. Einige Stellen daraus werde ich im Wortlaut diesem Bericht einfügen, um etwas genauer zu schildern, wie damals so eine Reise vor sich ging.

Zunächst fuhr Mutti mit uns vier Geschwistern (Gerhard fast 18, ich gerade 16, Helmut noch 13 und Elfriede 9 Jahre alt) voraus. Vater kam zwei Wochen später nach. Es ist der einzige Urlaub geblieben, den wir mit ihm gemeinsam verlebten.

Nachdem wir am Nachmittag noch gepackt und den Großmüttern – zu Fuß natürlich – Abschiedsbesuche gemacht hatten, fing die Reise an. Am Abend gegen 18 Uhr fuhr der lange, vollbesetzte Ferienzug (ermäßigter Fahrpreis) aus der Halle des Dresdner Hauptbahnhofs. Um uns nichts von der Fahrt entgehen zu lassen, standen wir „Großen" bis es stockdunkel wurde, auf der Plattform des uralten, bayrischen Personenzugwagens.

Nach zwölf Fahrstunden, in denen wir kaum geschlafen hatten, kamen wir früh in München an. Die Rucksäcke wurden ins Handgepäck gegeben, Katzenwäsche gemacht und Kaffee getrunken. Dann trabten wir alle los, um einige Stunden lang München zu besichtigen, Mutti mit dem roten Bädecker in der Hand voran. Sie war gewissenhaft. Nichts wurde ausgelassen. In unseren grünen Lodenumhängen liefen wir bei strömendem Regen kreuz und quer durch die Stadt, wobei es auch Zwischenfälle gab.

TB: „Die Feldherrenhalle ist ja ganz schön. Ich war aber erstaunt, nur zwei Feldherren drin zu finden. – Nun ging es zur Theatinerkirche. Vor dem Eingang warteten wir auf Helmut, der zurückgeblieben war. Hier hatten wir nun furchtbares Pech, denn mir ging es ähnlich wie der Pechmarie im Märchen, nur dass es diesmal kein Pech war, was klatsch, klatsch auf meinen frisch gereinigten Panamahut fiel, sondern – Taubendreck! (Dauerregen hatte die dicken Schichten auf den Gesimsen aufgeweicht und ins Rutschen gebracht). Der ganze Hut war bedeckt, mein Kleid, Wettermantel, Muttis Kleid, alles war voll. Ein Schutzmann, den wir um Rat fragten, was jetzt zu tun sei, konnte uns nicht helfen und der Dienstmann, den wir nachher fragten, kratzte sich bedenklich hinter dem Ohr und sagte tröstend: „Na, das Muster ist ja fast künstlerisch!" Auch das half nichts, denn was sollte ich mit einem durch Taubendreck künstlerisch verzierten Hut anfangen? Endlich fanden wir eine Waschanstalt und konnten uns hier so ziemlich reinigen lassen."

Zu Mittag aßen wir in einer altmünchener Wirtschaft, die Vater von seiner Studentenzeit (um 1890!) her kannte und als typisch empfohlen hatte, der „Kronfleischküche" in der Nähe des Marienplatzes. Es war eine einfache Gaststätte und noch wenig besucht um diese Zeit. Mutti war aber doch empört über unser Benehmen, als wir beim Essen – wohl aus Übermüdung – anfingen, uns fürchterlich zu zanken. Leidlich gestärkt, ging es dann weiter. Der Rest des Besichtigungsprogramms wurde abgewickelt und der Rückweg zum Bahnhof angetreten. Nach über dreißig Stunden intensiven Erlebens und körperlicher Anstrengung waren wir nun am Ende unserer Kräfte.

TB: „Nur mühsam schleppten wir uns zum Zug. – Ich war so todmüde, dass ich schon nach kurzer Zeit, ohne dass ich es wollte, fest einschlief. – Mechanisch stieg man in Immenstadt um. Die ersten Berge waren einem gleichgültig. Zwar standen wir nun die ganze Zeit draußen und sahen uns um, aber schließlich sah man das nur für den Augenblick und dann glitt alles ab, wie das Wasser an der Ente."

Mutti war bitter enttäuscht, dass wir beim Anblick der ersten Berge nicht in Jubel ausgebrochen waren.

In Fischen empfing uns Papas Patient Direktor S. und stieg mit uns hinaus nach Maderhalm. Wir waren auf halber Höhe in einem hübschen Bauernhaus bei der Familie Schwegler untergebracht, einer ganz besonders netten Familie mit sechs Kindern zwischen sechzehn und zwei Jahren.

TB: „Aber all das war uns jetzt nicht die Hauptsache. Wir waren furchtbar hungrig und müde. Was für ein Anblick war es also, als wir uns auf unserer schönen Veranda einen wundervoll gedeckten Tisch mit lang entbehrten Genüssen reich besetzt vorfanden: Milch, Butter in Menge, 6 Pfund Honig, Kaffee und Kartoffeln. Halbverhungert stürzten wir uns darüber. Nur zaghaft wagten wir die Butter aufzustreichen, denn seit Weihnachten hatten wir keine Butter mehr gesehen."

Am nächsten Tag, nachdem wir ausgeschlafen hatten, sah die Welt schon anders aus.

TB: „Von unserem Erker haben wir einen prachtvollen Ausblick auf das stolze, majestätische Rubihorn, die Nebelhorngruppe und weiterhin die Berge, die den Oberstdorfer Kessel bilden. Das Rubihorn ist ein feiner Berg. Ich habe ihn ordentlich lieb gewonnen. Er ist so, wie man sich als Kind einen Berg vorstellt, ein gerader, spitzer, steiler Felskegel..."

Hinter Schweglers Haus entdeckten wir zu unserer ganz besonderen Freude einen riesigen, alten Kirschbaum, auf dem wir herumklettern durften, um uns nach Herzenslust satt zu essen. Viele verwilderte Stachelbeersträucher am Gartenzaun standen uns außerdem zu Verfügung.

Wir hätten uns im Paradies fühlen können. Aber dieses Paradies hatte auch Fehler. Winzig kleine, aber umso zahlreichere!

TB: „Ich fuhr nach Sonthofen, um einzukaufen, lauter wundervolle Dinge z.B. Schweizerkäse, das Pfund nur 1.40 Mark! – Oder Zacherlin-Insektenpulver wegen der vielen Flöhe, die es hier gibt. Frau Schwegler hat einmal gesagt: „Viele Flöhe? Sooo? Da hat eigentlich noch niemand darüber geklagt, so zwei bis drei am Abend, aber mehr nicht!"

Na, mir genügte einer, um mich zur Verzweiflung zu bringen. Ich war vollkommen zerbissen und verschwollen und es juckte entsetzlich. Das hat mein Ferienglück etwas getrübt.

In den ersten zwei Wochen erkundeten wir mit Mutti die nähere Umgebung, das damals noch ganz dörfliche Fischen, die umliegenden Dörfer, das Illertal, den Einkaufsort Sonthofen. Nicht allzu weit von Maderhalm entfernt entdeckten wir in Langewang, mitten in einer Wiese, ein kleines, primitives Schwimmbecken, das wir ein paar Mal aufsuchten.

Der erste, größere Ausflug mit Mutti führte uns zu der jenseits des Tals am Aufstiegsweg zum Nebelhorn gelegenen Gaisalpe und dem klaren, dunkelgrünen Gaisalpsee. Zum ersten Mal sahen wir Enzianmatten und Alpenrosenfelder und ungezählte andere, uns noch unbekannte Alpenblumen.

Zu einem ganz besonderen Erlebnis in diesen Ferientagen wurde ein Gang mit Frau Schwegler und dreien ihrer Buben zur Schweglerschen Alm am Beseler. Auf dem schönen Weg am Bolgen und Schwarzenberg vorbei, fanden wir gelben und dunkelroten Enzian, Alpenrosen und Trollblumen. Zum Beseler hinauf kletterten wir ein Stück am Drahtseil, was uns natürlich ganz besonderen Spaß machte.

TB: „Oben war es sehr schön. Von Zeit zu Zeit hörten wir schwach Kanonendonner von Italien her. Es klang wie ein entferntes Gewitter. Auch Gämsen sahen wir ein ganzes Rudel. Danach besuchten wir die Almhütte, die wir genau besichtigten, die Riesenkessel, die Holzstube, den Schlafraum, der ganz ausgefüllt war durch ein riesig breites Lager, eine Art Bett, das von einer Wand zur anderen reichte. Nun ging es ans Kaffeetrinken. Ungefähr drei große Blechschüsseln, fast genau wie Waschschüsseln, wurden auf den Tisch gestellt. Jeder bekam einen Blechlöffel. Diese wurden gar nicht abgewaschen, sondern sauber abgeleckt an die Deckenbalken gesteckt. Immer zwei oder drei löffelten zusammen aus einer Schüssel. Dazu gab es Butterbrote, aber was für welche! Die Butter wird gar nicht aufgestrichen, sondern es werden halbfingerdicke Scheiben geschnitten und die werden dachziegelartig draufgelegt, so dass sie am Rande noch überragen. So etwas von einem Butterbrot hatten wir selbst im Frieden noch nicht gesehen und gar jetzt im Kriege!"

„Nachdem Mutti uns noch mal alle vor dem Stall geknipst hatte ging es weiter nach Rohrmoos, wo Herr Schwegler mit dem Wagen wartete... Über Almen und Wiesen, die vollständig versumpft waren, dass man teilweise bis über die oberen Stiefelränder einsank und der Dreck bis an die Knie spritzte. Da dachte ich an das Schützengrabenlied: 'Es quatscht in Schuh und Socken, der Dreck spritzt bis zum Ohr' ..."

Rohrmoos war damals noch ausschließlich Sennenkolonie.

TB: „Wir sahen uns die Kapelle an, die ganz besonders originell ist und uns viel Spaß machte. Sie ist ganz alt, so ungefähr von 1602 so was. Die eine Wand ist vollständig mit einer Riesendarstellung des Fegefeuers bemalt. Das Schönste daran sind die Teufel, rote, grüne, in allen Farbtönen sind sie da, einer grausiger als der andere..."

Nun besuchten wir noch Frau Schweglers Vater in der Käserei. Das hübsche Haus war außen ganz mit Schindeln verkleidet. Innen im Vorraum stand ein großer, hoher Kamin „noch aus der Franzosenzeit" sagte der Käser. In der Käserei lagen 500 Backsteinkäse jeden Alters auf hohen Gerüsten.

TB: „Herr Schwegler stand schon mit dem Wagen draußen, einem Heuwagen, über den Bretter gelegt waren. Wir stiegen ein, vorn die Hauptpersonen, hinten die lustige Ecke. Es wurde eine wundervolle Fahrt. Bald wurde es dunkel und ein Stern nach dem anderen tauchte auf. Schweglers erzählten und erklärten die Gegend. Zuerst fuhren wir durch ein wundervolles Tal. Zur Rechten sahen wir hohe, schwarze Berge, dahinter den nachtblauen Himmel und die vielen, vielen Sterne. An den Seiten des Weges, im Gebüsch überall Leuchtkäfer. Es war zauberhaft. So ging es zuerst bis Tiefenbach, teilweise an einem Bach entlang. Von Tiefenbach ging es nach dem Hirschsprung. Viele, viele Sternschnuppen sahen wir fallen und auch eine ganz große, die war wie ein Komet, ihre Bahn blieb noch lange am Himmel stehen. Es war prachtvoll. Dann ging es durch den Hirschsprung. Gespensterhaft sahen die hohen Felsen aus, gespensterhaft waren auch die weißen Nebel, die über dem Boden lagen. Wir saßen hinten, sahen in die Sterne und machten Zukunftspläne, denn Gerhard wird wahrscheinlich schon am 1. Oktober zur Marine gehen. Am Tage der Abreise hatte er es gerade noch auf dem Bezirkskommando erfahren, dass sein Jahrgang 1898 vielleicht im Winter einberufen würde."

Kurz vor Mitternacht endete die schöne Fahrt in Maderhalm.

Zwei Tage später fuhren wir mit Mutti zum Einkaufen nach Sonthofen und erstiegen anschließend alle zusammen den Grünten. Interessant wurde die Wanderung für uns erst am Grüntengrat. Mutti, der es Angst wurde, weil sie schwindlig war, wollte nicht weitergehen. Gerhard musste ihr sehr zureden und sie ganz vorsichtig über die schwierigen Stellen führen. Ich lotste Elfriede durch, Helmut ging allein.

Am 1. August stieß Vater zu uns. Wir fanden es herrlich mit ihm zusammen zu sein. An jedem Tag war etwas Besonderes los. Schon am zweiten Tag nach seiner Ankunft bestieg Papa mit den Brüdern und mir das Rubihorn, das ich schon längst sehnsüchtig betrachtet hatte. Bis zum Gaisalpsee waren wir ja schon mit Mutti vorgedrungen. Beim Aufstieg dahin überholten wir zwei Züge Soldaten, die eine Übung machten, in voller Ausrüstung mit Sack und Pack und einem kleinen, schwer beladenen Pferdchen. Bald musste Vater einigen Soldaten beistehen, die wohl wegen der Hitze schlapp machten. Das kleine Pferdchen stürzte später ab, konnte aber gerettet werden. Vom Gaisalpsee stiegen wir schließlich ohne Weg steil bergan über Geröllhalden bis zu einem kleinen Sattel. Hier frühstückten wir. In Ermangelung von Brot bekam jeder etwa ein halbes Pfund Schweizerkäse in die Hand, zum Hineinbeißen. Nach einer kleinen Kletterei zum Gipfel begann der Abstieg. Vater zeigte uns, wie man auf Stock und Fersen gestützt „abfährt", was ungeheuren Spaß machte. Ein Rudel Gämsen schaute neugierig zu.

Wenige Tage später erstiegen wir alle das Nebelhorn. Nur Elfriede blieb zuhause. Mutti kam mit, doch wurde ihr der Anstieg sauer. Sie hatte Herzbeschwerden und wir mussten sie das letzte Stück schieben. Trotzdem hielt sie tapfer aus.

Das Nebelhorn mit seinen 2.222 m war der höchste Berg, auf dem ich bisher gestanden hatte. Ich war glücklich da oben.

TB: „Wir hatten eine selten klare, prachtvolle Aussicht und das Wort 'viele Steine, müde Beine, Aussicht keine' traf wenigstens in seiner letzten Zeile nicht zu. Soweit man sehen konnte, keine Wolke am Himmel und kein Dunst. Bis zur Zugspitze, den Ötztalern und den Zillertaler Alpen, Scesaplana und dem Zug vom Ortler konnten wir sehen!"

Und wieder hörten wir auch den fernen Kanonendonner von der italienischen Front. Übers Seealptal stiegen wir nach Oberstdorf ab. Der Zug brachte uns zurück nach Fischen.

Schnell vergingen die letzten Ferientage. Fast täglich waren wir unterwegs. Der Abreisetag nahte. Um uns allen den Abschied zu erleichtern, veranstaltete Vater am letzten Tag noch ein großes Schützenfest, zu dem alle unsere Fischener Bekannten eingeladen waren. Mit der Familie Schwegler waren wir zwanzig Leute. Große Festvorbereitungen wurden getroffen.

TB: „Wir kehrten und rechten den Platz, d.h. die Festwiese. Alles wurde dick mit Tannenreisig und Ebereschenbeeren bekränzt und besteckt. Vom Wege aus führte ein mit Clematisblüten bezeichneter Weg nach dem Kirschbaum und weiter zum Schießstand. Gerhard hatte aus unreifen Äpfeln, Wurstspeilern und Kartoffeln einen schönen Stern gemacht. Helmut und die Schweglerjungs hatten fleißig Bögen und Pfeile geschnitzt."

Als das Fest beginnen sollte, kam ein Gewitterguss.

TB: „Schnell wurde die Tenne gefegt, die Wagen zusammengerückt und nun deckten wir in der Scheune. Überall hockten frisch gewaschene und frisch angezogene kleine Schweglers rum... Schon kamen die ersten Gäste, von Papa und Helmut mit einem Tusch, auf einer alten Gitarre und mit einer verbogenen Mundharmonika ausgeführt, empfangen."

Zwischen verschiedenen Regengüssen wurde der Vogel unter großem Hallo abgeschossen. Dann setzte sich bei Donner und Blitz das Fest bis gegen Mitternacht in der Scheune fort. Unser noch halbgefülltes Fässchen Apfelwein (35 Liter) wurde leer getrunken. Es wurde gesungen, eine Preisverteilung mit schönen Geschenken folgte, Reden wurden gehalten und es wurde getanzt. „Wie bei einer Hochzeit" meinten die Schweglers. Es war eine Bombenstimmung. Vater war in seinem Element. Er verstand es großartig, eine Gesellschaft in Schwung zu bringen.

Abschiedsschmerz konnte erst aufkommen, als wir am nächsten Morgen zur Bahn hinuntergingen, leicht verkatert und mit den Tränen kämpfend.

Sommerurlaub im Allgäu 1916: Kurt, Hertha, Elfriede, Gerhard, Gertraude, Helmut

Die Rückreise mit häufiger Umsteigerei von kriegsmäßig verspäteten Schnellzügen in Bummelzüge und umgekehrt brachte uns an diesem Tage nur bis Treuchtlingen. Am nächsten Morgen erst fuhren wie weiter nach Nürnberg zu einer genauen und eindrucksvollen Besichtigung der Stadt, die ich in meinem Tagebuch ausführlich in allen Einzelheiten schildere. Diese schöne Stadt, die mir damals so großen Eindruck machte, sollte ich erst nach 1945 in zerstörtem Zustand wieder sehn!

Erschöpft vom stundenlangen Herumlaufen und den vielen Eindrücken wollten wir im „Posthörnle" zu Mittag essen. Der Wirt führte uns mit den Worten „Ihr armen, hungrigen Sachsen, kommt hier herein" in ein Nebenzimmer.

TB: „Wir essen sehr gut Huhn mit Nudeln in dem stimmungsvollen Gastzimmer mit den vielen Erinnerungen an Hans Sachs und frühere Zeiten. Wir kamen so-

gar noch sehr gut weg, denn als die Kellnerin merkte, dass wir Sachsen waren, nahm sie uns gar keine Brotmarken ab, weil sie wusste, wie schlecht es bei uns stand."

Nun besichtigen wir noch den ältesten Teil von Nürnberg, das Dürerhaus und eingehend die Burg. Zum Schluss sahen wir uns noch das Tuchersche Jagdschlösschen an mit seiner schönen Innenausstattung, das mir besonders gefiel. (Es wurde im Zweiten Weltkrieg weitgehend zerstört.)

TB: „Auch an der Stadtmauer mit dem alten Wehrgang gingen wir eine Weile entlang und über den Kettensteig. Auch genossen wir den Blick auf den malerischen Henkersteg. Schließlich landeten wir im Tucherbräu, wo wir sehr gut Leberwürstchen und Sauerkraut aßen. Man glaubt nicht, wie so eine Stadtbesichtigung ermüdet und wie wir uns zum Zuge schleppen mussten. Trotzdem mussten wir im Zuge stehen. Es war wahnsinnig voll, bis wir uns schließlich auf unsere Rucksäcke in den Gang setzten und einnickten, aller halben Stunden durch vorbeikommende Schaffner und Menschen geweckt. Aber auch so eine Nacht geht vorüber. Als wir nach Sachsen hereinkamen, wurde mehr Ordnung. Ein Schaffner gab sich unendliche Mühe und brachte uns schließlich in einem Abteil 2. Klasse unter, wo wir dann fest bis Dresden schliefen."

Am nächsten Morgen begann die Schule wieder.
Es waren wirklich sorglose Ferienwochen gewesen, die wir in Bayern verbracht hatten. Zu Hause folgten sehr bald wieder ernste Tage.
Nachdem die Österreicher schon lange in den Alpen gegen die Italiener gekämpft hatten, erfolgte im August die italienische Kriegserklärung an Deutschland und einen Tag später die der Rumänen, wodurch natürlich auch die Erdöl- und Getreidelieferungen von dort wegfielen.

Sorgen gab es auch in der Familie. Kaum drei Wochen nach unserer Rückkehr erkrankte Elfriede plötzlich und musste sofort operiert werden. Wie gut, dass der vereiterte Blinddarm nicht schon in unserem abgelegenen Bergdorf durchgebrochen war! Kaum hatten wir uns von diesem Schreck erholt, folgte zum 1. Oktober Gerhards noch nicht erwartete Einberufung zur Marine auf die Seekadettenschule Flensburg-Mürwik. Vetter Wolfgang Zenker aus Leipzig war schon ein halbes Jahr früher dahin gekommen und nun bereits auf einem Schiff. Mir fiel der Abschied von Gerhard, mit dem ich mich in der letzten Zeit gut verstanden hatte, sehr schwer.
Der Ernst der Zeit und die verständliche Sehnsucht der Jugend nach Freude lagen damals sehr dicht beieinander. Die Eltern versuchten, uns im Rahmen des Mögli-

chen bescheidene Vergnügen zu verschaffen. Mitte Oktober begannen für mich und meine Altersgenossen die Tanzstunden.

Christine Höckner, eine Schülerin von Miss Flint, bei der auch ich vorm Krieg Rhythmische Gymnastik gehabt hatte, verlor als Achtzehnjährige ihren Vater, einen aktiven Offizier. Nun sorgte das tapfere Mädchen für ihre Familie, indem sie der Jugend der Dresdner Gesellschaft – einschließlich der königlichen Prinzen und Prinzessinnen – Tanzunterricht erteilte. (1949 oder 1953, bei einem meiner Nachkriegsbesuche im zerstörten Dresden, traf ich Fräulein Höckner in der Stadt wieder, verhärmt und unterernährt. Nun brachte sie dem Nachwuchs der Genossen das Tanzen bei.)

 Weil der Abend, an dem die meisten meiner Klassenfreundinnen Tanzstunde hatten, schon überfüllt war, kam ich in einen Kursus mit vielen Neustädter Offizierskindern, deren Väter im Felde standen. Dem Ernst der Zeit entsprechend sollte diese Tanzstunde nur als Unterricht, nicht als Vergnügen aufgefasst werden. Einladungen und kleine Feste waren unerwünscht. Vielleicht war das richtig.

 Einer der Jungs verliebte sich ziemlich heftig in mich. Das war mir lästig und ich war immer sehr ablehnend. Wenige Wochen später wurde er eingezogen, kam ins Feld und fiel kurz darauf. Da tat es mir doch sehr leid, dass ich immer so ruppig gewesen war. Auch andere aus dieser Tanzstunde erlebten das Kriegsende nicht mehr.

Wie einst unsere Mütter lernten wir in der Tanzstunde Française und Lancier, Polka, Galopp und Walzer, aber auch schon „moderne" Tänze wie Onestep und Twostep. Tango galt als sehr mondän und an der Grenze des Schicklichen.

 Oft wurde ich zu den Tanztees und kleinen Tanzereien meiner Klassenkameradinnen aus den anderen Kursen eingeladen, bei denen es nicht so streng zuging, wie in dem meinen. Diese Treffen fanden in irgendeiner der elterlichen Villen rund um den Großen Garten statt, die für Vorkriegsgeselligkeit gebaut waren und über schöne Gesellschaftsräume verfügten.

 Meist tanzten wir nach Grammophon im großen Speisezimmer oder in der Diele. Dort, auf der breiten Treppe zum Obergeschoß saßen wir mit Vorliebe. Die so einladenden, blanken Treppengeländer rutschten wir allerdings nicht mehr herab, wie einst bei den Kindergesellschaften in den gleichen Häusern. Uns Mädchen – so wie es zur Zeit unserer Mütter üblich war – von einem Kinderfräulein oder Dienstmädchen abholen zu lassen, wurde nach ein oder zwei Versuchen aufgegeben, als sich herausstellte, dass Tochter und Abholkommando zu verschiedener Zeit zu Haus eintrafen. Meist wurden wir nur verpflichtet, die allerletzte Straßenbahn zu benützen oder in einem größeren Trupp gemeinsam heimzugehen. Unsere Tanzschuhe hatten wir dann gegen feste Straßenschuhe ausgetauscht.

 Beim Tanzen und untereinander hatten wir einen mehr oder weniger spöttischen Neck- und Flachston. Flirts und dergleichen erschienen uns noch läppisches Getändel.

Wir hatten mehr Sehnsucht danach, uns mal richtig satt zu essen, als nach Liebesgeflüster. Das mag nicht überall so gewesen sein. Ich kann nur für mich und meine nächsten Freunde sprechen. Allerdings konnte – mit seltenen und drum hochgeschätzten Ausnahmen – an leiblichen Genüssen bei diesen Tanzereien nur wenig geboten werden. Es gab Apfelschalen- und Kräutertee mit Kriegsgebäck am Nachmittag, bei den Einladungen „nach dem Abendbrot" wohl auch mal eine Bowle, die schön kalt war und bei der das Obst und das Selterswasser die Hauptrolle spielten. Alkohol hatten wir bis dahin aus erzieherischen Gründen ohnehin kaum je bekommen.

Die Ernährung hatte sich weiterhin verschlechtert und die Lebensmittel waren sehr teuer geworden. Im August 1916 hatte ich notiert: 1 Ei = 0,35 M., 1 Gans = 80 M., 1 Schinken = 90 M., 1 Stück Seife (Tonseife) = 1 Mark. Mitte November schreibe ich in mein Tagebuch:

TB: „ ... Es war ein fetter Tag gewesen, denn früh war aus Schlesien von dem früheren Soldaten N., den ich immer im Stift besucht hatte, ein Paket Butter (4 Pfund!!) angekommen und von Gerhard viel Brot (weil sie bei der Marine reichlich erhielten und er noch von Kameraden gegen Zigaretten welches eintauschte) und Käse aus Bayern von Papas Patienten S. Das war alles sehr nötig zu brauchen, denn jetzt ist das Essen furchtbar knapp, so dass Mutti jetzt Essen aus der Zentralküche (Volksküche) bestellt hat. Das ist gut und reichlich und billig (40 Pf. die Portion) aber, da für 8'500 Personen dort gekocht wird, kann es natürlich nur so ein suppiger Brei sein, Krautsuppe, Rüben oder Graupen oder so was."

Später war es oft ein fürchterlicher Fraß. Im Frühjahr fand man ganze junge Rapspflanzen mit holzigen Stielen oder undefinierbare Schlachtabfälle dazwischen, die anzusehen uns ekelte. Aber „der Hunger trieb es rein!" Wir gingen einem wenig festlichen Weihnachten entgegen.

TB: 22. Dezember 1916 ... „Mutti sagte mir, dass Gerhard auf keinen Fall Weihnachten nach Hause käme. Bis jetzt war noch nichts entschieden. Das war ein harter Schlag und von Weihnachtsfreude, Weihnachtsstimmung konnte nun keine Rede sein...

TB: 23. Dezember 1916 „Nachmittags Stadtgang mit Papa. Keine rechte Freude, alles gedrückt. Auf dem Christmarkt fehlen alle Pfefferkuchenbuden, ganze Reihen standen leer, außerdem keine Beleuchtung, nur sehr spärlich. Keine Farben, kein Getriebe – Krieg! Bei Kreutzkamm der Kuchen schlecht, 40 Pfennig das Stück. Auch das alles traurig, öde."

Der Weihnachtsabend wurde dann doch noch ganz schön. Helmut und Elfriede führten auf dem Puppentheater die Weihnachtsgeschichte auf. Dazwischen sangen wir Weihnachtslieder. Helmut hatte alles elektrisch beleuchtet und Mutti und Papa freuten sich sehr. In den Feiertagen gab es einen Gänsebraten, den Papa von einer Patientin erstanden hatte.

Die Weihnachtstage waren nur ein kurzes Aufatmen gewesen. Das Ende des Jahres 1916 wurde umso ernster. Ich schreibe

TB: 28. Dezember 1916: „...schrecklicher Tag! Früh, den ganzen Morgen donnert's und bumbert's. Wir wissen nicht, was los ist, bis die Schreckensnachricht kommt, dass das Arsenal, die Munitionsfabrik brennt! Die ganze Stadt ist in heller Aufregung. Schreckensgerüchte allerwärts. Nachmittags war ich bei E. Immer noch donnert es. Gegen 6 Uhr (18 Uhr) ein furchtbarer Krach. Man sagt, die 21 cm Granaten seien explodiert. Abends ist der ganze Himmel rot, bis zu uns klirren die Scheiben. Alles in größter Aufregung. Sahen uns vom Dachboden aus den Himmel an. Hoffentlich geht nur nicht zuviel Munition drauf und Menschen! In den Zeitungen steht wenig. Man erfährt gar nichts und das ist gut."

Das Arsenal lag in der Neustadt am Stadtrand, zur Heide hin. Den Feuerschein dieser Katastrophe konnte man bis ins Erzgebirge sehen. Am nächsten Morgen wurden Extrablätter ausgerufen:

TB: 29. Dezember 1916: „Früh Extrablatt: Der Kaiser kommt! Wir schleunigst zur Polizei. Karten geholt. Wir hatten nun feine Plätze, gerade da, wo er (der Kaiser) aus dem Bahnhof herauskommen musste und in seinen Wagen einsteigen musste. Der ganze Wiener Platz voller Menschen und Militär. Dann kam er. Hab ihn blendend gesehen, ganz nah. Großer Jubel überall. Sehr fein!"

Auf den Gedanken, dass der Kaiserbesuch vielleicht schon früher angesetzt war und die Explosion der Munitionsfabrik, die er besichtigen sollte, ein Attentatsversuch gewesen sein könnte, kamen wir damals nicht. Wir nahmen an, der Kaiser sei plötzlich gekommen, um sich den Schaden anzusehen. Vielleicht war es auch so.

So ging das Jahr 1916 zu Ende. Die Lage spitzte sich langsam aber unausweichlich zu. Die Zuversicht der ersten Jahre war verflogen. Ich schreibe ins Tagebuch:

TB: Silvester, 31. Dezember 1916. „... dann läuteten die Glocken... Alle Menschen sind ernst geworden. Was das Neue Jahr wohl bringt? Ich fürchte, nichts Gutes. Doch, das werden wir sehen! Wenn wir nur durchhalten mit allem, dann ist es schon gut!"

1917: Hunger, Kohlrüben, Kälte, Reifeprüfung – und verliebt

Die Hoffnung, durchhalten zu können, mit der ich Sechzehnjährige das Jahr beschlossen hatte, entsprach der allgemeinen Sorge, denn auch in der Heimat wurde es von Tag zu Tag schwieriger. Wir standen mitten in dem so berüchtigten Kohlrübenwinter.

Es gab nur sehr wenig Brot und nun auch keine Kartoffeln mehr. Wenn Mutti uns 1916 noch unsere Brotscheiben mit der Briefwaage zugewogen hatte, so gab sie uns nun oft aus Gründen der Gerechtigkeit die auf uns entfallenden Brotmarken direkt, so bald sie fällig waren. Das kleine Brot, vielleicht ein knappes Pfund, was wir darauf erhielten, holten wir sofort beim Bäcker über der Straße. Heißhungrig aßen wir es dann meist schon auf dem Rückweg auf.

Früh, mittags und abends gab es Kohlrüben. Zum Schulfrühstück röstete Mutti die uns zustehende Scheibe Brot ziemlich hart und gab sie uns – ohne Aufstrich natürlich – mit. Sie war wie Leder und in den ersten Schulstunden kaute ich sie verstohlen in kleinen Brocken. In der Frühstückspause kam dann ein Stück rohe Steckrübe dran. Zwischendurch drehten wir uns auch Löschpapierkügelchen, auf denen wir dann herum bissen, wie heute die Kinder auf Kaugummi.

Mittags gab es Kohlrüben in erstaunlichen Variationen, z.B. als „Bratkartoffeln" (ohne Fett mit Kaffee-Ersatz gebräunt), Kohlrübenauflauf (in der Form gebacken, mit viel Saccharin und viel Bittermandelöl), Kohlrübensalat, -marmelade, -brei, -suppe, usw. usf. Mutti gab sich die größte Mühe für Abwechslung zu sorgen – und wenn es darum ging, die in Salzwasser ohne sonstige Zusätze gekochten Rüben mal als Würfel, mal als Stifte, mal als Scheiben zu servieren. Was haben wir damals nicht alles gegessen! Haifisch- und Robbenfleisch, Dorschrogen, (grießartige, weiße Körnchen, die mir besonders zuwider waren; er wurde als Suppe oder als Klößchen gereicht) und anderes mehr.

Wahrscheinlich für Vaters 50. Geburtstag (am 2. Februar 1917) hatte Mutti in Dresdens bestem Delikatessengeschäft, bei Lehmann und Leichsenring, Pragerstraße, für teures Geld „Jungen Saatvogel" in Büchsen erstanden. Vermutlich waren es Krähen, die uns ausgezeichnet schmeckten.

Im Übrigen feierten wir diesen Tag mit Sekt. Vater war in Hochstimmung: am Tage zuvor war der uneingeschränkte U-Boot-Krieg verkündet worden, von dem man ein baldiges Kriegsende erhoffte.

Doch zurück zu den Ernährungsproblemen. Die Blutwurst- und Käselieferungen aus Ostpreußen hatten längst aufgehört, seit auch dort Marken eingeführt wurden. Hin und wieder erhielten wir in Büchsen norwegische Fischklöße, schneeweiß und ohne viel Geschmack, aber doch etwas sättigend. Wir waren auf jede zusätzliche Quelle angewiesen und sehr froh, als die Eltern aus Bayern einen Quarkersatz „Mührin" genannt, kommen ließen. Er lag so herrlich schwer im Magen, dass man glaubte satt zu sein. Leider wurde er bald verboten, weil er zuviel Gips enthielt.

Gekröse, das Vater so gern aß, hatten wir auch schon früher manchmal gekocht. Mit Kapern und weißer Soße usw. war es ganz lecker. Ohne andere Zutaten als Kümmel war es weniger schön, doch waren wir froh, wenn wir es manchmal erhielten. Pfahlmuscheln gab es hin und wieder bei festlichen Gelegenheiten. Auch Pferdefleisch kam auf unseren Tisch. Eines der Kriegsweihnachten feierten wir mit einer großen Pferdelende. Erst hatten wir uns gierig und hocherfreut auf diesen Braten gestürzt. Später widerstand uns schon der süßliche Geruch, der aus der Küche drang.

TB: 26. Februar 1917: „Mit dem Essen ist es jetzt ganz scheußlich. Keine Kartoffeln, kein Brot, immer, immer Kohlrüben. Man ist dauernd hungrig. Neulich bekamen wir aber hier in Dresden von der Stadt Margarine ausgeteilt und zwar englische!! durch ein U-Boot eroberte. Das schmeckt noch einmal so gut!!"

Mit Nährhefe wurde unser Essen angereichert, außerdem kaufte Vater, solange es noch welchen gab, in den Apotheken Malzextrakt. Nach jeder Mahlzeit bekamen wir zur Stärkung einen Esslöffel voll, den wir mit Hochgenuss schleckten.

Im Zirkus Sarrasani wurden die Elefanten abgeschlachtet. Es hieß, das Fleisch sei verkauft worden und Dresden lachte über die Geschichte von einer Frau, die sagte „Gäm Se mir den Rissel, mir knaupeln so gerne!".

In meinem Tagebuch habe ich den Verlauf eines Tages im Februar 1917 zusammengestellt:

<u>Aufstehen</u>: Aufstehen im Halbdunklen, Lichtersparnis, später Sommerzeit
<u>Waschen</u>: mit Tonseife
<u>Anziehen</u>: Strümpfe auf Bezugsschein, Hemden auf Bezugsschein, keine Gummibänder, Kleiderfrage ganz schlimm, Schuhe mit Papp- oder Holzsohlen.
<u>Frühstück</u>: Suppe aus versalzenem, künstlichen Suppenpulver
<u>Schule</u>: Kohlennot, Kohleferien, Papiersparerei, Lehrermangel, Flugblätter, Geld- und andere Sammlungen, kalte Räume
<u>Mittagessen</u>: vom Wachstuch, weil Seife für Tischwäsche fehlt.
Kohlrüben, Nährhefe, Malzextrakt, Puddingpulverpudding
<u>Nachmittag</u>: Rumlaufen nach Dingen, die knapp sind: Papier, Bindfaden, Schuhsenkel, Nähkram u. dgl. mehr.

7 Uhr Ladenschluss, früher 1/2 8 Uhr oder 8 Uhr. Wenig elektrische Bahnen, wegen Personalmangel, Radfahren zum Vergnügen verboten, nur noch jede 5. Lampe der Straßenbeleuchtung brennt.

Außer den Ernährungsschwierigkeiten waren die Kälte und die Kohlennot ein Hauptproblem der ersten Monate des Jahres 1917. Der Winter war ungewöhnlich streng. Schon seit Weihnachten gab es Eis und Schnee, Ende Januar / Anfang Februar notiere ich 6 bis 15 Grad Kälte und 20 bis 40 cm Schneehöhe, sogar in der Stadt! Am 4. Februar werden wegen Kohleknappheit alle Theater und Sammlungen geschlossen und wir bekommen Kohleferien, die schließlich bis zum 19. Februar verlängert werden. Die Gymnasiasten müssen Schnee schippen, erzählen aber, manchmal würden sie dann von den Ladenbesitzern oder Vorübergehenden zum Frühstück oder in eine Konditorei eingeladen.

Wir gingen fast täglich Schlittschuhlaufen. Auf dem Eis froren wir nicht so, wie zu Haus.

Ich persönlich konnte diese unverhoffte Winterfreude nicht so ganz genießen. Nun endlich musste ich mich auf die bevorstehende Reifeprüfung vorbereiten. Bisher war es schwierig gewesen. Beim Umzug 1915 hatten die Brüder ihre eigenen Zimmer erhalten. Elfriede und ich bekamen ein gemeinsames Schlafzimmer. Unsere Schulpulte standen im sog. Wohnzimmer, einem Mehrzweckraum, in dem auch Elfriedes Puppenecke, Muttis Nähwinkel, das Klavier und ein großer Tisch zum Schneidern, Basteln und gelegentlichem Abendbrotessen für uns Kinder untergebracht waren.

Bei dem ständigen Kommen und Gehen in diesem Raum, an dem für meine sechzehnjährigen Beine viel zu kleinen Pult, war an ein konzentriertes Arbeiten nicht zu denken. Als nun Gerhard keinen Urlaub bekam, richtete ich mich in den ersten Januartagen mit meinen Schulbüchern in seinem Zimmer ein, um zu wiederholen. In Englisch und Französisch waren wir sicher weit genug und besser vorbereitet als die Städtischen Schulen. Mathematik war mein Lieblingsfach. Was wir gehabt hatten, konnte ich, aber wir hatten infolge Lehrermangels das Klassenpensum noch nicht ganz durchgenommen. Da konnte ich nichts machen.

Ich beschloss, in erster Linie Geschichte zu wiederholen, die mich immer interessiert hatte. Ich war damals tatsächlich noch so naiv, nicht zu ahnen, dass Geschichte nicht aus objektiven Tatsachen besteht, sondern je nach der Brille, durch die man sie ansieht, ihr Gesicht verändern kann. Außer meinem Schulgeschichtsbuch Andä, Deutsche Geschichte, benützte ich das Buch: Einhard, Deutsche Geschichte, das ich in Vaters Bücherschrank fand und das stramm national war. Völkerwanderung, Mittelalter und Kaiserzeit interessierten mich am meisten. Über die Napoleonzeit und die Befreiungskriege und schließlich noch den Krieg von 1870 wusste ich gut Bescheid. Von der Entwicklung unter Bismarck, seinen Kämpfen unter der Sozialdemokratie und den innenpolitischen Ereignissen bis zum Kriegsausbruch 1914 hatte ich nur wenig Ahnung. Im Unterricht waren wir knapp so weit gekommen. Die letzte Zeit war noch kaum behandelt worden.

Mit Wolljacke und Mantel angetan saß ich also lernend im ungeheizten Zimmer, das infolge der schrecklichen Kohlrübenblähungen bald wie ein Karnickelstall stank. Sehnsüchtig guckte ich aus dem Fenster. Es schneite und schneite, wie wir es seit Jahren nicht mehr erlebt hatten.

Anfang Februar begann die schriftliche Prüfung. In einer fremden Schule, bei fremden Lehrern wurden wir an fünf Tagen von 8 bis 14 Uhr wahrscheinlich mehr geplagt, als manche Schüler heute beim Abitur.

> *TB: „Die Sache war ganz lustig, nur ziemlich pedantisch. Herrlich war es, dass ich jetzt besonders gutes Frühstück mitbekam. Da ließ es sich schon so eine Prüfung machen: mit Butterbroten!"*

Am ersten Tage mussten wir einen Aufsatz schreiben über so ein richtiges Paukerthema: „Seine Pflicht zu erkennen und zu tun ist die Hauptsache!" In meinem Glanzfach, Mathematik, hatte ich wenig Glück. Die meisten Aufgaben stammten aus dem Stoff der letzten Wochen, den wir infolge Lehrermangels noch nicht durchgenommen hatten. Angeblich wurden die Arbeiten nicht bewertet. Pech. Englisch und Französisch ging glatt vonstatten, wenn uns auch das sächsische Französisch des betreffenden Lehrers nur schwer verständlich war.

Am letzten Tage kamen Geographie und Geschichte dran. Das Thema Nr. 1 hieß: „Die Arbeiterfrage". Ich wusste nicht einmal, was damit gemeint war und glaubte, es handele sich um eine präzis zu formulierende, mir gänzlich unbekannte Fragestellung. Ich schrieb über das zweite Thema, irgendetwas aus der französischen Revolution, habe es aber sicher nicht im gewünschten, revolutionären Sinne behandelt. Hier zeigte sich erstmals der damals schon stark politisch links gerichtete Geist in den Städtischen Schulen, den wir bald in der Städtischen Frauenschule näher kennen lernen sollten.

Die mündliche Prüfung, die Mitte März stattfand und mir ausgesprochen Spaß machte, verlief glatt. Ich habe sehr gut abgeschnitten, bekam aber als Gesamtnote nur „2" (= gut). Mir war das gleichgültig, aber Fräulein Kox war sehr enttäuscht. Ich war ihr bestes Pferd im Stall. Wie sie mir später mal sagte, vermutete sie mit Recht in den merkwürdigen Aufgaben- und Fragestellungen in Mathematik und Geschichte eine Maßnahme gegen die höheren Orts ungern gesehenen Privatschulen. Wir hatten in dieser Prüfung manches gelernt, denn wir waren erstmals auf politische Gegensätze gestoßen, die sich in den Kriegsjahren allmählich entwickelt hatten und im November 1918 zur Revolution führen sollten.

Zunächst aber feierten wir die bestandene Prüfung bei einer Freundin, deren Vater Henkell-Sekt in Dresden vertrat. Wir wurden reichlich mit diesem ungewohnten Getränk bewirtet und ich hatte den ersten, großen Schwips meines Lebens.

Die Abschlussklasse der ‚höheren Töchter' 1917
(Gertraude Gmeiner: zweite Reihe rechts außen)

Als nächstes folgte ein Abschiedsfest für alle meine Mitschülerinnen, zwanzig etwa, bei uns zuhause.

TB: „ 4 Uhr (16 Uhr) war meine ganze Klasse bei mir zum Abschiedsfest. Später wird man lachen, wenn man liest, wie es da zuging. Also: Kuchen musste sich jede selbst mitbringen, denn wir hatten nur ganz wenig bekommen. Dann wurde alles schön aufgelegt. Die Teller waren recht abwechslungsreich. Jede nahm dann, was ihr passte. Echten Tee haben wir nicht mehr. Also gab es Waldtee (Kräutermischung) und Apfelschalentee. Zucker gibt es nicht, also Saccharin. Auch das ist selten. Trotzdem war es riesig lustig. Alle schienen sich gut zu amüsieren. Wir tanzten natürlich auch und machten auch Spiele. Manche spielten Klavier usw. Im Laufe des Nachmittags gab es Geleespeise aus Pulver und

Schlagsahneersatz drauf, ebenfalls ein käufliches Pulver. Abends tanzten wir noch eine Française, zu der Papa spielte. Einige blieben zum Abendbrot. Brot usw. hatten sie sich allerdings selbst mitbringen müssen. Wir lieferten nur Kohlrübensalat, Gemüsesülze und Selterswasser. Im Ganzen war es ein riesig netter Tag und ich war heilfroh, dass alles so gut geklappt hatte."

Ein paar Tage später, nach der allerletzten Schulstunde, zogen wir übermütig in die Stadt, um im Kaffee Limberg in der Pragerstraße leichtsinnig ein Stückchen Kuchen zu schlemmen.

TB: „...unterwegs rannten wir beinahe die Kronprinzessin Cäcilie (Schwiegertochter des Kaisers) um, die hier ganz solo rumstrolchte. Sie ist seit einigen Tagen auf dem Weißen Hirsch."

Nun lag die Schule, die „Lehr- und Erziehungsanstalt für Mädchen Höherer Stände von M. und A. Kox" hinter mir. In ihr hatte ich mich zehn Jahre lang unbeschwert und fröhlich getummelt und dabei – dank der großen Fähigkeiten von Frl. A. Kox, auch wirklich etwas gelernt.

Ostern stand vor der Tür. Kurz vorher bekam ich noch die Röteln, die Elfriede gerade hatte. Trotzdem nahm Mutti mich mit zum Bahnhofsdienst, weil es an Helfern fehlte. Hier hatte sich inzwischen viel verändert:

TB: „...meine beiden Eisenbahnwagen waren hauptsächlich voll Nürnbergern. Die Liebesgaben machten ihnen große Freude. Dann sprachen wir von Nürnberg und unterhielten uns lustig. Dort schien es noch viel zu essen zu geben. Als sie hörten, wie knapp es hier wäre, kamen sie an: einer mit einem Stück Schinken, einer mit einer Wurst, andere mit Eiern. Das fand ich reizend. Später habe ich ihnen dann öfters geschrieben und Zigarren geschickt."

Nun beschenkten die Soldaten uns. Was für ein Wandel! Mit diesen Gaben und einigen verteilten, von Mutti aufgesparten Eiern veranstalteten wir Ostern ein köstliches Festfrühstück. Anschließend machten Mutti, Helmut und ich einen Frühlingsbummel vor die Stadt, nach Räcknitz und kehrten glücklich und zufrieden heim.

Die in diesen Tagen (6. April 1917) erfolgende, so schicksalsschwere Kriegserklärung der U.S.A. erwähne ich nicht, wohl weil meine eigenen Probleme mich zu stark beschäftigten. Es war übrigens die 26. Kriegserklärung, die Deutschland im Laufe der Jahre erhalten hatte.

Am Ende meiner Schulzeit hatte sich die große Frage erhoben: was soll nun mit dem Mädchen werden?

Im Bezug auf Frauenbildung und Frauenberufe unterschied sich das beginnende 20. Jahrhundert noch kaum vom ausgehenden 19. Jahrhundert. Nach der Schule lebte die Tochter weiterhin in der Familie, half ein bisschen im Haushalt, tat etwas für die Allgemeinbildung, trieb ein bisschen Sport, ging auf viele Bälle und hoffte, bald zu heiraten. Glückte das nicht, so besann man sich auf einen der üblichen Frauenberufe, wurde Erzieherin, Gesellschafterin, Klavierlehrerin oder bei höheren Ansprüchen und einer Ausbildungsmöglichkeit, Lehrerin.

Nun, im Kriege, erschienen diese Wege nicht mehr gangbar und zeitgemäß. Die Auswahl an wirklichen Frauenberufen war nach wie vor begrenzt. Erst in letzter Zeit waren noch einige soziale Berufe dazugekommen, neben dem Schwesternberuf im Krieg z.B. der der Fürsorgerin. Ein regelrechtes Frauenstudium z.B. Medizin gehörte zu den Ausnahmefällen und galt als emanzipiert.

Eine richtige Berufsausbildung für ein Mädchen, nur um einmal selbständig zu sein und Geld zu verdienen, auch wenn sie es „nicht nötig hatte", lag damals noch ziemlich außerhalb aller Erwägungen. Das sollte sich bald ändern.

Es wäre zweifellos das Richtige gewesen, mich damals auf das Abitur vorzubereiten. Die Möglichkeit, die Elfriede sieben Jahre später hatte, im Anschluss an die Mädchenschule eine dreiklassige Studienanstalt zu besuchen und das Realschulabitur zu machen, gab es damals noch nicht. Ich hätte mich auf das humanistische Abitur vorbereiten müssen, d.h. ich hätte in teuren Privatstunden das Latein von Sexta an nachholen müssen, um auf das vor einigen Jahren gegründete private humanistische Mädchengymnasium übersiedeln zu können. Daran hatte niemand Interesse, ich am wenigsten. Wozu sollte ich mich schließlich anstrengen? Ein Universitätsstudium war für eine Frau damals noch etwas Ungewöhnliches und für mich keinesfalls erwünscht. Die Eltern empfanden es als unweiblich. Jetzt ging es darum, in welcher Richtung eine allgemeine Weiterbildung erfolgen sollte. Ich selbst hatte keine Wünsche und Vorstellungen.

In diesen Monaten wurde viel von einem bald einzuführenden Frauenkriegsdienst, dem Einsatz junger Mädchen in Munitionsfabriken oder Lazaretten geschrieben und gesprochen. Als versichert wurde, dass der Besuch einer kürzlich gegründeten zweiklassigen Städtischen „Frauenschule" als Ersatz für diesen Kriegsdienst gelten sollte, wurde ich mit einigen meiner Klassenkameradinnen in dieser Schule angemeldet.

Nun konnte ich noch zwei Jahre mein bisheriges Leben weiterführen. Am Morgen ging ich in die Frauenschule auf der Zinzendorferstraße, nicht weit von unserer Wohnung. Die Schule versprach viel, hielt aber im Grunde nur wenig, gerade, weil zu Vieles auf dem Programm stand. Es war nur ein Hineinriechen, keine richtige Ausbildung. Der Besuch berechtigte zu nichts. Die meisten Lehrkräfte waren auch nur mittelmäßig.

Auf dem Lehrplan standen neben schöngeistigen Fächern, deutscher, englischer und französischer Literaturgeschichte und einer Einführung in die Philosophie auch Bürgerkunde, Sozialkunde, Volkswirtschaftslehre und Buchführung, außerdem Fächer wie Säuglingspflege, Gesundheits- und Erziehungslehre. An einem Tag in der Woche wurde praktisch gearbeitet, je einige Wochen in einer Kinderkrippe (Säuglinge, in einem Elendsviertel von Dresden), einem Kinderhort (sehr primitive Tagesstätte für Arbeiterkinder im Vorschulalter, Kinderbewahranstalt) und in einem Fröbelschen Kindergarten. Auch „Kochunterricht" wurde geboten, d.h. wir halfen in einer Volksküche Heringe auszunehmen, Kartoffeln zu schälen und Gemüse zu putzen. Gelegentlich kochten wir auch selbst etwas ganz Einfaches.

Auf diese zwei Frauenschuljahre zurückblickend möchte ich als positiv bewerten erstens, dass ich erkannte, dass ich weder zu einem sozialen Beruf, noch zu einem Lehrberuf Neigung hatte und zweitens, dass ich in diesen Jahren Gelegenheit hatte, mich sehr gründlich mit Literatur zu befassen, denn in Deutsch und Französisch hatten wir eine sehr gute Lehrerin, Frau Grohmann. Unsere Klasse besaß eine eigene Bücherei neuerer Autoren, in der sich neben den vollständigen Werken von Ibsen, Gerhart Hauptmann (soweit erschienen) und Thomas Mann (soweit erschienen) viele Russen und sonstige damals moderne Dichter und Schriftsteller befanden.

Ich war von jeher eine Leseratte, hatte aber meist nur mit schlechtem Gewissen geschmökert, statt Schularbeiten zu machen. Nun las ich ganz systematisch in jeder freien Minute Hauptwerke der Weltliteratur, soweit sie mir zugänglich waren.

Diese intensive Beschäftigung mit der Literatur wurde ergänzt durch Theaterbesuche in den Königlichen Hoftheatern, dem Schauspielhaus und der Oper. Als Städtische Schule hatten wir die Vergünstigung, am Abend nicht verkaufte Eintrittskarten nur gegen Zahlung der Steuergebühr (Schauspielhaus 1.- Mark, Oper 1.50 Mark) zu erhalten. Wir mussten an der Abendkasse warten und u.U. auch mal heimgehen, wenn das Haus ausverkauft war. Meist saßen wir auf den teuersten Plätzen im 1. Parkett oder 1. Rang, die in der Oper damals etwa 12.- Mark kosteten.

Die Dresdner Theater waren in jenen Jahren auf einer ganz besonderen Höhe, berühmte Schauspieler und Sänger gehörten ihnen an. Auf dem Spielplan standen neben vielen klassischen, hervorragende moderne Werke. Meine Eltern waren verständnisvoll und großzügig und ließen mich, sooft es möglich war, ins Theater gehen, in manchen Wochen zweimal. In diesen Jahren habe ich fast alles gesehen, was damals im Schauspielhaus auf dem Spielplan stand. In die Oper ging ich seltener. Hier interessierte mich die großartige Ausstattung mehr als die Musik.

Im Haushalt wurde ich nun häufiger herangezogen. Regelmäßigen Einsatz schätzte ich nicht, half aber gern, wenn einmal ein Mädchen ausfiel oder Extraarbeiten anfielen, besonders wenn diese schwierig waren. So übernahm ich meist nach dem Großreinemachen das Aufstecken der frischen Gardinen, die in gleichmäßige Falten geordnet mit Stecknadeln an den Zugbändern und den Querleisten befestigt werden mussten. Mutti erstieg nicht mehr gern die hohe Leiter und die Mädchen arbeiteten ihr nicht akkurat genug. Welche Freude, als ich einmal eine neue Schere, die vorm Jahr verschwunden war, oben auf dem Gardinenbrett wieder fand!

Wurden Gäste erwartet, so deckte und schmückte ich gern den Tisch. Manchmal musste aber auch das ungemusterte, dunkelgrüne Linoleum, auf dem man jeden Staub und jeden Kratzer sah, in allen Zimmern abends noch mal gebohnert werden, was ich sehr anstrengend fand. Das Staubwischen, das Mutti meist selbst machte, übernahm ich ungern. Als gänzlich unproduktive und geistlose Tätigkeit war es mir sehr zuwider. Aber es war eine Gelegenheit all die schönen Zinnsachen, mehr als zwei Dutzend, die im Esszimmer herumstanden, in die Hand zu nehmen und näher zu betrachten.

Alle diese schönen, wertvollen Dinge sind 1945 verbrannt. Am meisten traure ich einem herrlichen, alten, großen persischen Teller mit Trinkgefäß nach. In den runden, silbernen Teller (etwa 50 cm Durchmesser) und das eiförmige, geschlossene, mit einer Tülle und einer Kette versehene Gefäß waren Koransprüche in Gold, Kupfer und Messing eingelegt. In Museen sah ich später ähnliche Stücke, aber keines war so schön. Sehr liebte ich auch eine römische, halbkugelige Trinkschale, silbern mit einem goldenen Lorbeerzweig verziert. Es war die Nachbildung eines Stücks aus dem Hildesheimer Silberfund, vermutlich dem Schatz des Varus. Meine Staubwischerei dauerte immer ziemlich lange und Mutti wurde dann ungeduldig.

Mehr als mit diesen gelegentlichen Arbeiten im Haushalt konnte ich dadurch helfen, dass ich Mutti so viele Einkaufsgänge wie nur möglich abnahm. Man musste ja nach allen Kleinigkeiten des täglichen Bedarfs herumlaufen, nach Nähkram, Strumpfstopfgarn, Schnürsenkeln, Seife, nach Saccharin, Puddingpulver, Papierwaren usw. usf. – von Kleiderstoffen, Schuhen und Strümpfen gar nicht zu reden. Ich habe mich damals sehr viel in der Stadt herumgetrieben. Es machte mir Spaß und ich war glücklich, wenn ich noch etwas Nützliches auftreiben konnte.

So vergingen die Wochen. Pfingsten rückte näher. Wir freuten uns alle auf zehn Tage in Rathen. Es war jedes Mal wie ein Heimkommen. In Dresden lebten wir, aber in Rathen waren wir zu Haus. Die Ernährung dort war aber nun noch schwieriger als im Jahr vorher. Ich vermerke:

TB: 25.Mai 1917 „Merkwürdig ist das Essen hier. Wir haben nichts und hier gibt es nichts, nur Kohlrüben. Folglich ist unsere Speisefolge meist so: einen Tag irgendein Kohlrübengericht (Klöße, Puffer, Gemüse oder dgl.), am zweiten Tag dann Wildgemüse, d.h. Spinatersatz aus Brennnesseln, Giersch usw. zusammengepflückt."

Mit Helmut marschierte ich einmal nach Königstein, sieben Kilometer hin, sieben Kilometer zurück, um einzukaufen. Wir kamen aber nur mit ein paar sauren Gurken und Radieschen zurück. 100 Gramm mühsam ergatterter Himbeersaft war uns auf dem Rückweg ausgelaufen.

In diesen Ferientagen schloss ich mich mehr an Helmut an und unternahm manches mit ihm. Gern schossen wir auf Krämers Hof mit dem Luftgewehr nach der Scheibe. Die zehnjährige Elfriede war meist mit Mutti zusammen oder spielte mit zwei Kusinen, die auch in Rathen waren. Vieles unternahm ich auch allein. Täglich schwamm ich in der Elbe.

Der Bruder Gerhard muss als Soldat ins Feld, 1917

Gern wäre ich wieder Klettern gegangen. Gerhard fehlte mir. Er schrieb mir oft, aber nicht sehr glücklich. Dieser kalte Winter bei der Marine war für ihn nicht leicht gewesen. Mit Grippe und Blinddarmreizungen lag er mehrmals im Lazarett. Er hatte wohl auch Heimweh und sehnte sich nach der Sächsischen Schweiz.

Die Tage in Rathen hatten gezeigt, dass es nicht mehr möglich war, sich in den Ferien in Dresdens Umgebung zu ernähren. Wie man hörte, sollte es in den Ostseebädern noch viel besser sein, doch waren sie in den Ferien besetzt und man kam nur schwer unter.

Zu unserer großen Freude war es den Eltern trotzdem gelungen in Boltenhagen, einem kleinen Seebad an der Lübecker Bucht, noch Quartier zu bekommen. Die Nachricht kam kurz vor dem Beginn der Großen Ferien. Wir packten in Eile und Mutti reiste mit Elfriede, Helmut und mir los. In Berlin mussten wir umsteigen und gingen zu Fuß vom Anhalter zum Lehrter Bahnhof, vorbei am Brandenburger Tor und dem Reichstagsgebäude, z.T. einen Weg den ich viele Jahre später täglich zum Büro ging.

TB: 16. Juli 1917. „Lehrter Bahnhof. Endlich kam der Zug. Alte Wagen, übles Vorortsbähnchen. Im Abteil paar alte Landstürmer mit Andreas-Hofer-Köpfen. Durch Spandau, vorbei an der großen, drahtlosen Station Nauen. Acht hohe Masten, bis zu 250 m hoch! Sehr interessant! Dann ging es ans Mittagessen. Papa hatte uns ein Huhn gestiftet (12.- M.!), dabei nicht groß. Trotz dreckiger Finger schmeckte es uns großartig. Dann abwechselnd aus einer alten Konservenbüchse – unsere schönen Aluminiumbüchsen sind alle eingezogen und abgeliefert – Haferflockenbrei mit Rosinen (1 Pfd. 4.- M.) gelöffelt... In Ludwigslust viele Gefangene auf dem Bahnsteig: französische Alpenjäger, Montenegriner mit Fezen und Holzschuhen, Russen, Serben... – Schöne Gegend, riesige Seen, prachtvolle Buchen- und Eichenwälder..."

Nach mehrfachem Umsteigen kamen wir schließlich in der Endstation Klütz an, fanden aber kein Fahrzeug und mussten noch über zwei Stunden zu Fuß nach Boltenhagen laufen.

TB: „... wo wir ein herrliches Abendbrot vorfanden. Das war ein Göttermahl für die armen, ausgehungerten Dresdner: Schwarzes Brot, Butter, Käse, Rührei und Speck, Bratkartoffeln und noch allerlei."

Das Hotel Qualmann, wo wir wohnten, lag ganz vorn, unmittelbar am Strand. Es wurden schöne Ferien. Das tägliche Schwimmen im Meer war herrlich. Wir fanden nette Freunde und wir ließen uns das Essen im Hotel schmecken. Auf der Landungsbrücke sahen wir beim Aalstechen zu, mit langen Stangen, an denen vorn eine Gabel ist. Beim Lehrer des Nachbardorfes kauften wir alle Sorten Beeren, die wir selbst pflücken mussten, wobei wir essen durften, soviel wir wollten. Auf den großen Weiden rund um Boltenhagen warfen wir Bumerang oder wir versuchten auch mal, auf dem verwahrlosten Platz neben dem Haus Tennis zu spielen. Oft war ich wieder allein unterwegs. Am 27. Juli schreibe ich ins Tagebuch:

> *TB: „Interessanter Tag. Ich trieb mich gerade in den Feldern um Boltenhagen herum, als es zu brummen und sausen anfängt. Lauter Flieger! Wenn einer am Horizont verschwand, tauchte immer gleich ein neuer an der anderen Seite auf. Ungefähr sechs Stück sah ich immer auf einmal! Dazu prachtvolle Kurven. Alles Landflugzeuge, die teilweise sehr tief flogen. Großartiger Anblick! Plötzlich stellte einer über mir seinen Motor ab und verschwindet in sausendem Gleitflug hinter den Redewischer Bäumen. Ich natürlich schleunigst nach, durch Sumpf, über Gräben, richtiges Hindernisrennen. Endlich sehe ich ihn auf einem Stoppelfeld liegen. Eine Anzahl Dorfjugend stand drumrum, sonst keine Badegäste. Der Leutnant forderte mich auf in das Flugzeug reinzuklettern, dann zeigte er mir alles genau. Sehr interessant. Hatte wegen Motordefekt landen müssen. Kam von der Fliegerschule Schwerin. Netter Kerl... Jetzt hatte ich endlich mal Flugzeuge genauer gesehen. Aber noch nicht genug. Abends sahen wir so eine merkwürdige graue Wolke, die so auffallend ruhig stand. Nach einiger Zeit stellte sich heraus, dass es ein Zeppelin war. Inzwischen war es dunkel geworden, als der Zeppelin majestätisch, mit seinen Scheinwerfern grüßend über Boltenhagen weg flog."*

Begegnung mit einem Kriegsflugzeug, 1917

Unsere unternehmungslustige Mutter (42 Jahre alt) hielt es nicht aus, tagelang nur im Strandkorb zu sitzen. Mit der Erholung kehrte ihr Tatendrang zurück und sie beschloss mit Helmut und mir nach Travemünde zu *wandern*, dann Lübeck zu besichtigen und mit dem Zug zurückzukehren. Zum Erstaunen der Leute zogen wir also los, um zu Fuß – ohne Wanderkarte – von Klütz über Kalkhorst nach Travemünde zu gehen (etwa 25 km). Gegen zwölf Uhr mittags kamen wir an unser Ziel, nachdem auf der Halbinsel Priwall unsere Pässe noch streng kontrolliert worden waren.

Auf unserem Marsch durch sandige Wege, an Wassergräben mit gelben Mummeln entlang und auf großen Feldern und Weiden vorüber, auf denen Schafherden grasten, hatten wir auch sehr viele Vögel beobachten können, vor allem Kiebitze, aber auch Störche. Wir hatten eine uns vollkommen fremde, ganz neue Landschaft kennen gelernt. Es war wohl eine typische Ecke des weiten Mecklenburger Landes mit den großen Gutshöfen und den Dörfern mit ihren reetgedeckten, roten Backsteinhäuschen.

TB: „Dann setzten wir über die Trave, auf der gesegelt wurde. Der Hafen lag voller Schiffe, darunter zwei Torpedoboote, ein U-Boot und ein größeres Kriegsschiff. Das U-Boot konnte man sich ganz nah besehen. Das war Glück. Schien ein neuer Typ zu sein. Rund gebaut wie U-Deutschland, hinten spitz und vorne mit Zähnen zum Durchschneiden der Drahtnetze. Mannschaft in Ölzeug, sehr vergnügt..."

Vor einem Hotel an der Trave aßen wir zu Mittag.

TB: „Während des Essens sahen wir, wie sich das U-Boot plötzlich losmachte, alle Mann standen salutierend an Deck. Ein großer, gelber Strauß, den der Kommandant vorher bekommen hatte, war ans Periskop gebunden. So fuhr es aus."

Auf einem schönen Weg am Steilufer besuchten wir noch eine Ausflugstätte, aßen die landesübliche Rote Grütze mit Milch und fuhren schließlich gegen sechs Uhr nach Lübeck. In den drei Stunden bis zur Abfahrt unseres Zuges nach Klütz haben wir dann noch Lübeck besichtigt. Mutti machte so was gründlich. Wir waren überall, bekamen aber leider in der Schiffer-Gesellschaft nichts zu essen, kauten Äpfel und Radieschen und kamen, nach dem letzten Fußmarsch von Klütz nach Boltenhagen, nach Mitternacht todmüde wieder in unserem Quartier an. Erstaunlich, was man damals alles an körperlichen Leistungen sich zutraute!

Unsere Rückreise führte uns noch einmal durch Lübeck. Nun besichtigten wir das Rathaus und waren vom Schabbelhaus entzückt. Dann fuhren wir weiter nach Hamburg. Es machte mir Eindruck, zum ersten Mal in einem richtigen, großen Hotel zu übernachten. Für uns Landratten war die Stadtbesichtigung und vor allem die Hafenrundfahrt am nächsten Morgen hochinteressant. Noch am gleichen Tage fuhren wir nach Leipzig weiter, wo Vater uns erwartete. Mit ihm sahen wir am nächsten Tag die Stadt an, die wir noch nicht kannten, obwohl Großmama Beschorners Vorfahren Küstner durch Jahrhunderte dort gelebt hatten (Bankhaus Küstner) und noch viele Verwandte dort wohnten. Die schönen Ferienwochen waren schnell vergangen. Gut erholt sahen wir zuversichtlich kommenden Hungerzeiten entgegen.

Es war jedoch nicht nur die unvermindert schlechte Ernährungslage, die uns damals – neben den ernsten Kriegsereignissen an den Fronten – Kopfzerbrechen machte. Mittlerweile, nach drei Kriegsjahren, war es um unsere Garderobe recht schlecht bestellt. Fast unlösbar war das Schuhproblem geworden. Ich trug Herrenhalbschuhe, Holzsandalen mit Scharnieren, die bei jedem Schritt in die nackte Fußsohle zwickten oder die Strümpfe zerrissen und alte, ausgelatschte Schuhe mit Teerpappsohlen, die jeden Monat erneuert werden mussten. Unsere armen Füße waren zu bedauern.

Auch die Strümpfe waren ein Problem. In jenen Jahren trugen wir noch ausschließlich undurchsichtige, schwarze Baumwollstrümpfe, nur bei festlichen Gelegenheiten die dünnen „Flor"-Strümpfe. Das letzte halbe Dutzend Strümpfe hatte ich zur Konfirmation bekommen. Nun waren deren Füßlinge nur noch eine einzige Stopffläche. Jeden Tag zerriss das Paar. Stopfgarn gab es nicht mehr. Mehrfach geteiltes Häkelgarn und aufgeribbelte Strumpflängen mussten helfen. Bei jedem Stich riss der Faden. Mir war meine Freizeit zu schade, um sie mit Stopferei zu verbringen. So verlegte ich diese Beschäftigung in die Schulstunden und hörte dabei zu, was es von Platon und Sokrates zu berichten gab.

Wir jungen Mädchen waren, der Not gehorchend, ziemlich einheitlich gekleidet, meist mit Rock und Bluse. In den modernen Glockenröcken erkannte man unschwer die dunkelblauen Capes wieder, die viele Kinder als Schulanfänger so um 1907 herum mit rot gefütterten Kapuzen getragen hatten. Auch väterliche Hosen, meist aus unverwüstlichem Friedensstoff, tauchten in Rockform wieder auf. Alte Herrenhemden, weiße Wäschestücke, Tischdecken und Gardinen lieferten die Sportblusen dazu.

Am Schwierigsten war die Beschaffung warmer Wintermäntel. In einem umgearbeiteten, weinroten Vorkriegs-Abendmantel von Mutti war ich nicht sehr glücklich und fror erbärmlich.

Bei kleinen festlichen Anlässen, Geburtstagsfeiern und Theaterbesuchen trugen wir Backfische allesamt die schwarzen Samtröcke von der Konfirmation mit waschseidenen, weißen, hellblauen oder rosafarbenen Blusen. Mit meinem Tanzstundenkleid vom Vorjahr aus weißem Baumwollvoile und einem neuen, von der Hausschneiderin angefertigten hell-lila Waschseidenkleid bestritt ich alle Festlichkeiten und Tanzstundeneinladungen des Winters 1917/18.

Nach der Rückkehr aus den Sommerferien hatten wir allerdings noch keine Veranlassung, über Festkleidung nachzudenken.

In den Sommermonaten des Jahres 1917 hatte sich die Kriegslage nicht zu unseren Gunsten geändert. Der Bewegungskrieg der Anfangszeit war inzwischen an fast allen Fronten zum Stellungskrieg erstarrt. Im Westen reichten die Schützengräben von der Nordsee bis zu Schweizer Grenze. Hier und dort an wichtigen Stellen (Arras, Somme) fanden harte Kämpfe statt. Es gab viele Gefallene und Verwundete auch im Bekanntenkreis.

Nur noch selten konnten wir die bunten Nadeln und Fähnchen, mit denen auf unseren Landkarten die Fronten gekennzeichnet wurden, weiter nach vorn stecken. Hier und dort wurde die Front „begradigt" oder „verkürzt", d. h. zurückgenommen und unsere Fähnchen wanderten nicht unerheblich rückwärts. Amerikas folgenschwere Kriegserklärung vom April 1917 begann sich nun auszuwirken. Auf dem westlichen Kriegsschauplatz tauchten amerikanische Truppen, vor allem aber auch Panzer und Tanks in großer Zahl auf.

Auch die Entwicklung im Osten, in Russland, rief Beunruhigung hervor. An das Extrablatt, das ich an einem kalten Märztag 1917 am Hauptbahnhof kaufte und das die Absetzung des Zaren und die Revolution meldete, kann ich mich noch gut erinnern. Zunächst hoffte man damals natürlich, dass nun ein Frieden in Sicht sei. Bald folgten jedoch verwirrende Nachrichten über die Zustände in Russland. Namen wie Rasputin, Kerensky und schließlich Lenin tauchten auf. Ein Bürgerkrieg schien allerorts im Gange. Wann wir von all den schrecklichen Ereignissen in Russland, der Ermordung der Zarenfamilie und den Kämpfen zwischen Weiß und Rot erfuhren, weiß ich nicht mehr, wahrscheinlich erst viel später.

Dass die dieser Tage (1977) ihren 60. Geburtstag feiernde „Oktoberrevolution" vom November 1917 die eigentlich Geburtsstunde eines neuen Russland, der Sowjetunion werden würde, konnte man damals wohl noch nicht erkennen. Unter all den undurchsichtigen Geschehnissen in Russland, übersah man vielleicht sogar dieses entscheidende Ereignis. Alle Blicke richteten sich Ende des Jahres 1917 nach Brest-Litowsk, wo kurz vor Weihnachten Friedensverhandlungen beginnen sollten (die am 3. März 1918 abgeschlossen wurden).

Wir gingen einem Winter entgegen, in dem sich die drei Sphären, von denen ich im Anfang sprach, sehr scharf voneinander abhoben. Auf dem bedrückend düsteren Hintergrund des Kriegsgeschehens und nun auch der deutschen Innenpolitik (Kanzlerkrisen) gab es in der mittleren Sphäre, meiner Umwelt, ein reiches Programm kultureller Veranstaltungen, noch über das hinaus, was die Schule alleine schon bot.

Vom Beginn des Wintersemesters 1917/18 an besuchte ich nun durch mehrere Semester regelmäßig als Gasthörerin mindestens zwei Kollegs an der Technischen Hochschule, die Professor Oskar Walzel (später Uni Köln) über Literaturgeschichte las. Es waren ausgezeichnete Vorlesungen über die verschiedensten Themen aus Mittelalter und Neuzeit. Er las auch über einzelne Dichter oder Dichtungen, z.B. ein Kolleg über Faust I und II. Sehr stark besucht waren die Vorlesungen über die Literatur der Gegenwart, die modernsten Dichter, die sog. „Expressionisten". Der größte Hörsaal der T.H. am Bismarckplatz war meist vollbesetzt, überwiegend von Dresdner Bürgern aller Altersklassen.

Die so dunkle äußere Sphäre und die graue, arbeitsreiche aber auch vielseitige und interessante mittlere Sphäre umschlossen einen hellen Kern, mein eigenstes Leben. Ich war froh und glücklich in diesen Wochen, hatte ich mich doch verliebt und zwar gründlich. Nicht so, wie hin und wieder vorher schon mal, nein, es war die Große Liebe Nr. 1.

Angefangen hatte es bei einem Tanznachmittag im September bei einer meiner Freundinnen. Beim Kaffee saß ich neben einem großen, gut aussehenden Oberprimaner, einem von „drüben" aus der Neustadt, vom Königlichen Gymnasium. Nach wenigen Minuten bereits fanden wir heraus, dass er häufig die Sommerferien in Rathen verbracht hatte, und zwar auch bei Krämers, wo wir – seit ich denken konnte – in den Pfingstferien wohnten. Bald steckten wir im Austausch glücklichster Kindheitserinnerungen, kamen auf andere Gebiete und landeten bei den Büchern, die wir beide liebten. Überall entdeckten wie gleiche Interessen. Wir verstanden uns prächtig. Noch auf der langen Heimfahrt mit der Straßenbahn schenkte er mir das kleine Bändchen Gedichte von Hermann Hesse „Musik des Einsamen", das er bei sich trug. Hesse, Hofmannsthal „Der Tor und der Tod", Thomas Mann usw. waren einige der Dichter, die wir damals besonders schätzten.

Nun trafen wir uns häufig. Wir verabredeten uns nie, doch trafen wir uns sicher jeden zweiten Tag irgendwo, im Theater, in einem Vortrag oder einfach in der Stadt, meistens auf der Prager Straße.

Schon von weitem konnte ich den Kopf meines wohl 1,90 Meter großen Freundes über der Menge erkennen. Trafen wir uns und hatten wir Zeit, so begleitete er mich auf meinen Einkaufsgängen oder wir bummelten durch die Dresdner Buchhandlungen. Dann fragten wir nach irgendeinem längst vergriffenen Buch, zogen uns in einen stillen Winkel zurück und blätterten in kostbaren Werken. An Gesprächsstoff fehlte es uns nie. Wurde dann ein Verkäufer zu eifrig, so kauften wir ein Reclam-Heftchen und zogen weiter.

Hatten wir Zeit und Lust, so besuchten wir wohl auch die Gemäldegalerie oder eine der ständig wechselnden Kunstausstellungen (Kunstverein, Galerie Arnold, Galerie Richter u.a.), für die wir Dauerkarten besaßen.

In den vielen, schönen Räumen des Kunstvereins auf der Brühlschen Terrasse wurde vorwiegend die Kunst der letzten Jahrzehnte vorm Krieg ausgestellt, bürgerliche Kunst, Kunst der Impressionisten, die damals noch als die „moderne" Kunst galt und deren Weiterentwicklung man erwartete. Mir lag diese Kunst. Insbesondere die Landschaften machten mir Freude.

In den Privatgalerien von Arnold und Richter lernten wir die „modernste" Kunst kennen, die „Brücke"-Maler und die bedeutendsten der damals in Erscheinung tretenden so genannten „Expressionisten".

Dass der Impressionismus ein Endstadium war, über das es nicht mehr hinausging und dass die gesamte Kunst sich in einem Umbruch befand, konnten wir natürlich nicht erkennen. Aber irgendwie fühlte man es doch. Wir standen im Anfang eines Wirbels, in dem nicht nur in der Kunst sehr vieles zerbrechen und untergehen sollte, was uns lieb war, womit wir aufgewachsen waren. Der Expressionismus lag mir nicht, weder in der Literatur noch in der bildenden Kunst. Das Ungesunde dieser Auffassungen stieß mich ab. Drei Jahre später, auf der Kunstgewerbeschule musste ich mich gründlicher mit diesen Dingen befassen.

An schönen Tagen wanderten wir zwei Verliebten wohl auch an der Elbe entlang, auf der Neustädter Seite, ganz unten am Strom unter den drei Brücken hindurch. Bei unseren Unternehmungen und Stadtgängen mussten wir vorsichtig sein. Ich wusste, dass viele Patienten von Vater mich kannten und ihm erzählen würden, wo und in welcher Begleitung sie sein reizendes Töchterchen gesehen hätten. So bin ich niemals mit einem Freund oder Bekannten in einem Kaffee gewesen. Dazu fehlte uns allen ohnehin das Geld.

Es waren glückliche Wochen, bis dann kurz vor Weihnachten bei mir eine Gelbsucht ausbrach, die auf die schlechte Ernährung zurückgeführt wurde. Mir wurde nun mancherlei verboten, so die körnchenreiche Kriegsmarmelade und das glitschige Kriegsbrot, aber man konnte nichts an deren Stelle setzten. Es gab ja nicht einmal Weißbrot.

Ohne richtige Diät erholte ich mich nur langsam und hatte noch bis in den Februar 1918 mit Rückfällen zu tun. Bei dem weihnachtlichen Gänsebraten, den irgendein Glücksfall auf unseren Tisch gezaubert hatte, musste ich zusehen. Ich fühlte mich sehr elend, lag viel, stand nur stundenweise auf und konnte in den Feiertagen sogar zusehen, wie meine Freunde auf dem Carolasee Schlittschuh liefen. Ich selbst durfte mich nicht anstrengen, war auch zu schlapp dazu und fühlte mich abscheulich schlecht. In ziemlich jämmerlichen Zustand verbrachte ich die Weihnachtswoche, getröstet allerdings durch mitfühlende Briefe, durch Blumen und Telefongespräche.

Am Silvesterabend kamen unsere Hausgenossen, mit denen die Eltern sich angefreundet hatten, der Architekt v. M. und seine reizende, lustige Frau zu uns herunter. Wir aßen gut, gossen Blei und waren recht lustig.

Wenn auch die Ereignisse des nun anbrechenden Jahres 1918 unsere schlimmsten Befürchtungen übertrafen, so fühlte man doch schon bei diesem Jahreswechsel, dass nichts Gutes vor uns lag. Umso mehr versuchte man, jede gute Stunde bewusst zu nützen und zu genießen.

1918: Tanzen, Spanische Grippe, verlorener Krieg

Beklommen begannen wir das Neue Jahr, das so vielen Kummer und so viele Sorgen bringen sollte.

Den ersten Schrecken jagte Gerhard uns ein. Seinem Eintritt bei der Marine im Oktober 1916 war ein schlechter Winter gefolgt. Verschiedene Male lag er mit Blinddarmreizungen im Marinelazarett. Schließlich hatte man ihn kurz nach Pfingsten 1917 operiert. Ende Juni 1917 kam er zurück nach Dresden, um im Josefstift auskuriert zu werden. Gerhard ging danach nicht wieder zurück zur Marine, sondern meldete sich bei einem Pirnaer Regiment, in der Hoffnung möglichst bald ins Feld zu kommen.

Nun war es soweit. Zum Jahresbeginn kam die Nachricht, dass Gerhard am 8. Januar ausrücken müsse. Nach einigen Tagen erfuhren wir zu unserer großen Erleichterung, dass Gerhards Einheit zunächst zur weiteren Ausbildung in Sedan stationiert wurde.

Für uns war der Abmarschbefehl ganz überraschend gekommen. Am Dreikönigstag, einem Sonntag, fuhren die Eltern mit uns Geschwistern nach Pirna. Nach einem gemeinsamen Spaziergang bei Kälte und unfreundlichem Wetter nahmen wir von Gerhard Abschied. Für ihn waren die Monate in Pirna nicht erfreulich gewesen. Er fühlte sich bei dem Pionierregiment im Kreise ziemlich rüder Kameraden nicht wohl.

In der Hoffnung, Versäumtes nachholen zu können und noch etwas Jugendfröhlichkeit mitzuerhaschen, hatte Gerhard seit Oktober an einer Tanzstunde in Dresden teilgenommen, in der viele Bekannte waren. Gerhard kam aber meist abends verspätet, müde und erschöpft vom Dienst oder er musste Stunden ganz versäumen. Unmusikalisch wie er war, fand er sich auf dem Parkett nicht zurecht und war wenig glücklich bei diesem Kursus.

Nutznießer war ich. Fehlten Damen, so musste ich aushelfen. Bald gehörte ich ganz in den Kreis und wurde zu allen Treffen eingeladen, traf dann auch oft meinen Freund.

Ein Wandel war eingetreten. Hatte man in den ersten Kriegsjahren nicht gewagt fröhlich zu sein in Gedanken an die Soldaten und allen Kummer in der Welt, so war es jetzt fast umgekehrt. So viele junge Menschen, auch aus dem Freundeskreis waren inzwischen gefallen oder verwundet. Nun war ein Streben nach Fröhlichkeit und Geselligkeit da, in dem halb unbewussten Gedanken: Lasst uns alles mitnehmen, wir sind jung und wissen nicht, wann wir drankommen. Das unbestimmte aber deutliche Gefühl, dass wahrscheinlich schlimme Zeiten vor uns lägen, erklärt wohl das Bedürfnis, den Augenblick zu genießen. Es war kein gutes Zeichen, sondern eher eines für die beginnende Hoffnungslosigkeit. Im Innersten glaubte man nicht mehr an die Möglichkeit eines Sieges – und fürchtete sich vor Unvorstellbarem.

Die Jahrgänge 1898 und 1899, zwei bzw. ein Jahr älter als ich, mit denen ich vorm Jahr Tanzstunde gehabt hatte, waren inzwischen eingezogen. Einige waren schon tot.

Jetzt waren es Altersgenossen, Jahrgang 1900, oder jüngere Schüler, mit denen wir tanzten. Mit älteren „Herren", Heiratskandidaten, kamen wir Mädels damals überhaupt nicht in Berührung. Das hatte einen absolut kameradschaftlichen Ton zwischen uns zur Folge. Manchmal waren es etwas burschikose Neckereien, weit entfernt von den erotischen Ballgesprächen heiratsfähiger Kavaliere in früheren Zeiten.

Wenn wir nicht herumalberten, so unterhielten wir uns meist hochgeistig über Kunst und Literatur. Gerade durch unsere Lektüre (Ibsen, Gerhard Hauptmann, Thomas Mann, Hermann Hesse und die russischen Dichter) waren wir – vielleicht sogar mehr als es der Altersstufe entsprach – an psychologischen Problemen interessiert. Wir versuchten oft, uns das Verhalten unserer Eltern zu erklären und die Charaktere unserer Freunde und Freundinnen zu ergründen.

Psychoanalyse lag damals sozusagen in der Luft, obwohl wir das Wort kaum gehört haben können. Über sexuelle Fragen haben wir uns, soviel ich mich erinnere, nie unterhalten. Wir kannten nicht einmal den Begriff und das Wort „Sex", das erst viel später auftauchte. Alle Gefühle liefen unter dem Oberbegriff „Liebe" mit den Abstufungen Verliebtheit, Flirt. Wir glaubten fest daran, dass eine echte Kameradschaft zwischen Jungs und Mädchen möglich sei und verhielten uns entsprechend. Wir hatten andere Sorgen als herumzukokettieren. Leichtfertige Flirtereien passten nicht in die Zeit. Unsere Freunde standen vorm Abitur und damit vor der Einberufung. Was das im Kriegsjahr 1918 bedeutete, darüber war sich jeder klar.

Wir siebzehn- und achtzehnjährigen Mädchen waren nach früheren Begriffen zwar schon im heiratsfähigen Alter, aber es wäre uns absurd erschienen, an Heirat auch nur zu denken in einer Zeit, in der alle Männer in steter Lebensgefahr waren, in der nichts mehr gesichert war und niemand wusste, was die Zukunft bringen würde. Wir lebten nur dem Augenblick.

Auch bei meiner „Großen Liebe Nr. 1" habe ich nie an späteres Heiraten gedacht, so gut wir uns auch verstanden und so sehr ich meinen Freund bewunderte. Vielleicht vermisste ich insgeheim bei ihm auch eine gewisse Sportlichkeit. Wegen eines Herzschadens musste mein Freund auch nicht mit einer Einberufung rechnen. Er war ein ausgesprochen intellektueller Typ, hochbegabt, zeichnete gut und dichtete sogar. Wie sein Vater sollte er auch Jurist werden und im Sommersemester 1918 mit seinem Studium in Tübingen beginnen.

In diesen ersten Monaten des Jahres 1918 freuten wir uns an jedem Zusammensein und vermieden es, von der Zukunft zu sprechen. Schweren Herzens dachten wir an Trennung und Abschied, doch Ostern rückte unaufhaltsam näher.

Nach einer letzten Tanzerei in unserem Freundeskreis in der Neustadt begleitete er mich in strömendem Aprilregen quer durch die Stadt heim. Unter der großen Esche vorm Gartentor bekam ich – unterm Regenschirm – zum Abschied den ersten Kuss. Es sollte auch der letzte sein. Bis in den Juli schrieb er mir viele schöne und interessante Briefe aus Tübingen – dann blieben sie aus. Im August kam noch einer – der Abschiedsbrief. Eine blonde Mitstudentin …. Es ist eine alte Geschichte, doch bleibt sie immer neu, sagt Heinrich Heine.

Nach Ostern löste sich unser munterer Kreis auf. Unsere Freunde hatten ihr Abitur gemacht. Einige waren schon beim Militär, andere warteten auf die Einberufung.

Seit dem Sommer 1917 hatte ich das ausführliche Tagebuchschreiben eingestellt, aber weiterhin die Tagesereignisse in Stichworten in meinem Kalender notiert. Es gab wenig Erfreuliches zu vermerken. Die Nachrichten von den verschiedenen Kriegsschauplätzen wurden immer schlechter.

Nachdem im März 1918 der Frieden mit Russland in Brest-Litowsk geschlossen worden war, hoffte man, dass die nun im Osten freiwerdenden deutschen Regimenter im Westen noch eine Wendung herbeiführen könnten. Unsere geschwächten, abgekämpften Truppen waren jedoch dem Ansturm der frischen Amerikaner mit ihrem vorzüglichen Material und den unzähligen Tanks nicht mehr gewachsen. Es war schon eine ungeheure Leistung, dass damals der Durchbruch der Alliierten verhindert wurde. Überall wurde schwer gekämpft.

Merkwürdigerweise habe ich in meinem Tagebuch am 26. März 1918 nur vermerkt „Helmuts Konfirmation" – ohne nähere Angaben, kann mich auch an Einzelheiten nicht erinnern. Ich war wohl zu stark mit meinen eigenen Angelegenheiten beschäftigt. Helmut schrieb mir später: „Die letzte große Offensive am 26. 3., meinem Konfirmationstag, hat sich bei uns wahrscheinlich besonders stark in der Erinnerung niedergeschlagen, weil uns auf einmal die Hoffnung, den Krieg doch noch zu gewinnen, dicht vor Augen stand."

In der Heimat wusste man, was auf dem Spiele stand. Aber auch die Heimat war am Ende der Widerstandskraft. Zwar gab es wieder Kartoffeln, aber durch die jahrelange Unterernährung und den Mangel an Fett und Eiweiß fehlte es den Menschen an Abwehrstoffen. Im Juli 1918 kam es zur ersten, schweren Grippe-Epidemie. Damals notiere ich, dass eine neue Krankheit, eine Art Influenza aufträte, die die „Spanische Grippe" genannt würde. *„Halb Dresden ist krank!"*

Fast gleichzeitig setzte im Westen die große Offensive der Alliierten unter General Foch ein, die mit den schweren Schlachten bei Amiens im August das Ende einleiteten.

Mit dem Beginn der Sommerferien kamen für Mutti, Helmut, Elfriede und mich noch einmal Wochen der Ausspannung und Erholung. Wir fuhren in die Sächsische Schweiz, auf die Ebenheit am Lilienstein, wo wir in früheren Jahren glückliche Sommerwochen im Gehöft des Schwiegersohns unserer lieben Rathener Krämers verlebt hatten. Nun war der tüchtige junge Bauer gefallen und seine tapfere Frau plagte sich redlich, um die Landwirtschaft einigermaßen in Gang zu halten. Helmut und ich halfen, sooft wir konnten bei der Ernte. Einmal, als ein Gewitter drohte, haben wir zwei ganz allein ein ganzes Feld geräumt und eingefahren.

Im Hof baute Helmut aus herumliegenden Ziegelsteinen, einem Ofenrohr und einem alten, eisernen Fußabstreicher als Rost, einen Herd, auf dem wir Spatzen brieten, die er mit dem Luftgewehr schoss. Die kleine Elfriede hatte sie tapfer gerupft und ausgenommen.

Oft lag ich irgendwo an einem Feldrain im Gras, freute mich an dem schönen Blick hinüber zur Festung Königstein und las den „Faust" in einem roten Lederbändchen, den ich von meinem Freund zum Geburtstag bekommen hatte. Ungeduldig wartete ich auf Post, die nicht kam. Am ersten Tage nach der Heimkehr erreichte mich dann in Dresden der Abschiedsbrief, den ich bereits erwähnte.

Es traf mich tief. Die Flamme, die dreiviertel Jahr lang so hell geleuchtet hatte, war ganz plötzlich erloschen. Doch was bedeutete schließlich der Zusammenbruch meiner inneren Welt gegen den fast gleichzeitig einsetzenden Zusammenbruch unserer äußeren Welt, alles dessen, woran wir geglaubt, worauf wir gehofft hatten?

Vielleicht war es gut, dass ich meinem Kummer nicht nachhängen konnte. Die Wirklichkeit, eine sehr harte Wirklichkeit, erfüllte in diesen Wochen unser Denken und nahm alle unsere Kräfte in Anspruch. Pausenlos fielen Schläge.

Fast täglich führte mich irgendein Weg durch die Stadt. Merkwürdig deutlich spürte man in dem Menschengewimmel der Pragerstraße die augenblickliche Stimmung der Bevölkerung.

Vieles hatte sich gewandelt. Die Anzeichen waren nicht zu übersehen. Bei dem im August erfolgenden Besuch des neuen, österreichischen Kaisers war ich zufällig in der Stadt, als die Kutsche vom Bahnhof zum Schloss fuhr. Die Bevölkerung nahm betont überhaupt keine Notiz von dem kaiserlichen Wagen samt Karl und Zita, was mich verwunderte und erschreckte.

Von der im August und September einsetzenden erneuten Grippewelle blieb unsere Familie verschont, doch taucht nun in meinen Notizen öfters das Wort „Krach" auf. Ich weiß nicht mehr wer und mit wem und warum man Krach hatte. Es war wohl die natürliche Reaktion der Nerven auf die Kriegslage und den jahrelangen Hunger. Vater reagierte sich an Mutti ab, diese an den Mädchen und an uns und wir Geschwister an uns untereinander, wie es gerade kam. Was für unsere kleine Gemeinschaft, die Familie, galt, galt natürlich erst recht für das ganze Volk. Die Nerven aller waren zum Zerreißen gespannt. Der Hunger tat ein Übriges. Nur so kann man sich das Geschehen dieser Wochen erklären und es verstehen.

Die schwersten Grippe-Epidemien setzten erst im Herbst und Winter ein. Zeitweise waren die Schulen geschlossen. Im Oktober lag sogar Vater einige Tage im Bett, was wir noch nie bei ihm erlebt hatten. Auch Mutti und uns Geschwister hatte es erwischt, Mutti sogar ziemlich heftig. Im Spätherbst zählte ich bei einer Vorlesung von Prof. Walzel in der Technischen Hochschule nur etwa zehn Teilnehmer in dem sonst überfüllten größten Hörsaal. In diesen Wochen gab es besonders zahlreiche Grippetote.

Bei der Vorbereitung des wöchentlichen Zeitungsberichts, den ich in der Schule Anfang Oktober zu halten hatte, erkannte ich mit Schrecken die Gefährdung fast aller Fronten und die Hoffnungslosigkeit der Lage.

In Rumänien kam es zuerst zum Zusammenbruch der Front. War das Ende nahe? Nach all den so tapfer gebrachten Opfern konnte man sich das nicht vorstellen! Die Antwort auf diese Frage kam bald darauf nicht von der Front, sondern aus der Heimat, von der Marine, auf die wir immer so besonders stolz gewesen waren.

Anfang November sickerten Nachrichten über Meutereien in Kiel durch, bis es schließlich zum Ausbruch der Revolution kam. Eines ihrer ersten Opfer wurde mein Vetter Wolfgang Zenker. Meuternde Matrosen hatten ihn, den zwanzigjährigen Fähnrich zur See am 3. November im Kieler Hafen vom Lande her erschossen, als er auf S.M.S. „König" die Fahnenwache hielt. Uns erreichte die Nachricht am 10. November. Da hatte die Revolution auch unsere Stadt bereits ergriffen.

Am 9. November war in Berlin die Republik ausgerufen worden. Der Kaiser dankte ab. Am 13. November musste auch unser König abdanken.

Wir waren traurig, dass er ging. Er gehörte doch irgendwie zu unserem Leben. So oft hatten wir ihn auf der Eisbahn gesehen. Manches Mal hatte ich auch im Gewühl der Schloss- oder der Prager Straße erlebt, dass es plötzlich raunte „der König" und dass ihm dann die Menge respektvoll einen kleinen Freiraum ließ, um ihn nicht zu behindern, wenn er allein, ohne Begleitung, durch die Straßen ging. Herren lüfteten die Hüte, aber man fühlte, dass er nicht beachtet sein wollte und richtete sich danach. Ich konnte nicht glauben, dass jemand einen persönlichen Groll gegen ihn hegte. Nicht er, sondern das System musste abdanken. Wie oft hatten wir von Gott verlangt, dass er den König schützen solle. Und nun behandelte man ihn so. Das war nicht anständig.

In diesen Tagen kam plötzlich ganz unerwartet Gerhard aus Frankreich zurück. Seine Kompanie war wohl für einen anderen Einsatz vorgesehen, zu dem es aber nicht mehr kam. Inzwischen war der Arbeiter- und Soldatenrat ausgerufen worden. Den Offizieren wurden auf der Straße die Kokarden und die Achselklappen abgerissen. Überall gab es Krawalle.

Als am 11. November die Waffenstillstandsbedingungen von Compiègne bekannt wurden, lösten sie bei uns größte Niedergeschlagenheit aus. Die Stimmung fiel auf einen Tiefpunkt. Dazu war die Verpflegung wieder ganz erbärmlich. Ich schreibe: *„furchtbar hungrig, immer nur Kraut, Rüben, Kohl."* Gierig guckte man den anderen auf die Teller und schämte sich doch, niemandem einen zusätzlichen Bissen zu gönnen. Ende November bekamen Gerhart und Helmut nun auch die Gelbsucht. Diät gab es nicht.

Und immer wieder flackerten irgendwo in der Stadt Krawalle auf. Einmal gab es nachts eine Schießerei sogar mit Maschinengewehren vor unserem Haus. Wir krochen unter die Bettdecken. Einen Toten und dreißig Verwundete sollte es gegeben haben. Näheres erfuhr man nicht. Die Bezeichnung „Spartakus" hörten wir nun erstmals, bald aber häufig.

Seit Ende November kehrten allmählich Truppen zurück. Am 18. Dezember zog die 23. Infanterie-Division ein. Am Weihnachtstag, dem 24. Dezember 1918 wurde das Regiment 177 vorm Rathaus empfangen. Ich will hier – wo es ja hingehört – wiederholen, was ich bereits in meinen Kindheitserinnerungen erzählte:

„Nie werde ich den trüben Dezembertag, kurz vor Weihnachten 1918 vergessen, an dem die Sächsischen Truppen aus dem Krieg zurückkehrten und wieder in Dresden einzogen. – Zufällig war ich in der Stadt und stand an der Ecke Prager- und Ferdinandstraße. Nie werde ich die steinernen Gesichter der jungen Offiziere vergessen, die vor ihren Kompanien marschierten, während Tränen über ihre Backen liefen. – Ich stand dort an der Ecke vorm Hutgeschäft Hinzelmann und heulte auch. – Wie anders hatten wir uns die Heimkehr unserer siegreichen Truppen gedacht und in all den langen Kriegsjahren ausgemalt. Und nun dieses Ende!
Es war ein grauer Zug schwergeprüfter Männer, denen niemand Anerkennung für ihre übergroßen Leistungen zollte. Kein Wort, kein Zuruf aus der bedrückten, teils feindlichen Menge!"

Unter dem Eindruck des Zusammenbruchs und dieser erschütternden Rückkehr unserer Soldaten stand der Weihnachtsabend. Schließlich rettete aber eine kleine Aufführung, die die nun neunjährige Elfriede vorbereitet hatte und der Besuch der guten Großmutter Beschorner den Abend. Wir waren alle wieder beieinander. Gerhard war heil geblieben. Wir konnten dankbar sein.

In den letzten Tagen dieses traurigen Jahres regnete es zu alledem ungewöhnlich viel. Die Stimmung war trostlos. Ich schreibe damals:

„Lebensmittel sind furchtbar knapp. Das bisschen Zeug, was man hat, kann man schon nicht mehr riechen! Dazu kommen noch Krankheiten, Grippe, sogar Pocken und viele eingeschleppte andere."

Es war ein Ende mit Schrecken.

1919: Fort von den politischen Wirren der Stadt

Ein neues Jahr begann. Der Krieg war vorüber, die Not noch lange nicht. In den ersten Januartagen notiere ich:

> *TB: „Vater hat unheimlich viel mit Pockenimpfungen zu tun, bis zu 100 jeden Tag.*
> *Die Straßenbahnen fahren von morgens 8 Uhr bis nachmittags 5 Uhr nicht mehr.*
> *Die Schulen fangen erst um 9 Uhr an, damit die Kinder die Straßenbahn vor 8 Uhr nicht benützen. Helmut muss den weiten Weg zur Schule hin und zurück laufen.*
> *Ladenschluss 4 Uhr*
> *Licht- und Kohlenmangel.*
> *Beleuchtung schauderhaft. Elektrisches Licht brennt nur schwach.*
> *Gas so schlecht, dass man oft nicht kochen kann.*
> *Viele Menschen in der Stadt, weil alle nun laufen müssen.*
> *Fahrräder tauchen wieder auf.*
> *Täglich Schießereien.*
> *Spartakus-Umzüge. ‚Hoch Liebknecht, hoch Rosa Luxemburg'."*

In der zweiten Woche setzten in großem Umfange staatsbürgerliche und politische Vorträge ein, von denen wir viele besuchten. Jeden Abend war was los. Es wurden Vorträge gehalten über Wahlrecht, Verfassungen, Sozialisierung der Produktionsmittel und über die Ziele der neuen Parteien: Deutschnationale = Konservative, Deutsche Volkspartei = Nationalliberale, Demokratische Staatspartei = Zentrum, aber nicht katholisch betont und die Sozialdemokratie und die Unabhängigen Sozialdemokraten. Die Wahlpropaganda für die Wahlen zur Nationalversammlung am 19. Januar 1919 wurde intensiv:

> *„Alle 50 Schritt wird einem in der Stadt ein <u>hand</u>gedrucktes oder <u>hand</u>geschriebenes Flugblatt gegeben. Die Wahlschlacht ist im Gange. Die Straßen sind übersät mit Papier."*

Über die Wahl selbst habe ich nichts notiert.

> *„In der Stadt sieht man öfters englische und französische Offiziere.*
> *17. Januar: Nachricht, dass Rosa Luxemburg erschossen wurde.*
> *20. Januar: Gerhard geht wieder in die Schule. Ihm fehlen noch die halbe Obersekunda und die beiden Primen bis zum Abitur."*

Für mich begann nach den Weihnachtsferien das letzte Vierteljahr in der Städtischen Frauenschule in der Zinzendorfstraße. Hier hatte sich gleich nach der Revolution vieles geändert. Wir konnten merkwürdige Beobachtungen und Erfahrungen machen. Unmittelbar nach der Revolution hatten sich überraschenderweise viele unserer Lehrkräfte als stramme Republikaner entpuppt, ja einige sogar als „Edelkommunisten", wie man damals die ganz links stehenden Intellektuellen nannte. Die Revolutionäre der Straße dagegen waren „Unabhängige" oder sie gehörten dem Spartakusbund an, aus dem Anfang 1919 die Kommunistische Partei Deutschlands (KPD) hervorging.

Zu den fortschrittlichen, aber sehr weit links stehenden Intellektuellen gehörte ein junger Lehrer von Helmuts Gymnasium, Ehemann unserer ausgezeichneten Klassenlehrerin, Dr. Will Grohmann. Er führte in diesem Winter im König-Georg-Gymnasium so genannte Kunsterziehungsabende ein. Ein Kapellmeister der Staatsoper (bisher Königliche Oper) mit einem Teil des Opernorchesters erläuterte uns z. B. die Instrumentierung einer Ouvertüre oder dergleichen und führte die einzelnen Instrumente vor. Unsere Klasse durfte teilnehmen. Sogar ich unmusikalische Person hatte großen Gewinn von diesen Abenden.

Noch wichtiger waren die Kunstgeschichtlichen Kurse, die Dr. Grohmann für uns hielt. Er war selbst Maler und mit den „Brücke"-Malern befreundet. Er verstand es gut, uns diese nahe zu bringen. Insbesondere mit Emil Nolde beschäftigten wir uns eingehend. Wenn überhaupt jemandem, so verdanke ich Dr. Grohmann ein gewisses Verständnis für die Kunst des Expressionismus, die mir aber innerlich nach wie vor wesensfremd blieb.

Später gab Grohmann wohl seine kommunistischen Ideale und seinen Lehrberuf auf. Er ging nach Berlin und wurde ein bekannter Kunsthistoriker, Kunstkritiker und -schriftsteller. Damit verdiente er offenbar gut. Er stiftete einen Preis für junge Künstler, der seit seinem Tode 1968 verteilt wird und mit 12'500 DM dotiert ist.

Dieser Winter, in dem nicht einmal die Jugend an Geselligkeit dachte, war vielleicht die Zeit meines Lebens, in der ich mich am intensivsten mit Literatur- und Kunstgeschichte befasst habe.

Was aber wäre eine Revolution ohne Schulreform? Alle Lehrkräfte bemühten sich, die Errungenschaften der Revolution nun auch in die Schulen zu tragen. Wir sollten nun schnellstens demokratisch umgeschult und sozialistischen Ideen zugänglich gemacht werden. Schülerräte, Klassenvertretungen u.a.m. wurden eingerichtet. All das sollte natürlich von der Schülerschaft ausgehen. Aber wir wollten nicht recht und leisteten sogar passiven Widerstand.

Da man mir gewisse Rädelsführer-Eigenschaften zutraute, die ich wohl auch hatte, wo es in meinem Interesse lag, wollte man mich zur Klassenvertreterin gewinnen. Daran lag mir aber nichts. Trotz Ablehnung erwischte es mich dann aber doch bei einer Wahl und ich fand mich bei einer großen Versammlung vorn auf dem Podium wieder. Mir war an dem Abend hundemiserabel. Der Saal drehte sich. Ich konnte nichts denken, noch weniger etwas sagen. Mit fast 40 Grad Fieber kam ich heim. Vater steckte mich sofort ins Bett und isolierte mich vollkommen. Meine politische Laufbahn hatte ein schnelles Ende gefunden. Ich hatte Diphtherie.

Während ich einige Wochen in Zimmerhaft verbrachte und alle meine Sachen flickte, lag draußen herrlicher Schnee. Täglich war Eisbahn. Wieder, wie bei der Gelbsucht vorm Jahr entgingen mir diese Winterfreuden.

Als ich wieder unter Menschen durfte, hatte sich in der Stadt inzwischen nicht viel verändert. Ruhiger war es noch nicht geworden. Es gab nun auch Streiks und immer irgendwo Krawalle, von denen man oft – nur einige hundert Meter entfernt – nichts spürte. So war ich z.B. am 12. April in der Nähe des Altmarkts, als der sozialdemokratische Kriegsminister Neuring, den man aus dem Ministerium am Neustädter Ufer gezerrt hatte, von der Brücke in die Elbe geworfen und dann erschossen wurde. Er waren grausame, für uns Jugendliche sehr bedrückende Zeiten.

Die letzten beiden Schulwochen bis Ende März hatte ich noch mit vielen Theaterbesuchen ausgenützt. Dann wurden wir entlassen. Es fiel mir sehr schwer, mich von dieser Schule zu trennen.

Meine Mutter war enttäuscht, dass ich in der Städtischen Frauenschule hauswirtschaftlich so gut wie nichts gelernt hatte. Sie fürchtete, bei meinem Interesse für Bücher würde ich ein „Blaustrumpf" werden, worunter sie sich offenbar etwas Grässliches vorstellte.

Auf Anraten ihrer Kusine Annemarie Dumas, die Lehrerin in der Wirtschaftlichen Frauenschule Maidburg, einer Schule des Reifensteiner Verbandes, war, versuchte Mutti mich in einer solchen Schule unterzubringen. Mich lockte der Gedanke an praktische Arbeit, das Landleben und vor allem an ein Leben unter jungen Menschen – fern von zu Haus.

Irgendwann sind damals die Würfel gefallen und ich wurde in Maidburg in Schlesien angemeldet. Aber der Pole war eher dort als ich. Die Schule musste noch vor Weihnachten geräumt werden. Alle anderen Reifensteiner Schulen in Deutschland, etwa dreißig, waren überfüllt.

Inzwischen war Tante Annemarie an die der Deutschen Adelsgenossenschaft gehörende Schule Schloss Löbichau in Sachsen-Altenburg gekommen. Es gelang ihr, mich dort unterzubringen. Am 16. April kam diese erfreuliche Nachricht. Am 24. April mussten wir antreten. Dazwischen lagen die Ostertage. Für diese Tage hatte ein Patient von Papa, Forstrat Klette, unsere ganze Familie auf sein Forstamt an der Böhmischen Grenze bei Gottleuba eingeladen.

Da es ohnehin unmöglich war, in den Ostertagen noch die vorgeschriebene Ausrüstung und die Maidenkleidung für mich zu beschaffen, nahmen wir die Einladung an. Wir fuhren alle am Karfreitag nach Gottleuba, um dann in einem längeren Fußmarsch das etwa zwischen Erzgebirge und Sächsischer Schweiz gelegene Forstamt Bienhof zu erreichen.

Als wir ankamen, gab es noch eine Menge zu tun. Ich wurde in die Küche beordert, um beim Backen der großen, österlichen Hefekuchen zu helfen. Dank Backverbot und Zutatenmangel hatte ich bis dahin höchstens mal Kriegsplätzchen aus einem halben Pfund Mehl hergestellt und stand ganz hilflos vor der Aufgabe. Schließlich wurde ich mit Helmut zum Aufschichten der Holzscheite im Hof beordert. Aber auch das machten wir falsch und legten einen viel zu großen Ring an. Wir hatten ja noch nie so etwas getan. Für uns war es eine ganz neue Welt, dieses abseits liegende Forstamt, das sich ganz selbst versorgen musste. Wir staunten über die altväterlichen Sitten, die holzgeheizten Öfen, die österliche Kuchenbackerei – und die leckeren Wildbraten.

Niemand, am wenigsten ich selbst, konnte ahnen, dass ich diese Welt später einmal sehr gründlich kennen lernen sollte, dass sie in den wichtigsten Jahrzehnten meines Lebens meine Welt sein würde.

Nur die Osterfeiertage konnte ich im gastlichen Bienhof miterleben. Dann brachte Mutti mich nach Dresden. Nur das Nötigste wurde gepackt, alles andere musste nachgeschickt werden.

Am 24. April traf ich früh auf dem Bahnhof Tilly v. Zwehl, die schon mit mir auf der Städtischen Frauenschule gewesen war. Gemeinsam reisten wir gen Löbichau. Dort teilten wir ein Jahr unser Zimmer und schlossen eine lebenslange Freundschaft.

So hatte sich mein Leben ganz plötzlich verändert. Ich durfte aus der verworrenen und bedrückenden städtischen Umwelt aufs Land entfliehen in eine frohe, unbeschwerte Umgebung. Vor mir lag eines der glücklichsten Jahre meines Lebens, das „Maidenjahr" in der Wirtschaftlichen Frauenschule auf dem Lande Schloss Löbichau in Sachsen-Altenburg.

Reetgedeckter Bauernhof in Boltenhagen an der Ostsee (Gertraude Gmeiner 1917, 1921)

Frauenschule in Löbichau 1919 bis 1920

Ganz plötzlich war die Welt versunken, in der ich bisher gelebt hatte und die mich zuletzt so bedrückte. In der klösterlichen Abgeschiedenheit Löbichaus versuchten wir die äußere Sphäre, das innenpolitische Geschehen, das viele von uns aus nächster Nähe miterlebt hatten, sowie die schrecklichen außenpolitischen Ereignisse zu vergessen.

Doch nicht lange konnten wir den Kopf in den Sand stecken und uns an unserer friedlichen Umwelt erfreuen. Schon Anfang Mai, als bei dem allabendlichen Zeitungsbericht die Geschehnisse von Versailles und die entehrenden Friedensbedingungen bekannt wurden, die zunächst im deutschen Volk ein empörtes „unannehmbar!" auslösten, später aber doch angenommen werden mussten, ergriff uns wieder tiefste Niedergeschlagenheit.

Als dann im Juni, einen Tag vor der vom Feind befohlenen Ablieferung unserer in Scapa Flow (Schottland) versammelten Flotte, sämtliche Schiffe von ihren Besatzungen – unbemerkt – versenkt wurden, erfüllte uns, zugleich mit tiefer Trauer, ein letztes Mal Stolz auf unsere Marine. Ins Tagebuch schrieb ich am 24. Juni 1919:

TB: 24. Juni 1919: „Abends wie ein Blitz aus heiterem Himmel Nachricht von Unterzeichnung (des Friedensvertrags). Scapa Flow: Flotte versenkt sich selbst. Alle niedergeschmettert. Wir lasen noch Zeitungen. Schlief heulend ein. Wahnsinnig aufgeregt!"

Erst ganz allmählich rückte diese ganze, beängstigende äußere Sphäre für mich in weite, unwirkliche Ferne.

Dass ich meiner bisherigen mittleren Sphäre, den Spannungen in der Familie, zunächst entronnen war, empfand ich als eine große Erleichterung. In der neuen, unbelasteten Umgebung kam nun auch langsam meine eigene, erschütterte Welt, die innerste Sphäre, wieder ins Gleichgewicht. Viel später erzählte Tante Annemarie einmal, dass sogar meinen Lehrern aufgefallen sei, wie ernst, verschlossen und bedrückt ich nach Löbichau kam und wie ich dort Frohsinn und Unbeschwertheit wieder fand.

Von meinen persönlichen, kleinen Erlebnissen im Maidenjahr will ich nur wenig erzählen. Zunächst will ich vom Sinn und Zweck dieser Schulen berichten, die damals neu und fortschrittlich waren, heute aber bereits von der Entwicklung überholt wurden.

Die Reifensteiner Frauenschulen

Ende des vorigen, des 19. Jahrhunderts, war es üblich, die „höhere Tochter" nach der damals nur acht- oder neunjährigen Schulzeit zur Weiterbildung, zum Erlernen einer Fremdsprache, feiner gesellschaftlicher Formen und nicht zuletzt auch zum Vergnügen in ein Mädchenpensionat zu geben, nach Möglichkeit – und Geldbeutel – in die Schweiz, nach England und Frankreich oder auch nach Weimar, Dresden oder München.

Um die Jahrhundertwende nahmen dann modernere Pensionate auch hauswirtschaftliche Fächer in den Lehrplan auf. Doch welches Mädchen schrappt wohl ungehemmt am Morgen Möhren oder mistet einen Hühnerstall aus, wenn es am Abend elegant, schön und ohne Stallgeruch ins Theater gehen will? Es war keine glückliche Verbindung.

In der richtigen Erkenntnis der Unvereinbarkeit dieser so verschiedenen Ausbildungsziele brach Ida von Kortzfleisch – die der Frauenbewegung nahe stand – mit den alten Mädchenpensionsvorstellungen. Sie gründete die erste richtige Frauen*schule*, verlegte sie aufs Land und strich alle schöngeistigen und gesellschaftlichen Fächer und Vergnügungen. Stattdessen forderte sie ernste Arbeit. Angestrebt wurde eine gründliche, praktische, theoretisch unterbaute Ausbildung „von der Pike auf" in allen Zweigen der ländlichen Hauswirtschaft und sogar darüber hinaus in Gartenbau, Molkereiwesen, Bienenhaltung und Kleintierzucht, d.h. Geflügel- und oft auch Ziegen- und Schweinehaltung. Hausarbeits- und Kochunterricht glichen dem des damals schon berühmten und führenden Lette-Hauses in Berlin. Er erfolgte im Sinne von Hedwig Heyl (Kochbuch: ABC der Küche, 1888) und wurde durch die neuesten Erkenntnisse auf dem Gebiet der Nahrungsmittellehre ergänzt.

Die erste Frauenschule richtete Ida v. Kortzfleisch im ehemaligen Kloster Reifenstein auf dem Eichsfeld ein. Bald entstanden in alten Schlössern, Klöstern und Gutshöfen zahlreiche weitere Schulen, die sich schließlich 1905 im „Reifensteiner Verband für Wirtschaftliche Frauenschulen auf dem Lande" zusammenschlossen.

1918, bei Kriegsende gab es in Deutschland etwa dreißig bis vierzig solche Reifensteiner Schulen, darunter auch stattliche Neubauten, die dem Verband gehörten, oder wie im Fall von Löbichau, Schulen, die ihm angeschlossen waren. Einige der bekanntesten Schulen im Osten gingen nach dem Krieg an Polen verloren.

Alle Reifensteiner Schulen arbeiteten nach denselben Grundsätzen und Lehrplänen. Die Schülerinnen wurden „Maiden" genannt, eine Bezeichnung, die später vom N.S.-Arbeitsdienst übernommen und entwertet wurde. Untereinander und von den Lehrerinnen wurde man mit „Sie" und – streng demokratisch – nur mit dem Nachnamen unter Weglassung sämtlicher Adelstitel angeredet: „Bismarck, heute misten Sie den Hühnerstall!"

Friederike, die spätere Königin von Griechenland, Mutter der heutigen Königin von Spanien, Tochter des Herzogs von Braunschweig, Enkelin des letzten Kaisers, die die Schule in Obernkirchen besuchte, wurde vermutlich schlicht „Maid Braunschweig" genannt. Das vereinfachte das Zusammenleben mit den Mädels, deren Herkommen sonst vielleicht einen gewissen Abstand geschaffen hätte.

Durch die einheitliche Tracht wurden Kameradschafts- und Zugehörigkeitsgefühl verstärkt. Die Maidenkleider und -schürzen glichen der Schwesterntracht, doch waren die Kleider statt aus blauweißgestreiftem aus ganz winzigklein blauweiß kariertem Stoff gefertigt. Jede Schule besaß als besonderes Kennzeichen eine eigene Maidenbrosche, die feierlich verliehen wurde.

Ursprünglich war die Ausbildung wohl in erster Linie für die Töchter von großen Gütern gedacht, die später selbst einem Gutsbetrieb vorstehen sollten. Sehr bald kamen auch viele Stadtmädel auf diese Schulen. Manche beabsichtigten, nach einem weiteren Frauenschuljahr, dem Seminarjahr, selbst Lehrerinnen an Frauenschulen zu werden. Ein Teil unserer Lehrerinnen war auf diese Weise ausgebildet, andere kamen von Gewerbe- und Berufsschulen.

Das „Maidenjahr" allein war damals keine Berufsausbildung im eigentlichen Sinne, konnte aber als Grundausbildung später in einigen Berufen nützlich sein.

Ähnlich wie bei den Kadettenanstalten blieb ein enger Zusammenhalt zwischen den Maiden der verschiedenen Schulen auch im späteren Leben bestehen. Eine Zeitschrift „Das Maidenblatt" und die in allen größeren Orten bald entstehenden monatlichen „Maidentage" hielten diese Verbindungen aufrecht.

Wenn ich konnte, besuchte ich nach einem Ortswechsel als erstes so einen Maidentag. Dann hatte man sofort Kontakt mit Gleichgesinnten. In Dresden, Freiburg, Braunschweig, Kassel und zuletzt in Korbach habe ich schöne Stunden im Kreise von „Altmaiden" verlebt, die meist einem ganz bestimmten Typ angehörten, ob sie nun vom Lande oder aus der Stadt stammten.

Nach diesen ausführlichen Vorbemerkungen über die Reifensteiner Frauenschulen will ich nun endlich von meinem Maidenjahr in Löbichau berichten.

Schloss Löbichau

Schloss Löbichau war eine große und schöne Anlage, die ihre Glanzzeit wohl um 1800 unter der Erbauerin des Neuen Schlosses, der Herzogin Dorothea von Kurland und Sagan gehabt hatte.

Die letzte Eigentümerin, eine Frau von Tümplin, richtete in diesem Gebäude 1908 unsere Frauenschule ein und vermachte dann den ganzen Betrieb der Deutschen Adelsgenossenschaft. Im rechtwinklig zu unserer Schule stehenden Alten Schloß, einem behäbigen Barockbau, wurde ein Adliges Damenstift untergebracht, dem eine Äbtissin vorstand. Diesem Hause gegenüber befand sich ein Torhaus mit Türmchen, Durchfahrt und Pferdeställen, von uns „Rossvilla" genannt. Eine Mauer durch die Mitte des sehr großen Innenhofes trennte den Gutsbetrieb mit dem Pächterhaus und den Wirtschaftsgebäuden, Ställen und Scheunen von unserem Schlosshof. Hier plätscherte ein munterer Springbrunnen inmitten eines grünen Rasenrondells.

Das Neue Schloss, unsere Schule, war ein langgestreckter klassizistischer Bau mit efeuumranktem Erdgeschoß und hohen Fenstern im ersten Stock. Nach der Parkseite zu hatte es in ganzer Höhe einen mit vier dorischen Säulen versehenen, stilreinen griechischen Vorbau, Altan genannt, wie es dem Zeitgeschmack um 1800 entsprach.

Die glänzendsten Jahre hatte Löbichau wohl zur Zeit der Herzogin Dorothea und ihrer Schwester Elisa von der Recke erlebt, die Mittelpunkt eines Kreises geistig hochstehender Menschen gewesen waren. Hier hatte einmal ein reges geselliges Leben geherrscht. Berühmte Persönlichkeiten waren ein- und ausgegangen. Der Dichter August Tiedge, Freund der Elisa v.d. Recke, weilte oft im Schloss. Theodor Körner kam zu Besuch, sprang nach einer Wette vom säulenbestandenen Altan herab und brach sich den Fuß. Mancher Dichter aus der Zeit der Klassik und Frühromantik gehörte zum Kreis der Herzogin. Es war ein Schloss wie aus Eichendorffs „Taugenichts".

Aus jenen Tagen stammte noch ein großer Teil der Innenausstattung des Hauses. So war unser Speisesaal noch rundum mit einem breiten, romantischen Fries lebensgroßer Putten mit Blumen und Obstgewinden ausgemalt. Im Maidenwohn- und im Musikzimmer standen wunderschöne, alte, echte Empiremöbel. Sogar die Vasenschränke enthielten noch reizende, alte Empirevasen, die wir für den täglichen Tafelschmuck verwenden durften. Wahrscheinlich war man sich nicht über ihren Wert klar. Wo mögen sie hingekommen sein?

Der große Lehrsaal, das Zimmer unserer Vorsteherin Ursula v. Knobelsdorff-Brenkenhof, einige Lehrerinnen- und Maidenzimmer lagen jedoch eine Treppe höher im Dachgeschoß. Tilly und ich hausten drüben in der Rossvilla in einem sehr hübsch möblierten Zimmerchen mit Blick auf das Stiftsgebäude.

Zur Schule gehörte dann noch ein sehr großer Gemüse- und Obstgarten mit herrlichen Blumen, mit Gewächshäusern und einem Bienenhaus, ferner ein altes Fachwerkhaus, in dem die Molkerei untergebracht und an das die Hühnerställe angebaut waren. Ein großer Park mit Teich und schönen, alten Bäumen vor der Front mit dem griechischen Vorbau, trennte die Schlossanlage von den wenigen Häusern des Dorfes Löbichau.

Unsere Schulküche, die Waschküche, der Bügelraum, der Brutraum mit den drei Brutapparaten und andere Nebenräume füllten das Erdgeschoß aus. In der Küche stand ein großer, aus sechs Einzelherden zusammengesetzter Herd. Jedes Paar hatte eine eigene, kohlenbeheizte Kochstelle und musste oft mühsam genug versuchen, mit wenig Holz, Briketts und später Torf und Braunkohlengrus das Feuer in Gang zu halten. Das war damals das Schwierigste an der ganzen Kocherei.

Über den „Lehrkörper" will ich nicht viele Worte verlieren. Die meisten unserer Lehrerinnen, einschließlich der Vorsteherin und Muttis Kusine Annemarie Dumas aus Leipzig waren zuletzt an den an Polen verlorenen Frauenschulen Maidburg und Gnadenfrei in Schlesien tätig gewesen. Wir konnten mit ihnen zufrieden sein und waren es auch.

Maiden

Nur etwa die Hälfte meiner Mitmaiden kam aus dem mir vertrauten Kreis städtischer Intellektueller, waren Arzt- oder Juristentöchter, Industriellenkinder aus dem Rheinland oder Kaufmannstöchter aus Hamburg, Bremen oder Berlin. Süddeutsche Mädels waren kaum darunter. Dort und in Westdeutschland gab es andere Schulen.

Die überwiegende Zahl meiner Mitmaiden stammte aus Mecklenburg, Pommern, Ostpreußen oder Schlesien, also aus dem jetzt (1979) so fernen und unerreichbaren, teils ganz verlorenen östlichen Teil Deutschlands. Es waren Töchter von Gutsbesitzern oder Offizieren, Trägerinnen alter, guter, preußischer Namen, traditionsbewusst, streng erzogen und tüchtig. Anständige Gesinnung und Haltung zeichnete sie aus. Es waren alles prächtige und zuverlässige Kameraden.

Wenige Tage nach Schulbeginn stießen noch etwa ein halbes Dutzend Baltinnen zu uns, noch unter dem Eindruck furchtbarster Erlebnisse stehend. Die Austreibung der Deutschen aus den Ostseeprovinzen hatte begonnen.

Es waren Mädels dabei, die in ganz großem Stile aufgewachsen waren. Nun misteten alle den Schweinestall und die Hühnerställe mit aus, als hätten sie nie etwas andres getan. Es beeindruckte mich, wie diese Mädchen, die alles verloren hatten außer ihrer Haltung, nach dem ersten Schock ihre Fröhlichkeit und Gelassenheit wieder fanden, und wie sie ohne zu klagen oder zu jammern ihr schweres Geschick trugen. Wer ahnte damals, dass ein Vierteljahrhundert später eine große Anzahl unserer preußischen Mitmaiden das gleiche Schicksal ereilen sollte und man sie aus ihren jahrhundertealten Besitzungen auf immer vertreiben würde?

Nur wenigen meiner Mitmaiden war es möglich gewesen, so kurz nach dem Krieg die bereits beschriebene Maidentracht zu beschaffen. Für mich nähte unsere Dresdner Hausschneiderin Kleider im vorschriftsmäßigen Schnitt aus uralten, erst entfärbten, dann hellblau eingefärbten geblümten Ripsgardinen aus Großmamas Schränken. Die weißen Schwesternschürzen der meisten Maiden waren aus Bettlaken angefertigt worden.

Im Garten und bei den Hühnern trugen wir unsere Dirndlkleider oder etwas Ähnliches mit blauen Gartenschürzen aus steifem Papierstoff, rote Kopftücher und Schuhe oder Pantoffeln mit dicken Holzsohlen.

Mit sparsamster Zivilkleidung, meist Rock und Bluse, konnte man die Sonntage bestreiten. Ein Admiralstöchterchen aus Kiel glänzte mit einer eleganten Rohseidenbluse, die ihre besondere Geschichte hatte: Bei Ausbruch der Revolution im November 1918 musste Vater Admiral den Kaiser begleiten. Dabei hatte ersterer wohl nicht genug Hemden eingepackt und bekam ein kaiserliches ausgeliehen. Aus diesem entstand dann die schöne Bluse mit der wir unsere Mitmaid weidlich hänselten.

Die vierzig Löbichauer Maiden waren in vier Gruppen zu je zehn Mädels eingeteilt. Eine Gruppe hatte bereits im Herbst begonnen, die anderen drei fingen Ostern neu an. Jede Gruppe wurde aus fünf Paaren gebildet. Tilly und ich bildeten ein solches Gespann, das stets gemeinsam zu arbeiten hatte. Wir ergänzten uns gut. Tillys trockener Humor half manche Schwierigkeiten zu überwinden. Unsere Gruppe war bestimmt von dem „echten Maidengeist" erfüllt, der so oft zitiert wurde und über den wir uns lustig machten. Das Wort M.A.I.D., das die vier Tugenden <u>M</u>ut, <u>A</u>usdauer, <u>I</u>dealismus und <u>D</u>emut bedeuten sollte, übersetzten wir respektlos in „Mit Ausdauer Im Dreck", was sowohl den Tatsachen als dem echten Maidengeist entsprach.

Tageslauf

Ein genauer Stunden- und Wochenplan füllte unsere Tage bis zur letzten Minute aus. Sehr oft standen wir bereits lange vor dem Sechsuhr-Wecken auf, um wichtige, persönliche Dinge zu erledigen. Wenn um 6.30 Uhr die Kontrolle, die „Ordnungsmaid vom Dienst" erschien, mussten wir angezogen und die Betten ausgelegt sein. Viele mussten dann bereits zu Frühämtern wie Kaffeetisch decken, Staubwischen usw. eilen, während die Zimmergenossin inzwischen die Betten machte und den altmodischen Waschtisch mit Kannen, Schüsseln und Eimern säuberte.

Zur Andacht trat die gesamte Maidenschaft Punkt sieben Uhr im Musikzimmer in appetitlichen, frischen, weißen Schürzen an. Danach wurde gefrühstückt, zwei Schnitten Brot, eine 5-Gramm-Butterkugel und ein winziges Näpfchen saure Johannisbeermarmelade. Wenn einen nach dem Frühstück nicht ein Amt, Geschirrspülen oder Silberspülen und dergleichen festhielt, eilte man schnell ins Dorf zur Waschfrau oder machte Schularbeiten für die theoretischen Stunden von acht bis neun Uhr. Danach traten die vier Gruppen getrennt zur praktischen Arbeit in der Küche, in Garten oder Hühnerstall, in der Waschküche oder im Hausarbeitsraum an.

Um halb ein Uhr gab es Mittagessen im großen Speisesaal mit prächtig angerichteten und mit Kartoffelbrei verzierten, doch meist noch kriegsmäßig kalorienarmen Speisen, die mir jedoch sehr viel besser schmeckten, als das Volksküchenessen und all die Kriegsgerichte, die wir zuletzt in Dresden hatten.

Wer das Glück hatte, nach Tisch kein Amt ausüben zu müssen, hatte bis drei Uhr frei. Oft warfen wir uns todmüde auf die Betten, manchmal gingen wir etwas spazieren, setzten uns in den Park oder schrieben im Zimmer Briefe. Von drei bis vier Uhr hatten wir wieder Unterricht im Lehrsaal, dann folgte Hausarbeit, Kochen, Handarbeit oder weitere Schulstunden bis gegen 18 Uhr. Nach dem Abendbrot und den letzten Ämtern, Silberspülen und -zählen waren wir frei, soweit nicht ein Flick-, Musik- oder Vortragsabend angesetzt war. Punkt zehn Uhr mussten alle Lichter gelöscht sein.

Das Anstrengendste an diesem ausgefüllten Tag war für mich das Frühaufstehen, der Mangel an Schlaf, an den ich mich nicht gewöhnen konnte. Neben den kleinen, schon erwähnten Ämtern gab es noch umfangreichere Ämter, die fast die ganze Freizeit in Anspruch nahmen. Der Ämterplan, der jede Woche wechselte, wurde immer mit Spannung erwartet. Ein großes Amt war z.B. das Hühneramt, bei dem man die Ziege, das Schwein und das gesamte Federvieh versorgen, füttern und abends einsperren und zählen musste. Wenn die Enten nicht vom Teich gehen wollten, konnte es spät werden.

Hatte man das beliebte Gartenamt, so musste man das gesamte Haus einschließlich Lehrerinnenzimmer mit frischen Blumensträußen aus dem Garten versorgen und durfte nach Belieben die beiden langen Tafeln, an denen wir fünfzig Personen unsere Mahlzeiten einnahmen, schmücken. Abwiegen und Herbeischaffen des von der Küche bestellten Gemüses und gelegentlich notwendige Hilfsarbeiten im Garten oder Gewächshaus füllten alle Pausen aus und schluckten fast die ganze Freizeit.

Als ich im November Molkereiamt hatte, stapfte ich schon früh kurz nach fünf Uhr mit der Taschenlampe durch den Schnee zur Molkerei hinüber, um die 30 Liter Milch zu zentrifugieren, die später die Molkereigruppe zu Butter, Hart- und Weichkäse oder Quark verarbeitete. Die in langen Regalen lagernden Käse der verschiedenen Reifegrade mussten gewendet und mit Salz abgerieben werden. Oft musste man sich beeilen, um rechtzeitig fertig zu werden.

Es war ein Glück, dass wir für die sich wiederholenden Arbeiten, das Reinigen des Hauses, der langen Gänge und Treppen, die Küchenreinigung und den Mittagsaufwasch usw. Hilfskräfte aus dem Dorf hatten.

Den Garten versorgte ein Gärtner. Es war so eingerichtet, dass jede Gruppe möglichst alle im Garten vorkommenden Arbeiten vom Umgraben, Säen, Pflanzen, Ernten und Verwerten bis zum Pikieren von Sämlingen im Gewächshaus, dem Pfropfen und Ausschneiden der Obstbäume usw. mindestens einmal machte. Dagegen wurden wir nicht ständig zu den laufenden Arbeiten, dem ewigen Jäten und Hacken oder Gießen herangezogen, bei dem wir nichts dazugelernt hätten.

Im Garten stand auch das Bienenhaus, in dem wir „lehrzweckhalber" mitarbeiten durften. Leider hatten wir eine Kreuzung von Heidebienen und italienischen Bienen, die ungeheuer stechlustig waren. Unsere roten Kopftücher lockten die Bienen an manchen Tagen unwiderstehlich an. Es gab bös zerstochene Maiden. Ganz ungestochen kam keine durchs Jahr.

Feste, Arbeiten, Lernen

Wenn man von den aufregenden Prüfungstagen im Herbst und vor Ostern absieht, die als Abwechslung begrüßt wurden, gab es im Verlauf des arbeitsreichen Maidenjahres nur zwei große Feste, einmal das Stiftungsfest im Mai, zum anderen die Feier des ersten Advent, von der ich später berichten werde.

Schon kurz nach unserer Ankunft Ende April begannen die Vorbereitungen für das 11. Stiftungsfest unserer Schule. Am Morgen des Festtags machten wir einen fröhlichen Ausflug in ein nahe gelegenes, kleines Eichen-Buchenwäldchen, das Moortal, in dem es Unmengen von Maiglöckchen gab. Wir pflückten große Sträuße, die dann zusammen mit dunkelblauen Hornveilchen aus dem Garten die Festtafel schmückten. Als Kaffeegäste waren sämtliche Stiftsdamen aus dem Alten Schloss eingeladen worden. Sie hatten sich wohl schon wochenlang auf dieses Fest gefreut und genossen es sichtlich.

Am Abend führten einige Maiden ein Stück von Theodor Körner auf. Es hieß „Die Gouvernante" und passte so ganz in unser verträumtes altes Schloss. Tilly hatte dabei eine Hauptrolle zu spielen als Schlossfräulein und verkleideter Vetter. Sie machte es ganz reizend.

Wenige Tage später zogen wir Maiden wieder alle ins Moortal. Diesmal hatten wir Handwagen mit und eine Menge Eimer, Kannen und Kessel. Wir wollten den Maikäfern zu Leibe rücken, die das junge Eichengrün bereits ratzekahl abgefressen hatten. Zur Strafe sollten sie nun den Hühnern zum Fraße vorgeworfen werden. Es gab unglaubliche Mengen von diesen Krabbeltieren. Man musste nur die Käfertrauben von den Zweigen streifen. In einer halben Stunde konnte man mühelos einen Eimer füllen.

In der Waschküche wurden die Tiere dann gebrüht und auf den Teerdächern der Hühnerställe getrocknet. Sie bildeten dann im Winter die notwendige, eiweißreiche Ergänzung zu dem so knappen Hühnerfutter. Es hatte nur den Nachteil, dass die Eier nach Maikäfern schmeckten. Aber die Eier wurden ja nur in den Speisen verkocht, da merkte man es nicht.

Nach dem Stiftungsfest folgten Wochen intensivsten Lernens und fleißiger Außenarbeiten. Dass der Sommer auf dem Lande die arbeitsreichste Zeit ist, erfuhren wir gründlich.

Im Juni machten wir auf unserer Parkwiese Heu, dann begann im Garten die Ernte des Beerenobstes, der Erd- und Himbeeren und schließlich der vielen Johannisbeeren. Im Juli pflückte die eine Gruppe zentnerweise Johannisbeeren, die gleich von der nächsten Gruppe – bei Gesang von Volksliedern – im Hofe abgestreift und von einer dritten Gruppe in der Küche zu Saft und Marmelade verarbeitet wurden.

Auch beim Gutspächter wurden wir als Erntehelfer eingesetzt, was uns Freude machte. Wir halfen nicht nur beim Einbringen des Getreides, sondern nahmen auch an der uralten, anstrengenden Arbeit des Flachsraufens teil. Um nichts von den langen Fasern in der Wurzel der Leinpflanze zu verlieren, wurden die Flachsfelder nicht gemäht, sondern die Pflanzen wurden wie schon seit Jahrhunderten mit der Hand büschelweise samt Wurzel aus dem Boden gerissen, „gerauft". Es war eine mühsame und anstrengende Arbeit, die heute wohl keiner mehr kennt und macht.

In diesen so ausgefüllten und streng geregelten Wochen blieb uns keine Zeit zum Feiern. Die Sonntage brauchte man zum Ausruhen und Briefeschreiben, sofern man nicht ein größeres Amt hatte oder zum Sonntagskochen oder zum Kirchgang eingeteilt war.

Hin und wieder machten wir an Sonntagnachmittagen oder am Sonnabend in kleinen Trupps Streifzüge in die Umgebung. Dann wurden meist Gitarren mitgenommen und alle die schönen Volks- und Wanderlieder gesungen, die heute weitgehend in Vergessenheit geraten sind. Auch bei der Arbeit, im Garten, bei den Hühnern und am Flickabend wurde gesungen, wann und wo immer es ging.

Am meisten freuten wir uns auf den Sonnabendnachmittag, an dem wir ganz frei waren. Es war ein großer Augenblick, als im Sommer 1919 der Dorfbäcker wieder anfing, sonnabends richtige Brötchen zu backen. Nach etwa fünf Jahren die ersten Semmeln – markenfrei – das war ein Genuss, den wir uns nicht entgehen ließen! Nach Schulschluss eilten wir in die Bäckerei, um unser Brötchen zu ergattern. Noch warm aßen wir es schon auf dem Heimweg auf.

Sehr gern ging ich allein oder mit Tilly ins Nachbardorf Stechau, um die alte Frau Köhler, „Käseköhler" genannt, zu besuchen. Sie lebte auf einem stattlichen Hof im Altenburger Fachwerkstil, den jetzt der Sohn bewirtschaftete. Hier war alles noch echt und wie in alten Tagen, von den Gebäuden und der guten Stube bis zu den Gerätschaften. Frau Köhler stellte noch selbst die berühmten Altenburger Ziegenkäse her, von denen wir hin und wieder einen kaufen konnten. Ich schickte dann die runden, flachen Käse an Vater, der sie sehr schätzte.

Obwohl wir oft Schwierigkeiten hatten, die Altenburger Mundart zu verstehen, plauderten wir gern mit der freundlichen alten Frau, die den Maiden so wohlgesinnt war. Wir bewunderten das schöne Vieh in den großen Ställen und bekamen hin und wieder auch ein Glas Buttermilch oder einen Apfel geschenkt. Wie viele Frauen in der Gegend trug auch Frau Köhler noch ausschließlich die eigenartige Altenburger Tracht. Die Haare waren im schwarzen Kopftuch versteckt, das im Nacken fest geknotet war und eine, wie eine Art Kragen wagerecht abstehende große Schleife hatte. Der kniekurze, eng gefältelte schwarze Rock lag ganz knapp an, weil die Fältchen an der Innenseite fest miteinander vernäht waren. Darüber wurde eine weite blaue Schürze aus handgewebtem, steifem Leinen getragen.

Altenburger Tracht bei Löbichau, 1919

Im August besuchte ich einmal mit Mutti, die sich sehr für Trachten interessierte, die alte Frau Köhler. Diese holte sogar ihre wundervolle Brauttracht mit der schweren Haube (Brautkrone) aus der Truhe. Die zwölfjährige Elfriede durfte den Staat anziehen, damit Mutti einige Aufnahmen machen konnte.

Ach ja, Muttis Besuch. Im August, zu einer Zeit, als wir am Rande der Überanstrengung waren, kam sie mit Elfriede angereist und mietete sich für zwei Wochen im Dorfgasthof ein. Trotz meiner ausführlichen Berichte hatte sie sich wohl nicht vorstellen können, wie eingespannt wir waren und welche Mehrbelastung dieser Besuch für mich bedeutete. Sie hatte es sich reizend gedacht und war sehr enttäuscht, dass ich nur in der Abendstunde kurz zu ihr in den Gasthof kommen konnte. Dass ich auch diese Stunde durch Frühaufstehen gegen fünf Uhr wieder einholen musste, ahnte sie wohl nicht.

Eines Tages kam auch noch Helmut angewandert. Es war ihm so allein zu Haus wohl langweilig geworden. Da hatte er sich mit den geringsten Barmitteln und ohne Lebensmittelkarten kurzerhand auf den Weg gemacht und war in zweieinhalb Tagen von Dresden nach Löbichau getippelt. Nachdem er im Gasthof ausgeschlafen und sich satt gegessen hatte, wanderte er dann noch weiter bis nach Weimar. Es war eine beachtliche Leistung für einen Sechzehnjährigen.

Mir setzte das alles ziemlich zu. Ich konnte den fehlenden Schlaf nicht aufholen, weil schon kurz nach Muttis Besuch Anfang September die Abschlussprüfungen für unsere Herbstgruppe begannen. Für uns Ostergruppen brachte das vermehrte Arbeit. Ich war am Ende meiner Kräfte, als ich in diesen Tagen ein Huhn schlachten musste. Das dumme Tier wollte nicht sterben. Als es ganz grässlich zu flattern anfing, kippte ich der Länge lang um. Es war die erste Ohnmacht meines Lebens.

Wenige Tage nach diesem Ereignis begannen unsere Herbstferien. Die zehn Tage in Dresden waren mit Zahnarztgängen, Beschaffung der nötigsten Wintersachen und Besuchen bei den Großmüttern, Verwandten und Freunden randvoll ausgefüllt. Immerhin konnte ich glücklicherweise in diesen Tagen doch etwas Schlaf nachholen. Als ich wieder in Löbichau war, schrieb ich in mein Tagebuch *„froh, dass ich wieder in L. bin"*.

Hier waren die Herbstarbeiten im Garten, die Obsternte und die Pflaumenmuskocherei aus elf Zentnern Zwetschgen noch in vollem Gange, da brach schon der Winter ein. Als wir am Reformationstag alle zur Kirche wanderten, lag der erste Schnee dick auf den Buchen, deren gelbes Laub noch nicht gefallen war.

Es wurde ein früher Winter noch mit den Schrecken der Kriegsjahre, häufigen Stromsperren mit Lichtausfall und mit Heizmaterialmangel. Im Schloss wurden die Heizkörper lauwarm gehalten. Tilly und ich hatten in unserem Rossvilla-Zimmerchen nur einen Kachelofen, für den uns pro Woche (!) drei bis sechs Braunkohlenbriketts zugeteilt wurden. Die reichten gerade dazu aus, um am Sonntagnachmittag mit nur halberstarrten Fingern den fälligen Brief nach Haus zu schreiben, oft beim Schein eines Kerzenstummels.

Allmählich nahte nun die Weihnachtszeit und damit der zweite große Festtag im Maidenjahr, zu dem sich oft auch Maiden früherer Jahrgänge einfanden: der erste Advent.

An den Festvorbereitungen durften wir Mädels nicht teilnehmen. Die Lehrerinnen wollten uns überraschen, was ihnen auch voll gelang. Wir schmückten unsere eigenen Zimmer am Sonnabend mit Tannengrün und Kerzen. Zum festlichen und überraschenden Auftakt wurden wir am Sonntagmorgen mit Weihnachtsliedern geweckt, die vor unserer Stubentür gesungen wurden. Wir lagen in den Betten, zündeten unsere Lichtlein auf dem Nachttisch an und hörten so recht in Weihnachtsstimmung zu, ehe wir aufstanden und zur Morgenandacht ins wunderschön geschmückte Musikzimmer gingen. Hier sangen dann ein paar stimmbegabte Mitmaiden zum Harmonium „Drei Könige wandern aus Morgenland" (von Peter Cornelius), was mir sehr gefiel. Danach wandelten wir in feierlichem Zug, die Lehrerinnen voran, zum Ess-Saal. Es war wie Weihnachten, als die Flügeltür geöffnet wurde. Vor jedem Gedeck brannte eine in einem Apfel steckende Kerze. So strahlten fünfzig Lichtlein auf den mit Tannenzweigen geschmückten Tafeln.

Im Laufe dieses festlichen, weihnachtsfrohen Tages wurde uns dann sehr feierlich die Maidenbrosche verliehen, die silberne, gezähnte Sichel aus dem Tümplingschen Wappen.

Die festliche Adventszeit, in der so viel musiziert und gesungen wurde, war für uns leider nur kurz, doch sehr ausgefüllt. In jeder Kochstunde wurden Plätzchen gebacken und kurz vor Ferienbeginn ging es ans Gänseschlachten. Hier trat unsere Vorsteherin Ulla v. Knobelsdorff persönlich in Aktion. Wie sie uns erzählte, wurden auf ihrem väterlichen Gut in Pommern früher alljährlich siebzig Gänse zu der berühmten geräucherten, pommerschen Gänsebrust, Spickgans genannt, verarbeitet. An unseren kümmerlichen Vögelchen demonstrierte sie nun der staunenden Maidschaft sehr geschickt, wie das gemacht wurde.

Um Heizmaterial zu sparen, wurden wir schon am 12. Dezember nach Haus geschickt. Bis Ende Januar dauerten die Kälteferien. Wir durften von all der Weihnachtsbäckerei Proben mitnehmen. Auch sämtliche reifen Käse aus der Molkerei wurden verteilt, damit wir zu Haus etwas von unserer Kunst vorzeigen konnten. Sehr stolz baute ich Weihnachten meinen Eltern alle diese Herrlichkeiten auf.

Weihnachten in Dresden

In Dresden hatte sich die Ernährungslage inzwischen etwas gebessert. Nun, mehr als ein Jahr nach Kriegsende gab es manches wieder zu kaufen, was wir in Löbichau noch nicht wieder hatten. Wir feierten Weihnachten sogar sehr üppig mit einer von einem jagenden Patienten gestifteten Hirschkeule. Nun konnte man in der Stadt auch in bescheidenem Umfang und mittlerer Qualität wieder Textilien und Schuhwerk kaufen. Ich erhielt einen Wintermantel, den ersten neuen seit Jahren. Er wurde von einer Dresdner Firma aus blauschwarz gefärbten Militärdecken aus Heeresbeständen nach einem Einheitsschnitt gefertigt. Ein Hasenfellkragen – von einem Braten – veredelte später das gute Stück, in dem ich mich sehr gut angezogen fühlte.

Dieser ziemlich kratzige Mantel wärmte mich durch mehrere Winter, die ganze Inflationszeit hindurch. Nur das Notwendigste konnte damals angeschafft werden, denn eine erschreckende Preissteigerung bremste alle Wünsche. Mir erschien es sündhaft, als Mutti für mich dann noch einen dunkelblauen Kostümstoff kaufte, das Meter zu 150.- Mark. Heute – nach allen Erfahrungen auf diesem Gebiet – kann man sich nur schwer vorstellen, dass die Geldentwertung damals ein Vorgang war, den auch gebildete Menschen einfach nicht begreifen konnten.

Es wurde ein friedliches Weihnachten. Wir waren froh noch alle heil beieinander zu sein. Vater las uns öfters Novellen von Storm vor. Wir hatten Gäste wie früher.

Zu Weihnachten bekam ich meinen ersten Fotoapparat, eine (gebrauchte) Icarette 6 x 6, die mich sehr glücklich machte. Das schönste Weihnachtsgeschenk war für mich aber die Erlaubnis – unter dem Schutze einer Freundin von Mutti – zum ersten Mal zum Skilaufen ins Erzgebirge fahren zu dürfen. Leider taute es aber gerade, so dass ich am nächsten Tag enttäuscht und betrübt wieder heimreiste.

Auch mit Eislaufen hatten wir wenig Glück. Nur Hohneujahr konnten wir auf den Moritzburger Teichen einmal laufen und einen schönen Tag bei Onkel Lenz verbringen.

Im Laufe des Jahres 1919 hatte sich auch im Leben in der Stadt manches geändert. Auf vielen Gebieten machte sich nach den ernsten Kriegsjahren ein Nachholbedarf bemerkbar. Ein Hunger nach Geselligkeit war erwacht. Wir wurden in diesen Weihnachtswochen sehr viel eingeladen. Oft ging ich mit Gerhard zu kleinen Tanzereien und Hausfesten. Wir freuten uns, alte Freunde wieder zu sehen. Auch Theaterbesuche standen auf dem Programm und sogar mein erster richtiger, großer Ball in der Gesellschaft „Harmonie", in die die Eltern wieder eingetreten waren.

Halb wusste man, dass man auf einem Vulkan tanzte, doch wollte man nichts von politischen Sorgen wissen, obwohl es allerorts Streiks und Krawalle gab.

Prüfungen

Ende Januar 1920 kehrte ich mit Tilly nach Löbichau zurück. Dort erwischte zunächst eine Grippe die halbe Maidschaft. Der Unterricht setzte dann voll ein, denn in Kürze sollten wir die Abschlussprüfung machen und es gab noch viel zu lernen. Sogar „Schweineschlachten" stand noch auf dem Programm. Als unser armes, kleines, mageres Schweinchen Ende Februar dran glauben musste, gab es nicht genug Arbeit für achtzig Maidenhände. So mussten wir uns im Wesentlichen aufs Zusehen beschränken.

Diese letzten zwei Monate vergingen wie im Fluge. Der Gedanke an den Abschied lag bedrückend vor uns. So beschlossen wir Bewohner der zwei Rossvillen-Zimmer unseren Gruppenmitgliedern und Freundinnen am Fastnachtsdienstag noch ein Abschiedsfest zu geben. Mit Vorbereitungen, dem Malen der Einladungskarten, dem Schmücken der Räume u.a.m. verbrachten wir viele Freistunden. Es wurde ein zünftiges Fest in großartig zusammengestoppelten Kostümen. Tilly und ich traten als Wirt und Wirtin auf, die Baltinnen aus dem Nebenzimmer als Russen. Es gab belegte Semmeln, in Seifenschalen servierten Pudding und irgendwelche Limonade aus Zahnputzgläsern. Dazu Ziehharmonikamusik. Es war ein lustiger Abend.

Bald danach begannen die Prüfungen, praktische Prüfungen in fast allen Fächern, eine Unzahl schriftlicher Arbeiten und schließlich noch eine sehr ernsthafte mündliche Prüfung. Am aufregendsten war natürlich die Kochprüfung. Als wir drankamen war gerade das ganze Kuratorium aus Altenburg da, für das wir dann all die schönen Gerichte kochten.

Am Tage vor dieser Kochprüfung wurde im Lehrsaal ausgelost, welches Menü eine jede zu kochen hatte. Dann mussten wir aus dem Kopf die Rezepte aufschreiben und die Zutaten bestellen, die wir benötigten. Wir bekamen nicht mehr und nicht weniger, als wir bestellt hatten.

Am Prüfungsmorgen galt es drei Schwierigkeiten zu überwinden. Erstens, Tilly hatte versehentlich für ihr Möhrengemüse statt 1 kg Möhren nur die für Suppen notwendigen 125 g aufgeschrieben. Wir bekamen nur, was bestellt war. Was war zu tun? Unsere Gruppe ging am Abend vor der Prüfung in den Garten und klaute im Gemüsekeller Möhren, die dann auf zehn Schürzentaschen verteilt wurden. Während Tilly nun ihr Viertelpfund Möhren putzte, strichen wir an ihrem Arbeitsplatz vorbei und schoben ihr allmählich neue Möhren zu, so dass sie tatsächlich mit ihrem Viertelpfund einen großen Kochtopf füllen konnte.

Die zweite Schwierigkeit war anderer Art. Ich hatte eine sehr gute Nachspeise zu bereiten: Tuttifrutti. In die Glasschüsseln kam unten eine Schicht Kompott, darauf Haferflockenmakronen, die ich auch erst backen musste und darauf eine Schicht Vanillepudding aus Grieß. Kühnerweise hatte ich hierfür friedensmäßige Zutaten mit einigen Eiern (!) aufgeschrieben und auch erhalten. So einen Pudding kannte ich nur aus dem Kochbuch. Ich fand, er schmeckte köstlich. Beim Ausfüllen in die Glasschalen ließ ich einen genügend großen Rest im Kochtopf. Nun galt es, diesen in einer der tiefen Fensternischen auszulecken, während die Prüfungskommission und das gesamte Kuratorium in der Küche herumwimmelten. Auch das gelang.

Die dritte Schwierigkeit hatte man mir wohl absichtlich bereitet, um mir die Sache etwas zu erschweren. Für das Rote-Rübengemüse, das ich kochen musste, hatte man mir die allerwinzigsten Rüben ausgesucht, die zu finden waren. Mit der Putzerei musste ich mich sehr beeilen. Schließlich kam mir die Kochlehrerin zu Hilfe. Wahrscheinlich hatte sie Reuegefühle und Mitleid. So klappte auch das.

Die mündliche Prüfung in fast allen Fächern machte mir ausgesprochen Vergnügen. Oft riet ich frech drauflos. Zensuren gab es nicht. Ich war drum sehr erstaunt, als ich viel später mal von Tante Annemarie Dumas erfuhr, dass ich seinerzeit in Löbichau die beste Prüfung gemacht hatte.

Wir hatten in dem Maidenjahr viel gearbeitet, aber auch viel gelernt, viel gelacht und viel gesungen (ich natürlich nicht!). Nun fürchtete ich mich vor der Rückkehr in meine ernste, so gänzlich humorlose Familie und schob den Abschied von Löbichau hinaus, solange es ging.

Am Tage unserer Kochprüfung – als unsere Gedanken so fern vom politischen Geschehen waren – trafen Ereignisse ein, die erst als „Gegenrevolution" alle in Aufregung versetzten, später als „Kapp-Putsch" in die Geschichte eingingen.

Es kam wieder zu ernsten Unruhen. Im sächsischen Industriegebiet im Erzgebirge, in Zwickau und Chemnitz trieb der Kommunistenführer Max Hölz sein Unwesen. Auch die Eisenbahn war nicht mehr sicher. Nun konnte ich die Abreise nicht länger hinausschieben. Schließlich musste ich sogar, statt auf der nächsten Strecke über Chemnitz, auf dem Umweg über Leipzig heimreisen. Am späten Nachmittag des 27. März 1920 kam ich beklommenen Mutes wieder zuhause an.

Das glückliche, unbeschwerte Jahr auf dem Lande lag hinter mir. Ich stand plötzlich wieder mitten in den Wirren der Nachkriegszeit und vor den sorgenvollsten Monaten dieser Jugendjahre.

Hofkirche mit Elbbrücke (Gertraude Gmeiner 1921)

Letzte Jahre in Dresden 1920 bis 1925

Geheimbünde, Freikorps, Kommunisten

Das Jahr in Löbichau – das unkomplizierte Leben in guter Kameradschaft und Fröhlichkeit und nicht zuletzt das Leben auf dem Lande in einer annähernd „heilen Welt", wie man heute sagen würde – war für mich eine unbeschwert glückliche Zeit gewesen.

Nun kehrte ich Ende März 1920 nach Dresden zurück – in einen rauen, schrecklichen Alltag. Der Eisenbahnerstreik und der beginnende Kapp-Putsch hatten uns noch in Löbichau aufgeschreckt. Nun folgte Schlag auf Schlag.

Zu Haus herrschte eine sehr bedrückte Stimmung. Schon nach dem Zusammenbruch 1918 hatten die Brüder geheimbündelt. Oft hatten sie in Wanderausrüstung mit Windjacke, Skimütze und Knotenstock abends das Haus verlassen, um erst spät nachts wieder zu erscheinen. Wahrscheinlich hatten sie damals an irgendwelchen Übungen in der weiten Dresdner Heide teilgenommen. Fragen durfte man nicht.

Bei meiner Heimkehr waren beide nicht mehr im Haus. Sie waren nun Angehörige eines schnell aufgestellten Zeitfreiwilligen-Verbandes, der überwiegend aus Studenten der Technischen Hochschule und aus Schülern bestand. Diese Organisation sollte dem Schutze der Stadt dienen. Sie sollte ein Gegengewicht gegen den Ring kommunistischer Verbände bilden, die einmarschbereit in den Industrievorstädten rund um Dresden standen. Man fürchtete eine Räteregierung nach Münchener Muster.

Gerhard befand sich in einer Kaserne in der Neustadt. Helmut war mit seiner Gruppe im Landgericht am Münchener Platz untergebracht. Mutti und ich besuchten ihn gleich am Tage nach meiner Rückkehr, um dem aufgeschossenen, immer hungrigen siebzehnjährigen Jungen etwas Essen zu bringen. Auf dem Wege fielen mir überall an den Straßen errichtete Drahtverhaue auf. Es sah beunruhigend aus.

Wenige Tage später, am Ostersonnabend (3. März 1920) brachten zwei Kameraden Gerhard angeschleppt. Bei einer Übung hatte er ein Kniegelenk schwer verletzt. Er lag lange in seinem Zimmer. Oft saß ich bei ihm, um ihn zu trösten. Sein Leben lang hat er an dieser Verletzung gelitten, wurde mehrfach operiert und war in seinen letzten Lebensjahren schwer gehbehindert.

Sechs Tage nach Gerhards Unfall wurde Helmut ziemlich schwer verwundet. Bei einer Handgranatenübung in der Dresdner Heide stießen zwei Granaten in der Luft zusammen und explodierten über einer Reihe liegender, junger Burschen. Einer verlor sein Augenlicht. Helmut hatte Splitter im Bein und im Fuß. Er kam in ein Lazarett in der Neustadt und wurde operiert. Das Fußgelenk vereiterte. Der arme Kerl musste grausame Schmerzen erdulden und monatelang liegen. Trotz einiger späterer Operationen behielt er einen steifen Fuß, konnte nur mit Schmerzen gehen und nie mehr Sport treiben.

Nun, anderthalb Jahre nach Kriegsende befanden sich die Lazarette mehr oder weniger in der Auflösung. Die Verpflegung war sehr schlecht. Dreizehn Wochen lang, bis Mitte Juli, fuhren Mutti und ich abwechselnd fast täglich mit der Straßenbahn an das andere Ende der Stadt ins Lazarett, um Helmut in einem kleinen Aluminium-Henkeltöpfchen wenigstens etwas von unserem Mittagessen zu bringen.

Bei unseren Besuchen fanden wir den armen Kerl entweder mit mehr als 40 Grad Fieber allein im so genannten Sterbezimmer oder im großen Saal zusammen mit noch im Lazarett verbliebenen Kriegskrüppeln, meist Beinamputierten, die mit ihren Krücken Wettrennen quer über die Betten der Kameraden machten. Es war erschütternd anzusehen.

Für mich kam das alles zu plötzlich. Der Gegensatz zwischen unserem Löbichauer Idyll und der harten Wirklichkeit war zu groß. Ich konnte mich nicht zurechtfinden. Nicht oft in meinem Leben habe ich mich so unglücklich gefühlt, wie in diesem Frühsommer 1920.

Meine Stimmung war auf einem Tiefpunkt. Ich schrieb schwer deprimierte, verzweifelte Briefe an Mitmaiden und Lehrerinnen. Helfen konnte mir niemand. Der eigentliche Anlass des Bedrücktseins war natürlich die Sorge um Helmut. Die Eltern waren begreiflicherweise reizbar. Mit ihnen kam ich nicht mehr zurecht. Die Geldentwertung tat ein Übriges.

Vor meiner Rückkehr aus Löbichau hatte man zu Haus ein Mädchen entlassen, dessen Arbeit ich nun übernehmen sollte. Monatsgehalt: 25.- Mark. Bei meiner Tätigkeit gab ich mir die größte Mühe, doch war Mutti nie zufrieden und nörgelte ständig an mir und meiner Arbeit herum. Andererseits entsprach ihre Haushaltführung nicht dem, was ich in Löbichau gelernt hatte und veranlasste mich zu kritischen Bemerkungen. Ich war wohl noch zu unerfahren, um zu erkennen, wie schwierig, ja unmöglich es damals war, einen Musterhaushalt zu führen.

Das zeitige Aufstehen, die viele Zimmerarbeit in der großen Wohnung, Kocherei und Aufwasch strengten mich so an, dass ich oft schon im Laufe des Vormittags zwischendrin mal unbemerkt aufs Bett sank. Wahrscheinlich hatte ich mit der Schilddrüse zu tun, die sich schon in der Examenszeit in Löbichau gemeldet hatte und nun als Folge der vielen Aufregungen und Anstrengungen wieder aktiv wurde.

Glücklicherweise konnte ich an einigen Nachmittagen der Woche das Haus verlassen, um an einem sehr guten Schneider- und Schnittzeichenkursus teilzunehmen. Zwei Fliegen sollten mit einer Klappe geschlagen werden. Nach dem Maidenjahr besaß ich so gut wie keine Zivilkleidung mehr. Fertigkleidung war unerschwinglich geworden. Aus alten Sachen und z.T. auch schon aus neuen Stoffen sollte ich mir nun wieder einen Grundstock an Garderobe anfertigen. Es war ein ernsthafter, gründlicher Unterricht in der „Frauenerwerbsschule", eigentlich zur Ausbildung von Hausschneiderinnen gedacht. Ich lernte viel und es machte mir Spaß. Ich war sehr fleißig. Aber außer an Kleidung fehlte es damals auch an Wäsche, an Strümpfen und Schuhen. Zwar füllten sich die Läden allmählich wieder, aber die Preise kletterten unentwegt höher.

Diesen sorgenvollen und arbeitsreichen Sommer schlossen im August drei Ferienwochen ab, die Mutti, Elfriede und ich im Zittauer Gebirge verbrachten, in einem kleinen Gasthof wenig unterhalb des Gipfels der Lausche, unmittelbar an der Grenze zu dem seit zwei Jahren bestehenden neuen Staat „Tschechoslowakei". Wir hatten einen Grenzausweis und wanderten viel drüben in Böhmen, aßen in den sauberen deutschen Dörfern echte böhmische Hefeklöße mit Heidelbeeren oder den berühmten Mohnkuchen. Zuletzt schickten wir unsere Koffer heim und wanderten mit Rucksack zwei Tage quer durch den böhmischen Zipfel vom Lausitzer Gebirge hinüber zur Sächsischen Schweiz nach Schandau.

Ich habe die besten Erinnerungen an die malerischen Dörfer, die ursprünglichen Wälder und die freundlichen Menschen in diesem später Sudetenland genannten Gebiet, aus dem ein Vierteljahrhundert später die urdeutsche Einwohnerschaft vertrieben werden sollte.

Nach schönen Ferientagen kehrten wir in die Stadt zurück. Hier hatte sich die Lebensmittelversorgung inzwischen entschieden gebessert. Es gab genug Brot und Margarine, die wir nun schwelgerisch dick aufstreichen durften.

Geldentwertung, Kunstgewerbeschule und ein eigenes Fahrrad

Jetzt waren es die Preissteigerungen, die alles erschwerten. Allmählich begriff man, dass diese Entwicklung keine vorübergehende Nachkriegserscheinung war, sondern dass sie zu einem Dauerzustand wurde. Nach vorübergehender Stagnation kletterten die Preise bald in schwindelnde Höhen. Einkommen und Gehälter blieben weit zurück.

Unter diesen Umständen wurde nun ernstlich über eine Berufsausbildung für mich nachgedacht. Der Zeit entsprechend spielte bei allen Überlegungen die Frage eine ausschlaggebende Rolle, was die Ausbildung kostete und ob ich weiterhin zu Hause leben könne.

Mutti ergriff die Initiative. Sie hielt viel von meinem Zeichentalent. Der Plan, mich zur Kunstgewerbeschule zu schicken, stammte von ihr. Sie hatte Verbindung zu Professor Georg Erler aufgenommen, den wir von einem Ferienaufenthalt vorm Krieg her kannten. Er leitete die Graphische Abteilung der Kunstgewerbeschule. Ich mußte Zeichnungen einreichen, die ich z.T. in den Ferienwochen in der Lausitz gemacht hatte. Einige Male durfte ich probeweise in der Kunstgewerbeschule mitarbeiten, was mir ganz gut gefiel. Schließlich wurde ich zum Wintersemester 1920 / 21 in die Fachklasse für Graphik aufgenommen. Zwar hätte ich lieber von der Pike auf begonnen, aber Erler meinte, „dann würde man akademisch verbildet". Ich musste es glauben, habe aber doch unter meiner fehlenden zeichnerischen Vorbildung, dem Mangel an perspektivischen Kenntnissen usw. gelitten.

Über die sich aus der Ausbildung ergebenden Berufsmöglichkeiten dachte man damals nicht nach. Es ist nie darüber gesprochen worden. Man setzte als selbstverständlich voraus, dass sich alles finden würde, hätte man erst die Ausbildung.

Ich führte nun eine Art Doppelleben und trat in eine Welt ein, die sich mit meiner bisherigen nirgends berührte. Es gab keine Querverbindungen. Ich lernte nun ganz andere Menschen kennen mit anderen Idealen und einem anderen Lebensstil, der mir im Grunde fremd blieb.

Von diesen sechs Semestern an der Kunstgewerbeschule, die bald in „Akademie für Kunstgewerbe" umgetauft wurde, muss ich im Zusammenhang berichten.

Ein großer, weitläufiger, erst am Anfang des Jahrhunderts erbauter Gebäudekomplex am Dürerplatz beherbergte die Kunstgewerbeschule, das Kunstmuseum und eine große Bibliothek mit einem schönen Lesesaal.

Die Fachklasse für Graphik wurde in vierzehntägigem Wechsel von zwei Lehrern unterrichtet, von Prof. Georg Erler und Prof. Arno Drescher. Zum Lehrgebiet Erlers, eines vor allem durch seine Radierungen bekannten Dresdner Künstlers, gehörte die „Freie Graphik" (Akt, Landschaft usw.) und die graphischen Techniken, Steindruck, Radierung, Holzschnitt usw. Meistens stand uns ein Modell zum Aktzeichnen zur Verfügung. Wir konnten aber auch nach Belieben „landschaftern" gehen, was ich bei schönem Wetter und im Sommer sehr gern tat. Ende der Woche legten wir dann unsere Arbeiten vor. Leider musste ich ausschließlich „graphisch", d.h. schwarz-weiß arbeiten und sollte mit der Feder zeichnen, was mir nicht sehr lag. Viel lieber hätte ich gelernt, schöne Aquarelle zu machen, wie Vater sie von seinen Reisen mitbrachte.

Für die „Angewandte Graphik", die Gebrauchsgraphik, war Drescher zuständig. Er stellte am Anfang der Woche eine Aufgabe, z.B. ein Plakat für einen bestimmten Artikel, Packungen, Zigarettenschachteln, Firmenzeichen, Briefköpfe, Bucheinbände, Vorsatzpapiere oder dergleichen mehr. Er begutachtete unsere Entwürfe, die wir schließlich sehr sauber auf dem Reißbrett mit Temperafarbe oder auch als Holz- oder Linoleumschnitte druckreif ausführen mussten. Sehr wichtig war die Farbgebung. Drescher hatte einen ausgeprägten Farbensinn auch für die kleinsten Nuancen. Die bis zu dieser Zeit beliebten Farbgebungen des Jugendstils, die grünen, blauen und violetten Töne aller Schattierungen lehnte er ab und begeisterte sich – und uns – für damals vollkommen neue Kombinationen warmer Farben von Orange bis Zinnober mit vielerlei braunen und gelben Tönen. Diese Farbzusammenstellungen, die bald insbesondere alle Innendekorationen überfluteten, haben sich mit wenig Unterbrechung bis in unsere Tage, also über ein halbes Jahrhundert gehalten.

Ein Vormittag in der Woche gehörte der Schrift. Nach eifrigem Üben aller bekannten Schriftarten versuchten wir uns später in eigenen Entwürfen und in Schriftgestaltung auch nach alten Handschriften, was mir viel Freude machte.

Wollte uns nichts einfallen, brauchten wir Anregungen für neue Entwürfe oder suchten wir nach besonderen Farbzusammenstellungen, so stand uns das im Hause befindliche Kunstgewerbemuseum mit seinen reichen Schätzen herrlichster Kunst- und Handwerkserzeugnisse aus allen Zeiten und aus allen Ländern zur Verfügung. Hier habe ich manche Stunde verbracht, habe mir Teppiche vorführen lassen, alte Möbel, Zinn- und Keramikgegenstände bewundert oder auch gezeichnet.

In Arbeitspausen saß ich häufig in dem schönen Lesesaal. Hier ließ ich mir besonders gern die alten japanischen Holzschnittbücher geben, weil ich gleichzeitig an der Technischen Hochschule Vorlesungen über Japanische Kunstgeschichte hörte. Die praktische Arbeit des Vormittags wurde in der Kunstgewerbeschule am Nachmittag durch ein großes Angebot an interessanten Vorlesungen ergänzt, so z.B. durch eine Vorlesung des bekannten Kostümbildners der Staatstheater Prof. Leonhard Fanto über Kostümgeschichte, Trachten u.a.m. An der Tierärztlichen Hochschule nahmen wir an Vorlesungen über Pferdeanatomie teil und zeichneten nach lebenden Modellen. Schließlich besuchten wir auch noch an der Kunstakademie auf der Brühlschen Terrasse Anatomie-Vorlesungen sogar mit Demonstration an einer Leiche.

Die Gelegenheit, an einem sehr gründlichen Buchbindekurs beim Buchbindermeister unserer Bücherei teilnehmen zu können, nahm ich gern wahr. Es machte mir sehr viel Freude. Damals entstanden die selbstgebundenen Bücher in meinem Schrank. Mein „Meisterwerk", ein Halblederband für meinen Vater, ist in Dresden verbrannt.

An Anregungen fehlte es uns nicht. Zu allem Überfluss hörte ich nach wie vor Literatur-Vorlesungen von Prof. Walzel in der Technischen Hochschule und besuchte häufig die Staatstheater, denn auch als Schüler der Kunstgewerbeschule hatten wir die Möglichkeit, billige Theaterkarten zu erhalten.

Die Schülerschaft unserer Fachklasse war sehr unterschiedlich zusammengesetzt. Unter den zwanzig oder fünfundzwanzig jungen Leuten der verschiedensten Altersstufen waren nur drei oder vier junge Mädchen. Ein Teil der jungen Leute kam aus der Zeichenlehrerabteilung, um sich in den graphischen Techniken, insbesondere in der Kunst des Radierens zu vervollkommnen oder um am Aktzeichnen teilnehmen zu können. Einige besonders fortschrittliche Mitschüler arbeiteten bereits expressionistisch. Die Begabtesten wechselten zur Akademie an der Brühlschen Terrasse hinüber und wurden Schüler von Otto Dix, Oskar Kokoschka und anderen modernen Künstlern.

Die meisten meiner Kameraden waren arme Teufel, z.T. Kriegsteilnehmer, die aus der Bahn geworfen waren und in keinem Beruf mehr Fuß fassen konnten. Wohl in Ermangelung eines warmen Zimmers blieben sie oft bis zum Abend in der Schule. Bei den unentwegt kletternden Preisen ging es ihnen – wie damals wohl allen Studenten – wahrscheinlich sehr dreckig und sie schlugen sich nur elend durch.

Wir Mädchen verkehrten kameradschaftlich mit allen, aber doch sehr mit Abstand. Von den meisten wussten wir nicht mehr als die Namen. Der Begabteste in unserer Klasse war ein damals erst achtzehnjähriges Bürschchen, blond, mit glattem, gescheiteltem Haar, in einem verwachsenen, dunkelblauen Konfirmandenanzug. Es war ein feines Kerlchen, höflich und bescheiden und – wie gesagt – hochbegabt. Wir alle schätzten ihn sehr und waren überrascht, als er etwa nach zwei gemeinsamen Jahren die Klasse verließ, um Tänzer zu werden. Uns schien das absolut unverständlich, doch dauerte es nicht allzu lange, bis der Name „Harald Kreutzberg" an allen Litfass-Säulen prangte. Unser einstiger Mitschüler wurde der vielleicht berühmteste Ausdruckstänzer seiner Zeit. Zweimal habe ich in späteren Jahren Harald Kreutzberg tanzen sehen und war jedes Mal auch von den farbig so unglaublich fein abgestimmten Kostümen entzückt, die er alle selbst entwarf.

Für das alljährlich stattfindende große Fest der Kunstgewerbeschule, den Bauernball, hatte Harald Kreutzberg 1921 einen Kalender entworfen, den wir zu kolorieren halfen. Ein Exemplar mit eigener Widmung Kreutzbergs besitze ich noch.

Zunächst hatte es mir Freude gemacht, mich mit dieser neuen, fremden, bunten Welt auseinanderzusetzen. Die vielen Anregungen, die verschiedenen Techniken usw. interessierten mich. Ich hatte zwar von klein auf gern gezeichnet und gemalt, ich hatte aber nicht – wie einige meiner Mitschüler – den Wunsch, von morgens bis abends nichts anderes zu tun. Es gab noch so vieles, was mich interessierte, womit ich mich gern befasst hätte.

Nun störte mich die Ausschließlichkeit, die Einseitigkeit dieser Beschäftigung mit der Kunst. Zudem hatte sich auch im Kunstgewerbe nach dem Krieg sehr vieles geändert. Als ich mit der Ausbildung begann, beherrschte mich noch die Vorstellung des Kunstgewerbes aus seiner großen Zeit vor dem ersten Weltkrieg, der Zeit des späten Jugendstils, der aufkommenden großartigen Plakatkunst, der Bestrebungen des Werkbundes, der Hellerauer Werkstätten (später Deutsche Werkstätten), des Dürerhauses u.a.m. Es waren die Kunstideen mit denen ich aufgewachsen war.

Dass die neue Kunstrichtung, die nach dem Kriege in Erscheinung trat und so ganz außerhalb des Herkömmlichen stand, der Expressionismus, auch auf die angewandte Kunst, das Kunstgewerbe übergreifen würde, daran dachte zunächst niemand. Sehr bald aber sollte sich zeigen, dass expressionistische Randerscheinungen Mode wurden. Auch die jungen Kunstgewerbe-Schüler versuchten sich als Mitläufer mehr und mehr in dieser Richtung. Ich empfand die spitzen Ecken und bizarren Zickzacklinien, die nun mit Vorliebe überall angebracht wurden, als Mätzchen und lehnte sie ab. Mehr und mehr geriet ich in Widerspruch und stand im Gegensatz zur neuen Strömung. Außerdem stellten sich bei mir bald berechtigte Zweifel ein, ob meine Begabung, vor allem aber ob meine Neigung als Berufsgrundlage ausreichte. Ich hatte sehr bald das Gefühl, nicht am richtigen Platz zu sein. Mich beschäftigte vor allem die Frage, ob ich es überhaupt wünschte, lebenslang in einem künstlerischen Beruf tätig zu sein. Im Grunde war es mir klar, dass ich es *nicht* wünschte. Es entsprach nicht meiner Natur.

Bei mir war der kritische Verstand stärker als der künstlerische Gestaltungswille. Ich verwarf bald alles, was ich gemacht hatte. Die naive Freude am Schaffen aus dem Gefühl heraus – ohne Selbstkritik – fehlte mir. Der Zwiespalt wurde umso größer, je länger ich die Schule besuchte. Schließlich war ich so gehemmt, dass ich überhaupt nichts mehr zustande brachte oder alles gleich vernichtete.

Unverständlicherweise redeten mir meine Lehrer, an die ich mich mehrfach wandte, immer wieder zu nicht aufzugeben. Auf die Frage, wie – ohne überragende Begabung – aus dem, was wir lernten, ein Beruf entstehen könne, mit dem man nicht nur ein gelegentliches Taschengeld, sondern einen richtigen und zudem noch standesgemäßen Lebensunterhalt verdienen könne – auf diese Frage, die mich brennend interessierte, konnte niemand eine Antwort geben.

Inzwischen nahm die Geldentwertung ein immer unheimlicheres Ausmaß an. In dieser Zeit der Verarmung eines ganzen Volkes, in der man einfachste Gebrauchsgegenstände nicht mehr bezahlen konnte, fehlte der Sinn für den Luxus schön gestalteter Dinge, für Kunstgewerbe und Kunsthandwerk im weitesten Sinne. Man konnte sich auch nicht vorstellen, dass in absehbarer Zeit eine Rückkehr zu den einstigen Verhältnissen möglich sein würde. Die Ausbildung hatte ihren Sinn verloren. Wertvolle Jugendjahre verstrichen. Ich wollte aufhören.

Die Inflationszeit, deren tollste Wirbel 1923 einsetzten, erleichterte mir den Entschluss. Schon lange hatten wir nur noch auf Packpapier, auf die Rückseiten ausrangierter Entwürfe der Architektenklasse und auf sonstigen Abfallpapieren gezeichnet. Inzwischen konnte man nicht mal mehr einen Bleistift oder ein Fläschchen Tusche bezahlen, von Farbe und Pinseln ganz zu schweigen.

Nach schweren, inneren Kämpfen fasste ich – ohne Rücksprache mit den Eltern, die mich nicht verstanden hätten – in den Sommerferien endgültig den Entschluss, meine Ausbildung abzubrechen und nach den Ferien nicht mehr zur Kunstgewerbe-Akademie zurückzukehren.

Ich wusste, dass Vater das verurteilen würde und dass vermutlich schwere Zeiten vor mir lagen, doch habe ich den für mich nicht leichten Schritt nie bereut.

Doch nun zurück zu meinem Leben zuhause und in der Familie in diesen Jahren meiner Kunstgewerbe-Schulzeit und in den Jahren danach bis zu meinem Fortgang von Dresden 1925.

Im Leben liegen die Extreme manchmal dicht beieinander. Wenn ich an die Jahre 1920 bis 1925 denke, so erscheinen sie mir in der Erinnerung zugleich bitter und schön. Es waren einerseits die Jahre der zunehmenden Inflation, der ständig steigenden Preise und der großen Geldsorgen, die zu erheblichen Spannungen in der Familie führten. Mich persönlich bedrückten schwer die Zweifel an der Richtigkeit meiner Berufswahl, später auch Zukunftssorgen und anstrengende Doppelarbeit. Zum anderen waren dies die Jugendjahre, in denen ein gesellschaftliches Vergnügen das andere jagte und in denen ich zu meiner großen Freude ein Vielerlei an Sport betreiben konnte. Sport bedeutete mir mehr als alle Feste.

Nach dem sorgenvollen Sommer 1920 hatte sich für unsere Familie die Lage zunächst entspannt. Nach monatelangem Krankenhausaufenthalt war Helmut wieder zu Haus mit seinem steifen Fuß. Er besuchte wieder die Schule. Gerhard hatte inzwischen mit dem Medizinstudium in Freiburg begonnen.

Das Leben zuhause ging wieder seinen gewohnten Gang. Auch Vater war in diesem Nachkriegsjahr wieder gelöster und nicht mehr so gehetzt, fast der alte. Sonntags wanderte er mit uns wie einst. Wir lernten weitere Teile unserer Heimat kennen, verbrachten schöne Ostertage in der alten Bergstadt Freiberg und besuchten im Herbst sogar das einzige sächsische Kloster, das Zisterzienser Nonnenkloster Marienstern in der Lausitz. Vater behandelte dort eine Nonne. Im Zimmer der Äbtissin durften wir mit einigen Nonnen sprechen, die mich nach gesellschaftlichen Ereignissen in Dresden fragten. Für mich war es eine unbegreiflich fremde Welt, auch das folgende gemeinsame Mittagessen mit den geistlichen Herren des Klosters in ihren schwarzweißen Mönchskutten im Refektorium. Ostern 1923 waren wir noch einmal in Marienstern, um das berühmte, wohl noch auf heidnische slawische Bräuche zurückgehende Osterreiten rund um die Felder zu erleben. Auch an der Ostsee waren wir noch einmal. Im Sommer 1921 reiste Mutti mit Elfriede und mir in das kleine Fischerdörfchen Ahrenshoop auf der Halbinsel Zingst, wo ich eifrig zeichnete.

Im Winter las uns Vater wie einst an Sonntagnachmittagen vor (E.T.A. Hoffmann, Storm, Stifter u.a.m.). Nun begannen auch die Eltern, in langen Kriegsjahren Versäumtes nachzuholen. Sie wurden eingeladen, hatten oft Gäste und besuchten – manchmal mit uns – große Feste (Harmoniebälle, Corpsfeste).

Die Inflation hatte vorübergehend den Atem angehalten. Noch hoffte man auf eine baldige Stabilisierung der Preise und freute sich über alles, was in den Läden wieder auftauchte. Der Nachholbedarf war groß. Er machte sich auf vielen Gebieten geltend. An eine so ausgesprochene „Fresswelle", wie nach dem Zweiten Weltkrieg kann ich mich allerdings nicht erinnern. Umso ausgesprochener war die Vergnügungswelle, trotz der durch die Inflation bedingten zunehmenden Verarmung unserer Kreise.

Mein alter Freundeskreis aus der Schul- und Tanzstundenzeit hatte sich wieder zusammengefunden. Neue Freunde, meist Studenten der Technischen Hochschule, waren dazugekommen. In Amerika tobten die „roaring twenties". Einen Hauch davon haben wir auch gespürt.

In diesen Jahren (1921 bis 1925) habe ich unendlich viele und schöne Festlichkeiten miterleben können. Hochzeiten von Freundinnen, große elegante Bälle in sämtlichen Räumen der Ausstellung oder im alten Barockgebäude der Gesellschaft Harmonie, in der Nähe der Frauenkirche, im berühmten Hotel Bellevue an der Elbe oder auch kleine Tanzereien „nach dem Abendbrot" in den Familien unserer Freunde. Wir kamen nicht zu kurz und konnten überreichlich nachholen, was wir im Kriege versäumt hatten. Als wir Jugendlichen auf der Höhe der Inflationszeit und vor allem auch nach der Stabilisierung ziemlich mittellos dastanden, fanden wir trotzdem Wege, uns an allen großen Veranstaltungen in Dresden zu beteiligen.

Bei Wohltätigkeitsfesten und sonstigen großen gesellschaftlichen Ereignissen in der Stadt, wurden wir jungen Mädchen „der Gesellschaft" gern als Verkäuferinnen für Tombola-Lose eingesetzt. Dann zahlten wir keinen Eintritt, mussten nur die Garderobengebühr (nach der Stabilisierung 0,30 Rentenmark) zusammenkratzen. Wenn wir Glück hatten, wurden wir von irgendwelchen Bekannten an den Tisch gebeten und zu einem Glas Wein eingeladen. Wenn nicht, so waren wir auch vergnügt und tanzten unentwegt. Bei unserem umfangreichen Bekanntenkreis waren wir um Tänzer nie verlegen. Wenn die älteren Herrschaften dann im Saale zu Abend speisten, holten wir unsere Mäntel und verschwanden mitsamt unseren mittellosen Studentenkavalieren im Park des Ausstellungsgeländes, teilten unsere mitgebrachten Brote, trieben allerlei Unfug und amüsierten uns oft besser als die Leute im Saal. Begann der Tanz wieder, so kehrte die ganze Meute wieder durchfroren in den Saal zurück.

Nahmen die Eltern an so einem Fest teil, so waren wir natürlich auch zum Festessen eingeladen. Ein einziges Mal, bei einem Fest alter und junger Corpsstudenten, gingen die Eltern stolz mit ihren sämtlichen vier Kindern aus. Gerhard und nun auch Helmut waren aktiv und Elfriede war inzwischen auch flügge geworden.

Im Winter 1921/22 fielen für die Geschwister und mich allerdings alle Festlichkeiten aus, starb doch kurz vor Weihnachten nach schwerem Leiden unsere gute Großmama Beschorner (Zucker, Beinamputation). Schon im Februar 1922 folgte auch die liebe Großmutter Gmeiner. Sie litt an Wasser in den Beinen. Wie Vater mir später sagte, waren es Hungerödeme. Ihr Einkommen aus Mieten hatte mit der Inflation nicht Schritt gehalten und sie war schließlich mehr oder weniger verhungert. Uns fehlten die Großmütter sehr und wie betrauerten sie aus ganzem Herzen.

Die Mittellosigkeit und Verarmung unserer Kreise (der Beamten und freien Berufe) zeigte sich auch deutlich bei der Silberhochzeit der Eltern im Oktober 1922. Seit August hatte sich der Währungsverfall beschleunigt (15. Aug.: 1 $ = 1'000 M., 25. Aug.: 1 $ = 2'500 M., 8. Nov.: 1 $ = 9'000 M.). Ein einfaches Zelluloid-Salatbesteck (heute etwa 1,00 M.), das langjährige engste Freunde – gemeinsam – den Eltern schenkten, repräsentierte damals schon einen Wert! Das schönste Geschenk, das die Eltern zur Silberhochzeit erhielten, war sicher die große, runde Strickdecke für unseren Teetisch, die Elfriede in unendlich vielen, nächtlichen Arbeitsstunden angefertigt hatte.

An diesem Tag wurde auch uns Kindern erschütternd klar, wie sehr die Eltern sich auseinander gelebt hatten. Vater hielt sich die meiste Zeit in seinen Zimmern auf und beantwortete die zahlreich eingegangenen Glückwünsche, während wir versuchten, Mutti über ihre Enttäuschung hinwegzuhelfen und den vielen Kaffeegästen eine frohe Miene zu zeigen. Erst am Abend kam Vater wieder zum Vorschein. Mit zahlreichen Gästen und gutem Essen schloss dieser Tag dann doch noch ganz festlich ab.

Alles hat seine zwei Seiten. Der rapide Währungsverfall ermöglichte mir die Erfüllung eines ganz großen Wunsches. Mit ein paar Zeichnungen, die Freunde für mich in Schweden und in der Tschechoslowakei verkauften, hatte ich 10 Schwedenkronen und 75 tschechische Kronen verdient. Nun lag ich auf der Lauer, verglich den täglich steigenden Dollar mit den entsprechend täglich angehobenen Fahrradpreisen. Anfang November 1922 war es soweit. Der Dollar stieg plötzlich auf 9'000 Mark. Meine Devisen mussten ausreichen. Sofort sicherte ich mir telefonisch ein Fahrrad zum Tagespreis und brachte mein Geld zur Bank. Es klappte mit dem Verkauf zu einem günstigen Preis. Am nächsten Tag konnte ich mit Stolz ein neues Germania-Fahrrad der Firma Seidel und Naumann, Dresden, heimfahren. Preis 50'000 Mark (10 schwedische und 75 tschechische Kronen).

Dieses Rad begleitete mich nun ständig, 23 Jahre lang. Ich fuhr täglich zur Kunstgewerbeschule und zum Sportplatz. Mit Freunden machte ich viele schöne Fahrten in Dresdens Umgebung (Moritzburg, Heide). Auf diesem Rad habe ich wahrscheinlich viele tausend Kilometer zurückgelegt und später, während des Studiums in Freiburg, herrliche Touren gemacht. Am Ende des Zweiten Weltkriegs, nach unserer Evakuierung aus dem zerbombten Kassel, wurde mein Rad zum unentbehrlichen Transportmittel, auf dem wir nicht nur einen großen Teil unseres Kasseler Hausrats ins Notquartier auf dem Lande schleppten, sondern mit dem wir auch alle uns zugeteilten Lebensmittel kilometerweit heranschaffen mussten. Bei einer solchen Fahrt brach das Rad schließlich unter mir mitten auseinander. Die zwei Teile lud ich auf einen vorbeifahrenden Ackerwagen, der mich in den Einkaufsort mitnahm. Auf dieser Fahrt erfuhr ich von dem nun abgeschlossenen Waffenstillstand und unserer Kapitulation am 8. Mai 1945.

Doch zurück zum Jahre 1922. Der beschleunigte Verfall der Währung, der mir den Radkauf ermöglicht hatte, brachte eine unvorstellbare Steigerung der Lebensmittelpreise, die notwendigerweise zu Unruhe in der Bevölkerung führte. Es kam immer öfter zu ernsten Krawallen in der Stadt.

Schon die Abstimmung in Oberschlesien und die Übergabe des Landes trotz der deutschen Mehrheit an Polen, die Ermordung Erzbergers 1921 und die Rathenaus im

Sommer 1922, Unruhen und Freikorps-Kämpfe hatten in hartem Gegensatz zu unseren sorglosen Festlichkeiten gestanden. Trotz der politischen Ereignisse und der Geldnot setzte mit dem Winterbeginn 1922 wieder allerlei Geselligkeit ein. Als jedoch am 11. Januar 1923 die Franzosen im Ruhrgebiet einmarschierten, beherrschte das politische Geschehen alle unsere Gedanken. Für den Rest des Winters wurden alle Veranstaltungen abgesagt. Empörung und Trauer über den Einmarsch waren groß. Wir empfanden wieder hart und deutlich Deutschlands politische Machtlosigkeit.

Nach dem Ruhreinmarsch begannen die tollsten Wirbel der Inflation. Ehe ich von diesem turbulenten Jahr 1923 mehr berichte, möchte ich etwas vom Sport erzählen, der mir in diesen Jahren so unendlich viel bedeutet hat.

Die Jahre nach dem verlorenen Krieg waren eine wilde Zeit. Der Jugend halfen Sorglosigkeit und Optimismus über manche Nöte hinweg. Aber nicht alle jungen Menschen konnten mit den Schwierigkeiten fertig werden. Mehr als einer auch aus unserem Bekanntenkreis konnte sich nicht zurechtfinden und ging zugrunde. Glücklich waren diejenigen, die in ihrer Arbeit oder im Sport einen Ausgleich fanden.

Sport

Beim Sport – wenn ich mich austoben konnte auf dem Eis, im Schnee oder auf dem Rasen – vergaß ich alle Nöte, die Spannungen zu Haus, den Geldmangel, die Berufssorgen, alles, was mich bedrückte. Ich war dann glücklich.

Der Winter 1921/22 und der Winter 1922/23 brachten viel Eis und Schnee. Der Wintersport wurde zum Ersatz für alle in diesen Jahren ausfallenden Festlichkeiten. Das Eislaufen trat nun aber zurück gegen das Skilaufen. Mit sehr billigen Fahrkarten 4. Klasse – die Eisenbahn passte ihre Preise erst sehr verspätet dem Währungsverfall an – fuhren wir früh gegen fünf Uhr vom nahen Hauptbahnhof ins etwa 30 km entfernte Erzgebirge, wobei wir unterwegs in eine Bimmelbahn umsteigen mussten.

Mit viel zu langen Brettern (2,20 m), ungeeigneten Stiefeln, mit schlecht sitzenden Bindungen, ohne Anleitung oder Übungsmöglichkeiten auf Übungshängen oder gar „Pisten" machten wir herrliche Skiwanderungen durch tief verschneite Wälder, auf Straßen mit den fürs Erzgebirge so typischen, jetzt mit Rauhreif behangenen Vogelbeerbäumen (Ebereschen), durch eingeschneite Dörfer bis hinauf zum Erzgebirgskamm, zum Kahleberg oder zum Mücketürmchen, von dem aus man einen herrlichen Blick weit hinein nach Böhmen hat.

Nur selten konnten wir einkehren, um eine Suppe zu essen oder eine heiße Milch zu trinken oder um uns in einem der hübschen, alten Dorfgasthöfe aufzuwärmen. Meist aßen wir an einer windgeschützten Stelle unsere Brote und ein „Kraftfutter" aus in Margarine und Zucker gerösteten, fest in unsere Aluminiumbüchschen eingedrückten Haferflocken. Diese fünf oder sechs Skisonntage des Winters genoss ich unendlich. Wir bekamen eine gewisse Standfestigkeit bei diesen Wanderungen auf den sanften Abfahrten in geraden Schneisen, brachten es auch zum Schneepflugfahren oder zu gelegentlichen Andeutungen eines Stemmbogens oder Telemarkschwunges, sofern die Bretter und die lockeren Bindungen unseren Wünschen gehorchten.

Auch der Sommer bot uns viele Möglichkeiten in der so reizvollen Umgebung von Dresden Sport zu treiben.

Schon im September 1920 hatte Gerhard mich mal wieder zum Klettern genommen, in die Gegend von Schandau in der Sächsischen Schweiz. Gänzlich untrainiert, wie ich damals war, erstieg ich mit ihm den Falkenstein in den Schrammsteinen, einen einzeln stehenden großen Felsklotz, der mich schon lange gelockt hatte. Nach einer langen und anstrengenden Kletterei warfen wir beim Abstieg versehentlich das Seil vorzeitig hinunter, so dass ich zuletzt unangeseilt absteigen musste. Das erzählten wir natürlich nicht zuhause. Sehr spät erst kamen wir heim. Tagelang litt ich unter dem schwersten Muskelkater meines Lebens.

Später hatte ich Gelegenheit, mit Studenten der Technischen Hochschule, Angehörigen der Akademischen Sektion des Deutsch-Österreichischen Alpenvereins einige schöne Kletterfahrten zu machen.

Im Sommer 1922 wurde das Gebiet an der böhmischen Grenze von einer Nonnenfalter-Plage schwer heimgesucht. Die zahllosen Raupen hatten sich auch an den Felsen festgesetzt, so auch an der sehr exponierten Brosin-Nadel in den Schrammsteinen, die wir im Juli erkletterten. Wenn man einen Griff suchte und fest zupackte, triefte einem die Soße zerquetschter Raupen ins Gesicht. Schön war das nicht, aber Zurückzucken und Loslassen bedeutete Absturz.

Einer der letzten Felsen, den ich „bezwang" war die Große Gans im Basteigebiet. Das war ein mir von klein auf bekannter Felsstock, den wir von unserer Rathener Veranda aus über die Bastei ragen sahen.

Diese Namen aus meiner verlorenen Heimat sagen hier (*1979 im Westteil des geteilten Deutschland*) niemandem etwas. Für mich sind sie mit der Erinnerung an glückliche Stunden und an schöne und brenzlige Erlebnisse verbunden.

Das Schwimmen blieb in diesen Jahren für uns fast ausschließlich ein Feriensport im Seebad oder in der Elbe, denn wir durften wegen der Infektionsgefahr die Dresdner Hallenbäder nicht benützen. Gelegentlich fuhren wie mit dem Rad mal zu den Moritzburger Teichen oder zur Talsperre Malter bei Dippoldiswalde. Nur in den Pfingstferien in Rathen konnten wir täglich in der Elbe schwimmen.

In den Pfingstferien 1922 schwamm ich einmal in Rathen über die Elbe und lief dann am anderen Ufer – barfuß und im Badeanzug – die sieben Kilometer elbaufwärts bis nach Königstein, um von der dortigen Elbfähre bis zur Rathener Fähre zurück zu schwimmen. Aus sportlichen Gründen ließ ich mich nicht treiben, sondern schwamm die ganze Strecke, allerdings möglichst in der Strömung. Das Schwimmen im Fluss war damals noch nicht verboten und keine Strompolizei kümmerte sich um mich.

Bei den meisten dieser Unternehmungen, dem Skifahren, dem Klettern und den Fahrten zum Schwimmen war auch meine Freundin Lotti dabei. Der Ruf, dass man mit uns ein Pferd stehlen könne, bedeutete uns mehr als alle Eroberungen im Ballsaal. So gehörten wir auch zu den ersten Faltbootfahrern auf der Elbe.

Einer unserer Freunde, Student an der T.H., hatte sich ein Faltboot selbst gebastelt. Es war eine unförmige grüne Wurst, die ziemlich mühsam aufgebaut werden musste, uns aber viele vergnügte Stunden brachte. Etwas später, nach der Währungsstabilisierung, erschienen auch die ersten fabrikmäßig hergestellten Faltboote, Klepper-Boote soviel ich mich erinnere.

Einmal haben wir mit drei Booten eine Nachtfahrt gemacht. Mit dem Zug fuhren wir am Abend zur böhmischen Grenze, bauten die Boote auf, setzten sie ins Wasser und fuhren zurück nach Dresden, etwa 35 km. Es war eine warme Augustnacht. Wir paddelten nicht, wir trieben ganz lautlos auf dem dunklen Strom durch die Nacht. Er herrschte tiefe Stille in dem am Tage so belebten Elbtal. Wir hörten nur das leise Glucksen des Wassers am Boot und hin und wieder den Ruf eines Nachtvogels. Die Silhouetten der uns so vertrauten Felsen, der Schrammsteine, des Liliensteins und der Festung Königstein und später der Bastei, standen schwarz gegen den Nachthimmel mit seinen vielen Sternen. Es war sehr romantisch. Kurz vor Dresden, als es schon hell war, zwang uns dann ein Regenschauer, fluchtartig den Strom zu verlassen und die letzte Strecke mit der Eisenbahn zu fahren. Wir hatten es gut in Dresden mit seiner schönen Umgebung!

Solche größeren Unternehmungen waren den Sonntagen vorbehalten. In der Woche musste ich mir die Zeit für Sport regelrecht zwischen Vorlesungen und Kursen stehlen.

Nachdem ich im Sommer 1921 in einem Verein mittelalter Ehepaare, die sich mit mittelschlechtem Tennis sehr gut amüsierten, wieder etwas Tennis gespielt hatte, durfte ich zu meiner großen Freude 1922 in den Akademischen Sportverein (ASV) eintreten. Hier nahm ich zunächst das Tennisspielen wieder auf. Bei der wenigen Zeit, die mir zur Verfügung stand, konnte ich jedoch mit den Klubkameraden, die täglich spielten, nicht Schritt halten. Mein Interesse an Tennis ließ nach.

Damals erwarb der ASV ein großes Gelände vor der Stadt, am Zelleschen Weg, etwa dort, wo einst unser Schrebergarten lag. Zwei schöne Hockeyplätze, zahlreiche Tennisplätze, Laufbahnen und Springgruben wurden angelegt. Weil es den meisten Jugendlichen, soweit sie nicht Industriellenkinder waren, damals schwer fiel, die Klubbeiträge zu entrichten, so arbeiteten wir dieselben ab und halfen in jeder freien Minute eifrig beim Sportplatzbau.

Im Herbst 1922 konnte ich dann beginnen, Hockey zu spielen. Ich nahm, soweit es meine Zeit erlaubte, regelmäßig am Training unserer Damenmannschaft und bald als linker Läufer auch an Wettspielen gegen Dresdner und auswärtige Klubs teil. Wegen der Geldentwertung wurden auswärtige Wettspiele allerdings bald zum Problem.

Wir spielten trotzdem in Cottbus, in Görlitz und in Leipzig. Sportbegeistert wie wir waren, fuhren wir, um an einem Wettspiel in Breslau teilnehmen zu können, mit dem Bummelzug im 4. Klasse-Wagen die weite Strecke. Wir wurden in Breslau sehr gut aufgenommen und bekamen im Auto die ganze Stadt gezeigt. Es sollte mein erster und einziger Besuch in Breslau, dieser schönen, nun zu Polen gehörenden Stadt bleiben. Der Hockeysport begeisterte mich so, wie mich einst die Mannschaftsspiele in der Turnstunde begeistert hatten. Ich habe leidenschaftlich gern Hockey gespielt.

Sobald unsere Platzanlage benutzbar war, fingen wir mit einem regelmäßigen Leichtathletik-Training an, an dem ich in den Sommern 1922 und 1923 nach Möglichkeit teilnahm. Als dann im Herbst 1923 mein durch den Abbruch der Kunstgewerbe-Schulzeit angeschlagenes Selbstwertgefühl nach einem Ausgleich verlangte, brauchte ich ein „Erfolgserlebnis", wie man heute sagt. So beschloss ich, mich um das seit kurzem auch von Frauen zu erwerbende Deutsche Sportabzeichen zu bemühen.

Im September wurden die Prüfungen abgenommen: ein 25 km Marsch, 200 m Brustschwimmen, 1,10 m Hochsprung, 100 m Lauf und Kugelstoßen, noch mit der schweren 5 kg-Kugel.

Es waren keine Glanzleistungen, die ich vollbrachte, doch war ich stolz, dass ich es ohne spezielles Training schaffte. Leider fehlte mir nun – auf dem Höhepunkt der Inflation – das Geld, um einen Fotoabzug zu beschaffen und um das Abzeichen zu bezahlen. Schade eigentlich, denn damals wäre ich wahrscheinlich noch unter den ersten tausend Frauen gewesen, die in Deutschland das Sportabzeichen erwarben.

Erst im Oktober, als ich bei der Bank verdiente, konnte ich mein Buch einsenden. Am 10. November erhielt ich das Sportabzeichen in Bronze mit der Nummer 1204. Es kostete die Kleinigkeit von 104'704'600'000.- Mark (einhundert Milliarden und Portospesen)!

Die letzten, tollsten Wirbel der Inflation hatten nun eingesetzt. Doch ich habe vorgegriffen, noch war es nicht so weit.

Als das Jahr 1923 begann, hatten wir zunächst andere Sorgen als Geldnöte. Mädchenmangel und eine längere Erkrankung von Mutti brachten den Haushalt durcheinander. Im März jedoch konnten wir dann sehr festlich Elfriedes Konfirmation feiern und Ostern, wie bereits erwähnt, noch einmal nach Kloster Marienstein fahren, um das berühmte Osterreiten mit den schön geschmückten Pferden und den Reitern in Tracht anzusehen. Die Pfingsttage verbrachten wir sogar wieder in Rathen, allerdings bei gräulicher Kälte und Nässe.

Der ständige Währungsverfall, die Teuerung und die Sorge, wie es weitergehen würde, zerrten aber doch sehr an den Nerven aller. Nach zermürbenden Monaten war Mutti im Sommer am Ende ihrer Kraft. Als Elfriedes Schulferien in Sicht kamen, hielt sie es in der Stadt nicht mehr aus. Sie strebte mit allen Mitteln fort aus Dresden. Vater warnte und riet ab. Aber schließlich gab er doch seine Erlaubnis.

Mit billigen Feriensonderzug-Karten reisten Mutti, Elfriede und ich Mitte Juli nach Bayern, nach Ruhpolding bei Traunstein. Ruhpolding, damals noch ein ziemlich unentdecktes Dorf, war in diesem Jahr bereits mit Feriengästen überfüllt, die hofften in den Bergen noch billig leben zu können. Nach langem Suchen fanden wir schließlich etwas außerhalb des Ortes ein Quartier in Obergschwend, bei der Michelbäuerin in einem uralten Bauernhaus. Wir hatten nur ein primitives Zimmer, konnten aber auf der ums Haus laufenden Holzveranda unsere kleinen Mahlzeiten, meist nur Milch und Brot, verzehren. Auf Gäste war man in diesen kleinen Ortschaften noch gar nicht eingerichtet. Es gab nur ein Plumpsklo in einer Ecke des Stalles. Wenn über die Kuhrücken ein Menschenkopf ragte, so hieß das „besetzt" und man zog sich taktvoll zurück.

Mit der Verpflegung wurde es von Tag zu Tag schwieriger. Zunächst konnten wir noch im Gasthof essen, aber bald war unser mitgenommenes Geld nichts mehr wert. Vater schickte uns noch einmal etwas, aber das kam schon entwertet an. Trotzdem machten wir – immer hungrig, denn unterwegs konnte man nichts bekommen – viele schöne Wanderungen, erstiegen die umliegenden Berge (Sonntagshorn, Hochfelln, Hörndlwand usw.). Auf den Almen durften die Sennen nicht einmal ein Glas Milch abgeben, geschweige denn Käse, weil sich das Geld entwertete, ehe sie es abliefern konnten. Auf diesen Wanderungen begleitete uns oft ein junger Bursch, der beim Dorffotographen seinen Unterhalt verdiente, ein Wandervogel, der mit Elfriede viele schöne Lieder sang.

Unser größtes Unternehmen war ein dreizehnstündiger Marsch über Inzell nach der Schönau bei Berchtesgaden in einem Tag. Schon am nächsten Morgen gingen wir zum Königsee bis zum Malerwinkel, badeten dann und schwammen zu der kleinen Insel. Am gleichen Tage noch stiegen wir auf bis zum Watzmannhaus. Wir übernachteten dicht gedrängt mit allerhand Volk auf dem Matratzenlager der Hütte. Am nächsten Morgen stiegen wir dann mit Mutti zum Gipfel. Elfriede und ich durften noch hinüber zur Mittelspitze klettern. Wir ahnten nicht, dass das damals ein gefährliches Unternehmen war. Das Halteseil lag abgerissen am Boden und wir trugen Schuhe mit runden Nägeln unter der Sohle, mit denen man auf den glatten Felsen keinen Halt hatte und leicht rutschte. Ich war froh, als wir beiden wieder heil bei der ahnungslosen Mutti ankamen. Noch am gleichen Tage kehrten wir mit der Bahn von Berchtesgaden nach Ruhpolding zurück, um von dort am nächsten Morgen in aller Herrgottsfrühe die Rückreise nach Dresden anzutreten. Hier empfing uns Vater keineswegs begeistert.

Inflation, Stenotypistin, Geldzählerin
Der Währungsverfall hatte inzwischen ein unvorstellbares Ausmaß angenommen. Er ließ keine Familie unberührt, doch traf es nicht alle Berufsgruppen gleich hart. Bank- und Kaufleute, Industrielle, die mitten im Wirtschaftsleben standen und etwas von

dem Geschehen begriffen, konnten manches abfangen und wurden persönlich nicht so stark betroffen, manche nützten die Lage sogar aus.

Lohn- und Gehaltsempfänger, Beamte und freie Berufe waren der Entwicklung mehr oder weniger hilflos ausgeliefert. Sie standen den Ereignissen verständnislos und verzweifelt gegenüber. „Inflation", das war für sie ein neues Wort und ein rätselhafter Begriff.

In dieser Zeit gab es kein Gebiet unseres Landes, das nicht nachhaltig durch Geldentwertung beeinflusst worden wäre. Am schlimmsten waren die Auswirkungen auf das Familienleben, das in gleichem Maße mit dem Währungsverfall von Tag zu Tag unerfreulicher wurde. In diesen Monaten wurde unser Kontakt zu Vater ernstlich gestört. Er stand seiner Familie, von der er sich ausgenutzt fühlte, immer kälter, schließlich sogar feindlich gegenüber. Jede menschliche Wärme war verloren gegangen.

Bei dem sich täglich ändernden Geldwert war es sinnlos, Wirtschaftsgeld oder Taschengeld für einen Monat oder auch nur für eine Woche voraus zu geben. Die Folge war natürlich, dass wir ständig unsere Mutter um Geld angehen mussten – für kleinste, unumgänglich notwendige Anschaffungen, für jede Straßenbahnfahrt – und dass Mutti ihrerseits manchmal mehrmals am Tage Vater um Geld bitten musste.

Dass ein verantwortungsbewusster Familienvater, der nicht weiß, wie das alles enden soll, dabei die Nerven verliert, ist zu verstehen. Vater war ein gehetzter Wolf, dem die Meute keine Ruhe lässt. Er reagierte entsprechend. Wir alle zitterten, wenn einer von uns um Geld bitten musste.

In Vaters Augen waren wir allesamt Verschwender, die sein sauer verdientes Geld mit beiden Händen zum Fenster hinauswarfen. Die ungeheure Belastung und Sorge, wie alles weitergehen sollte, hatte bei ihm zu einer übergroßen Reizbarkeit geführt, die nicht durch Selbstbeherrschung kompensiert wurde. Vielleicht wollte er gar nicht sehen, dass wir nichts Unrechtes forderten, um durch Vorwürfe seine überbelasteten Nerven abreagieren zu können.

Jede Bitte um Geld brachte ihn schließlich zu einer Art Raserei, vor der wir schreckliche Angst hatten. Im Herbst 1923, als Gerhard vor der Abreise ins Wintersemester um seinen Wechsel bat, standen wir zitternd vor Vaters Tür, voller Sorge, es könnte zu Tätlichkeiten kommen.

Wie Gerhard damals überhaupt durchgekommen ist, weiß ich nicht. Er war nicht so gerissen, wie einer meiner Freunde, der bei Semesterbeginn den wertvollen Familienschmuck seiner Mutter versetzte und sich vom Erlös Devisen zu verschaffen wusste, die er nach und nach verbrauchte, bis der Restbetrag der Devisen wieder den gesamten Pfandwert erreichte. Dann holte er den Schmuck zurück. Eine Zeitlang ging das gut. Als er eines Tages keine Devisen mehr kriegen konnte, war der Schmuck doch futsch. Einer unserer Bekannten heizte nachts das Krankenhaus gegen freie Wohnung und Station. Am Tag studierte er. Viele, viele Studenten hungerten. Gerhard sicher auch. Bei uns erschienen oft kurz vorm Abendbrot Freunde von Helmut und andere Studenten, mit denen wir befreundet waren, um etwas zu fragen, ein Buch zurückzubringen oder unter sonst einem Vorwand. Wie sie gehofft hatten, behielten wir sie natürlich zum Abendbrot da.

Manchmal jedoch hatten wir kein Geld, um Brot für das Abendessen zu kaufen. Kamen Patienten aus Böhmen, die nach Dresden gefahren waren, um mit ihren Devisen billig einzukaufen und natürlich den Arzt gleich – in Papier natürlich – zu bezahlen, so reichte Vater uns schnell das soeben eingenommene Geld durch einen Türspalt hinaus, damit wir noch einkaufen konnten. Später ließ er sich in Tschechenkronen bezahlen, die dann einen Teil von Gerhards Wechsel bildeten.

Ich hatte es in dieser Zeit nicht so schwer wie Gerhard, konnte ich doch zu Haus leben. Als ich Vater jedoch nach unserer Rückkehr von Ruhpolding meinen Entschluss mitteilte, mein Studium an der Kunstgewerbeakademie abzubrechen, war er so aufgebracht, dass er mich ohrfeigte. Ich fiel für längere Zeit in Ungnade, denn Aufzugeben, das war eine Schande, so was tat man nicht.

Es schien mir nun ratsam, möglichst aus Vaters Gesichtskreis zu verschwinden und selbst wenigstens soviel Geld zu verdienen, dass ich ihn nicht mehr mit Bitten um Geld belästigen musste. Ich hatte inzwischen begriffen, dass ich nun selbst meinen Weg finden musste. In welcher Richtung es weitergehen sollte, war mir allerdings nicht klar.

In den letzten Jahren hatte sich sehr vieles geändert. Vielleicht hat die Not der Inflationszeit mehr dazu beigetragen, den Frauen den Weg in alle Berufe zu öffnen und uralte Standes-Vorurteile abzubauen, als es die jahrelange Arbeit der Frauenbewegung vermocht hatte. Plötzlich war die Bahn frei für alle jungen Mädchen, selbst Geld zu verdienen. „Auf eigenen Füßen zu stehen" lockte nicht nur, sondern war zur bitteren Notwendigkeit geworden.

Von wirtschaftlichen und kaufmännischen Berufen hatte ich keine Ahnung. Zu Haus wurde nie über geschäftliche Dinge gesprochen. Aber nur auf diesem Gebiet wurden zurzeit Arbeitskräfte eingestellt. Vor allem brauchten die Banken ein Heer von Geldzählern und Tippmädchen. Stenografie und Schreibmaschine waren überall notwendig. Die zusätzlichen Sprachkenntnisse öffneten damals mancher höherer Tochter den Weg ins Berufsleben.

Auch viele meiner Freundinnen hatten ähnliche Pläne und suchten eine Anstellung. Gleich nach der Rückkehr aus Bayern begannen Lotti und ich das alte Stenografiebuch aus der Schulzeit wieder durchzuarbeiten. Gleichzeitig nahm ich an einem Schreibmaschinenkurs teil. Ohne sonstige Anleitung musste man auf uralten, klapprigen Maschinen gewissenhaft die Übungen eines Lehrbuchs der neuen Blindschreibemethode abtippen.

Der Kursus fand in der Innenstadt in einem der alten Häuser mit Vorgarten in der Marienstraße, in unmittelbarer Nähe der Markthalle statt. Während etwa zwanzig Mädchen eifrig klapperten, lief in diesen Septembertagen vor unseren Fenstern fast täglich ein aufregendes Schauspiel ab. Vor der Markthalle demonstrierten empörte Menschenmengen, die die Lebensmittel nicht mehr bezahlen konnten. Berittene Polizei trabte in der ganzen Straßenbreite in die Menge, die urplötzlich in den Vorgärten und Hausfluren verschwand. Kaum waren die Reiter vorbei, quollen die Menschen wieder hervor und das Spiel begann in umgekehrter Richtung von neuem. Es war schwierig, sich dabei nicht zu vertippen. Am 23. Oktober 1923 marschierte schließlich Reichswehr aus Preußen ein und besetzte das rebellische Sachsen.

In diesen Wochen versuchte ich verzweifelt, irgendeine Anstellung zu finden. Schließlich hatte ich Glück und konnte am 15. Oktober 1923 bei der Hauptstelle der Deutschen Bank in der Waisenhausstraße (Querstraße am Ende der Pragerstraße, beim Ring) als stundenweise bezahlte Arbeitskraft anfangen.

Wir arbeiteten mit kurzer Mittagspause von 8 bis 18 Uhr aber meist mit Überstunden bis 20 Uhr, manchmal sogar bis 22 Uhr nachts. Die stundenweise bezahlten Arbeitskräfte erhielten ihren Wochenlohn am Sonnabend – nach dem Kurse von Donnerstag!!! – also meist in völlig entwertetem Geld.

Am 11. Oktober hatte der Dollar auf 5 Milliarden Mark gestanden, am 22. Oktober war ein Dollar bereits über 40 Milliarden Mark wert. Als ich am 20. Oktober meinen ersten Lohn ausgezahlt bekam, 14,5 Milliarden Mark, konnte ich endlich einen Fotoabzug 6 x 6 machen lassen und mein Sportabzeichen einreichen. Wie bereits erwähnt erhielt ich dann Anfang November das Abzeichen, das über 100 Milliarden Mark kostete!

Bei der rapiden Entwertung in diesen Wochen reichte mein Arbeitslohn für mehr als 60 Wochenstunden einmal nur zur Anschaffung eines Waschlappens, ein andermal für einen Aluminium-Essenträger, in dem ich nun mein Mittagessen von zuhause mitnahm und in der Bank wärmte.

Die Arbeit im Büro gefiel mir ganz gut. Zunächst war ich in der Verwaltungsabteilung tätig. Weil ich so miserabel bezahlt wurde, d. h. eigentlich umsonst arbeitete, betrachtete ich die Zeit in der Deutschen Bank als Lehrzeit, um mich zu informieren und um in Stenografie und Schreibmaschine sicher zu werden. Oft hatte ich in anderen Abteilungen zu tun und konnte mich umsehen. Wurde ich nicht dringend benötigt, so klemmte ich eine Akte unter den Arm, setzte meine wichtigste Miene auf und lief in dem ganzen stattlichen Gebäude der Deutschen Bank herum, staunte über das aufgeregte Treiben im Kassenraum und an der Devisenstelle und versuchte, etwas von dem Betrieb zu verstehen, der anfing mich zu interessieren.

Als die Geldflut am höchsten anschwoll, wurde ich leider in die Hauptkasse versetzt und ins Heer der Geldzähler eingereiht. Wir arbeiteten mit den Kassenboten an großen Tischen, sortierten, zählten und bündelten die Scheine und signierten dann unsere Päckchen. Meistens zählten wir das Geld, das von den Verkaufsständen der nahen Markthalle stammte. Dabei war mir das stinkende Geld von den Fischständen, an dem oft noch Schuppen klebten, besonders widerlich.

Zunächst erhielten wir die Tageseinnahmen als koffergroße, in Packpapier eingewickelte Bündel, auf denen mit dickem Stift eine oft mehr als zwölfstellige, krumme Zahl vermerkt war, die beim Nachzählen selten stimmte. Überschüsse verschwanden in der Tischschublade des Kassenboten, Fehlbeträge wurden aus ihr ergänzt. Als einmal eine junge Geldzählerin in Tränen ausbrach, weil in einem von ihr signierten Geldpäckchen sich ein mit Wasserfarben nachgemachter, sehr hoher Schein befunden hatte, den sie nun ersetzen sollte, griff einer der Kassenboten wortlos in seine Schublade und gab ihr einen entsprechenden echten Schein als Ersatz.

Durch unsere Finger gingen täglich sicher mehr als 50 verschiedene Scheinsorten, Geldscheine von 10 Mark bis zu Billionenscheinen, Notgeld von Gemeinden, Firmen oder sogar Vereinen, Scheine, deren Werte überdruckt und verändert waren, die aber doch noch galten und schließlich auch Fälschungen aller Art. Man musste ziemlich aufpassen. Im November erschienen dann die ersten „wertbeständigen" Scheine, was die Rechnerei nicht vereinfachte, besonders wenn sie auf Dollar oder Zehnteldollar „42 Goldpfennige" lauteten. Als der Dollar schließlich 4,2 Billionen Mark wert war (4 200 000 000 000 Mark, man muss sich das mal vorstellen!), kamen die ersten Goldmark- und Rentenmarkscheine, bei denen die Gleichung 1 Goldmark (Rentenmark) = 1 Billion Papiermark zugrunde gelegt wurde. Nach Weihnachten verdrängte die Rentenmark (später Reichsmark) allmählich die Papierflut.

Die Zählerei von morgens bis abends, oft zehn Stunden lang, hatte mich zuletzt ganz wirbelig gemacht. Wo ich auf dem Heimweg nur eine Zahl sah, eine Straßenbahnnummer oder ein Preisschild, zählte ich automatisch weiter: 5-6-7 usw. Zum Schluss dachte ich manchmal, mein Verstand hätte gelitten. Die beträchtliche Übung im Zählen großer Summen, die ich in diesen Wochen erwarb, konnte ich im späteren Leben leider nie anwenden.

Kurz vor Weihnachten erhielt ich erstmals mein Gehalt in wertbeständigem Geld. In zwei Wochen mit etwa 120 Arbeitsstunden hatte ich stattliche 9,50 Mark (neun Mark fünfzig Pfennige!) verdient. Nun wurden wir für die Deutsche Bank als Arbeitskräfte zu kostspielig. Als mit der Einführung der Rentenmark die Scheinmenge zurückging, wurde uns Geldzählern gekündigt. So endete am 19. Januar 1924 meine glorreiche Banktätigkeit.

Mit einem letzten Gehalt für zwei Wochen von ganzen 18,- Rentenmark und einem Zeugnis der Deutschen Bank in der Tasche, das mir Fleiß und anständiges Benehmen bescheinigte, brach ich zu neuen Ufern auf, die zunächst allerdings nirgends in Sicht waren.

Das turbulente Jahr 1923 ging zu Ende. Es brachte zuletzt noch Eis und Schnee. Wie einst war der Christmarkt auf dem Altmarkt der verschneiten Stadt aufgebaut. Mit seinen nun wieder erleuchteten Buden schien er uns fast wieder so schön zu sein, wie in unseren Kindertagen. Der Zeit entsprechend war unsere Weihnachtsbescherung natürlich bescheiden, aber es waren friedliche Feiertage. Zum Jahresende schreibe ich in mein Tagebuch: *„etwas Freude und Hoffnung."*

Abitur in sechs Monaten, Studium

Das Jahr 1924 sollte entscheidend für meine weitere Ausbildung werden. In den Monaten nach Abbruch meiner Kunstgewerbeschulzeit hatte ich in schlaflosen Nächten oft über meine Zukunft nachgedacht und erkannt, dass für alle Berufe, die mir zugesagt hätten, das Abitur Voraussetzung war. Ich stand vor vernagelten Türen.

Ganz zufällig erfuhr ich, dass eine meiner einstigen Mitschülerinnen sich auf einer so genannten „Presse" vorbereitet und dann das Oberrealschul-Abitur – ohne Latein – abgelegt hatte. Das ließ mir keine Ruhe mehr. Mir fehlten immerhin die Obersekunda und die beiden Primen. In Sprachen hatten wir zwar guten Unterricht gehabt, auch auf der Frauenschule, aber meine Schulzeit lag nun schon sieben Jahre zurück. Vermutlich hatte ich viel vergessen. In einer Art Verzweiflung wollte ich trotzdem versuchen, die Prüfung nach der kürzestmöglichen Vorbereitungszeit von einem halben Jahr zu bestehen.

Als ich Vater bangen Herzens bat, mir nochmals für ein halbes Jahr eine Ausbildungshilfe zu geben, erlaubte er mir den Versuch, zweifelte aber an einem Erfolg. Am 18. Februar 1924 begann ich auf der „Presse", der Vorbereitungsanstalt von Direktor Laue, Johann-Georgen-Allee. Sieben Monate später, am 18. September 1924 hatte ich mein Abiturzeugnis mit der Note IIb (gut) in der Tasche.

Es war ein arbeitsreicher Sommer mit Unterricht am Vor- und Nachmittag. Nur das ungewöhnliche pädagogische Geschick von Direktor Laue, der den Unterricht mir Humor würzte, machte es möglich, dass wir an manchen Tagen sechs Mathematikstunden hintereinander durchhielten. Mit a + b fingen wir an und kamen in dem halben Jahr bis zur Integral- und Differentialrechnung.

In der ersten Septemberwoche fanden die schriftlichen Prüfungen an der Oberrealschule Dresden Johannstadt statt. Die Mathematikarbeiten waren kein Problem. Sie machten mir Spaß. Auch mit den englischen und französischen Aufsätzen klappte es. Allerdings fragte mich der Französischlehrer später, woher ich manche Worte hätte. Nicht einmal in seinem dicksten Lexikon könne er sie finden. Aus fernen Schultagen hatte ich wohl einen Klang im Ohr gehabt und dann im Eifer des Gefechts ein Wort erfunden.

Thema des Deutsch-Aufsatzes war das Goethewort „Wer mit dem Leben spielt, kommt nie zurecht. Wer sich nicht selbst befiehlt, bleibt immer Knecht!" Das entsprach meiner derzeitigen Gemütslage. Ich schrieb den besten Aufsatz.

Nun lag auch diese wichtige Station meines Lebenswegs hinter mir. Nach dem Examenserfolg hatte Vater mir nun wohl verziehen, dass ich ihn vor Jahresfrist so enttäuschte, als ich die Kunst an den Nagel hing. Er schenkte mir nach der Prüfung ein schönes altes Meißner Empire-Kaffeegeschirr mit Weinlaubmuster.

Hinter mir lagen körperlich und seelisch ungewöhnlich anstrengende Jahre. Die schwere Entscheidung, Schluss auf der Kunstgewerbeschule zu machen, die Geldsorgen der Inflationszeit, die dadurch hervorgerufenen Spannungen zu Haus und die hässlichen Auseinandersetzungen in der Familie, der anstrengende Bankwinter mit den vielen Arbeitsstunden und schließlich die konzentrierte geistige Arbeit vorm Abitur hatten mich sehr mitgenommen. Oft glaubte ich, am Ende meiner Kraft zu sein, oft war ich deprimiert.

Vielleicht hätte ich nicht durchhalten können, wenn es nicht ein erfreuliches Gegengewicht für allen Kummer und alle Nöte gegeben hätte. Es war die Große Liebe Nr. 2 (Große Liebe Nr. 3 habe ich geheiratet), die mich immer wieder aufrichtete und mir half, diese schweren Zeiten durchzustehen. Ich hatte jemanden, der meine Sorgen teilte und verstand. Mein Freund hatte ähnliche Sorgen, Prüfungsnöte, Geldmangel, Zukunftssorgen. Aussprache tat uns beiden gut.

Diesmal hatte ich mich nicht in einen Intellektuellen verliebt, sondern in einen ganz anderen Typ, einen Sportsmann, einen der besten Leichtathleten und Hockeyspieler in unserem Klub, dem ASV. Wir sahen uns häufig beim Training, doch vermieden wir es, viel miteinander zu sprechen, verabredeten uns nur kurz zu abendlichen Spaziergängen, die oft bis Mitternacht dauerten und zu regelrechten Nachtwanderungen wurden.

Wir durchstreiften die Felder, die gleich am Sportplatz begannen, durchwanderten die verschlafenen Dörfer am Stadtrand hinter der Bismarcksäule, an der ich als Neunjährige saß, als ich nach Amerika auswandern wollte und redeten uns alles vom Herzen, das uns in dieser verworrenen Zeit bedrückte. In sternklaren Nächten erklärte mein Freund mir die Sternbilder, die er gut kannte. Über Literatur und Kunst, die einst für mich eine so große Rolle gespielt hatten, sprachen wir kaum, aber viel über menschliche Probleme. Er war lebensklüger als ich und rückte in gerechter, uranständigen Gesinnung objektiv manche meiner vorschnellen und subjektiven Urteile zurecht. So halfen mir die langen nächtlichen Wanderungen und Aussprachen in schwierigster Zeit sehr viel. Ich bewunderte die sportlichen Leistungen meines Sportkameraden, in erster Linie aber zogen mich seine menschlichen Qualitäten an.

Ich war sehr dankbar für allen Trost und die Hilfe, die mir von dieser Seite in schweren Monaten kam und es war ein böser Schlag, als gerade in den anstrengenden Wochen kurz vor meinem Abitur alles zerbrach.

Eine sehr junge, sehr blonde, sehr sportliche Klubkameradin – ohne Prüfungs- und Geldsorgen, heiter und unbeschwert – hatte sein Herz gewonnen. Ich konnte es so gut verstehen. Es ist eine alte Geschichte....

Nun, mein Herz brach nicht entzwei. Ich brauchte es noch. Glücklicherweise hatten die Sommerferien gerade begonnen. In diesen Tagen floh ich nach Rathen zu Krämers auf den Bauernhof, aß mit ihnen aus der gemeinsamen Suppenschüssel, schlief, soviel ich konnte, heulte, soviel ich wollte und lag im übrigen irgendwo auf dem Bauch im Gras und lernte für das unmittelbar bevorstehende Abitur.

Nach der Prüfung merkte ich doch, was hinter mir lag und sehnte mich nach Erholung. Ich fuhr nach Löbichau, wo in der maidenlosen Ferienzeit Hilfe gebraucht wurde. Beim Misten der Hühnerställe, bei herbstlichen Gartenarbeiten, in Küche und Molkerei erholte ich mich von Prüfungssorgen und Liebeskummer.

Auf einer Radfahrt übers Wochenende zur Leuchtenburg und in die Gegend von Greiz und Roda lernte ich nicht nur ein schönes Stückchen von Thüringen kennen, sondern auch die berühmten Thüringer Rostbratwürste, die gleich auf der Straße gebrutzelt und verkauft wurden. Kurz vor meiner Rückreise schickten mir die Eltern Geld, ich glaube, es waren 50 Mark – mit der Weisung, ich solle mir noch Eisenach und Weimar ansehen. Das besorgte ich dann gewissenhaft, besuchte die Wartburg und wanderte zur Hohen Sonne und zum Schloss Wilhelmstal durch Buchenwälder in der schönsten Herbstfärbung, die ich je gesehen habe.

In Weimar blieb ich dann drei Tage. Ich sah mir alle Goethe- und Schiller-Gedenkstätten an, war abends sogar im Theater. Ich wanderte nach Tieffurt und zum Belvedere. Es waren erlebnisreiche, unvergessliche Tage. Wer hätte geahnt, dass dies mein einziger Besuch in diesen berühmten, jetzt (1979) für uns so schwer erreichbaren Städten bleiben würde, die damals noch verträumt und nicht durch Massentourismus ihres Zaubers beraubt waren. Zurück fuhr ich über Leipzig, blieb dort noch einige Tage bei den Verwandten und ließ mich verwöhnen.

Einigermaßen erholt und wieder im seelischen Gleichgewicht, kehrte ich Ende Oktober von dieser Reise – der ersten meines Lebens, die ich allein unternahm (!) – nach Dresden zurück. Hier überfielen mich die Zukunfts- und Berufssorgen wieder in voller Stärke. Noch eine Berufsausbildung konnte und wollte ich von Vater nicht verlangen. Er hatte schließlich in der Inflationszeit alle Ersparnisse verloren, ging auf die Sechzig zu und hatte noch drei Kinder in der Berufsausbildung. Ich musste auf jeden Fall anfangen zu verdienen. Mir blieb nichts anderes übrig, als meine Kenntnisse in Stenografie, Schreibmaschine und Sprachen zu verwerten.

Im November arbeitete ich zunächst vertretungsweise als Stenotypistin (bei Koch & Sterzel), wobei ich am Tag 3,- Mark verdiente. Der Gedanke, dass die Tipperei für mich nun beruflich das Endziel sei, deprimierte mich doch sehr.

Als ich nach einem der ersten Arbeitstage bedrückt nach Hause schlich, traf ich eine einstige Schulfreundin, die mir riet, doch an der Technischen Hochschule nebenbei Volkswirtschaft zu studieren. Die wirtschaftswissenschaftlichen Fächer lägen alle am späten Nachmittag. Ich könne nach dem Büro noch hingehen. Allerdings sei gerade der letzte Anmeldetag. Ich stürzte heim, holte meine Papiere und ehe ich Zeit hatte, recht nachzudenken oder mit den Eltern zu sprechen, war ich Studentin der Nationalökonomie an der Technischen Hochschule in Dresden. Das also war meine Berufswahl.

Auch mit einer Anstellung hatte ich Glück. Eine Bekannte, seit kurzem Dr. rer. pol. und in ihrer ersten Stellung, brauchte eine Sekretärin. Die Sache klappte und ich fing am 1. Dezember 1924 mit meiner neuen Tätigkeit an.

Nun saß ich gewissenhaft bis vier Uhr nachmittags im Büro in der Neustadt. Dann raste ich mit dem Fahrrad quer durch die Stadt. Pünktlich zum akademischen Viertel war ich im Hörsaal der T.H. am Bismarckplatz im juristischen oder volkswirtschaftlichen Kolleg. Viel aufgenommen und begriffen habe ich dann nicht mehr, aber ich schrieb gewissenhaft und eifrig mit und bekam auch die notwendigen Testate.

Es war eine anstrengende Zeit der Doppelarbeit, die nach zwei Semestern ziemlich plötzlich aufhörte, weil meine Dienststelle unter Aufsehen erregenden Umständen aufgelöst wurde und wir alle überraschend unsere Kündigung erhielten.

Die „Deutsche Vereinigung" bei der ich angestellt war, gehörte zu einer etwas undurchsichtigen Arbeitsgemeinschaft von vier oder fünf politisch weit rechts stehenden Organisationen, die jeweils aus einem Chef (abgedanktem Offizier) und zwei bis drei Hilfskräften bestanden. Sie versuchten alle – mit, wie mir heute erscheint recht unzureichenden und dilettantischen Mitteln – gegen den zunehmenden Kommunismus zu arbeiten. Meine Aufgabe bestand darin, bei größeren Firmen für ein nationales Blättchen, den „Deutschen Vorwärts" zu werben. Als Gegenstück zu dem bekannten sozialistischen „Vorwärts" sollte er unter der Arbeiterschaft verteilt werden. Im Übrigen versuchten wir ein Zeitungsarchiv aufzubauen als Materialsammlung für Vorträge, die nie gehalten wurden.

Zunächst betrug mein Monatsgehalt 100,- Mark „netto" wie betont wurde. Steuern, Versicherungen und Krankenkasse wurden angeblich höheren Orts verrechnet, in Wirklichkeit aber nicht gezahlt, was mich später teuer zu stehen kam (weil mir dadurch an 60 Versicherungsbeiträgen fünf fehlten, erhielt ich bei meiner Verheiratung keinerlei Rückzahlung!). Ich war zu unerfahren, um stutzig zu werden.

Alle diese kleinen Organisationen waren unter einem Leiter zusammengefasst, einem Juristen, der unter Stresemann beim Verband Sächsischer Industrieller gearbeitet hatte und sehr hoch geschätzt wurde. Wir sahen ihn kaum. Meist war er bei Sitzungen oder unterwegs, um Spenden zu sammeln oder Vorträge zu halten.

Im Sommer 1925, am Ende meines zweiten Semesters knisterte es im Gebälk meiner Arbeitsstelle. Nicht mehr ganz unbeschwert fuhr ich mit den Eltern und Elfriede zum 100. Stiftungsfest von Vaters Corps Teutonia nach Marburg. Die alte Stadt in

Fachwerk und Schiefer, nun mit reichem Flaggenschmuck, die eindrucksvolle Elisabethenkirche, die vielen hessischen Trachten auf dem Markt und nicht zuletzt die feierliche Stimmung in der ganzen Stadt, Festzug, Kommers, Ball, Gartenfest auf dem schönen Corpshaus, Fackelzug und Schlossbeleuchtung – es waren wunderschöne Tage.

Schweren Herzens kehrte ich nach Dresden zurück, wenige Tage vor dem erwarteten Zusammenbruch der ganzen Organisation, zu der meine Arbeitsstelle, die „Deutsche Vereinigung" gehörte. Er erfolgte unter dramatischen Umständen. Der oberste Leiter hatte beim Beginn einer noch unerkannten Paralyse nicht zu vertretende Handlungen begangen und schließlich große Summen Spendengelder zweckentfremdet eingesetzt. Die Angelegenheit wurde politisch ausgewertet und machte Schlagzeilen in allen Zeitungen. Der folgende Prozess (Volksopferprozess) beschäftigte noch lange alle Gemüter. Nach diesen Ereignissen waren meine Aussichten, in Dresden wieder eine Anstellung zu finden, denkbar schlecht.

Südtirol – und eine Stelle in Hamburg

Zunächst jedoch nahm ich den mir noch zustehenden Urlaub und reiste mit meinen geringen Ersparnissen und dem letzten Gehalt, insgesamt etwa 200,- Mark für drei Wochen nach Südtirol. Dort hatte Helmut im Frühjahr, nach Beendigung seines Praktikums bei der Elektrifizierung der Arlbergbahn, bei Meran eine kleine, sehr preiswerte bescheidene Gastwirtschaft entdeckt.

Noch am Abend meines letzten Arbeitstags fuhr ich nach München, zunächst zu einer Schulfreundin, mit der ich die Stadt gründlich besah und das Deutsche Museum und das Oktoberfest besuchte, um nach zwei Tagen meine erste Auslandsreise anzutreten.

Schon die Fahrt über den Brenner mit dem Blick auf schneebedeckte Bergspitzen war ein Erlebnis. In Meran schleppte ich meinen Koffer bis ins Naiftal zu dem kleinen, romantischen Gasthof „Zum Einsiedler", hier wie überall von der damals schwer unterdrückten, hart um die Erhaltung des Volkstums kämpfenden südtiroler Bevölkerung aufs Herzlichste aufgenommen. Damals lastete der italienische Druck schwer auf dem Land. Überall patrouillierten zu zweit Carabinieri in ihren etwas theatralischen Uniformen mit dem Zweispitz auf dem Kopf.

Es gab keine deutschen Schulen. Die Behörden, Polizei, Fundbüro usw., mit denen ich bald wegen meiner bei der Ankunft abhanden gekommenen Konfirmationsuhr – mehr als mir lieb war – zu tun bekam, sprachen ausschließlich italienisch und verstanden angeblich kein deutsches Wort. Die Touristen kamen aus England und anderen Ländern, nur wenige aus Deutschland.

Das Land war noch sehr ursprünglich und entzückte mich sehr. Noch standen überall auf den Weideflächen die uralten, großen Edelkastanien, die heute – als Zwischenwirte von Obstbaumschädlingen – fast ausnahmslos verschwunden sind und umfangreichen Obstplantagen Platz gemacht haben, die ebenfalls ihren Reiz haben.

Als ich kam, begann in den damals noch sehr zahlreichen Weinbergen gerade die Weinlese.

Im Einsiedlerhof lebte ich bescheiden und billig, kaufte mir mittags oft nur Weintrauben. Ein paar Mal aß ich im nahe gelegenen Schloss Labers oder auf meinen Wanderungen in einem Dorfgasthof. Fast jeden Tag besuchte ich ein anderes der romantischen Schlösser rundum oder eine der zahlreichen Ruinen, die von der großen Vergangenheit des Landes erzählten.

Besonders entzückt war ich von dem so wohnlichen Meraner Stadtschloss und vom Schloss Tirol, in dem noch die alten, romanischen Fensterbögen mit den Doppelsäulchen waren, die Mussolini später ausbaute und nach Trient oder Verona verschleppte.

Alle meine Wanderungen machte ich allein. Der Höhepunkt war schließlich eine zweitägige Tour zum Stilfser Joch, auf der mir kaum ein Mensch begegnete. Die Berge rundum lockten mich sehr stark, doch wusste ich, dass es unmöglich war, Ende September allein eine richtige Bergtour zu machen. So fuhr ich mit der Bahn nach Spondining und stieg dann mutterseelenallein guten Muts bei prächtigem Wetter am letzten Septembertag des Jahres 1925 die Pass-Straße zum Stilfser Joch hinauf. Kein Auto, kein Wagen begegnete mir.

Oben wurde ich von einem gewaltigen Bergerlebnis überrascht, als der Ortler in seiner ganzen Majestät – den ersten Neuschnee auf dem Gipfel – vor mir lag und der Blick auf Ortler, Schwarzen Madatsch und die Gletscher und Eisfelder mich bis zur Passhöhe begleiteten. Der Gasthof Franzosenhöhe auf halbem Weg war bereits geschlossen. Ich stieg also weiter bis zur Ferdinandshöhe, ohne einem Lebewesen oder Fahrzeug zu begegnen.

Die ganze Großartigkeit der Bergwelt ergriff mich, als ich am nächsten Morgen (am 1. Oktober) bei strahlender Klarheit und Sicht da oben herum stieg. Hier lief die Front des ersten Weltkriegs. Von harten und heldenhaften Kämpfen war uns berichtet worden. Vom zerschossenen Hotel Dreisprachenspitze standen noch die Mauern. In den Schützengräben, die ich kletternd ein Stück verfolgte, waren noch die Sandsäcke aufgetürmt. In den Unterständen lagen noch Konservenbüchsen, Postkarten waren an der Wand. Erstmals stand ich vor solchen unmittelbaren Zeugen des schweren Ringens. Ich war erschüttert. Viele hundert Mann hatten jahrelang in Eishöhlen gelebt, die in die Gletscher am Schwarzen Madatsch gehauen waren.

Als ich auf den Tag nach dreißig Jahren mit meinem Mann Hans und unserem grauen VW-Käfer wieder auf dem Stilfser Joch war, standen dort mehrere Hotels und Ansichtskartenbuden. Die Mauern des Hotels „Dreisprachenspitze" waren in sich zusammengesunken, die Spuren der Schützengräben von 1914 bis 1918 kaum noch zu erkennen. Dagegen sah man überall noch Befestigungen aus dem Zweiten Weltkrieg, Grenzsicherungen der Italiener gegen die Schweiz. Viele Wagen parkten auf dem Pass.

Es herrschte ein lebhafter Fremdenbetrieb. Von den Gletschern des Madatsch und Monte Scorluzza glitten Skiläufer herab. Oben am Horizont entdeckten wir die Umrisse eines großen Sporthotels.

Auf der Rückfahrt von Meran unterbrach ich meine Fahrt in Innsbruck und sah mir diese alte Tiroler Hauptstadt an, die mir sehr gut gefiel. Es war jedoch sehr schwer, ein Nachtquartier zu finden. 1925 war ein „Heiliges Jahr" und große Pilgerzüge waren auf dem Wege von und nach Rom. Nachdem ich umsonst in fast sämtlichen im Führer genannten Hotels und Gasthöfen nachgefragt hatte, war ich froh, als die mitleidige Wirtin des „Roten Adlers" mir eine Matratze in einem Mansardenzimmer anbot, das gerade vorgerichtet wurde. So nächtigte ich auf dem Fußboden eines Raums, in dem gerade die Tapeten heruntergerissen waren. Als ich feststellte, dass die Tür weder Klinke noch Schloss hatte, war es mir doch etwas ungemütlich in dem uralten Haus. Ich legte auf den Fußboden neben meine Matratze meine Taschenlampe – und zu Verteidigungszwecken das geöffnete Taschenmesser, schlief dann aber sofort fest ein, bis mein Wecker sehr früh rasselte und ich meine Fahrt nach Salzburg fortsetzte. Leider waren die Berge verhangen auf dieser schönen Strecke, auf die ich mich gefreut hatte.

Salzburg war ein weiterer Höhepunkt meiner Reise. Die Stadt, die Festung Hohensalzburg mit ihren schönen Innenräumen, alles schien mir wie ein Wunder, wie ein Traum. Lange saß ich in dem schönen Mirabellengarten. – Hier nahm ich zwanzig Jahre später in den ereignisreichen Januartagen des Jahres 1945 schweren Herzens und mit Tränen Abschied von Elfriede – in der Gewissheit, dass ein furchtbares Schicksal unabwendbar auf uns zukam. Wenige Wochen später wurden unsere Eltern unter den Trümmern unserer Heimatstadt begraben.

Nach der primitiven – und billigen – Nacht in Innsbruck beschloss ich, nun in Salzburg von meinem letzten Geld anständig zu übernachten. Ich ging in den „Roten Krebs" und ein Blick auf die schwarze Gästetafel zeigte mir, dass ich richtig gewählt hatte. Reputierliche Leute bewohnten das Hotel. Ich sah allerdings nichts von ihnen, sondern ging gleich auf mein Zimmer, Nr. 18. Aus Ersparnisgründen aß ich nur die Reste meines Reiseproviants. Ehe ich ins Bett ging, drehte ich – in Erinnerung an die vergangene Nacht mit besonderem Genuss – den Schlüssel herum und stellte fest, dass die Tür verschlossen war. Nach der Innsbrucker Nacht war mir das sehr angenehm. Sehr bald schlief ich fest.

Mitten in der Nacht erwachte ich, weil jemand an der Tür rappelte. Ich knipste das Licht am Bett an und wartete schadenfroh und sicher, weil ich die Tür ja verschlossen hatte. Es rappelte stärker und mich durchfuhr doch ein leichter Schreck, als die Tür plötzlich nachgab, eine Hand durch den Spalt griff und das Licht ausknipste. Ich knipste am Bett sofort wieder an.

Die Hand knipste wieder aus und so ging es ein paar Mal sehr spannend hin und her, bis sich schließlich ein Mann durch den Spalt schob. An sein Gesicht konnte ich mich am nächsten Morgen nicht mehr erinnern. Ich wusste nur noch, dass er mit Hemd und schwarzer Hose bekleidet war und Stehhaare hatte.

Ich beobachtete vor allem seine Bewegungen und nahm an, es sei ein Betrunkener, der sich in der Tür irrte. Ich erklärte ihm das. Er meinte, er sei „durchaus richtig" und kam langsam auf mich zu. Nun war ich sehr munter geworden und eine große Wut packte mich. Ich saß im Bett mit ausgestrecktem Zeigefinger und donnerte ihn an „sofort raus, Sie unverschämter Kerl!". Im selben Augenblick wurde mir bewusst, dass ich den gleichen Tonfall hatte, wie Vater, wenn er uns bei Geldbitten rauswarf. Das kam mir so komisch vor, trotz der unbehaglichen Situation.

Der Mann ließ sich nicht beirren. Er war inzwischen vorm Bett angekommen, ergriff meine ausgestreckte Hand, legte mir die andere wortlos beruhigend auf den Kopf – und machte kehrt.

Ich sauste wie der Blitz hinterher und läutete Sturm. Aber das Hotel schlief, niemand erschien. Nun verschloss ich die Tür nochmals, diesmal zweimal herum, so dass sie nicht nachgeben konnte, stellte zum Überfluss einen Stuhl mit dem gefüllten Waschbecken davor und hing meine sämtlichen Aluminiumbrot- und Butterbüchsen als Alarmanlage an die Türklinke. Dann schlief ich fest, bis der Wecker am zeitigen Morgen schrillte.

Im Hotel waren so früh noch keine Gäste auf. Den Ober beobachtete ich misstrauisch, mich fragend, ob er wohl das Nachtgespenst gewesen war. Ich fragte nach dem Direktor. Der sei verreist. Wer ihn verträte? Eine Frau aus der Küche. Ich sprach mit dieser, aber sie interessierte sich nur für das unzuverlässige Türschloss. Ich fragte sie, wer wohl für diesen Besuch in Frage käme. Da meinte sie „vielleicht der Herr aus der 17, das ist ein Priester, – oder der aus der 19 – ach nein, das ist ein anständiger Herr". Also blieb es auf dem Priester sitzen.

Ich reiste weiter nach Linz, um dort die Schwester meiner Großmutter Beschorner zu besuchen. Ihr Schwiegersohn, ein ehemaliger österreichischer Offizier, meinte, als ich von dem nächtlichen Besuch erzählte, ein Abenteuer habe der sicher nicht gesucht, denn dann hätte er sich „fescher" zurechtgemacht.

In Linz erhielt ich einen erschütternden Eindruck von der Verarmung und der Not der Österreicher noch sieben Jahre nach dem ersten Weltkrieg. Alte Leute und Pensionäre hungerten und froren noch immer und verkauften ihre letzten Habseligkeiten von Wert. Ich sah mit einer Tante Linz an, konnte aber nicht dort bleiben. So fuhr ich abends weiter und wollte über Prag nach Dresden. Aber noch lagen nicht alle Reiseabenteuer hinter mir.

In der Annahme, auf der Fahrt nichts mehr zu brauchen, hatte ich mein letztes, mein allerletztes Geld in Linz für die Verwandten ausgegeben. 15 Centesime als Erinnerung an Meran hatte ich noch in der Tasche. Mitten in der Nacht, beim Grenzübergang in die Tschechoslowakei erklärte mir der tschechische Beamte, mein tschechisches Visum sei ungültig und bereits abgelaufen. Es habe nur für drei Tage nach dem Ausstellungstag Gültigkeit gehabt. Ich müsse 56 Kronen zahlen. Keiner wollte mir glauben, dass ich ohne Mittel reiste. Es gab erregte tschechische Auseinandersetzungen. Man wollte mich aus dem Zug holen. Ich weigerte mich energisch auszusteigen. Endlich musste der Zug abfahren. Man sagte mir, die Behörde in Bodenbach würde unterrichtet und ließ mich fahren.

Ganz wohl war mir nicht, als wir uns der Sächsischen Grenze näherten und die Revision in Bodenbach begann. Der Grenzer betrachtete immer abwechselnd meinen Pass und mich und wusste offenbar nicht, was er tun sollte. Ich sah uninteressiert zum Fenster hinaus, war aber doch erleichtert, als er mir schließlich zögernd den Pass zurückreichte.

Wir überschritten die Grenze. Die geliebten Felsen des Elbsandsteingebirges tauchten auf, der Falkenstein und manch anderer Turm, den ich erklettert hatte, grüßten mich. Schandau – Königstein – Rathen – Wehlen. Mein Herz wurde warm wie jedes Mal, wenn ich unser Jugendparadies durchfuhr.

Nach Pirna aber wurde das Herz schwer. Meine Gedanken fingen wieder an, sich mit der Zukunft zu beschäftigen. Ich war stellungslos und ohne jede Ahnung, wie mein Leben sich nun weiter gestalten sollte.

Die Vorsehung war jedoch inzwischen am Werk gewesen. Mich erwartete zu Haus ein Brief mit der Anfrage, ob ich in Hamburg die Sekretärinnenstelle einer Löbichauer Maid übernehmen könne.

Unwillig gab Vater seine Genehmigung, doch sagte ich sofort zu. Infolge der Eile nur mangelhaft mit Wintersachen ausgerüstet, saß ich bereits drei Wochen nach der Rückkehr von Meran im Zuge nach Hamburg.

Ich freute mich auf den Ortswechsel. Auf diese Weise konnte ich auch einigen hartnäckigen und aufdringlichen Verehrern entgehen, an denen mir nichts lag und die abzuschütteln mir nicht gelingen wollte. Außerdem war es längst an der Zeit, dass ich mich aus der Familie löste und allein meinen Weg ging.

Auch der Abschied von Dresden fiel mir nicht schwer. Damals wusste ich noch nicht, wie sehr ich an meiner Vaterstadt hing und ahnte nicht, dass ich sie nur noch selten und ein Vierteljahrhundert später zerstört und ganz in Trümmern wieder sehen sollte.

Die Geschwister Gmeiner 1927: Gerhard, Helmut, Elfriede, Gertraude

In jenem Herbst 1925 begannen für mich ein neuer Lebensabschnitt und ein unstetes Wanderleben, zunächst allein, mit den Stationen in Hamburg, Freiburg und Berlin, später mit meinem Mann Hans in Braunschweig und seiner Umgebung, in Kassel und auf dem Lande in Nordhessen.

Es waren abwechslungsreiche und anstrengende Wanderjahre, die erst Ende 1949 in einem Forstamt im Waldeckischen einen Abschluss fanden und nun in Bad Wildungen ausklingen.

Abgesehen von den Nöten des Zweiten Weltkriegs mit der langen Abwesenheit von Hans und der schweren Sorge um sein Leben (Fronteinsatz 1939 bis 1945, Gefangenschaft 1945 bis 1947) waren es – trotz Kriegsnot und Hunger, trotz der Bombennächte und unserer Verschickung aufs Land, trotz erneuter Geldentwertung und schwerer Existenzsorgen – glückliche Jahre der Liebe und Verbundenheit, war es ein gutes Leben, auf das ich zurückblicken darf.

Mich erfüllt Dankbarkeit nicht nur gegen das Schicksal, das es so gut mit mir meinte, sondern besonders auch gegen Hans, dessen Güte und große Liebe mich nun seit mehr als einem halben Jahrhundert beglückt – und nicht zuletzt auch gegen meine vier lieben Kinder, die mir soviel Anlass zu Freude, Glück und Stolz geben.

Lebenslauf von Gertraude Gmeiner
(für eine Bewerbung 1931)

Ich, Johanna Hertha *Gertraude* Gmeiner, wurde am 5. Juni 1900 als Tochter des Medizinalrats Dr. Kurt Gmeiner in Dresden geboren. Ich besuchte 10 Jahre eine private Höhere Mädchenschule, 2 Jahre die Städt. Frauenschule in Dresden und 1 Jahr die Wirtschaftliche Frauenschule Schloss Löbichau in Sachsen-Anhalt.

Mein darauf folgendes Studium an der Staatl. Akademie für Kunstgewerbe, Dresden, Fachklasse f. Graphik und Reklame, musste ich nach 6 Semestern in der Inflationszeit abbrechen.

Vom Oktober 1923 bis zum Februar 1924 war ich aushilfsweise bei der Deutschen Bank, Filiale Dresden, als Stenotypistin beschäftigt. Ich entschloss mich dann, das Abitur nachzuholen und legte die Prüfung nach kurzer privater Vorbereitung im August 1924 an der Oberrealschule Dresden-Johannstadt ab. Danach begann ich an der Technischen Hochschule Dresden mit dem Studium der Nationalökonomie. Gleichzeitig war ich als Privatsekretärin bei der Deutschen Vereinigung e.V. in Dresden angestellt, bei der mir insbesondere das wirtschaftspolitische Zeitungsarchiv unterstand. Nach der Auflösung der Geschäftsstelle am 1. Oktober 1925 war ich vorübergehend bei der Hochvakuumröhrenfabrik in Wandsbek tätig. Als diese ihren Betrieb stilllegte fand ich zum 1. 1. 26 eine Anstellung bei der Firma Rob. M. Sloman jr., Reederei und Schiffsmakler, Hamburg. Hier hatte ich vor allem die englische Korrespondenz zu erledigen.

Am 1. 4. 27 gab ich diese Stellung auf, um mein Studium, das ich auch in Hamburg fortgesetzt hatte, zu beenden. Im Sommer 1928 legte ich in Freiburg/B. die Diplomprüfung für Volkswirte ab. Danach arbeitete ich bei Herrn Professor Eucken in Freiburg über das Thema: "Konjunkturstabilisierung durch Kartelle?" und habe im Mai 1931 in Freiburg „magna cum laude" promoviert.

Das weitere Leben der Autorin
Nach einigen Jahren im Planungsstab der IG Farben in Berlin heiratete Dr. Gertraude Gmeiner 1934 ihre „große Liebe Nr. 3", den Forstassessor Dr. Hans Bossel, den sie während des Studiums in Freiburg/Breisgau kennen gelernt hatte. Als Hausfrau und Mutter von vier Kindern (Hartmut 1935, Ulf 1936, Uta 1938, Dietlind 1940) folgte sie dem späteren Oberforstmeister zu Dienststellen in Braunschweig und Kassel, nach seiner Rückkehr aus Krieg und Kriegsgefangenschaft auch auf das Forstamt „Netzer Tiergarten" im Waldeckischen. Gertraude Bossel starb 1992 in Bad Wildungen – nachdem sie noch die deutsche Wiedervereinigung und die Anfänge eines Wiederaufblühens ihrer geliebten sächsischen Heimat und ihrer Heimatstadt Dresden erleben durfte.

Dr. Gertraude Bossel, geb. Gmeiner
(5. 6. 1900 -- 21. 1. 1992)
etwa 1965

Vier Augenzeugenberichte aus einer einzigen Familie, die in Briefen, Tagebüchern und Erinnerungen die dramatischen Ereignisse und Entwicklungen des gesamten 20. Jahrhunderts (von 1900 bis 2000) aus ganz persönlicher Sicht und Erfahrung widerspiegeln, sowie eine Darstellung gesellschaftlicher Entwicklungen anhand einer langen Ahnenreihe von Zeitzeugen:

Gertraude Bossel-Gmeiner: *Höhere Tochter, Weltkrieg und Inflation* - *Erinnerungen aus dem alten Dresden 1900 bis 1925*
Books on Demand, Norderstedt 2006 (2015), 292 S., 31 Abb.
Als ‚Tochter höherer Stände' erlebt die Autorin Kindheit und Jugend in Dresden zur Kaiserzeit im Königreich Sachsen. Die scheinbar heile Welt ist geprägt von Standesunterschieden und den Vorstellungen des 19. Jahrhunderts, aber technische Neuerungen verändern bereits allmählich das tägliche Leben. Durch den 1. Weltkrieg wird diese Welt völlig umgekrempelt. Nach Hungerjahren und Kriegselend geht es während der Inflationszeit nur noch ums Überleben. Die Autorin schlägt sich mit allerlei Jobs durch, studiert und promoviert später in Volkswirtschaft.

Hans Bossel: *Der Forstmeister, der Leutnant und der Krieg* - *Tagebücher 1931 bis 1947*
Books on Demand, Norderstedt 2006 (2015), 344 S., 24 Abb.
Der junge Forstbeamte und Familienvater von vier kleinen Kindern wird gleich zu Kriegsbeginn 1939 eingezogen und erlebt den gesamten Zweiten Weltkrieg als Soldat an der Front in Frankreich und Russland. Mehrfach verwundet, kehrt er erst 1947 aus der Kriegsgefangenschaft heim. In seinen täglichen Tagebuchaufzeichnungen spiegeln sich die Verirrungen und Schrecken jener Zeit, Tod und Zerstörung an der Front und in der Heimat, aber auch unbändiger Lebenswille, Liebe zu Frau und Kindern und Hoffnung auf Frieden.

Hartmut Bossel: *Über den Bergen ist der Krieg so fern* – *Erinnerungen aus anderen Welten*
Books on Demand, Norderstedt 2004 (2015), etwa 332 S., mit Abb.
Erinnerungen 1939 bis 2000, eingebettet in die Geschichte einer Überquerung des Alpenhauptkamms mit dem Gleitschirm: Kindheitserinnerungen an Bombenangriffe, Tieffliger, Hitlerjugend, Hunger und Währungsreform. Schule und Studium im Nachkriegsdeutschland und in USA. Leben und Arbeit als Ingenieur und Professor in Kalifornien und in Sibirien in der Zeit der Hippies, des Vietnam-Kriegs und des Kalten Kriegs. Wissenschaftliche Arbeit für Umwelt und nachhaltige Entwicklung, bei der die rasche Entwicklung des Computers eine Schlüsselrolle spielt, in Deutschland und im Ausland.

Dietlind Adt: *Cocktails, Kongo, Kakerlaken* – *Diplomatenfamilie auf Posten in Zentral-Afrika*
Books on Demand, Norderstedt 2014, 404 S., 41 Abb.
Fast drei Jahre lebt die Familie Adt mit zwei heranwachsenden Kindern in Bangui, der Hauptstadt der Zentralafrikanischen Republik. Harro Adt ist dort Botschafter der Bundesrepublik Deutschland. Seine Frau Dietlind Adt (geb. Bossel) berichtet vom oft schwierigen und ungewöhnlichen Leben als Diplomatenfamilie in einem der ärmsten Länder der Welt, von abenteuerlichen Fahrten in afrikanische Dörfer, Missionsstationen und Savanne, und von einer ungewöhnlichen Schiffsreise mit einem Schiffsverband voller afrikanischer Passagiere und Fracht über 1200 km auf den Flüssen Oubangui und Kongo.

Hartmut Bossel: *Zufall, Plan und Wahn* – *Chronik der Entwicklungen, die unsere Welt veränderten*
Books on Demand, Norderstedt 2010, 436 S.
Umfassende Darstellung geschichtsbestimmender Entwicklungen in aller Welt und in allen Bereichen von gesellschaftlicher Bedeutung, begleitet von der über 1500 Jahre zurückreichenden Ahnenreihe der Zeitzeugen aus einer einzigen Familie.